ABORTO LEGAL E SEGURO

perspectivas interdisciplinares

ORGANIZAÇÃO

EDNA RAQUEL HOGEMANN

ELIANE VIEIRA LACERDA ALMEIDA

ÉRICA MAIA C. ARRUDA

LARA RIBEIRO PEREIRA CARNEIRO

LORENNA MEDEIROS TOSCANO DE BRITO

MARIA INÊS LOPA RUIVO

PREFÁCIO

HENDERSON FÜRST

ABORTO LEGAL E SEGURO

perspectivas interdisciplinares

CASA DO DIREITO

Copyright © 2023 by Editora Letramento
Copyright © 2023 by Edna Raquel Hogemann
Copyright © 2023 by Eliane Vieira Lacerda Almeida
Copyright © 2023 by Érica Maia C. Arruda
Copyright © 2023 by Lara Ribeiro Pereira Carneiro
Copyright © 2023 by Lorenna Medeiros Toscano de Brito
Copyright © 2023 by Maria Inês Lopa Ruivo

Diretor Editorial Gustavo Abreu
Diretor Administrativo Júnior Gaudereto
Diretor Financeiro Cláudio Macedo
Logística Daniel Abreu e Vinícius Santiago
Comunicação e Marketing Carol Pires
Assistente Editorial Matteos Moreno e Maria Eduarda Paixão
Designer Editorial Gustavo Zeferino e Luís Otávio Ferreira
Capa Luís Otávio Ferreira
Diagramação Renata Oliveira

Conselho Editorial Jurídico

Alessandra Mara de Freitas Silva
Alexandre Morais da Rosa
Bruno Miragem
Carlos María Cárcova
Cássio Augusto de Barros Brant
Cristian Kiefer da Silva
Cristiane Dupret

Edson Nakata Jr
Georges Abboud
Henderson Fürst
Henrique Garbellini Carnio
Henrique Júdice Magalhães
Leonardo Isaac Yarochewsky
Lucas Moraes Martins

Luiz F. do Vale de Almeida Guilherme
Marcelo Hugo da Rocha
Nuno Miguel B. de Sá Viana Rebelo
Onofre Alves Batista Júnior
Renata de Lima Rodrigues
Salah H. Khaled Jr
Willis Santiago Guerra Filho

Todos os direitos reservados. Não é permitida a reprodução desta obra sem aprovação do Grupo Editorial Letramento.

Dados Internacionais de Catalogação na Publicação (CIP)
Bibliotecária Juliana da Silva Mauro – CRB6/3684

A154   Aborto legal e seguro : perspectivas interdisciplinares / organizado por Edna Raquel Hogemann ... [et al.]. - Belo Horizonte : Letramento, 2023.
        392 p. : il. ; 15,5 cm x 22,5 cm.

        Inclui Bibliografia.
        ISBN 978-65-5932-335-7

        1. Aborto legal. 2. Despenalização. 3. Direitos reprodutivos. 4. Violência sexual. 5. Feminismo crítico. I. Hogemann, Edna Raquel [et al.]. II. Título.

        CDU: 343.621
        CDD: 342.084

Índices para catálogo sistemático:
1. Direito - Aborto 343.621
2. Direito - Aborto 342.084

LETRAMENTO EDITORA E LIVRARIA
Caixa Postal 3242 – CEP 30.130-972
r. José Maria Rosemburg, n. 75, b. Ouro Preto
CEP 31.340-080 – Belo Horizonte / MG
Telefone 31 3327-5771

É O SELO JURÍDICO DO
GRUPO EDITORIAL LETRAMENTO

9   **PREFÁCIO**
Henderson Fürst

15   **"O MAIS DIFÍCIL NISSO TUDO É NÃO PODER FALAR": O ABORTO ILEGAL**
Lorenna Medeiros Toscano de Brito
Maria Inês Lopa Ruivo

25   **NEM SEMPRE É PROVOCADO: A INVISIBILIDADE DO ABORTO ESPONTÂNEO**
Eliane Vieira Lacerda Almeida
Lara Ribeiro Pereira Carneiro

41   **A DESCRIMINALIZAÇÃO DO ABORTO NA ARGENTINA E NO MÉXICO E COMO ISSO FORTALECE A LUTA DAS BRASILEIRAS PELO RECONHECIMENTO DESSE DIREITO**
Bibiana Terra
Gabriela Maria Barbosa Faria
Larissa Faria de Souza

56   **A INEFICÁCIA DO DIREITO AO ABORTO DAS MULHERES VÍTIMAS DE ESTUPRO**
Adriana Marques Aidar
Suellen Soares

78   **A (IN)SEGURANÇA JURÍDICA DO ABORTO LEGAL EM CASOS DE VIOLÊNCIA SEXUAL OS IMPACTOS DA PORTARIA 2.561/20 NA RESPONSABILIDADE ÉTICO-PROFISSIONAL DOS MÉDICOS QUE REALIZAM PROCEDIMENTOS ABORTIVOS NO BRASIL**
Emily Tavares Bueri
Giovanna de Mesquita Barros Russo
Isabel Pereira Cardoso
Maria Eduarda Schön Lessi

101 A LEGALIZAÇÃO DO ABORTO, MOVIMENTOS SOCIAIS E O POLÍTICO: UM ESTUDO COMPARADO ENTRE BRASIL E ARGENTINA

Edna Raquel Hogemann

Beatriz Mattos da S. Oliveira

123 A PRIVACIDADE E A CONSTRUÇÃO DA IDENTIDADE PESSOAL DA MULHER: CONSIDERAÇÕES ACERCA DA AUTONOMIA DECISÓRIA EM CASOS DE INTERRUPÇÃO VOLUNTÁRIA DA GESTAÇÃO

Daniela Zilio

135 ABORTO INSEGURO NO BRASIL: UM PROBLEMA DE SAÚDE PÚBLICA E VIOLAÇÃO DE DIREITOS

Luíse Pereira Herzog

Stéffani das Chagas Quintana

150 ABORTO LEGAL E DIREITOS REPRODUTIVOS DURANTE A PANDEMIA DA COVID-19: BREVES REFEXÕES

Mara Dantas Pereira

Míria Dantas Pereira

167 BRANCAS PAGAM, PRETAS MORREM: RACIALIZANDO O DEBATE DO ABORTO

Beatriz de Barros Souza

Yvie C. S. Silva dos Santos

Clícia Carolaine de Jesus Alves

184 DIREITO E PODER: O RUMO DOS DIREITOS DAS MULHERES ÀS AVESSAS DO MARCO CONSTITUCIONAL DE 1988

Edna Raquel Hogemann

Laila Maria Domith Vicente

205 DIREITOS REPRODUTIVOS ENQUANTO *SOFT POWER*: O CASO DO BRASIL NA ONU

Beatriz de Barros Souza

Juliana Aguilera Lobo

Marina Schuwarten Furbino de Pinho

217 DIREITOS SEXUAIS E REPRODUTIVOS: A INTERRUPÇÃO VOLUNTÁRIA DA GRAVIDEZ NOS PAÍSES DO CONE SUL.

Luiza Regiane Gaspar Ienke

Bruna Woinorvski de Miranda

Lislei Teresinha Preuss

228 JUSTIÇA REPRODUTIVA E ABORTO: (RE) INTERPRETANDO DIREITOS SEXUAIS DAS MULHERES PELA VIA DO FEMINISMO CRÍTICO

Ana Paula Rodrigues Nalin

André Spinelli

243 LITÍGIO ESTRATÉGICO EM MATÉRIA DE ABORTO COMO VIA DE CONSOLIDAÇÃO DE PROTAGONISMOS *OUTROS:* UMA ANÁLISE DESDE AS EXPERIÊNCIAS BRASILEIRA E ARGENTINA

Jackeline Caixeta Santana

264 "NÃO POSSO PASSAR ESSA INFORMAÇÃO": O DIREITO AO ABORTO LEGAL NO BRASIL

Eliane Vieira Lacerda Almeida

Lara Ribeiro Pereira Carneiro

Lorenna Medeiros Toscano de Brito

Maria Inês Lopa Ruivo

281 ¿NEGOCIACIÓN PATRIARCAL? EL IMPASSE POR LA DESPENALIZACIÓN DEL ABORTO POR VIOLACIÓN EN ECUADOR

Mónica Patricia Mancero Acosta

305 O PRINCÍPIO DA VEDAÇÃO DO RETROCESSO NO DEBATE SOBRE O ABORTO E A PEC 181/2015

Stella Rodrigues Oliveira

321 OFERTA DE ABORTO LEGAL NA ATENÇÃO PRIMÁRIA À SAÚDE: UMA CHAMADA PARA AÇÃO

Melanie Maia

332 PANDEMIA E TRAUMA - DESTINOS E DISSILÊNCIOS DE ABORTOS E PSICANÁLISES

Camila Noguez

Paula Goldmeier

348 REMÉDIOS JURÍDICOS ALTERNATIVOS À DESCRIMINALIZAÇÃO DO ABORTO

Edna Raquel Hogemann

Verônica Azevedo Wander Bastos

Lucas Rocha Rangel

369 UMA ANÁLISE COMPARATIVA ENTRE BRASIL E ARGENTINA ACERCA DA REALIZAÇÃO DO ABORTO

Letícia Maria de Maia Resende

PREFÁCIO

Antes de qualquer coisa, procure um relógio e anote o seu tempo de leitura deste prefácio. Isso será relevante para compreender a gravidade do cenário que essa obra trata.

A obra que você tem em mãos é fruto do esforço conjunto e coordenado de Eliane Lacerda, Lara Ribeiro, Lorenna Toscano e Maria Inês Lopa, bem como de diversas autoras, pesquisadoras, mulheres, que tem (e muito) a dizer sobre o aborto.

Conheci as organizadoras em 2020, num congresso científico internacional que, embora sediado em Madrid, ocorreu virtualmente por conta da pandemia de Covid-19, o "GGINNS RESEARCH: Global Comparative Law: Governance, Innovation and Sustainability". Naquela ocasião, elas apresentavam os resultados de uma pesquisa empírica que desenvolveram chamada "Não posso passar essa informação: o direito ao aborto legal no Brasil"[1].

Três coisas me chamaram a atenção. A primeira delas é que, numa recém iniciada calamidade pública global que exigia distanciamento social – especialmente porque, naquele momento, não havia cura ou prevenção medicamentosa para a doença – as pesquisadoras encontraram uma forma de continuar suas pesquisas. A segunda delas é que, no direito brasileiro, a pesquisa de campo é pouco realizada e noto colegas orientadores inclusive desaconselhando que seus orientandos a realizem – o grande volume da produção jurídica é de revisão bibliográfica. Por conta desses dois elementos, a banca avaliadora concordou, por unanimidade, em premiar a pesquisa apresentada. Merecidamente.

O terceiro elemento que chamou a atenção foram os dados apresentados pela pesquisa. Após contatar todos os 62 hospitais listados no Mapa do Aborto Legal para perguntar "Esse hospital faz aborto legal?", apenas

---

[1] Disponível em: https://convibra.org/congresso/res/uploads/pdf/artigo_pdfHME-TE006.08.2021_23.50.39.pdf

16,1% deram informações suficientes para o caso de uma mulher ou menina vítima de estupro que engravidem queiram fazer aborto[2]. O dado é alarmante. Representa uma clara barreira à efetividade do direito de mulheres e meninas à sua dignidade e autonomia.

Por conta disso, tive o privilégio de me reunir com as organizadoras e a Profª Drª Érica Maia C. Arruda, que orientou a pesquisa, para debatermos as formas de levar a informação adiante, para além da publicação técnica, como uma forma de transformar uma clara situação de inconstitucionalidade e violação a direitos fundamentais descoberta pela pesquisa. É essa uma das missões da Universidade, interferir nas relações sociais ao qual se insere para promover o desenvolvimento social por meio do conhecimento.

Um dos frutos está agora em suas mãos. Uma obra coordenada pelas pesquisadoras apresentando dados, relatos, testemunhos, panoramas e estudos que fomentam e qualificam o debate público (jurídico ou não) sobre o tema. E isso é algo muito relevante, pois é um tema marcado de tabus, axiologias e ideologias, e nem sempre adequado na perspectiva da saúde baseada em evidências – o marco científico contemporâneo da saúde.

Tanto a baixa qualificação do debate público, quanto os dados encontrados pelas pesquisadoras, são percebidos nas formas mais entristecedoras, com especial ênfase aos aviltantes casos de violação a direitos fundamentais à saúde de crianças vítimas de estupro. Em 2020, por exemplo, uma menina de 10 anos, residente do Espírito Santo, vítima de estupro praticado por familiar, teve de recorrer ao Poder Judiciário para solicitar autorização para acessar ao serviço de saúde competente e interromper a gestação, conforme autorizado pelo art. 128, II do CP. O hospital a princípio designado para realizar o procedimento se negou a prestar o serviço de abortamento sob a justificativa de que não teriam condições técnicas de atender ao caso, especialmente por não se enquadrar nos critérios da recomendação técnica de 2012 expedida pelo Ministério da Saúde[3]. Em meio a intensa mobilização de ativistas, juristas e da sociedade civil, houve autorização judicial e transferên-

---

2 Há ainda duas outras hipóteses de aborto que não é criminalizado no Brasil, aquele que tenha risco à saúde da mãe e quando se trata de gestação de feto anencefálico. Todavia, essas duas hipóteses normalmente ocorrem no âmbito de uma relação médico-paciente já estabelecida, motivo pelo qual não é necessário procurar um serviço de saúde.

3 Disponível em: https://portaldeboaspraticas.iff.fiocruz.br/wp-content/uploads/2018/01/Aten%C3%A7%C3%A3o-humanizada-ao-abortamento-2014.pdf

cia para hospital de outro Estado a fim de que o procedimento fosse realizado. A criança precisou viajar até Recife/PE para poder exercer livremente o direito de acesso ao serviço de abortamento.

Depois disso, novos casos vieram à público. Um deles foi em 20 de junho de 2022, uma reportagem veiculada pelos jornais *The Intercept* e Catarinas[4] informou a violência institucionalizada perpetrada por uma juíza de direito contra uma criança de 11 anos que buscou amparo judicial para obter acesso ao serviço de aborto legal. A violação do direito à saúde da menor teve início quando a unidade hospitalar se recusou a realizar o procedimento em decorrência do tempo gestacional (a menina estava grávida de 22 semanas e 2 dias). Ainda que, no Brasil, não haja nenhuma obrigatoriedade de se obter uma autorização judicial para realizar aborto nas hipóteses legais, a negativa do hospital ocasionou a necessidade de judicializar a questão. Em juízo, novamente esta criança foi violada: em 1º de junho, a magistrada determinou que a criança fosse mantida afastada do seu lar e seguisse em situação de abrigamento; durante a audiência, tanto a Promotora de Justiça, quanto a Juíza de Direito, fizeram diversas perguntas violadoras ao direito reprodutivo da menina, que visavam a convencê-la (leia-se, constrangê-la), mediante indagações tendenciosas, vexatórias e afirmativas falsas, a desistir da interrupção imediata da gestação que lhe é assegurada por lei.[5]

Diante desse triste cenário, outro fruto surgiu da pesquisa. As pesquisadoras, reunidas a outras advogadas, foram admitidas como *amicus curiae* representando o Conselho Municipal dos Direitos da Criança e do Adolescente do Rio de Janeiro e o Grupo de Pesquisa Direitos Humanos e Transformação Social (GPDHTS) da UNIRIO na Arguição de Descumprimento de Preceito Fundamental n. 989, que tramita perante o Supremo Tribunal Federal, com relatoria do Ministro Edson Fachin.

A ação em questão, promovida pela Sociedade Brasileira de Bioética, Associação Brasileira de Saúde Coletiva, Centro Brasileiro de Estudos de Saúde, Associação da Rede Unida e PSOL, apresenta um estado de

---

4 GUIMARÃES, Paula; LARA, Bruna de; DIAS, Tatiana. 'Suportaria ficar mais um pouquinho?'. The Intercept_ Brasil: 20 jun. 2022. Disponível em: https://theintercept.com/2022/06/20/video-juiza-sc-menina-11-anos-estupro-aborto/ . Acesso em: 22 jun. 2022.

5 Acerca desse caso, conferir FÜRST, Henderson; ALMEIDA, Eliane; RIBEIRO, Lara; TOSCANO, Lorenna; LOPA, Maria Inês. Criança não é mãe: aborto legal e o retrocesso institucionalizado de direitos. **CONJUR**. Disponível em: https://www.conjur.com.br/2022-jun-23/opiniao-aborto-legal-retrocesso-institucionalizado-direitos

coisas inconstitucional relacionada ao aborto de gestações decorrentes de estupro, em especial de meninas menores de 14 anos. Estou ao lado da brilhante Maira Scavuzzi no patrocínio desta ação.

Os dados são estarrecedores.

Um levantamento feito com dados de registros hospitalares do SUS demonstrou que, em 2021, de todas as 1.556 internações relacionadas a abortos na faixa etária dos 10 aos 14 anos, apenas 131 (8%) ocorreram por causas autorizadas no Brasil. As outras 1.425 internações (92%) ocorreram em razão de abortos espontâneos ou induzidos fora do hospital. Como toda relação sexual com menores de 14 anos é considerada estupro presumido (art. 217-A do Código Penal), tais casos certamente poderiam se enquadrar na hipótese de aborto legal, mas não o foram. Isso significa que, para cada aborto legal realizado em menores de 14 anos, o SUS realizou 11 atendimentos de urgência[6].

O acesso ao aborto legal e seguro também está diretamente relacionado com a distância entre a moradia e o estabelecimento com oferta do serviço, pois os custos financeiros, a dificuldade logística e disponibilidade de meios de transporte, entre outros fatores, representam barreiras para o acesso ao serviço de saúde[7]. Muito embora o SUS possa arcar com estes custos, nos termos da Portaria n. 55/1999 do Ministério da Saúde[8], a tabela dos valores praticados é insuficiente para cobrir despesas mínimas com os reais custos de deslocamentos[9], tanto que, entre 2010

---

6 FOLHA DE SÃO PAULO. **A cada aborto legal, 11 meninas são internadas por interrupções provocadas ou espontâneas.** Disponível em: https://www1.folha.uol. com.br/cotidiano/2022/06/a-cada-aborto-legal-11-meninas-sao-internadas-por-interrupcoes-provocadas-ou-espontaneas.shtml

7 Neste sentido, são os dados levantados pela pesquisa de doutoramento de Marina Jacobs, disponíveis em: JACOBS, Marina Gasino. **Oferta e realização de interrupção legal de gravidez no Brasil: análise de dados dos Sistemas de Informações Ambulatoriais e Hospitalares e do Cadastro Nacional de Estabelecimentos de Saúde.** 2022. 170f. Tese (Doutorado em Saúde Pública) – Universidade Federal de Santa Catarina, Florianópolis, 2022. Disponível em: https://repositorio.ufsc.br/bitstream/handle/123456789/235606/PGSC0322-T.pdf?sequence=-1&isAllowed=y

8 BRASIL. Ministério da Saúde. **Portaria nº 55, de 24 de fevereiro de 1999.** Dispõe sobre a rotina do Tratamento Fora de Domicílio no Sistema Único de Saúde - SUS, com inclusão dos procedimentos específicos na tabela de procedimentos do Sistema de Informações Ambulatoriais do SIA/SUS e dá outras providências. Brasília: 1999.

9 "Os valores pagos são de R$ 3,70 para cada 27 milhas náuticas em transporte fluvial, R$ 4,95 para cada 50 km em transporte terrestre ou de R$ 181,50 para cada

e 2019, há apenas 9 registros de ajuda de custo ou unidade de remuneração para alimentação, pernoite ou deslocamento de paciente.

Outro ponto relevante da realização do aborto legal no Brasil é que, em 2019, mais de 1/3 dos Serviços de Referência não realizara nenhum procedimento no ano, enquanto a maior parte dos serviços que realizaram algum aborto não estavam registrados como Serviços de Referência.

A falta de aparelhamento dos Serviços de Referência para interrupção da Gravidez em Casos Previstos em Lei também é outra barreira à sua realização. Em 2021, dos 102 serviços referência cadastrados, apenas 88 tinham registro de estrutura e equipe suficientes para a realização do processo burocrático de aborto no caso de gestação decorrente de estupro, de acordo com as normativas vigentes.[10] Essa mesma barreira se dá pela exigência de obstetra e anestesista na equipe mínima para a justificação e autorização do procedimento de aborto legal, nos termos da Portaria n. 2.561/2020, ainda que não haja qualquer especificidade que justifique a exigência – aliás, a OMS indica que a exigência de critérios de credenciamento que não sejam essenciais à realização de aborto de forma segura também é uma barreira para a oferta do serviço e acesso.[11]

Como se pode ver, os dados claramente uma situação de completo desamparo a meninas e mulheres que precisem realizar o procedimento como forma de realizar seu direito previsto desde 1940. Trata-se, portanto de uma violência dúplice.

Nesse ponto, gostaria que você retomasse o relógio. Quanto tempo se passou? Pela média de velocidade de leitura, estimo que ao menos 5 minutos e 30 segundos. Isso significa que, enquanto você lia, cerca de 11 meninas com idade entre 10 e 14 anos deram à luz no Brasil[12]. E, por conta da idade, isso significa dizer que 11 meninas foram estupradas, engravidaram e transcorreu a gestação com todos os seus riscos e impactos à infância e saúde e deram à luz. E, se 11 deram à luz, outras 121 foram atendidas pelo SUS por problemas decorrentes da gestação ou de aborto caseiro.

---

200 milhas em transporte aéreo; assim como diária de R$ 8,40 para alimentação ou R$ 24,75 para alimentação e pernoite". JACOBS, Marina. Op. cit, p. 121

10 JACOBS, Marina. Op. cit., p. 127.

11 WORLD HEALTH ORGANIZATION. **Abortion care guideline**. Geneva: World Health Organization, 2022.

12 Dados de 2019 da Biblioteca Virtual em Saúde do Ministério da Saúde. Disponível em: https://bvsms.saude.gov.br/semana-nacional-de-prevencao-da-gravidez-na-adolescencia-01-a-08-02/

Anteriormente, Marcella Abboud e eu escrevemos que "não importa quantos passos caminhemos, enquanto sociedade, em direção de atribuir às mulheres a posição de sujeito, elas seguem sendo objetificadas e transformadas em mecanismos para a colonização do olhar masculino e a minimização dos direitos mais básicos.

Nesse sentido, é importante lembrar que *Suportar* também tem uma acepção menos usada, na linguagem, e nos direitos fundamentais das mulheres: dar suporte é também segurar, sustentar, ajudar. A criança ou mulher grávida, com direito a aborto legal, não deve suportar, mas ser suportada: pela Constituição, pela Sociedade Civil e por todo o aparato de Saúde, mental e física, a que tem direito"[13].

Ainda há muito caminho a caminhar, é verdade. Mas me encho de esperança ao ver jovens como Eliane Lacerda, Lara Ribeiro, Lorenna Toscano e Maria Inês Lopa criando novas pesquisas, abraçando direitos fundamentais e, acima de tudo, inspirando outras Elianes, Laras, Lorennas e Marias Inês a fazerem o mesmo.

Este livro é sobre isso. Caminhar um caminho de processo civilizatório – e caminhar sem soltar a mão de ninguém.

Desejo uma boa leitura, e parabenizo as organizadoras e autoras pelo marco que a obra representa.

São Paulo, carnaval de 2023

Henderson Fürst

Doutor em Direito pela Pontifícia Universidade Católica de São Paulo. Doutor e Mestre em Bioética pelo Centro Universitário São Camilo.

Professor de Bioética do Hospital Israelita Albert Einstein. Professor de Direito Constitucional da Pontifícia Universidade Católica de Campinas.

Presidente da Comissão Especial de Bioética e Biodireito da Ordem dos Advogados do Brasil, Secção São Paulo, cargo que também ocupou no Conselho Federal da Ordem dos Advogados do Brasil entre 2019 e 2022.

Diretor da Sociedade Brasileira de Bioética. Membro da Comissão de Direito Médico do Conselho Federal de Medicina. Membro da Comissão Intersetorial de Saúde Suplementar do Conselho Nacional de Saúde. Membro do Comitê de Diversidade de Inclusão do Hospital Israelita Albert Einstein.

---

13 ABBOUD, Marcella; FÜRST, Henderson. Aborto Legal: Quem o suporta? **Estadão**. Disponível em: https://www.estadao.com.br/politica/blog-do-fausto-macedo/aborto-legal-quem-o-suporta/

"O MAIS DIFÍCIL NISSO TUDO É NÃO PODER FALAR": O ABORTO ILEGAL

Lorenna Medeiros Toscano de Brito[1]
Maria Inês Lopa Ruivo[2]

Em 09 de julho de 2021, entrevistamos Mariana[3], que realizou procedimento de aborto fora das previsões legais. Em razão da pandemia de Covid-19, optamos por fazer o encontro de forma virtual. O objetivo da entrevista foi explicado, sendo o de demonstrar a agonia que mulheres vivenciam no processo de abortamento.

Mariana tinha, na época, 26 anos. A prática do abortamento, atualmente considerada crime nas condições realizadas na entrevista abaixo, não prescreveu e, por isso, será garantido o anonimato à entrevistada.

Entrevistadora (E): Por quais motivos na época foi realizado o procedimento?

Mariana (M): Então, eu tenho uma questão médica que teria um maior risco de perda gestacional – inclusive, familiares minhas já tinham perdido uma gestão já bastante adiantada, então eu já tinha um medo de uma perda. Além disso, eu não queria ser mãe, nunca esteve nos meus planos. Na época, eu estava no meio do meu mestrado e meu sogro estava com câncer, assim… Já numa fase em que a gente já estava sem esperanças, mesmo. Todo um contexto familiar e profissional que não cabia uma criança naquele momento.

E: Entendi. Em que estado do Brasil isso foi realizado?

M: Rio de Janeiro.

---

1 Mestre em Direito (UFRN). Especialista em Direito Constitucional (UNIRN). Mediadora (CCMEAR). Advogada (OAB/RN). toscanolorenna@gmail.com

2 Graduanda em Direito pela Universidade Federal do Estado do Rio de Janeiro Pesquisadora da Escola de Ciências Jurídicas da Universidade Federal do Estado do Rio de Janeiro (ECJ\UNIRIO). inesruivocp2@gmail.com

3 Nome fictício.

E: Como você foi tratada na época? Você chegou a marcar alguma coisa em clínica?

M: Então, eu comecei a fazer o pré-natal pela gestação e o procedimento eu fiz em casa, de maneira totalmente sozinha mesmo, e não procurei atendimento médico depois.

E: Não deve ter falado com nenhum médico ou profissional de saúde logo depois do procedimento, certo?

M: Não, porque eu tive um sangramento por um mês, então fiquei com muito medo de descobrirem de alguma forma. Preferi não fazer para não correr o risco de descobrirem.

E: Foi decisão sua fazer em casa ou foi por outros motivos?

M: Então, eu não sei se vocês têm alguma pergunta específica com relação ao procedimento, mas não é uma coisa fácil, não é uma coisa que você chega e "vamos lá, vamos fazer". Eu entrei em contato com algumas redes, porque eu tinha muito contato com gente que vendia o medicamento, mas já não vendiam mais. É até uma coisa que acontece, tem uma gíria no movimento do aborto que falam: "o farmacêutico faleceu", que é para dizer que o esquema daquela venda de medicamento acabou naquele local. Então, a maioria dos esquemas eu tive acesso já não funcionavam mais. E aí, eu consegui o contato com uma moça que vendeu para outra menina, que pediu para encontrá-la num hotel em X[4], muito à beira de estrada, muito assustador. Chegando no local, no apartamento, a menina não queria mais me vender o medicamento, queria fazer o procedimento por sonda. Como que é o procedimento por sonda? Basicamente, você deita na cama desse hotel, com uma pessoa que você não conhece, e ela introduz uma sonda em você. Você fica por 03 dias com essa sonda e, depois, tira sozinha. Vai ter um sangramento muito forte e, aí, você tem que ir numa maternidade. Só que, como eu tenho má formação uterina, me causou muita dor, foi totalmente fora do que seria esse procedimento, que já é muito ruim. E aí, elas tiveram que tirar a sonda, não deu certo e voltaram para a ideia inicial. Falaram que iriam entrar em contato comigo para vender o medicamento e eu saí de lá horrorizada, não tinha passado para ninguém o local que eu estava e perdi a segurança de comprar o medicamento com elas. Então, elas começaram a me assediar muito e fiquei com muito medo, porque elas tinham o meu contato, tinham minha foto,

---

4 Nome do local suprimido.

qualquer possibilidade de divulgação… Isso começou a me deixar aflita e, aí, eu bloqueei e continuei a procurar de outras formas.

Cheguei no camelódromo, porque diziam que vendiam lá, mas eu fiquei muito constrangida de perguntar, porque também não é uma coisa que eles saem oferecendo de forma aberta. Por fim, como eu realmente consegui fazer foi comprando pela internet.

Existe, inclusive, um rol de maus vendedores, porque tem todo um esquema online de gente que vende os medicamentos falsos ou dois falsos e dois verdadeiros e, aí, você não consegue completar todo o procedimento e tem que parar em um hospital. Mas, eu consegui achar uma boa vendedora, o medicamento chegou na minha casa por Correios e, aí, eu fiz o procedimento.

E: Eu estava só aqui pensando numa coisa, porque percebo que as mulheres normalmente recorrem a métodos muito inesperados, pelo menos que eu não tenho conhecimento. Eu queria saber se você acha que teria mais impacto a questão socioeconômica das mulheres que recorrem a esses métodos, para fazerem procedimentos que podem até tirar a vida delas.

E: Então, eu acredito que tenha. Porque, imagina, eu na época não tinha muito dinheiro, tive que raspar o que tinha no banco para conseguir pagar. Uma clínica para você fazer isso de forma um pouco mais segura é em torno de 5 mil, 6 mil reais, e você não tem garantia, porque tem vários problemas – pode ocorrer, até mesmo, uma batida policial. Na clínica, eles te levam para o local, você não tem o endereço, você combina com uma pessoa e, normalmente, eles passam de carro. Então, é um risco muito grande, mesmo você podendo pagar caro para ter esse serviço. E é o que eu falei, tem esses remédios que são muito doidos, com todo o risco de se comprar um remédio falso. O que ocorre: quando você vai comprar esses medicamentos, tem uma tabelinha de quantos comprimidos você quer comprar. Eles começam com quatro, que é o mínimo para você conseguir fazer de forma segura, e vai até dezesseis, e quanto mais medicamento você comprar sai muito mais caro. Então, assim, quatro comprimidos já saem na casa de mil reais, e você corre o risco de você comprar e ainda assim ver medicamento falso, vir medicamento que não é seguro… A gente não sabe quem está do outro lado. Podem ser pessoas contra, pessoas pró-vida, que querem realmente prejudicar as mulheres que estão recorrendo a esse serviço… Então, existem muitos riscos pela ilegalidade. Porque o procedimento, em si, não tem nenhum bicho de sete cabeças, não é nenhum absurdo - não estou querendo romantizar, porque foi muito difícil, mas o problema é a ilegalidade.

E: Você sentiu que o procedimento te afetou no âmbito emocional, físico ou psicológico?

M: Super! Até hoje, é muito difícil para mim. Porque eu acho que o mais difícil nisso tudo é não poder falar. Eu não pude procurar auxílio psicológico, por que como é que eu vou chegar numa profissional que eu não sei quem é e falar que eu cometi um crime? E como é que a gente lida com isso? Então, para mim, psicologicamente, o mais difícil foi não poder falar, não poder sentar com os meus amigos e falar isso em liberdade porque a gente não sabe quem está ouvindo. Fisicamente, eu tive muito problema. Como eu não pude procurar atendimento psicológico, eu não tive um diagnóstico, mas eu acho que eu entrei em depressão. Fiquei meses sem sair da cama, eu ficava semanas sem tomar banho, foi um processo muito difícil. É superdifícil até falar sobre isso, é a primeira vez que eu estou falando sobre isso com outras pessoas. E é complicado gente, porque no meu caso não teve violência, não teve nenhuma rejeição àquela criança em potencial. Eu poderia ser mãe dela, eu tinha uma situação financeira ok, eu tinha um parceiro fixo, mas ela não cabia na minha vida. E você falar isso numa sociedade que é muito provida é muito difícil, porque não é uma coisa que eu odeie crianças, não é uma coisa que eu tenha aversão. É só porque eu não quero ser mãe, e isso é muito difícil de se falar, até hoje eu tenho um filho... E as vezes as pessoas falam assim, como é ser mãe?

Eu tenho filho, eu amo meu filho, mas eu não queria ser mãe. E as pessoas ficam chocadas, "não fala isso, tadinho", como se fosse um problema muito grande eu falar sobre a minha experiência materna de uma mulher que não queria ser mãe. E imagina falar sobre uma perspectiva de que se interrompeu, é muito difícil socialmente lidar com isso, porque a gente não tem apoio mesmo. Fisicamente, eu tive todo esse problema, tive um grande peso muito grande, não conseguia sair da cama, fiquei muito tempo travada assim... Eu acredito que deve ter ficado uns 6 meses sem sair da cama, nesse processo, foi bem difícil. Até porque nesse meio tempo o meu sogro faleceu, então o meu parceiro que seria a pessoa a me dar apoio não pôde me dar apoio. Ficamos os dois, cada um com a sua dor, e isso pesou muito pra mim também. Porque pareceu que só eu perdi um filho em potencial, só eu passei por esse procedimento porque ele estava em outro processo de luto. Então, assim, lutos por motivos diferentes, uma dor que não casava, porque pareceu que a dor dele era maior porque ele perdeu uma pessoa real. Só que eu também perdi uma parte de mim, e é uma parte que não é uma parte assim porque eu não vou ser mãe. É uma parte por eu ter que passar por uma violência de alguém que eu não conheço, introduzir uma sonda, ou passar pelo risco de tomar um medicamento que eu não sei o que é. Por isso que eu falo que o maior problema é a ilegalidade, porque se eu tivesse ido numa clínica com meu parceiro comigo, ter feito o procedimento, em duas horas teria se resolvido. Eu não teria remoído isso por um mês nesse trâmite de tentar conseguir uma fonte legal para matar uma coisa de mim.

E: Então, você acredita que a ilegalidade foi realmente o que mais te trouxe esses sentimentos mesmo nesse campo psicológico e emocional que você descreveu, né?

M: Com certeza, porque eu não me arrependo da minha decisão, acho que isso é uma coisa muito importante, sabe? Não é uma coisa que eu me arrependo de ter feito, provavelmente se eu me engravidasse de novo e eu tivesse a possibilidade eu faria, porque outro filho não cabe na minha vida. Mas o problema mesmo é a ilegalidade.

E: Como você se sente quando você fala sobre isso nesse momento agora?

M: Eu me sinto muito privilegiada, por poder estar aqui. Por poder contar isso e poder transformar isso de alguma forma. Mas o que me tocou muito e entra de novo na parte de não poder falar sobre isso é que por muito tempo eu me senti muito hipócrita. De ter contato com outras mulheres que estavam na mesma situação e não poder falar: "olha, eu também fiz e é assim que acontece", porque a gente não pode falar e acolher e compartilhar, porque a gente tá sempre na iminência de responder um processo criminal. De ser presa por isso. Imagina eu ser presa agora, perder a guarda da minha filha, alguma coisa assim... Então, eu me senti hipócrita por muito tempo e foi muito difícil conseguir achar uma forma de colaborar com outras mulheres. Pra dar um retorno, é quase uma gratidão por ter sobrevivido a isso, é uma gratidão à rede que eu consegui achar que vende medicamentos certos, que me prestou todas as orientações... Então é um misto de sentimentos, de ter certeza que você fez o certo e se sentir péssima por não poder ajudar outras pessoas.

E: Nunca teve um parceiro, familiar, nunca foi compartilhado isso com ninguém?

M: Não, não tinha como. Eu fiquei bem mal, mas nunca compartilhei esses procedimentos, assumi mesmo essa responsabilidade sobre o meu corpo.

E: Como o seu companheiro reagiu quando você falou sobre a possibilidade de abortar?

M: Foi com muito respeito. "Se você quiser ter a gente vai ter, se não quiser a gente não vai ter, a decisão tá por sua conta", mas também o filho não fazia parte dos planos dele. O que uniu sempre a gente foi o fato de que a gente queria que a nossa família fosse só a gente. Foi um processo difícil para os dois, porque a gente estava numa situação que dependia do meu corpo, era uma coisa que nenhum dos dois queria... Foi de acolhimento a minha decisão, mas também foi de muito medo de me perder. Se a gente fosse ter um filho, não seria por querer um filho, seria para que eu não morresse. A vontade de me manter viva era mais importante do que ter ou não ter um filho, o posicionamento dele foi nesse sentido - mas sempre com muito respeito às minhas escolhas.

E: Ninguém nunca soube dessa gravidez que você teve, nem no processo gestacional, nem no procedimento que você fez?

M: O que eu consegui falar sobre ela depois, sobre o processo de perda, foi falando que eu perdi espontaneamente. As pessoas souberam dessa gestação, souberam que eu perdi, mas sempre numa perspectiva de que eu perdi de forma espontânea e não provocada. Até as equipes médicas, porque quando a gente faz o pré-natal e eu tive filho depois do procedimento, eles perguntam qual é aquela gestação. Toda vez que eu ia numa consulta de pré-natal eu tinha que falar que era a minha segunda gestação, mas meu primeiro filho. É uma coisa que sempre vai me permear a vida inteira, uma coisa que eu posso fazer e esquecer, porque eu sei que isso pode ter impactos fisicamente para sempre. Como é uma coisa ilegal, a gente não tem muitos estudos sobre isso, a gente não sabe como é que faz. Sempre que eu tiver uma consulta ginecológica, sempre que eu for um médico, eu vou ter que carregar é isso que aconteceu.

E: E agora que você já teve o seu filho, como é que fala?

M: Que é a minha segunda gestação, mas meu primeiro filho.

E: Eu queria saber se você se sente confortável em dizer quantos meses tinha e se você acredita que a gravidez estar ou não avançada influencia.

M: Eu estava com 07 semanas. Eu acho que na fase inicial é menos gravoso pelo procedimento, porque quando ainda está muito pequenininho, você consegue fazer por medicamentos e sai em casa. O meu ainda estava no saco gestacional, então imagina se saiu um saco gestacional todo e a gente tira, joga na privada e acabou. Agora se você for fazer um procedimento em um bebê que já está com 5 meses, você não consegue fazer isso de forma tão autossuficiente. Você vai precisar de uma intervenção médica, vai precisar fazer até um parto. Vai ser uma forma de parto, não deixe de ser. O tempo influencia muito na forma que você pode fazer ou não. Só que o que acontece, nem sempre as pessoas descobrem rápido que estão grávidas. Como eu estava com esse contexto todo de que eu não conseguia sair da cama, de que eu não conseguia tomar banho, eu só fui descobrir a minha próxima gestação quando eu já estava com 5 meses. Porque eu não olhava meu corpo, eu não encostava em mim, eu não pensava sobre mim como um ser humano. Eu nem percebi o que aconteceu no meu corpo nesse processo. E eu também não queria o filho que eu tenho. E com 5 meses eu já não poderia fazer nada de forma ilegal sem apresentar grandes riscos. Agora se a gente tivesse leis e procedimentos que a gente pudesse realmente respeitar a autonomia das mulheres... Respeitar que sim, é uma vida em potencial, mas que a gente já tem uma vida garantida. Uma vida que existe, que sente, que tem relações. Então eu acho que a gente tem que ver por qual perspectiva a gente está olhando: se é pela defesa da vida ou se é realmente pela autonomia da mulher. Eu defendo muito que seja pela autonomia da mulher. Por mais que seja muito difícil pra mim, porque eu tenho um filho, eu gestei. Eu sei que é uma vida que está ali, que isso é uma coisa também... Porque a gente fala assim, até 3 meses não é vida, isso é uma coisa. Agora depois que você passa pela gestação que você sente aquele ser humano crescendo dentro de você... É muito difícil falar com outras mulheres que foram mães que aquilo ali não é uma vida. Porque pra ela é tudo, e eu até entendo quando são mulheres que são contra o procedimento de abortamento. Porque pra ela o filho é tudo, ela se sacrifica pelo filho, ela se submete às relações abusivas pelo filho... Então você falar pra essa mulher que não, até 3 meses não é vida é um argumento que não vai fazer sentido na cabeça dela. Então acho que a gente tem que sair um pouco desse campo de é vida ou não é vida, porque a gente entra numa questão religiosa, a gente entra numa questão médica. Mas a gente tem que defender que é a autonomia da mulher. É o que ela quer fazer com o corpo dela, se ela quis a gestação até 6 meses e depois de 6 meses ela viu que não quer mais. Não tem isso de "agora você vai ter". Eu acho que a gente tem que mudar um pouco a perspectiva que a gente lida com o direito reprodutivo no Brasil.

E: Você acredita que teve sequelas físicas decorrentes do procedimento de aborto?

M: Olha, eu acredito que sim, principalmente questão de ganho de peso, porque é uma questão que mexe muito com a hormônios. Mas, eu não tenho como te responder isso de forma precisa, porque decorrido três anos que eu fiz o procedimento, eu não tive coragem ainda de ir a uma consulta ginecológica normal. Eu nunca mais fiz preventivo, não sei pela gestação, mas eu não consigo ter a iniciativa de ir a um médico. Porque eu tenho medo, medo mesmo de saber que eu fiz alguma coisa que vai prejudicar meu corpo o resto da minha vida. Então eu não sei te dizer isso com certeza.

E: Acredita que possui sequelas físicas e psicológicas, mesmo três anos após o procedimento?

M: Sim, isso é uma coisa que me deixa muito triste. Ainda é muito difícil falar sobre isso. Então, sim, psicologicamente, com certeza, foi uma coisa que me afetou de uma forma negativa. Porque não foi uma decisão fácil, e não foi fácil a experiência, principalmente pelo medo mesmo de dar alguma coisa errada. Então, sim, é uma coisa que me deixou bastante traumatizada.

E: Você acredita que se o aborto tivesse sido realizado de uma forma legalizada, essas sequelas emocionais e psicológicas teriam sido menores?

M: Com certeza. Com certeza. Não tenho a menor dúvida sobre isso. Porque o principal problema é o risco, é o medo da morte, é o medo da prisão. É todo o medo que envolve, porque é o que eu falei, o procedimento em si não foi… Eu recebi em casa os comprimidos, tomei da maneira que eu tinha que tomar, e é isso. Em 3 dias o saco gestacional saiu, o problema foi sanado. Mas o que fica, porque para conseguir esses 3 dias de procedimento de ser feito, eu passei por um mês de perrengue. De dúvidas de o que eu faço, para onde eu vou. Então comparado o tempo que eu consegui, o meio foi muito maior do que o tempo que eu gastei realmente fazendo. Não tenho dúvidas que a ilegalidade é o pior aspecto. É porque eu estava, vou confessar uma coisa aqui, eu estava preparada achando que era alguma pessoa que tinha ido a alguma clínica. Porque a gente tem essa ideia, eu particularmente tinha muito essa ideia… De que uma pessoa ia a uma clínica e eu nem sabia que existia isso, não botar o endereço. Porque acredita até que seja um grande risco, você botar uma pessoa, alguém vai me buscar e vai levar para um endereço que ninguém sabe onde é. "Meu Deus, e se eu estiver numa clínica falsa, gerida por pessoas pró-vida que vão me matar, vão fazer qualquer coisa comigo?".

E: Ainda que você acredite que o processo do abortamento foi tranquilo, as condições em que você realizou foram precárias. Você acredita que isso foi um fator de risco determinante para você?

M: Então, o que eu sei sobre clínica é num contexto muito nebuloso – e nós já sabemos onde têm as clínicas. Alguns anos antes, teve uma batida muito grande em várias clínicas que tinham em Botafogo, Nova Iguaçu... Sabe, teve até o caso de uma gestante que faleceu nesse trâmite, de ninguém sabia para onde ela ia, ninguém tinha endereço, a gestação já estava muito avançada... Porque a clínica não nega. Você chega lá com seis meses e eles têm equipamento para tirar o bebê de dentro de você. Então, a ilegalidade permite umas coisas bem complicadas para a segurança das mulheres. Mas, com relação ao meu procedimento em si, eu não achei precário, porque a pessoa que me vendeu me deu todo o suporte. Ela falou assim: "você precisa desse medicamento para limpar seu útero depois", "você precisa ter esse medicamento em casa para o caso de dor", "você precisa ter esse medicamento para parar uma hemorragia interna"... Foi uma pessoa que me perguntou quanto tempo gestacional eu tinha, se eu tinha gente para me dar um suporte caso acontecesse alguma coisa errada. Ela até falou assim, "quando você for fazer isso, me avisa, para eu ficar alerta aqui. Se você tiver alguma dúvida muito emergencial, eu poder te atender". Foi numa ilegalidade, mas que quase não foi, pelo acolhimento que eu recebi. Eu me senti muito acolhida por essa pessoa que eu não sei quem é, não conheço a cara, não sei a profissão. Mas, é isso, quando você tem informação, quando a pessoa fala assim, pronto. Eu não tive dúvidas sobre aquele momento, eu tive problemas sobre todo o resto. Quando se tem informação, quando se tem um empoderamento sobre aquilo, eu não me vi numa situação precária no momento em que eu fiz.

E: Nesse momento, quando você fez, já era a favor da legalização do aborto?

M: Olha, isso é curioso, porque eu era muito mais do que eu sou hoje. Hoje, eu já tenho uma sensibilidade maior de como lidar com isso. Eu era muito "não quero ter filho", "não quero saber de criança", "não é vida até três meses", eu tinha uma postura muito radical. E eu acho que me tornei mais humana, um pouco mais sensível para algumas questões – não é que eu seja menos a favor, só que eu acho que a forma e a perspectiva que a gente lida com isso precisa ser um pouco mensurada. Então, eu continuo sendo a favor, mas o meu discurso sobre isso e o meu acolhimento às mulheres mudou bastante. É uma experiência de desespero, você vê várias pessoas e você se vê num contexto de vulnerabilidade, que vai muito além do "eu não quero". Bate muitos aspectos do que você pode fazer também da sua vida, são muitas questões subjetivas que atravessam a escolha de fazer ou não fazer algo.

E: Você havia dito, no início da entrevista, que o impeditivo para você falar sobre isso é o fato de ainda não ter prescrito. Você acredita que, quando você ver que prescreveu, vai possibilitar uma abertura maior quanto a esse tema, para falar sobre isso?

M: Nossa, sem dúvida! Eu acho que eu vou fazer camisa, que eu vou fazer um banner, que eu vou publicar isso de todas as formas que tiver. Eu já estou meio velha, hoje já tem TikTok, já tem um monte de coisa, sei lá, vou fazer dancinha no Instagram. Eu não vejo a hora de poder falar sobre isso de uma forma realmente... Porque existe a forma segura de se obter isso mesmo com toda essa sociedade ruim que a gente está. Então, assim, eu não vejo a hora de poder falar isso de forma livre, de forma segura, de forma plena. De uma forma que eu não me sinta hipócrita por estar viva e saber que várias mulheres estão morrendo por aí. Então, assim, eu não vejo a hora, eu conto o tempo, sabe?

E: Se você tiver mais alguma coisa que queira acrescentar, o espaço é seu. Da nossa parte, estamos satisfeitas com as perguntas.

M: Eu quero acrescentar uma coisa sobre isso, porque eu acho que é importante essa questão do medo. O medo impacta também na forma com que a gente lida com crianças e maternidade. Porque, claro, tem muita mulher que deixou de fazer (o procedimento de aborto) também por medo – e que exerce uma maternidade extremamente infeliz, insatisfeita. E acaba levando essa sobrecarga que a gente sabe: mulheres têm que ter todo o cuidado com a casa e com os filhos, abrindo mão de experiências profissionais para lidar com isso. Porque, na nossa sociedade, ela não acolhe mães, querem apenas que a gente tenha filhos. E, depois, os filhos servem para aprisionar mesmo as mulheres em alguns momentos. Eu acho que é importante isso, ter a liberdade de poder falar, "eu fiz, se você quiser, também pode fazer", porque existem formas seguras de fazer, você não precisa ser prisioneira da maternidade. Acho que a gente precisa permitir que mulheres tenham liberdade das duas maneiras: liberdade de ser mãe se elas quiserem e liberdade de não ser também. Acho que isso faz muita diferença.

NEM SEMPRE É PROVOCADO: A INVISIBILIDADE DO ABORTO ESPONTÂNEO

Eliane Vieira Lacerda Almeida[1]
Lara Ribeiro Pereira Carneiro[2]

O encontro para a realização da entrevista foi realizado no dia 13 de julho de 2021. Em razão da pandemia de Covid-19, optamos por fazer o encontro de forma virtual, através do uso da plataforma Google Meet. Explicamos o objetivo da entrevista, que é sensibilizar a sociedade sobre os diferentes contextos de abortamento.

A entrevistada que aqui chamaremos ficticiamente de Yasmin é uma mulher de 49 anos, que vive em união estável, moradora da zona norte de um Estado do sudeste brasileiro. Uma professora, mãe. Essa entrevista foi com a Yasmin, mas a sua narrativa poderia ter acontecido com qualquer mulher que engravidasse.

LRPC: Você sempre quis ser mãe?

Y: Sim, de uma filha (risos).

LRPC: Acabou vindo, né? (risos)

Y: É, agraciada (risos).

LRPC: O que mudou na sua vida depois que você virou mãe?

Y: Eu fiquei mais medrosa.

LRPC: Mais medrosa?

---

1 Doutoranda em Estudos Interdisciplinares sobre Mulheres, Gênero e Feminismo, pela Universidade Federal da Bahia. Mestra em Direito e Políticas Públicas, pela Universidade Federal do Estado do Rio de Janeiro. Advogada.

2 Graduada, com bacharel e licenciatura, em História pela Universidade Federal Fluminense (UFF), graduanda em Direito pela Universidade Federal do Estado do Rio de Janeiro (UNIRIO), integrante e pesquisadora dos grupos de extensão Feminismo Literário, Feminismo Interamericano e do Grupo de Pesquisa Direitos Humanos e Transformação Social (GPDHTS) vinculados à UNIRIO.

Y: Muito mais medrosa. Eu era muito mais atrevida e fiquei muito mais medrosa. Tenho medo de tudo hoje. Que algo possa acontecer comigo e eu não estou ao lado pra protegê-la. Mesmo ela tendo 21 anos.

LRPC: Nossa, acho que é de todas as mães, né? A gente ver dia a dia. Quantas gestações você teve?

Y: Eu tive, na verdade, duas. A Carmem*[3] foi a primeira e a segunda eu sofri o aborto espontâneo.

LRPC: Essas gestações foram planejadas?

Y: Não. Nenhuma das duas.

LRPC: Nenhuma, né?

Y: Não.

EVLA: E sobre o dia da sua perda, você pode contar pra gente desde o momento que você percebeu que tinha alguma coisa errada, até a entrada no hospital. Pode ficar bem livre pra responder.

Y: Quando eu descobri que estava grávida do segundo filho, eu estava vivendo um momento bem complicado da minha vida. O meu marido estava numa situação financeira péssima, tinha se separado da sociedade que ele tinha, eu estava desempregada, não estudava. E aí a Carmem, muito pequena, tinha um ano e um pouquinho, aí eu descobri que estava grávida. Até separei aqui os documentos que eu tenho guardados até hoje. Aí eu descobri essa gravidez no dia 5 de novembro de 2001. Dentro do laboratório, foi tão interessante que na hora que eu peguei o resultado e deu positivo, e eu não entendia muito porque não estava escrito positivo, só tinha a quantidade hormônios, um negócio lá informando que eu não entendia nada. E aí eu falei assim, o que é isso aqui? Aí a menina falou assim, você está grávida. Eu planejei chorar, eu entrei em desespero. Porque assim, não é que eu não estava preparada para esse momento dessa segunda gravidez, devido à minha condição financeira. Mas cheguei em casa, contei para o marido e tudo, ele ficou assim, meio surpreso e vamos dar continuidade. Só que assim, eu não sei por que desde o primeiro momento eu senti algo diferente nessa segunda gravidez. Enquanto a primeira gravidez, que foi a da Carmem, foi uma gravidez extremamente assim, tranquila, no que se refere à questão de sentir algo, só enjôo, aquelas coisas normais da gravidez, mas assim eu sentia muitas dores na minha barriga. E eu não pensei, não é normal, gravidez não dói, e eu sentia muita dor, como se

---

3 Nome fictício.

fosse um peso. Quando eu tive um pós-operatório da primeira gravidez bem ruim, que eu fiquei até a Carmem completar cinco meses com a barriga - parte da cesárea - aberta, porque eu tenho alergia à penicilina, e os médicos não me passaram nenhum antibiótico e acabou inflamando. E eu fiquei com o corte da cesárea até ela completar cinco meses com o corte aberto, todo aberto. Não podia usar cinta, não podia fazer nada. E só depois do quinto mês dela que conseguiram fazer uma nova sutura para fechar e tudo. Então eu achei que fosse isso, dessa segunda gravidez. Essa dor tinha relação com esse problema, mas não. E aí, diante dos problemas que eu estava, porque nós tínhamos vendido o nosso apartamento e comprado a casa que eu moro hoje, ele estava começando a apresentar sinais do problema de saúde dele que levou ele ao óbito. Meu primeiro marido pai da Carmem. E aí o que aconteceu? Eu comecei a sangrar. Só que ele não tinha como me locomover, me levar até o hospital. Aí eu pedi o suporte a um vizinho. Esse vizinho me levou até o Hospital Y*[4], na emergência. Dali começou toda a minha sina. Quando eu cheguei na emergência do Hospital, que eu falei assim, eu estou perdendo o meu bebê. Aí a médica me atendeu e falou assim, "não fala isso, não fala isso. Você já viu o quanto de problema que eu tenho aqui? Olha você falando uma coisa dessa, não fala isso. Aqui não tem maternidade, você vai ser transferida para uma maternidade. Tira ela daqui". Me tiraram da emergência e me botaram numa sala que era sala de trauma. Eu estava sangrando, perdendo muito sangue. E me colocaram numa sala de trauma onde tinham várias pessoas arrebentadas, destroçadas mesmo. Eu olhei para aquela situação e eu só vi essa enfermeira rasgando com o gilete a roupa do paciente que estava todo destruído, todo quebrado. E eu botei a mão na barriga e falei assim, "Meu Deus, me segura que eu vou ter que sair daqui. Eu não vou ficar aqui. Eu não vou ser transferida numa situação dessa". Eu saí do Hospital Y, ninguém deu a minha falta, ninguém me segurou. O segurança falou assim, "Você já foi atendido?". Eu falei assim, "Já estou bem, posso ir embora". Saí do Hospital, sangrando, entrei no carro desse meu vizinho que estava lá, ainda me aguardando para dar algum suporte. E eu falei assim para ele, "Me leva para XX[5], que é onde eu fui ter a Carmem. Eu já estava com o pré-natal agendado para essa segunda gravidez lá". Aí ele falou "Então

---

4 Nome do hospital suprimido.

5 Nome do hospital suprimido.

tá, vou te levar para lá". Quando eu cheguei na XX, os primeiros atendimentos foram assim... não foram do tipo, "como você está?". Foram: "O que você tomou?". Aí eu falei, "Não tomei nada, doutor". Aí, "Tem certeza? Você não está mentindo?". Aí eu peguei o cartão e falei, "Doutor, eu já estava com o pré-natal agendado, olha aqui". Aí quando viu a comprovação de que eu estava já com o pré-natal agendado, aí eles mudaram. Mas a cada médico que vinha, porque a XX nesse período era meio que um hospital-escola, né? A cada médico que vinha eu tinha que dar essa informação de que eu não tinha tomado nada, de que eu estava com o pré-natal agendado. E toda hora vinha um grupo diferente para analisar, para verificar, e toca dali, toca da colar. E a cada hora eu levantava, me deixaram lá deitada, mas toda hora eu levantava para ir receber o famoso toque para ver se eu realmente estava perdendo ou não a criança. No final, teve um médico, o doutor A[6], extremamente, acho que foi o único, extremamente educado, que falou assim, "Você está perdendo o seu bebê. Nós vamos ter que fazer a curetagem, você vai ficar aqui deitada, que assim que for possível você vai entrar na sala para fazer essa curetagem". Aí eu perguntei, "Por que aconteceu isso, doutor?". Aí ele chegou para mim e falou assim, isso aconteceu. Aí explicou a questão da ciência, da natureza ser muito sábia, que isso poderia ser uma má formação fetal, que poderia na minha frente ficar uma situação muito desagradável, eu ter uma filha perfeita (a entrevistada fez sinal de aspas) e ter um bebê com alguma deficiência. Até que ele foi o mais educado de todos. Passou essa situação, fui levada para a sala de parto para fazer essa curetagem no dia 23 de novembro de 2001. Isso eu soube da gravidez no dia 5, no dia 23 eu já estava com esse aborto espontâneo. Me deram anestesia geral e aquela mesa de parto, que as pernas ficam assim para o alto, ali eu fiquei. Até eu acordar da cirurgia. Quando eu acordei da cirurgia, eu acordei com duas enfermeiras literalmente me dando porrada. Porrada. Eu sou muito alta, tenho 1,85m e para me retirar da mesa, principalmente as minhas pernas, elas não estavam conseguindo. E elas queriam que eu te fizesse de um jeito para ajudá-las a ser retirada da mesa. E elas me deram muita porrada nas minhas pernas. Literalmente, socos. "Que? Vai ficar botando a mão na minha cara?". 'Que eu tentava pegá-las de raiva que eu 'tava, porque estavam me batendo, né? Eu tentava pegá-las, mas eu ainda estava com o efeito da anestesia, então eu estava meio tonta. E elas me enfiaram na porrada. E daí, diante dos gritos

---

6 Nome suprimido.

delas duas comigo, veio esse doutor A e falou assim, "Não faz isso com ela não. Ela não tomou nada para abortar, é um aborto espontâneo". Aí eu disse, "Doutor, o que está acontecendo?". Ele, "Calma, calma, fica calma, nós vamos retirar você daqui". E aí, me tiraram, conseguiram me tirar - quando falo isso, eu fico arrepiada. Conseguiram me tirar de cima da mesa e me levaram para a área da enfermaria. E como eu ainda 'tava sob efeito da anestesia, eu ainda não 'tava entendendo muito bem. E a minha preocupação era com a minha filha pequena em casa também. Quando minha mãe chegou para me tirar, que eu tinha recebido a alta no dia seguinte, aí minha mãe veio até com a Carmen, aí eu abracei a Carmen e tudo, aí fomos para casa. Quando cheguei em casa, que eu tomei banho e tudo, o meu marido falou assim, "O que é isso roxo nas suas pernas?". Eu estava com as laterais assim das pernas roxas, principalmente a perna direita, que é onde elas tiveram mais acesso, porque a outra estava mais próxima à parede. Aí eu falei assim, "Elas me bateram, me bateram para tirar de cima da mesa, acreditando que eu tinha feito um aborto". Aí eles falaram, "Caramba, o que é isso?". E detalhe, é um hospital que até então tinha uma ligação com a Igreja Católica, porque é a XX. As freiras, nenhuma delas apareceu perto de mim, nenhuma delas. Mesmo sabendo que foi um aborto espontâneo, nenhuma delas apareceu. Na gravidez da Carmen, elas sempre vinham, porque eu também tive a Carmen na XX. Elas sempre vinham, passavam por ali e tal. Mas nesse do aborto espontâneo, elas até iam em outras pacientes que tinham tido os bebês, mas no meu caso não. Parecia que eu era aquela excluída, a do problema. A pessoa que estava sendo excluída ali naquele momento. O único médico que mesmo com a explicação sobre a questão de por que eu estava tendo aquele aborto espontâneo, que foi razoavelmente muito educado, foi esse doutor A. Os demais, logo de cara, "Você não tomou nada não?!". Eu falei assim, "Não doutor". Isso eu perdendo sangue. A preocupação não estava com a minha perda de sangue, com o meu estado de saúde, não. E no final, a coisa que eu achei mais, assim, interessante dessa história toda, que eu me lembrei isso até hoje, é que eu fui encaminhada por um planejamento familiar. Eu! Não o casal. Como se aquela gravidez fosse culpa minha, única e exclusivamente. Eu que fui encaminhada para um planejamento familiar, não o casal - no caso eu e o meu marido. Não nós dois. Só apenas eu que fui encaminhada para o planejamento familiar. Para que eu não… Eu cheguei a ir num dia do planejamento familiar e elas me fizeram perguntas em relação à questão da minha idade, da gravidez, da primeira, da segunda que eu tive esse aborto espontâneo. E me perguntaram também sobre... se eu tinha vontade de ter meus filhos, orientando para que não tivesse. E que eu fizesse um cuidado, eu fizesse um cuidado para que não viesse a ter mais filhos. Eu falei, "Tá bom". Foi toda essa situação que eu vivi.

EVLA: E você chegou a fazer algum dos métodos do planejamento?

Y: Fiz só o uso do anticoncepcional.

EVLA: E estava com quanto tempo de gestação quando perdeu?

Y: Eles falaram que estaria em torno de dois, oito semanas.

EVLA: Você disse que ficou um dia internada nesse trâmite, né?

Y: Sim, sim.

EVLA: Durante esse período você teve direito a algum acompanhante?

Y: Não.

EVLA: Ficou sozinha?

Y: Sozinha. Sem acompanhante, sem nada. Nem atenção, assim, de poder ir ao banheiro, que normalmente as parturientes têm essa atenção de ir ao banheiro para se caso passe mal. Não. Eu fui ao banheiro mesmo depois de ter feito já a curetagem pós-aborto. Ainda sob efeito. Eu fui sozinha. Não davam atenção. O único médico que, por incrível que pareça, deu um pouquinho de atenção foi esse doutor A. E não eram um ou dois médicos, eram equipes. E, assim, sempre aquela coisa muito constrangedora de querer olhar. Vamos olhar. Vamos dar o toque. Na época, até depois, eu levava até um pouco na brincadeira (a entrevistada fez sinal de aspas). Eu nunca levei tanto toque na minha vida como foi nesse dia. E eu perdendo, perdia, assim, pedaços de sangue. Era um coágulos. Conforme eu andava, caíam uns pedaços de sangue. A minha sina começa no Hospital Y, quando a médica da emergência pediu para que eu não falasse isso. "Não fala isso. Não fala assim. Olha a minha situação como está aqui". E aí ela me encaminha para a transferência. Só que na transferência me empurram para uma sala de trauma. Onde tem o povo atropelado, baleado, todo arrebentado. E eu na situação de perder sangue.

EVLA: Em algum momento você sentiu medo em falar que estava sofrendo um aborto? Que estava perdendo a sua gestação?

Y: Não. Não senti, não. Que assim, eu achava que os médicos nesse momento... Isso foi em 2001. Eu achava que eles deveriam encarar isso como uma coisa normal. Porque é um aborto espontâneo, né? Eu não imaginava que eles chegassem ao ponto de primeiro questionar, ao invés de dar aquela assistência. "Calma, acalme-se. Não é assim", né? Eu pensei que primeiro fosse assim. Eu não imaginava que fosse isso. E depois a postura dessas duas enfermeiras - que eu não vi mais depois. Incrível que depois eu não as vi mais. Cheguei a procurar saber quem eram, né? Mas, "Não, não sei". Tentavam sempre assim, meio que aquela coisa... "Não sei", "não lembro", "quem eram?", "eu não lembro, como é que elas eram?". Como é que eu vou me lembrar que eu estava sob efeito de anestesia ainda? Foi uma coisa bem assim, bem traumático.

EVLA: E a equipe chegou a te explicar como era o procedimento? O que eles iam fazer? Como era a curetagem? Os cuidados que teria que ter? Eles explicaram isso?

Y: Não. Não explicaram nada.

EVLA: Só pegaram e fizeram?

Y: Só pegaram e fizeram. Só a menina da anestesia que falou assim, "Oh, você vai dormir um pouquinho". Aí me deu anestesia geral. Nunca me explicaram nada. Depois de um tempo que eu recebi até um documento do SUS, avisando, que tinha feito uma curetagem pós-aborto. Foi só isso. Mas assim, como era? Como foi? Como ocorreu? Nada disso me explicava. Nada, nada, nada. Não tive explicação nenhuma. Só tive a explicação desse médico quando eu perguntei sobre o que é... Porquê tinha ocorrido isso. E ele me deu essa explicação que poderia ter sido uma má formação fetal.

EVLA: E a senhora teve algum apoio psicológico depois? Seja pelo hospital, seja por meio de próprios?

Y: Não. Não. Aí o depois é aquela sensação que você sente como se você fosse incapaz. Mesmo não sendo uma gravidez desejada para aquele momento, né? Eu me senti extremamente mal de saber que... que... Eu já fui logo de cara acusada por ter tomado alguma coisa. De saber que eu fui agredida e que eu não tive nenhum suporte psicológico por parte do hospital ou por parte de quem quer que seja a nível de orientação. Não tive. O meu suporte psicológico foi saber que a minha filha estava ali comigo naquele momento. Ou seja, não era o meu primeiro. Eu fico imaginando as mães de primeiro filho, de primeira gravidez que sofrem isso também. Eu conheço várias pessoas que já passaram por essa situação na primeira gravidez. Eu não tive nenhum tipo de suporte. O único suporte que eu tive foi, assim, buscar forças na filha que eu tinha para criar.

EVLA: Você tem religião?

Y: Sou espírita.

EVLA: E já era antes dessa situação?

Y: Já.

EVLA: E você se sentiu discriminada pela equipe hospitalar?

Y: Muito. Muito. De todos os médicos que vieram falar comigo, só esse doutor A que me deu a explicação. Que era, inclusive, era residente. Ele não era médico já. Ele estava estudando ali para se especializar na área. Foi o único. E era um médico bem jovem. O que mais me deixou, assim, foi que era um médico muito jovem. E que ele foi muito atencioso nessa explicação. Mesmo parecendo um pouco absurda. Mas foi o único que me deu. Os demais não.

EVLA: E você sente que essa experiência teve algum impacto na sua vida? Seja psicológico, que você carrega até hoje? Seja sua vida sexual? Como é que você se relacionou com a sua vivência depois disso?

Y: Na vida sexual, com relação ao meu primeiro marido, eu me sentia assim um pouco mal. Ficava assim bem reticente, com medo. Medo de uma possível gravidez de novo. E sofrer tudo isso de novo. Eu tinha esse medo. Agora, na minha vida pessoal, é aquilo que eu falei. Eu tive essa coisa de me agarrar às forças para criar minha filha. Sem contar que logo depois, no ano seguinte, isso tudo ocorreu em 2001. No ano seguinte, o meu primeiro marido, pai da Carmen, ele caiu muito doente com câncer no pulmão e veio ao óbito[7]. Então, eu comecei a me espiritualizar. Pensei assim, "Bom, Deus sabe de todas as coisas". A gente às vezes não entende o traçado que a luz divina nos coloca. Se essa gravidez fosse à frente, eu estaria enterrando o marido e parindo um filho. Essa era a minha situação que estaria acontecendo no momento. Porque o meu marido, ele já vinha apresentando sinais de problemas de saúde. Só que ele era extremamente teimoso. Ele não era médico, quando procurava, questionava, teimava, tudo que ocorria com relação ao tratamento médico que o médico estabelecia para ele. E, conforme foi passando o tempo, o quadro dele foi se agravando e chegou a um câncer de pulmão. Que aí ele vem ao óbito no ano seguinte[8].

---

7 Data suprimida.

8 Data suprimida.

EVLA: E você tinha mais gente para te dar apoio? Você tinha outros familiares que conseguiram te dar algum suporte de alguma forma?

Y: Minha mãe. Minha mãe. Só. Só minha mãe.

EVLA: E você pensou ou chegou mesmo a denunciar o hospital?

Y: Olha, pensei em denunciar. Mas foi como eu falei, quando eu busquei saber quem eram essas pessoas, ninguém sabia quem era. Que eram as plantonistas da noite. Elas me tiraram de noite. Quando eu procurei saber, "Não, não tá aqui não, não sei quem é não, o que foi?". Eu falei, bom, isso que eu queria saber. Eu quero saber quem são essas pessoas. E elas… ninguém sabia quem era.

EVLA: E você sente que teve diferença no tratamento pela equipe hospitalar da sua primeira gestação para essa situação que você viveu?

Y: Muita diferença! Muita diferença. Você quer ver um caso? A Carmen, quando nasceu, foi no mesma hospital, XX. A Carmen, quando nasceu, foi uma cesárea. Eles tiveram muita atenção comigo porque não estavam conseguindo dar passagem. Aí me encaminharam para a cesárea. Na mesa de cirurgia da cesárea me trataram com muito carinho, me trataram com muita brincadeira, brincando para eu poder me acalmar. Aí a Carmen nasceu e a Carmen, assim, teve uma certa dificuldade de pegar no peito. Primeiro filho, vinham as enfermeiras, me ajudavam a ensinar como é que é para a criança pegar no peito. E aí, quando a Carmen não parava de chorar e eu ansiosa com aquilo, eu cheguei num momento e falei assim, "Nossa, como você é chata, você não para de chorar?" (risos). Aí a enfermeira ouviu. Imediatamente veio uma psicóloga, "Mãe, tá tudo bem? Como é que você está?". Porque tinha equipe de psicólogos. "Tá tudo bem? Como é que você está?". Aí eu falei assim, "Não, eu tô bem, só que eu não tô muito adaptada. Tá difícil de fazer ela pegar no peito.", tanto que eu tive que botar um adaptador para ela poder pegar aqui no peito esquerdo ela não amava muito bem, só amava no direito. Aí ficavam falando, "Você não pode deixar no peito só, senão você vai ficar deformada". Aí ficava com aquele monte de explicação e eu não conseguia acompanhar, com dor da cesárea. Aí ela chorando, aí eu virei para ela, recém nascida, e falei, "Nossa, como você é chata". Aí ouviram e mandaram logo um psicólogo, isso na gravidez dela. E toda hora vinha gente com cuidado, porque eu não tava conseguindo comer, me alimentar bem. E, "Você precisa se alimentar", toda hora com carinho. Já nesse aborto eles nem se preocuparam se eu comi, se eu tinha comido, se eu tava bem, se eu não tava bem, como é que tava meu psi… Não, deram a mínima. Fizeram a curetagem, "Ó, tá de alta, pode ir embora.".

LRPC: A senhora é a favor ou contra a descriminalização do aborto?

Y: Sou a favor.

LRPC: Você é a favor?

Y: Sou.

LRPC: Sempre foi?

Y: Sempre fui? Sempre fui, mas eu tenho ressalvas, mas sou a favor. Quais são as ressalvas? As ressalvas que eu tenho é assim, é pra que tomem cuidado para não banalizar. Em que sentido? Eu tenho até assim uma comparação no fato de que assim, eu acho que antes da questão do aborto, tem que se existir dentro das escolas uma educação sexual, o que não tem. Primeiro pela questão religiosa, que a questão religiosa atrapalha tudo na questão da educação. Então eu acho que tem que começar logo cedo. As crianças, as meninas principalmente, a terem a noção dos métodos contraceptivos para elas e os meninos do método contraceptivo para eles e daquilo que representa ter um filho, tanto para mulher quanto para o rapaz. Porque o filho não é só da mulher. Infelizmente a sociedade tem a se hábito de dizer que o filho é só da mulher. Não, o filho são dos dois. Então, assim, eu acho que primeiro tinha que ter essa educação sexual e não viesse a banalizar o aborto. Ter o aborto e aprender à sociedade primeiro que abortar um filho não é a mulher a criminosa. Ninguém é criminoso por causa disso. Só você que sabe dos problemas que você está vivendo, das situações que você está vivendo e que você pode vir a cometer, cometer… não sei nem se é… praticar o ato do aborto. Afazer o aborto. Cometer parece até que está cometendo um crime. Não é um crime. Crime é o que parece que a sociedade nos impõe. Tudo parece que é culpa da mulher. Quando na verdade é uma situação num conjunto. Então eu sempre fui a favor sim, mas sem banalizar. Isso não parece que está, tipo? Por que eu falo isso? Porque teve uma prima da minha mãe que ela fez 11 aborto.

LRPC: Nossa.

Y: Isso que eu chamo de banalizar. 11! Entendeu? Não achar assim, "Ah, engravidei, vou lá e tiro. Gravidei, vou lá e tiro". Não. Não é por aí, né? Vamos ter uma noção também de que, peraí, né? Isso que eu chamo de banalizar. Não achar que a solução está no aborto. Não. A solução não é estar no aborto. A solução está numa educação sexual que tem que ocorrer lá atrás, com as meninas, com os meninos, com todos, com a sociedade como um todo. E também, né? Com a equipe de saúde. Esquecer que a religião não pode interferir no processo de trabalho. Porque já pensou? Eu sou espírita e dou aula de história. Aí eu tenho que falar sobre reforma protestante. Eu vou falar contra a igreja de uma forma pejorativa em prol da minha religião? Não. Se eu tenho que me prevenir, me policiar nessa questão da minha religião, por que o outro não tem? Por que eu tenho que chegar dentro de uma sala de aula e quando eu for falar sobre reforma protestante, falar contra os trâmites da igreja católica, eu tenho que tomar um cuidado? Porque eu tenho pessoas extremamente católicas dentro da minha sala de aula. Por que quando eu fui falar sobre isso aconteceu comigo dentro da sala de aula, sobre o mito da Adão e Eva, e eu disse que era um mito, eu recebi uma reclamação de um pastor da igreja evangélica?

LRPC: Caramba! Gente, e o pior é que eu compartilho com você que eu também fui formada em História. Então, o direito é minha segunda graduação, então eu vejo assim, eu já participei de momentos em que é muito difícil, porque você tem que mostrar a realidade, né? Digamos assim, tem que falar a verdade e que vai além da religião, né?

Y: Exatamente.

LRPC: E recebe muitas respostas assim atravessadas, às vezes umas advertências que você fica "Mas gente, eu estou contando o que tem que ser dito, né? É impressionante (risos). Compartilho dessa experiência também.

Y: Hoje dentro de sala aula eu tenho que chegar para o aluno e falar assim eu não estou falando mal da igreja católica hoje, eu estou falando o que aconteceu lá atrás, por favor não vá lá no padre falar que a professora falou mal da igreja católica. Aí quando eu falo sobre a criação, os mitos, o mito da criação de Adão e Eva, - "a mas professora eu acredito" - está ok, isso é a sua religião, o papo aqui não é religião, então assim, é extremamente desagradável você ter que ficar sempre se policiando no que vai falar e como vai falar, como vai agir, porque a religião está na frente do profissional quando deveria estar ao contrário, o profissional tem que estar à frente da religião. E isso aconteceu comigo nessa questão desse aborto espontâneo. Ali estavam as religiosas, não estavam as profissionais. Isso foi muito sério, eu não deixei para lá, acabei deixando porque não encontrei as pessoas que eu queria ter encontrado e eu não soube nem o nome delas, eu sei que eram duas enfermeiras, uma eu sei que era uma bem senhorinha, e a outra era (...) ficou assim meio que de fora, sem entender mas quieta, também não veio contra a atitude da colega, permitiu que a colega ficasse me batendo.

LRPC: Caramba! O que você diria para as outras mulheres que ou perderam seus filhos ou não puderam seguir com a gestação? A partir da sua experiência que você está relatando aqui para a gente, o que você diria para essas mulheres?

Y: Que nós somos guerreiras demais, para não falar um palavrão, que nós somos guerreiras demais, porque a gente consegue segurar uma sociedade, sofrermos as consequências de sermos mulheres, sofrermos as consequências de brigarmos pelos nossos direitos e ainda enfrentarmos um conservadorismo absurdo e que precisamos lutar muito ainda para tentar mudar essa mente atrasada que ainda está principalmente na sociedade brasileira. Quando você vê países católicos, rigorosamente católicos como Portugal, já com a lei do aborto aprovada, aqui no Brasil a gente ainda está engatinhando quanto a isso. A gente ainda vê muita gente temerosa de praticar um aborto, temerosa de falar de um aborto, como foi no meu caso, um aborto espontâneo, parece que como se a mulher fosse a culpada por tudo que ocorre, quando na verdade é uma situação normal. Tem horas que eu costumo dizer que parece que nós estamos retrocedendo ao colonialismo, onde tudo a culpada era a mulher. Quando ela não dava o filho ao homem ou ao marido, ela era a culpada. Quando ela não engravidava, ela era a culpada. Parece que nós estamos retrocedendo a isso. E é uma situação que hoje é quase igual. A mulher, ela tem que se prevenir no modo vulgar de falar, fechar as pernas, quando na verdade o método contraceptivo é dos dois, não é de um só. E se cuidar muito para que, na verdade, ela tenha um psicológico muito forte para suportar tudo isso, que é difícil. É muito complicado. Eu como mãe de uma filha, eu me preocupo demais. É absurdo a minha filha ter que sair à noite e dependendo da roupa eu falar assim, "Não vai assim, vai desse jeito porque você não vai correr risco nenhum". Isso é um absurdo a gente ainda viver isso. É um absurdo a mulher ter que correr atrás do seu método contraceptivo sozinha. Por que o homem não faz isso? Por que ainda existe essa coisa de que ao homem nada afeta, ao homem tudo pode? Por que nós mulheres sempre acabamos levando a culpa daquilo quando foi feito a dois? É muito sério. Há que se mudar muito essa mentalidade da sociedade brasileira. Eu espero que com esse trabalho de vocês, consiga realmente mudar. É difícil porque, assim, eu estou falando, mas eu já vi muitas meninas, muitas mulheres que sofreram aborto espontâneo e que não falaram. E não falam até hoje, mesmo aborto espontâneo, têm vergonha do que ocorreu. Eu não tenho vergonha. Eu quero mesmo que isso chegue a muitas outras pessoas e essas outras pessoas possam botar a boca no trombone. Porque eu tentei, mas elas sumiram, elas se esconderam num plantão. Ninguém me disse quem era, porque eu procurei.

LRPC: Se a senhora pudesse voltar no tempo, o que você gostaria de dizer para aquela Yasmin, no momento da perda?

Y: O que que eu gostaria de dizer pra mim? ... Você vai conseguir, você vai superar toda essa dor. Você vai ser forte, você vai ser guerreira. Você tem uma filha para criar, tem uma família para construir ainda, porque mesmo tendo meu primeiro marido ... para completar ainda tive depois o óbito do marido. Você vai conseguir. Quando eu perdi o meu primeiro marido, eu estava indo no centro da cidade, de ônibus na época, e eu parei e fiquei olhando assim, pensando. Eu falei assim, alguma coisa muito boa lá no fim desse túnel tem para mim. Porque é impossível que diante de uma perda de um filho, da perda do marido, problemas ligados à questões econômicas, a venda do apartamento com a compra da casa, e ainda para completar, eu não tive um problema nessa questão de tomar a posse da casa, porque comprei a casa, o marido fez uma tremenda de uma burrada, que ele pegou o dinheiro e ao invés de dar ao dono da casa que estava vendendo a casa para a gente, não, ele deu o dinheiro para a casa que o homem estava comprando e não recebeu documento nenhum. Por pouco eu perdi até a casa que eu tinha comprado. E aí eu corri atrás dessas questões de ter a casa, corri atrás das questões de saúde dele, dos meus problemas também e consegui chegar, não ainda cheguei onde queria, mas só o fato de estar com saúde, ver a minha filha se desenvolvendo, ver esse segundo relacionamento que eu tenho hoje sendo um relacionamento tranquilo. Tranquilo não é tanto, porque marido nunca é tranquilo, sempre perturba o juízo da gente. É, um relacionamento tranquilo, mas batalhando por uma situação de uma vida melhor, eu digo e diria para aquela Yasmin lá atrás, vai que você vai conseguir, porque por algum momento eu pensei que eu não fosse conseguir. Por muitas vezes eu pensei que não fosse conseguir, muitas das vezes eu estava só.

LRPC: Você chegou a comentar com outras pessoas ou você comenta com outras pessoas sobre esse aborto espontâneo?

Y: Sim.

LRPC: Comenta normalmente, sem nenhum problema?

Y: Sim. Eu quero mesmo que isso seja ouvido que as pessoas tenham ciência dessas coisas. Não tenho reticências para falar sobre isso não, pelo contrário. Inclusive eu falo às vezes quando eu converso sobre questões de métodos contraceptivos, depois que a aula termina com algumas alunas, eu falo sobre isso, "Vocês têm que tomar cuidado". Tudo cai para cima da gente, eu converso muito com as minhas alunas em relação à questão da posição da mulher na sociedade. Chega a ser até interessante que às vezes eu converso com elas, os meninos participam, ai alguns já começam a participar também, vira um debate que além de história também é do aula de sociologia e filosofia, então se torna um debate bem forte.

LRPC: O que é necessário para a gente comentar, a gente tem que comentar de alguma forma, a gente não é de biológicas, mas é de humanas, e tem que comentar, tem que sempre ir comentando um pouquinho.

Y: Alguns choram quando falam, outros ficam assim "Nossa professora, a senhora tinha que ter feito alguma coisa, porque você não bateu nela?". Como? Não tinha como bater, ainda estava sob efeito da anestesia, anestesia geral você volta, mas ainda fica meio zonza, você não tem ainda a coordenação motora muito boa ainda.

LRPC: Você percebeu, desde que começou a comentar sobre esse assunto, que você teve uma rede de apoio que você não recebeu no hospital? Você chegou a ter essa rede de apoio entre seus amigos, entre sua família, ou até mesmo apenas conhecidos quando você começou a relatar sua experiência?

Y: Ah sim, tive sim, tive. Tive assim comentários "Caramba que absurdo, que não sei o quê" mas tive assim alguma coisa de apoio sim. A minha mãe me apoiou bastante, meus irmãos não. O meu marido ficou assustado, mas também não deu muita atenção. Alguns vizinhos na época que souberam, o vizinho que me socorreu, e assim, alguns amigos muito próximos, muito próximos sim, e o meu marido, incrível, o meu marido atual. Ele é uma pessoa que assim, se eu tiver com algum problema, ele já fica desesperado achando que eu vou morrer, então ele fica sempre com muito cuidado, tanto que há uns três anos atrás eu operei a vesícula, ele ficou desesperado ficou achando que "Olha, cuidado, não faz isso com ela", "eu vou estar aqui", ele teve muita atenção nesse lance e tem até hoje, muito cuidado com isso.

LRPC: Que bom que teve esse reconhecimento, esse apoio, acho que é uma coisa essencial. Eu não sei se a Eliane quer perguntar mais alguma coisa não, você gostaria de acrescentar mais alguma coisa, Yasmin, pra gente, que você acha revelante, que a gente não tem abordado aqui nas perguntas?

Y: Não, não tem mais nada não pra acrescentar não. Eu só gostaria que, assim, não tem mais nada pra acrescentar, mas eu só gostaria que as pessoas pudessem ter menos medo, principalmente nós, mulheres. A gente precisava ter, a gente precisa, necessita ter menos medo. Não é medo de, como eu falei, "Ah, depois de mãe eu fiquei com medo", não, não é esse medo. Eu tenho medo de acontecer alguma coisa comigo e não poder cuidar da minha filha, porque pra mim ela vai ser meu eterno bebê. Mas assim, eu tenho medo de tudo o que se refere a situação em si. A gente ter medo de colocar em público o que estamos sentindo. Como foi o caso agora desse caso público aí de um DJ[9] que agrediu a mulher, que durante muito tempo ela teve medo. Eu só gostaria que nós mulheres tivéssemos menos medo. A gente não tem que ter medo de falar que sofreu um aborto, ou que fez um aborto, ou que foi agredida e vamos denunciar. A gente tinha que ter menos medo. O medo é que acaba travando, bloqueando, pra que esse tipo de atitude acabe na nossa sociedade. Temos que colocar a boca no trombone, sim. Explanar, sim. Reclamar, sim. Porque se a gente continuar travando pra tudo, e eu falo isso sempre pra minha filha, "você não tem que ter medo não, você tem que pegar e falar". A Carmen hoje é uma garota completamente diferente de quando ela era pequenininha, que ela tinha receio até de falar alto. Hoje não, hoje ela fala alto, hoje ela se impõe. Você não pode ter medo, tem que falar, tem que expor, tem que gritar se for preciso, grite se for preciso, fale palavrão. Então assim, eu acho que nós mulheres temos que ter menos medo.

EVLA: Yasmin, eu estou apaixonada por você. Muito obrigada por compartilhar sua experiência. Eu sinto muito que você tenha passado por tudo isso. Eu também tive uma experiência muito ruim com a

---

9 No dia 11 de julho de 2021 foi veiculado nas redes sociais imagens do DJ Ivis agredindo a sua, à época, esposa, Pamela Holanda. O caso ganhou grande repercussão na mídia nacional e o DJ chegou a ir preso. Disponível em: https://g1.globo.com/ce/ceara/noticia/2021/07/12/dj-ivis-agride-ex-mulher-o-que-se-sabe-e-o-que-ainda-falta-saber.ghtml . Acesso em: 20 nov. 2022.

minha gestação. Então assim, sinta-se abraçada. Muito obrigada por compartilhar. Eu espero realmente que o nosso trabalho tenha um impacto social, porque é muito difícil pra gente que é mulher, a gente está diretamente atrelada a essa pauta de direitos produtivos. Então assim, muito, muito obrigada mesmo pela sua contribuição.

LRPC: Muito obrigada, Yasmin, de verdade. Acho que o relato é enriquecedor, né? Eu lembro de ter comentado com as meninas, a gente sabe que tem pessoas ao nosso redor que passaram por essa situação, que precisam desse auxílio, que precisam dessa ajuda, mas a gente muitas das vezes não sabe quem é. A gente sabe que tem, que está lá do nosso lado. Mas por conta de todo esse conservadorismo que a gente tem na sociedade, elas preferem guardar pra elas e isso às vezes é ruim tanto pra elas e quanto para a conjuntura, digamos assim, total da sociedade. Porque a gente tem que falar mesmo, como você falou, a gente tem que falar. É difícil, é doloroso, é perigoso na sociedade que a gente está vivendo hoje em dia, mas aos pouquinhos com as redes de apoio que a gente vai construindo, a gente vai ganhando essa coragem. A gente vai quebrando esse medo, vai falando, vai comentando e acho que isso é muito importante. Então, o seu relato é muito importante não só pro conhecimento de como a coisa foi feita, infelizmente a gente fica muito sentida, né? Você ter passado por isso, não era pra você ter passado por isso, mas ao mesmo tempo encoraja, encoraja a gente de virar e falar assim, vamos em frente, vamos continuar buscando, vamos ajudar essas pessoas, vamos ajudar essas mulheres. E é só pra agradecer mesmo por você ter se disponibilizado aqui pra gente pra passar essa entrevista e que foi incrível.

Y: Ok, obrigada a vocês.

A DESCRIMINALIZAÇÃO DO ABORTO NA ARGENTINA E NO MÉXICO E COMO ISSO FORTALECE A LUTA DAS BRASILEIRAS PELO RECONHECIMENTO DESSE DIREITO

Bibiana Terra[1]
Gabriela Maria Barbosa Faria[2]
Larissa Faria de Souza[3]

INTRODUÇÃO

Em agosto de 2018, passados apenas alguns dias da votação no Senado argentino que recusou o projeto de lei que previa a legalização do aborto no país, mais uma mulher morreu por consequência de sua prática clandestina. Magdalena Villegas de Martínez, que tinha 34 anos, morreu na cidade de Buenos Aires após tentar fazer um aborto em sua casa. Na mesma época, em Petrópolis, no estado do Rio de Janeiro, no

---

[1] Mestra em Direito pela Faculdade de Direito do Sul de Minas. Especialista em Direito Constitucional pela Universidade Anhanguera-Uniderp. Professora em curso de pós-graduação na Escola Mineira de Direito. E-mail: bibianaterra@yahoo.com

[2] Mestranda em Direito pela Faculdade de Direito do Sul de Minas. Pós-graduanda em Direitos Humanos e Interseccionalides pela Escola Mineira de Direito (EMD). E-mail: gabbibarbosaf@gmail.com

[3] Mestranda em Direito pela Faculdade de Direito do Sul de Minas. Pós-graduada em Direito Constitucional pela Faculdade de Direito do Sul de Minas. E-mail: larissa_faria_souza@hotmail.com

Brasil, morreu também Ingriane Barbosa, mulher negra, que tentou praticar aborto clandestinamente em sua residência.[4]

A dominicana Rosaura Almonte, diagnosticada com leucemia quando estava grávida de sete semanas, teve seu tratamento negado pois os médicos se opuseram a tratá-la, alegando que os medicamentos colocavam em perigo a vida do feto. Ela morreu aos 16 anos. Aos 19 anos de idade, Ida, na Nicarágua, ficou grávida depois dos constantes estupros de um familiar, mas as autoridades de seu país a impediram de abortar e a jovem, com deficiência intelectual, viu-se forçada a dar à luz.[5]

Esses são apenas alguns exemplos que se repetem constantemente na América Latina, região onde a interrupção voluntária da gravidez ainda é proibida na maioria dos países, incluindo o Brasil, mas que no último ano, em 2020, descriminalizou sua prática em um outro, na Argentina. No entanto, a busca pela sua legalização, a acessibilidade gratuita e segura aos serviços de saúde para o abortamento e a prerrogativa de decidir sobre o próprio corpo sem sofrer criminalizações por isso são demandas do movimento feminista e têm, cada vez mais, avançado nas regiões latino-americanas.

Assim, é nesse contexto que as discussões em torno da legalização do aborto se colocam com mais intensidade e que os seus avanços, em alguns países dessas regiões, podem ser hoje visualizados. Em 2018, depois da morte dessas mulheres argentinas, o país avançou nas discussões sobre a possibilidade de interrupção voluntária da gravidez, servindo de impulso para as manifestações das feministas em seu país. As argentinas, por sua vez, influenciaram as mexicanas, que no ano de 2021 têm tido importantes avanços nessa temática.

Diante disso, a presente pesquisa tem como objetivo geral, conforme aponta o próprio título do trabalho, analisar como a conquista do direito ao aborto das mulheres na Argentina e no México fortalece a luta pela sua descriminalização no Brasil. No ano de 2020 as argentinas conquistaram o direito de interromper voluntariamente a gravidez, na

---

4 Sobre essas notícias, informações podem ser encontradas em: https://esquerdaonline.com.br/2018/08/15/mulheres-voltam-as-ruas-na-argentina-apos-mais-uma-morte-por-aborto-clandestino/ Acesso em: 07 dez. 2021.

5 Sobre essas notícias, informações podem ser encontradas em: https://elpais.com/internacional/2018/06/14/actualidad/1529002780_075313.html Acesso em: 07 dez. 2021.

sequência, em 2021, foi a vez das mexicanas avançarem nesse direito em diversos estados de seu país.

Para os estreitos limites desse trabalho, o presente artigo se divide em dois tópicos, sendo que no primeiro deles será apresentado acerca das lutas das feministas na Argentina e no México, suas reivindicações pelo direito ao aborto e suas conquistas mais recentes. Já na segunda parte, serão analisados os reflexos dessa descriminalização no Brasil e suas possíveis influências nas brasileiras e nas suas lutas pelo reconhecimento desse direito no país.

O trabalho será realizado por meio da metodologia da pesquisa bibliográfica, por esta ter sido considerada a mais adequada para o desenvolvimento dos pressupostos apresentados pelo trabalho. Essa pesquisa se mostra muito atual e de fundamental importância para os debates feministas e de gênero, tendo a possibilidade de trazer importantes contribuições para o debate feminista latino-americano, principalmente em relação ao direito ao aborto. Sobre o seu referencial teórico, o artigo apoia-se nas teorias feministas, principalmente em trabalhos desenvolvidos por autoras dessas regiões.

1. AS LUTAS FEMINISTAS E A DESCRIMINALIZAÇÃO DO ABORTO NA ARGENTINA E NO MÉXICO

A América Latina apresenta, na maioria dos seus países, leis restritivas no que concerne a interrupção voluntária da gravidez. Nesse sentido, cabe destacar que somente em seis de seus países a realização do aborto é legalizada. Vale ressaltar ainda que outros doze países também preveem leis referentes ao assunto, no entanto, apresentam hipóteses restritivas quanto a sua realização. Além disso, na sua grande maioria o procedimento somente pode ser realizado em apenas dois casos específicos: gravidez decorrente de violência sexual ou quando há risco à vida da mulher, como é o caso do Brasil e de diversos estados do México (RIGGIROZZI; GRUGEL, 2021).

A luta pela legalização e descriminalização do aborto na América Latina existe há muito tempo, no entanto, foi principalmente a partir do final da década de 1960 e início de 1970 que a busca pelo reconhecimento dos direitos sexuais e reprodutivos das mulheres começaram a adquirir mais visibilidade, especialmente por conta da influência das reivindicações feministas. Sendo assim, pode-se compreender que foi a partir dessa conjuntura que os debates sobre a possibilidade de interrupção voluntária da gravidez passaram a ser mais amplamente impulsionados (AMUCHÁSTEGUI, 2019).

Esses debates sobre o direito ao aborto, sua descriminalização e legalização vêm, nos últimos anos, motivando diversos debates nas agendas governamentais e manifestações nacionais e internacionais, impulsionados pelos movimentos feministas e de mulheres em toda a América Latina. No entanto, foi somente mais recentemente que eles ganharam mais força, tanto em nível nacional quanto internacional, em manifestações que ficaram conhecidas como "Maré Verde" (TERRA; FARIA; SOUZA, 2021).

A princípio, é importante destacar que esse termo, "Maré Verde", inicialmente fazia uma referência ao pano verde utilizado pelas *Madres de la Plaza de Mayo*", que se refere a um movimento da Argentina que no ano de 1997 teve diversas mulheres indo as ruas lutar por informações sobre seus filhos e filhas desaparecidos durante o regime ditatorial do país. Elas pressionavam as autoridades sobre o paradeiro dessas pessoas, buscando a responsabilização dos culpados. Essa ficou marcada na história argentina como uma das primeiras manifestações de mulheres no país, o que incentivou outras organizações a marcharem por suas reivindicações nos anos seguintes (MORALES; FELITTI, 2020).

No entanto, nos últimos anos, o termo "Maré Verde" ficou conhecido como uma referência aos movimentos feministas latino-americanos que lutam pelo direito ao aborto nessas regiões (TERRA; FARIA; SOUZA, 2021). Ele faz uma alusão aos lenços verdes utilizados pelas mulheres, principalmente as feministas, nas manifestações a favor do direito ao aborto legal, seguro e gratuito. Desde que elas passaram a utilizá-los, esses lenços verdes se transformaram em um símbolo de luta e resistência e não apenas na Argentina (onde primeiramente esse debate tomou corpo), mas na América Latina como um todo (GÜEMES; GÜEMES, 2020).

Nas campanhas nacionais pelo reconhecimento do direito ao aborto legal, seguro e gratuito, as argentinas exigiam *"educação sexual para decidir, anticoncepcional para não abortar e aborto legal para não morrer"*. Esse movimento ganhou força sem precedentes no país e mobilizou a promoção de um novo projeto de lei em 2018 que, pela primeira vez na história daquele país, ascendeu as instâncias de poder e de tomada de decisões (TERRA; LUZ, 2020).

Nesse sentido, o projeto de lei apresentado foi aprovado em uma votação apertada na Câmara dos Deputados com 129 votos a favor e 125 contra. Porém, quando a decisão foi levada ao Senado para tomar a decisão final se o direito ao aborto seria ou não descriminalizado na Argentina, acabou por não ser aprovado, tendo o projeto sido recusado por 38 votos contra e 31 a favor (TERRA; LUZ, 2020).

Desse modo, depois da decepção sofrida pelas feministas argentinas em 2018, após o projeto ter sido recusado, em 2020 o cenário seria muito mais promissor. Com a eleição do presidente Alberto Fernández, o mesmo havia feito promessas durante as suas campanhas que enviaria projeto ao legislativo argentino sobre a descriminalização do aborto. Assim, com o incentivo do executivo e com milhares de feministas que foram às ruas marchar pelo seu direito de decidir, o aborto se tornou legal no país (GÜEMES; GÜEMES, 2020).

A aprovação do projeto que previa a descriminalização do aborto na Argentina ocorreu durante uma sessão realizada no final de 2020, sendo que a partir do dia 24 de janeiro de 2021 entrou em vigor no país a Lei 27.610 – *Lei de Acceso a la Interrupción Voluntaria del Embarazo* (IVE). A partir de então, a Argentina se tornou o sexto país da América Latina a possibilitar a interrupção voluntária da gravidez em todo o seu território (GÜEMES; GÜEMES, 2020).

Essa legislação obriga o país a oferecer cobertura integral e gratuita para mulheres que decidirem por realizar a interrupção da gravidez até a 14ª semana de gestação. É importante ressaltar que após este período, a interrupção da gravidez somente será permitida legalmente em casos de risco de vida para a gestante ou quando a concepção é fruto de violência sexual. Assim, a Argentina dá a possibilidade a todas as mulheres, pela primeira vez na história do país, poderem decidir por voluntariamente dar continuidade ou não a uma gravidez sem sofrerem criminalizações por isso (RIZZOTTO; BELIN, 2021).

Além disso, a lei também passou a prever que as meninas menores de 13 anos de idade teriam direito de interromper a gravidez, desde que acompanhadas dos pais ou de um representante legal. Já sobre as adolescentes entre 13 e 16 anos, a legislação argentina prevê que elas somente precisam de autorização nos casos em que o procedimento tenha risco a sua saúde. As maiores de 16 anos não precisam de autorização prévia para a realização do procedimento (RIZZOTTO; BELIN, 2021, p 50).

Diante do exposto, no que diz respeito a descriminalização do aborto na Argentina, com a previsão dessa nova legislação o país se colocou mais uma vez na vanguarda dos direitos sociais na América Latina, sendo que as amplas e intensas mobilizações dos movimentos feministas se tornaram referência internacionalmente, influenciando outros países da região.

Assim, dentro dessa temática do direito ao aborto, um outro país que será aqui destacado na pesquisa é o México. Uma das conquistas mais recentes e importantes no que diz respeito aos direitos sexuais e reprodutivos das mulheres ocorreu na região mexicana, sendo que no dia 07 de setembro de 2021 a Suprema Corte de Justiça e da Nação (SCNJ) decidiu, de maneira histórica, pela descriminalização do aborto no país (EL PAÍS, 2021).

Essa decisão teve como um de seus efeitos invalidar o artigo 196 do Código Penal de Coahuila, cidade que faz fronteira com o estado do Texas, nos Estados Unidos, e que recentemente passou a proibir a realização do aborto em seu território. O estado americano foi contra décadas de precedentes e, de maneira histórica, retrocedeu sobre essa temática, impondo restrições bastante severas, tais como a exclusão da realização do procedimento para os casos de vítimas de violência sexual, o que acabou gerando manifestações das feministas no país (EL PAÍS, 2021).

Antes dessa decisão da SCNJ o Código Penal mexicano punia em até três anos de prisão as mulheres que realizavam um aborto (LAMA, 2009). Porém, a partir dessa, os seus ministros entenderam e decidiram que seria ilegal penalizar as mulheres que optassem pela interrupção voluntária da gravidez, pois não havia nenhuma proibição expressa na constituição mexicana que impedisse a realização do procedimento ou que estabelecesse algum tipo de punição pela sua realização. Sendo assim, os ministros entenderam que a sua criminalização seria uma violação a autonomia reprodutiva das mulheres mexicanas (EL PAÍS, 2021).

No país, a possibilidade de uma mulher interromper voluntariamente a gravidez somente é legalizada em seis dos trinta e dois estados mexicanos (LA DIARIA FEMINISMO, 2021), sendo a sua capital a primeira a aprovar uma reforma do Código Penal, despenalizando a realização do procedimento até a décima segunda semana de gestação. Na sequência, Veracruz, Hidalgo, Oaxaca e Baja California também descriminalizaram. Ainda mais recentemente, no dia 01 de dezembro de 2021, a Maré Verde no México teve mais um avanço, sendo que Colima tornou-se o mais novo estado a legalizar a realização da interrupção voluntária da gravidez no país. E a sua descriminalização segue avançando em território mexicano.

Diante disso, vale aqui mencionar que no México cada um dos estados federativos tem sua própria legislação e, assim, as restrições podem variar conforme cada estado (MORALES; FELITTI, 2020, p. 122). Nesse sentido, somente nesses cinco estados acima citados que as mulheres mexicanas têm autonomia para decidirem se querem ou não dar continuidade a uma gravidez, podendo optar pela realização de um aborto até a sua décima segunda semana de gestação (CATARINAS, 2021).

Já no que diz respeito aos demais estados desse país, apesar de existirem legislações sobre o aborto, ele só é legalizado em algumas hipóteses mais específicas. Desse modo, na maioria dos seus estados, somente é permitida a realização do aborto em casos de risco de vida materna ou em caso de violência sexual (SOTO, 2021). Sendo assim, nos demais casos, ainda existem penalizações e restrições quanto à realização desse procedimento.

No México, são os próprios entes estatais que definem suas próprias legislações e constituições. Assim, para que o aborto seja legalizado e descriminalizado em todo o país, é necessário mais do que somente a decisão proclamada pelo SCNJ, é preciso que todos os legislativos regionais promovam legislações para tal. Porém, a partir da decisão acima destacada, a Suprema Corte Mexicana abre, então, um novo precedente no país, visto que este pode, a partir de então, ser adotado em casos semelhantes em todo o Estado mexicano. Sendo assim, os juízes devem se utilizar desse novo parecer em seus julgamentos (AMUCHÁSTEGUI, 2019, p. 269-270).

Além disso, o precedente também abre a possibilidade da liberação de mulheres encarceradas por terem realizado o procedimento nos últimos anos no país (AMUCHÁSTEGUI, 2019). Assim, vale também mencionar que apesar de a presente decisão da Suprema Corte de Justiça não descriminalizar automaticamente a realização do aborto em todos os Códigos Penais mexicanos, a decisão é de extrema importância, pois as decisões que violarem a da Suprema Corte Mexicana são consideradas como inválidas e podem ser revertidas, o que constitui um enorme avanço.

É importante mencionar ainda que as restrições que continuam impostas contra o abortamento no México não impedem as mulheres de tentarem interromper a gestação, sendo que este procedimento segue sendo realizado, clandestinamente, mesmo nos estados em que a sua realização é ilegal. Porém, as complicações resultantes dos abortos realizados de maneira ilegal e clandestina são inúmeras e podem resultar em diversos problemas para as mulheres, tais como: graves infecções, infertilidade e até mesmo risco de vida.

Apesar disso, importa destacar que por mais que as mulheres mexicanas ainda não tenham alcançado plenos direitos sobre sua saúde sexual e reprodutiva, em todo o país, as movimentações feministas na região foram extremamente importantes e decisivas para a implementação dos últimos avanços. Desse modo, vale aludir que a presente decisão da Suprema Corte do México não tem efeito tão somente no México, mas provavelmente terá repercussões em toda a América Latina.

É importante ressaltar que essas decisões são frutos de anos de lutas feministas na América Latina, sendo que as vitórias dos movimentos feministas frequentemente acabam por fortalecer uns aos outros, impulsionando novas movimentações em diferentes lugares. Assim como aconteceu quando houve a descriminalização do aborto na Argentina, em 2020, na qual foi celebrada em diversos países e os lenços verdes usados pelas ativistas da Maré Verde foram levantados em toda a região, inclusive nas manifestações realizadas no México (THE NEW YORK TIMES, 2021).

2. O DIREITO AO ABORTO NO BRASIL: REFLEXOS DA DESCRIMINALIZAÇÃO ARGENTINA E MEXICANA

As discussões a respeito do direito ao aborto entrecruzam posições políticas e religiosas, valores morais, movimentos sociais e debates acadêmicos. Por esse motivo, por muitos, ainda é vista como um tabu. Podemos tratar este debate como um desdobramento da visão crítica que relaciona a esfera pública e privada, situando-se em um nicho de diálogo no qual as escolhas do indivíduo repercutem no ambiente político.

Nesse sentido, mais ou menos por volta dos anos 1970, no Brasil, as feministas posicionavam-se em prol do reconhecimento do direito ao aborto sob o fundamento de direito individual, sem, no entanto, mencionar diretamente a questão com o termo "aborto", de modo a contornar a situação, já que essa não era bem-vista por boa parte da sociedade. Assim, elas impulsionavam o debate afirmando sobre o direito de decidir quanto ao número de filhos, ou de decidir acerca de seu corpo (SCAVONE, 2008).

Segundo a cientista política Flavia Biroli, há três etapas relacionadas ao debate sobre interrupção voluntária da gravidez no Brasil. A primeira delas ocorre entre os anos 40 e 70, momento em que se vivencia um debate restrito, especialmente entre as feministas, sem participação de atores políticos. A segunda etapa, nos anos 80, se dá em um momento de transição entre a ditadura militar e a democracia, marcada pela influência de movimentos sociais nos debates políticos. Mas é só em uma terceira etapa, sobretudo nos anos 90, em que há a consolidação do debate a respeito do aborto, sobretudo em razão do aumento de congressistas vinculadas ao movimento feminista (BIROLI, 2014).

Acompanhando o contexto dos movimento feministas, como visto, o tema do aborto têm cada vez mais ganhado destaque no Brasil. O que se vê é uma intensificação de lutas e discussões acerca de uma possível reforma ao Código Penal brasileiro, a partir de premissas relacionadas a autonomia feminina de decidir a respeito de seu corpo, uma vez que, para muitas feministas, o direito a interromper a gravidez está relacionado a escolha de ter ou não ter filhos, bem como ao livre exercício de sua sexualidade, ambos como requisitos necessários à justiça social (PIMENTEL; VILLELA, 2012).

Como se sabe, atualmente o aborto é criminalizado pela legislação brasileira, exceções aos casos em que há risco de vida às gestantes ou em casos de gravidez decorrente de estupro, conforme dispõe o art. 128 do Código Penal Brasileiro. Ou, ainda, quando o feto é diagnosticado com anencefalia, alteração trazida pela ADPF 54, julgada em 12 de abril de 2012. No entanto, a ilegalidade com relação à interrupção voluntária da gravidez pouco reflete a realidade social das mulheres brasileiras.

Atrelado ao peso da ilegalidade, considera-se o significado simbólico da interrupção da gravidez, uma vez que a tradição histórico-cultural patriarcal relaciona a maternidade ao papel social feminino, o que se fortifica em países como o Brasil no qual a religião tem forte influência social e política, corroborando ao conservadorismo e perpetuação da visão a respeito do aborto como um tabu.

A partir de uma observação direcionada à história dos debates e das ações feministas em prol da legalização do aborto no país, notam-se avanços e retrocessos ocasionados pelas inúmeras negociações políticas. A exemplo, a histórica "Carta das mulheres brasileiras aos constituintes", documento produzido por movimentos feministas quando da feitura da Constituição de 1988 (SCAVONE, 2008).

Muito embora a legalização do aborto fosse um dos objetivos daquelas mulheres, não se fez menção direta sobre o assunto na referida carta, ao invés disso, utilizou-se a expressão "direito de decidir sobre seu próprio corpo". Diante disso, para estudiosas dos feminismos como Celi Pinto, em verdade o que ocorreu naquele período foi um recuo tático por parte das feministas, tendo em vista o avanço do conservadorismo durante os debates constituintes (PINTO, 2003).

Para Biroli, as políticas de aborto e os limites a interrupção da gravidez normatizados no Brasil são produtos de um contexto no qual as disputas relacionadas à família, às relações conjugais e a reprodução podem ampliar ou reduzir direitos de cidadania (BIROLI, 2014). Para além do corpo e de direitos, valores políticos tornam-se relevantes quando tratamos da questão. Observamos uma atuação do Estado nos domínios da reprodução e da sexualidade e valores morais e religiosos sobrepõe-se a autonomia individual das mulheres.

Posicionando-se contra a penalização, a agenda feminista – diferentemente do que se crê em senso comum – não é contra a vida. Sua insurgência se dá sobre o direito de que mulheres possam interromper a gravidez que não sejam capazes de suportar. Ademais, segundo muitas feministas, a legalização do aborto torna-se uma espécie de controle sobre a reprodução, o que permitiria às mulheres maior igualdade com relação aos homens, sobretudo à medida que aquelas passam a decidir quando serão mães, uma vez que a gestação indesejada traz consequências distintas para homens e mulheres, sendo muito mais danosas para elas (MIGUEL; BIROLLI, 2014).

A gravidez indesejada tem levado mulheres brasileiras e latino-americanas, de forma geral, à prática ilegal do aborto, relegando-as a clandestinidade. Os dados apresentados no estudo *Abortion Wordwide 2017*, realizado pelo *Guttmacher Institute,* quarenta e quatro a cada mil mulheres por ano na América Latina praticam aborto, enquanto mundialmente essa taxa é de trinta e cinco a cada mil. Os números são ainda menores quando a análise é feita sobre a América do Norte, sendo dezessete a cada mil mulheres. A preocupação, todavia, está no fato de que 76% dessas interrupções de gravidez de mulheres latino-americanas ocorrem de maneira insegura (GUTTMACHER, 2017).

Questões como essas elencadas acima levaram alguns países da América Latina à alteração de seus ordenamentos jurídicos, de modo a legalizar a prática do aborto, cada qual com seus requisitos e especificações. O Uruguai, por exemplo, desde 2012 permite a interrupção da gravidez de forma voluntária. Mais recentemente, conforme mencionado, a Argentina e alguns Estados do México promulgaram leis que possibilitam a interrupção da gravidez. No caso dos nossos vizinhos Sul-Americanos de forma legal, segura e gratuita, através do sistema de saúde (FONTES, 2021).

Os dados apresentados anteriormente demonstram como a legalização do aborto nesses países foi substancial à redução de vítimas fatais de procedimentos clandestinos de interrupção de gravidez. E cumpre ainda salientar que os movimentos feministas foram essenciais para que essas conquistas ocorressem, seja mediante os movimentos sociais e reivindicações públicas, ou pela atuação das *"las sororas"*. O caminho percorrido até a conquista da legalização foi cheio de percalços, mas a lutas dessas mulheres servem de exemplo às brasileiras que ainda são vítimas da dominação de seus corpos pelo Estado.

Segundo a socióloga argentina Dora Barrancos, "a lei de aborto na Argentina se constitui como um dado exemplar, estimulante, bastante decisivo para a América Latina. Ela fortalece substancialmente os movimentos feministas da região a persistirem nas suas lutas" (AZ MINA, 2021, s.p). Acertado seu posicionamento, uma vez que os movimentos por direitos sexuais e reprodutivos das mulheres na América Latina tem passado por um momento de relevantes transformações e conquistas, uma verdadeira maré verde em remissão aos lenços utilizados nos movimentos em prol da legalização do aborto na Argentina e também no México.

Muito embora a opinião dos brasileiros acerca do aborto ainda seja compreendida pelos movimentos feministas como conservadora, uma vez que apenas 31% dos brasileiros consideram que a interrupção voluntária da gravidez é um direito da mulher, conforme os dados levantados pela *Global Views on Abortion* (2021), é possível notar um levante de movimentos feministas pró aborto, nas redes sociais, mídias, na academia, demonstrando que essa maré verde pode estar caminhando também em direção ao território brasileiro.

Inspiradas pelo movimento argentino, as brasileiras, em 2018, marcharam pela descriminalização do aborto no país. Cidades como São Paulo, Rio de Janeiro, Curitiba e Porto Alegre foram palco dos protestos, sendo que grande parte das mulheres usavam um lenço verde e entoavam que *"a América Latina vai ser toda feminista"*. Essas mulheres reivindicam não apenas a descriminalização da prática da interrupção voluntária da gravidez, mas também que o aborto seja realizado de maneira segura e gratuita pelo SUS (Sistema Único de Saúde) e, assim como as argentinas, que haja educação sexual nas escolas e a distribuição de contraceptivos seguros para toda a população (BOUERI, 2018).

Sendo assim, pode-se compreender que o debate acerca do direito ao aborto e dos direitos sexuais e reprodutivos das mulheres aproxima-se de questões fundamentais a cidadania e a democracia, mesmo quando sua fundamentação se dá em razão da tradição liberal da propriedade de si mesmo. Uma vez que impor às mulheres limitações ao próprio corpo que os homens, por sua vez, não sofrem, faz gerar uma grave assimetria de direitos e desigualdades no tratamento de todas as pessoas (MIGUEL, 2012).

3. CONSIDERAÇÕES FINAIS

Diante do exposto, a presente pesquisa buscou abordar a questão do direito ao aborto em três países, sendo eles Argentina, México e Brasil. Assim, o trabalho se detere nas discussões em relação a esse direito na América Latina, especificamente naqueles três países, procurando analisar importantes aspectos das discussões e decisões políticas nas esferas da sociedade e jurídicas. Sendo assim, a articulação entre esses movimentos e como isso afetou as feministas no Brasil em seus discussões sobre o aborto é um dos questionamentos que a pesquisa se propôs a trabalhar.

No que diz respeito ao contexto brasileiro, compreende-se que o debate sobre o aborto ganhou espaço na década de 1980, período da redemocratização, tendo se originado na reflexão e prática dos movimentos feministas internacionais, que introduziram essas questões no Brasil nas décadas de 1960 e 1970. Já quanto a Argentina e o México, no que diz respeito às questões relativas ao aborto, essas começaram a ser mais amplamente questionadas na década de 1970 e ganharam força nos últimos dois anos, tendo alcançado sucesso a partir do final de 2020.

Nas ruas argentinas e mexicanas a luta pelos direitos das mulheres e pela garantia do aborto legal cresceu principalmente nos últimos anos. Diante disso, tem-se o início da chamada "Maré Verde", devido a incorporação de lenços verdes pelas feministas argentinas na defesa pelo aborto legal, seguro e gratuito. O movimento vai então ocupando espaços e o direito ao aborto passa a ser debatido mais amplamente. A questão sobre a sua legalização entrou na agenda dos direitos humanos e da democracia na Argentina, gerando influências no México e na América Latina como um todo.

Sendo assim, conforme procurou-se aqui abordar, pode-se compreender que em ambos os países, Argentina e México, os avanços acerca da possibilidade de interrupção voluntária da gravidez se deram por conta das movimentações feministas e de mulheres, que há tempos lutam pelos direitos sexuais, reprodutivos e autonomia sobre os próprios corpos. Na América Latina a previsão da possibilidade de interrupção voluntária da gravidez têm sido amplamente discutida graças aos movimentos feministas, no entanto, no que diz respeito ao contexto brasileiro, a prática do aborto permanece sendo crime, sendo permitida apenas em situações excepcionais.

REFERÊNCIAS BIBLIOGRÁFICAS

AMUCHÁSTEGUI, Ana et al. *Sexualidade e autonomia das mulheres no México*: o estado laico em questão. Mandrágora, v. 25, n. 1, p. 267-288, 2019.

BIROLI, Flávia. *Família:* novos conceitos. Coleção o que é o saber. São Paulo: Fundação Perseu Abramo, 2014.

BOUERI, Aline Gatto. Debate inédito no Congresso argentino mostra força de ativismo pela legalização do aborto. *Gênero & Número*, 2018. Disponível em: https://www.generonumero.media/os-dados-que-baseiam-o-debate-sobre-legalizacao-do-aborto-na-argentina/ Acesso em: 7 dez. 2021.

CATARINAS. *Aborto legal, seguro e gratuito:* 11 anos da experiência de legalização na capital mexicana. Disponível em: https://catarinas.info/aborto-legal-seguro-e-gratuito-11-a-nos-da-experiencia-de-legalizacao-na-capital-mexicana/ Acesso em: 08 dez. 2021.

EL PAÍS. *México descriminaliza o aborto após decisão judicial histórica.* Matéria de Almudena Barragán e Carmen Morán Breña. Cidade do México. 07 set. 2021. Disponível em: https://brasil.elpais.com/internacional/2021-09-07/mexico-descriminaliza-o-aborto-apos-decisao-judicialhistorica.html Acesso em: 22 out. 2021.

FONTES, Giovanna Soares. *Argentina e Brasil:* A questão do aborto e os direitos reprodutivos das mulheres. Observatório Feminista de Relações Internacionais, 2021.

GLOBAL VIEWS ON ABORTION IN 2021. Disponível em: https://www.ipsos.com/sites/default/files/ct/news/documents/2021-09/Global-views-on-abortion-report-2021.pdf. Acesso em 01, dez. 2021.

GÜEMES, Cecilia; GÜEMES, Victoria. Será ley. La lucha por la legalización del aborto en Argentina. *Análisis Carolina*, n. 27, p. 1, 2020.

GUTTMACHER, Institute. *Abortion Wordwide 2017*: Uneven Progress and Unequal Acess. Disponível em: https://www.guttmacher.org/report/abortion-worldwide-2017. Acesso em: 01, dez. 2021.

INSTITUTO AZ MINA. *Que seja lei aqui também:* O que podemos aprender com a legalização do aborto na Argentina. Disponível em: https://azmina.com.br/reportagens/que-seja-lei-aqui-tambem-as-licoes-que-podemos-aprender-com-a-legalizacao-do-aborto-na-argentina/. Acesso em: 01, dez. 2021.

LA DIARIA FEMINISMO. *Baja California se convirtió en el quinto estado de México en despenalizar el aborto.* Disponível em: https://ladiaria.com.uy/feminismos/articulo/2021/11/baja-california-se-convirtio-en-el-quinto-estado-de-mexico-en-despenalizar-el-aborto/. Acesso em: 24 nov. 2021

LAMAS, Marta. La despenalización del aborto en México. *Nueva sociedad*, v. 220, n. 1, p. 155-172. 2009.

MIGUEL, Luís Felipe; BIROLI, Flávia. *Feminismo e Política*. São Paulo: Boitempo, 2014.

MIGUEL, Luís Felipe. Aborto e democracia, *Revista Estudos Feministas, v.20, n.3,* 2012.

MORALES, María del Rosario Ramírez; FELITTI, Karina. Pañuelos verdes por el aborto legal: História, significados y circulaciones en Argentina y México. *Encartes*, v. 3, n. 5, p. 111-145, 2020.

PIMENTEL, Silvia; VILLELA, Wilza. Um pouco da história da luta feminista pela descriminalização do aborto no Brasil. *Cienc. Cult.* vol.64 no.2 São Paulo Apr./June 2012.

PINTO, Céli Regina Jardim. *Uma história do feminismo no Brasil*. São Paulo: Editora Fundação Perseu Abramo, 2003.

RIGGIROZZI, Pia; GRUGEL, Jean. La legalización del aborto en Argentina es sólo el comienzo de la batalla por los derechos reproductivos en América Latina. *LSE Latin America and Caribbean.* 2021.

RIZZOTTO, Carla Candida; BELIN, Luciane Leopoldo. Características deliberativas de la conversación de brasileños sobre la [no] despenalización del aborto en Argentina. *Chasqui. Revista Latinoamericana de Comunicación*, v. 1, n. 147, 2021.

SOTO, Perla Myrell Méndez. La escala del cuerpo: el aborto a la luz de los pendientes del estado mexicano. *Revista Inclusiones*, p. 72-95, 2021.

TERRA, Bibiana de Paiva; LUZ, Cícero Krupp da. "QUE SEJA LEGAL, SEGURO E GRATUITO": A LUTA DOS MOVIMENTOS FEMINISTAS PELA LEGALIZAÇÃO DO ABORTO NA AMÉRICA LATINA - UM ESTUDO SOBRE BRASIL E ARGENTINA. In: *Mostra de Trabalhos em Práticas Socioculturais*, 2020, Cruz Alta, Rio Grande do Sul. III Mostra de Trabalhos em Práticas Socioculturais. Cruz Alta, RS.: Unicruz, 2020. v. 1. p. 217-229.

TERRA, Bibiana. FARIA, Gabriela Maria Barbosa. SOUZA, Larissa Faria de. Feminismos e Direito das Mulheres: Argentina, Bolívia e Brasil em transformação. In: Antonio Escandiel de Souza; Carla Rosane da Silva Tavares Alves; Fábio César Junges; Tiago Anderson Brutti. (Org.). *Práticas Socioculturais em Linguagens*. Cruz Alta: Editora Ilustração, 2021.

THE NEW YORK TIMES. *La Suprema Corte de México vota por la despenalización del aborto*. Disponível em: https://www.nytimes.com/es/2021/09/07/espanol/aborto-legal-mexico.html Acesso em: 08 dez. 2021.

A INEFICÁCIA DO DIREITO AO ABORTO DAS MULHERES VÍTIMAS DE ESTUPRO

Adriana Marques Aidar[1]
Suellen Soares[2]

INTRODUÇÃO

No decorrer da história inúmeros foram os avanços no que tange aos direitos das mulheres. Contudo, em que pese a evolução normativa, questões até então solidificadas, tal como o direito ao aborto das mulheres vítimas de estupro, são alvo de constantes retrocessos. Isso demonstra que a trajetória de conquistas percorre também a necessidade de esforços para a sua manutenção, sobretudo aqueles afetos aos corpos femininos.

É nesse sentido que algumas temáticas serão sempre objeto de discussões, tais como aquelas que envolvem o Direito à Vida. O conceito de vida pode ser olhado por diversas óticas, a exemplo do campo da bioética, do direito, da religião, da história, da filosofia, da sociologia, razão pela qual é praticamente inconciliável uma única definição. Esse direito constitui o cerne das principais discussões sobre o Direito ao Aborto, o que implica inúmeras divergências diante das várias concepções sobre quando se dá o início da vida.

---

[1] Doutora em Sociologia pelo IESP/UERJ. Mestre em Filosofia Moderna e Contemporânea - Linha de Pesquisa: Ética e Conhecimento pela Universidade Federal de Uberlândia. Especialista em Filosofia do Direito pela Universidade Federal de Uberlândia. Especialista em Direito Processual pela Universidade de Uberaba, Graduada em Direito pela Universidade Federal de Uberlândia. Professora nos cursos de graduação presencial e à distância e no Programa de Mestrado em Educação na Universidade de Uberaba. Advogada e Coordenadora do Observatório Aura.

[2] Advogada. Graduada em Direito pela Universidade de Uberaba (UNIUBE). Foi pesquisadora do Núcleo de Estudos e Pesquisas em Direito e Literatura Legis Literae (NEPEDILL).

Desse modo, analisar o aborto e os temas com ele relacionados apenas pela ótica de duas variantes é fatalmente enganoso, sobretudo para a solução de problemas sociais demasiadamente complexos. A tentativa incansável de harmonizar o embate entre os diversos grupos e suas inúmeras concepções sobre o começo da vida acaba por deixar à margem da discussão questões importantes de ordem prática, como o direito a interrupção da gestação das mulheres e crianças vítimas de estupro.

O ordenamento jurídico estabelece permissivos legais para a interrupção da gravidez, tal como das vítimas de estupro, não obstante, obstaculariza o seu acesso. Tal fato acaba por demandar um olhar recorrente pelos profissionais do direito, vez que a violência sexual traz inúmeras implicações, a começar pelo acesso à saúde. As mulheres encontram diversos obstáculos, tais como as barreiras normativas; a ausência de informações consolidadas, que resultam no desconhecimento da lei por parte das vítimas e dos profissionais de saúde e no ínfimo número de serviços disponíveis no país.

Diante dessa hipótese, bem como a necessidade de se compreender as nuances que envolvem a violência sexual e suas implicações, a presente pesquisa pretende analisar as limitações no acesso aos serviços de aborto no país. Dentre as motivações que levaram a escolha do tema um deles cinge-se na necessidade de um olhar recorrente para o exponencial aumento dos índices de vítimas de violência sexual contra a mulher. Segundo os dados do Fórum Brasileiro de Segurança Pública, em 2019, somente no primeiro semestre, foram violentadas 28.538 vítimas do sexo feminino (FBSP, 2020).

Nesse sentido, dado que as violências enfrentadas pelas mulheres são recorrentes, é importante um olhar na seara jurídica sobre os desdobramentos da violência sexual naquilo a guardar relação com o direito ao aborto. Desse modo, ante a sua permissão em determinadas circunstâncias, faz-se necessário averiguar se as vítimas de estupro tem acesso efetivo ao que lhes é assegurado pelo ordenamento jurídico vigente. O trabalho demonstra ainda a incongruência entre a busca do legislador por proteger o bem jurídico consistente na dignidade sexual e a dificuldade de se estabelecer a ocorrência do crime de estupro, vez que inexistente a definição concreta sobre as formas de sua materialização.

Além disso, os altos índices de estupro no país evidenciam a inefetividade das normas, fato que faz surgir a indagação se as mulheres têm acesso efetivo ao que lhes é assegurado pelo ordenamento jurídico. Com o intuito de responder esse questionamento, a pesquisa busca analisar quais são as principais limitações encontradas pelas vítimas de violência sexual, a começar pelos dispositivos que regulam a temática, percorrendo os problemas decorrentes da desinformação até chegar nos obstáculos empreendidos pelos profissionais de saúde durante a assistência clínica. Para tanto, a metodologia utilizada consiste na revisão bibliográfica, com o intuito de investigar dados recentes sobre o crime de estupro e explorar as suas implicações quanto ao aborto permitido pelo ordenamento.

1. A INEFICÁCIA DO DIREITO NA PROTEÇÃO DA MULHER NO CRIME DE ESTUPRO

O estudo do Direito abrange todo um conjunto de fundamentos em que as normas jurídicas, conforme destaca Norberto Bobbio (2014), são valoradas de três formas distintas, quais sejam: justiça, validade e eficácia. Quanto ao último critério, quando se pensa em eficácia ou ineficácia de uma norma, é importante analisar o caráter histórico-sociológico a fim de que se possa estudar o comportamento dos membros de um determinado grupo social – por se tratar de um problema fenomenológico do direito (BOBBIO, 2014). Sem adentrarmos na Teoria do Direito, a qual não será o objeto da presente pesquisa, essa consideração possui o intuito de pensar no último critério de valoração, qual seja a ineficácia das normas jurídicas relacionadas aos direitos das mulheres.

Conforme abordado por Bobbio o "problema da eficácia nos leva ao terreno da aplicação das normas jurídicas, que é o terreno dos comportamentos efetivos dos homens que vivem em sociedade" (BOBBIO, 2014, p.53). Desse modo, surge-se a seguinte indagação: Há uma obediência das normas jurídicas por parte daqueles à qual é dirigida? A eficácia das normas depende de uma análise de seus efeitos práticos, isso porque a simples existência de uma regra jurídica não significa que será seguida de forma espontânea pela sociedade (BOBBIO, 2014).

Nesse sentido, quando se pensa nos direitos afetos às mulheres, recorrente são as suas violações, tornando-se necessário compreender que estas perpassam toda uma construção social e histórica acerca dos papéis sociais atribuídos aos sexos. A supervalorização do masculino sobre o feminino incide sobre a eficácia das normas, vez que a existência destas nem sempre condiz com os valores que determinada sociedade entende por justiça (primeiro critério de valoração segundo Bobbio), eis que na prática as normas são criadas conforme os anseios de determinados grupos e nem sempre o que se dispõe é concretizado.

No que tange ao direito das mulheres, a ineficácia de determinadas regras é visível diante das constantes violações de preceitos fundamentais de proteção pelas diversas instituições que regulam o funcionamento da sociedade, evidenciando-se um hiato entre o que está disposto em lei e a prática social. Por essa razão, é importante identificar as formas de agressões as quais as mulheres são submetidas a fim de compreender as suas peculiaridades, vez que estas dão amparo a criação de políticas públicas. Este tópico centrar-se-á, especificamente, na violência sexual e será trabalhado o crime de estupro, a fim de que se possa aprofundar o seu reconhecimento e suas implicações, com o intuito de verificar uma das principais consequências desta violação que é a gravidez indesejada.

De acordo com a Organização Pan-Americana da Saúde, violência sexual é "qualquer ato sexual, tentativas de obter um ato sexual, comentários ou insinuações sexuais não desejados, atos de tráfico ou dirigidos contra a sexualidade de uma pessoa usando coerção, por qualquer pessoa, independente de sua relação com a vítima, em qualquer contexto" (2012, p.11). Em nosso sistema normativo, a Lei 11.340/06, em seu artigo 7º, inciso III, elenca um rol exemplificativo de condutas desencadeadoras da violência sexual, tais como limitar ou anular o exercício dos direitos sexuais e reprodutivos, impedir o uso de métodos contraceptivos, forçar matrimônio, gravidez ou prostituição por meio de coação, chantagem, suborno ou manipulação, ou seja, ações que vão além de uma relação sexual sem consentimento (BRASIL, 2006).

Ocorre que o enfrentamento da violência sexual torna-se ainda mais difícil diante "da cultura histórica e socialmente construída, que naturaliza a desigualdade da mulher em relação ao homem, e sua submissão sexual" (VENTURA, 2009, p.13). Para Bianchini, Bazzo e Chakian (2020) essa diferenciação entre os sexos importa na concepção acerca de gênero, podendo este ser caracterizado como elemento constitutivo das relações sociais e como forma de significar as relações de poder. E é com base nessa construção dos papéis sociais que a violência de gênero se manifesta e "cria condições para que o homem se sinta (e reste) legitimado a fazer uso da violência" (BIANCHINI, BAZZO, CHAKIAN, 2020, p.21). O resultado dessa constituição desigual acaba por desencadear em inúmeras violações de direitos e reflete diretamente nos dados sobre a violência.

Assim sendo, embora a amplificação das discussões em torno da temática relacionada aos direitos das mulheres, bem como as inúmeras alterações legislativas nos últimos anos, observa-se um descompasso entre a proteção dada pelo ordenamento jurídico nos crimes contra a dignidade sexual e a realidade vivenciada pelas mulheres. A exemplo da alteração legal trazida pela Lei nº 12.015/2009, que modificou o Título VI do Código Penal, prevendo os "crimes contra a dignidade sexual" e não mais os "crimes contra os costumes". Conforme Bianchini, Bazzo e Chakian (2020), embora o legislador procure estabelecer a proteção da liberdade sexual, seja do homem ou da mulher, não foi possível eliminar o caráter discriminatório entre estes, que pode ser demonstrado através do alto número de subnotificação da violência sexual.

O referido diploma normativo, também alterara a redação do crime de estupro, que encontra-se inserido no artigo 213, do Código Penal, em que a tipificação engloba a conduta do indivíduo que constrange, mediante grave ameaça, a prática de conjunção carnal ou ato libidinoso. Para Guilherme de Souza Nucci (2019c, p.93), "constranger significa tolher a liberdade, forçar ou coagir". O Direito Penal, ao buscar a proteção do bem jurídico consistente na dignidade sexual, criminaliza a conduta da conjunção carnal ou ato libidinoso, mediante violência ou grave ameaça. Contudo acabou por normatizar o crime de estupro sem uma definição concreta acerca da materialização do crime que fica a cargo da doutrina e dos operadores do direito no caso em análise. Nesse ponto, a construção social sobre gênero reflete diretamente na constatação da violência.

É com base nisso que, muitas vezes, o reconhecimento da agressão é objeto de controvérsia, eis que a palavra da vítima é a prova principal na investigação dos crimes sexuais que, diante do caráter discriminatório, torna-se a infração de difícil constatação em razão da ausência de uma marca física que comprove a violência sofrida. A mulher, ao tornar-se a personagem principal no reconhecimento da prática criminosa, sofre inúmeras violações – estas serão exploradas no decorrer da pesquisa – pois "vige uma mentalidade que não vê como algo problemático que um homem estupre uma mulher" (NIELSSON, WERMUTH, 2018, p. 177), de modo que determinadas condutas sequer são consideradas como estupro.

Sobre o tema, o Instituto Patrícia Galvão, em 2020, realizou uma pesquisa acerca das Percepções sobre Estupro e Aborto previsto por Lei. Nela 63% das mulheres e 54% dos homens consideraram que o estupro é sinônimo de relação sexual sem consentimento. No que tange as consequências de um estupro, para 85% dos entrevistados, as vítimas costumam ter marcas físicas, como hematomas, arranhões e sangramentos. Essa compreensão demonstra uma visão circunscrita das formas de violência, pois considera apenas a ofensa do corpo de uma mulher através da prática do sexo forçado e ignora as violações em seu aspecto mental.

Ao contrário do entendimento majoritário da população, as "mulheres que sofrem violência sexual estão mais propensas ao desenvolvimento de sintomas psiquiátricos como transtorno de estresse pós traumático (TEPT), depressão, somatizações, tentativas de suicídio e uso de substâncias psicoativas" (MACHADO *et al*, 2015, p.346). Observa-se que as consequências de um estupro acabam por ocasionar também em violações de ordem psíquica. Além disso, a contaminação por doenças sexualmente transmissíveis (DST) e a gravidez indesejada são riscos recorrentes da violação sexual.

Esse desconhecimento acerca das inúmeras configurações da prática criminosa, repercute nos números de vítimas de estupro no país, em relação aos quais se percebe um descompasso da realidade com a proteção legal. Estima-se que 527 mil pessoas são estupradas a cada ano no Brasil, destes casos apenas 10% são reportados à polícia, segundo dados do Instituto de Pesquisa Econômica Aplicada – IPEA (2014). À vista disso, com o intuito de aprofundar a análise sobre os estupros no Brasil, o Fórum Brasileiro de Segurança Pública – FBSP, pela primeira vez com a utilização do Sistema de Informação de Agravos de Notificação (Sinan) conseguiu reunir base de dados das ocorrências em todo país.

Com isso, através do 13º Anuário Brasileiro de Segurança Pública, realizado em 2019, constatou-se no território nacional, em números absolutos, 50.598 mulheres vítimas de estupro - dados de 2017 que incluem o estupro de vulnerável. Por conseguinte, em 2018, o número aumentou para 53.726 mulheres vítimas. Ressalta-se que os crimes sexuais são aqueles que apresentam a menor taxa de notificação à polícia, em razão do "medo de retaliação por parte do agressor (geralmente conhecido), medo do julgamento a que a vítima será exposta após a denúncia, descrédito nas instituições de justiça e segurança pública, dentre outros" (FBSP, 2019, p. 117). Esse receio de reportar às autoridades policiais se agravou ainda mais com o isolamento social em razão da pandemia da Covid-19, que impôs um maior convívio com o agressor, de modo a ocasionar um número consideravelmente inferior de notificações em comparação à 2017-2018.

Acerca disso, o 14º Anuário Brasileiro de Segurança Pública, demonstrou que foram registrados no país em 2020, através de números absolutos, o total de 22.201 estupros contra vítimas do sexo feminino. Essa diminuição exponencial no número de ocorrências de vítimas femininas "representa menos uma redução de casos de violência contra a mulher e mais as dificuldades e obstáculos que as mulheres encontraram na pandemia para denunciar a situação de abuso a que estão submetidas" (FBSP, 2020, p.39). Os medos enfrentados pelas mulheres permitem antever que a subnotificação, decorrente "da revitimização e da culpabilização da mulher em situação de violência de gênero, justamente por parte dos agentes públicos que deveriam auxiliá-la" (BIANCHINI, BAZZO, CHAKIAN, 2020, p.183), importa em números maiores do que aqueles colhidos nas pesquisas mencionadas.

Desse modo, em que pese alguns avanços legislativos na busca pela proteção dos direitos das mulheres, quando se analisam os dados o que surge é o questionamento acerca da efetividade dos dispositivos assegurados pelo ordenamento. Os dados expostos pelo Anuário Brasileiro de Segurança Pública em 2019 demonstram um significativo aumento dos crimes contra a dignidade sexual. Por sua vez, os dados de 2020, apesar de demonstrarem uma redução dos números, devem ser interpretados com cautela diante da pandemia da Covid-19. O questionamento acerca da efetividade dos dispositivos assegurados pelo ordenamento e o crescimento exponencial de normas sem aplicação prática podem tornar-se um "direito simbólico" (DIMOULIS, 2016, p.268), ou seja, sem aplicação prática e, consequentemente, não reflete na coibição da prática criminosa.

Assim sendo, por se tratar de uma problemática que perpassa por vários campos e que incide diretamente na saúde pública, que é de responsabilidade do Estado, é necessário um olhar atento sobre a prática social. Na tentativa de se coibir as violências contra as mulheres, é preciso ir além de normas que dêem enfoque na criminalização do agressor, mas verificar a incidência no contexto fático e quais os desdobramento quando da ocorrência de tais violações, com o escopo de imprimir a eficácia necessária as regras jurídicas. Para isso, é importante compreender um dos principais riscos decorrentes da violência sexual: a gravidez indesejada. E, assim, conhecer os obstáculos enfrentados pelas vítimas de estupro no que tange ao acesso ao aborto no Brasil, de modo a dar enfoque e prioridade à saúde da mulher.

2. O DIREITO AO ABORTO DA MULHER VÍTIMA DE ESTUPRO: UM OLHAR SOBRE A EFETIVIDADE DOS SERVIÇOS NO PAÍS

Na definição jurídica, o aborto é um crime contra a vida e consiste na cessação da gravidez, seja ela provocada pela gestante, no caso de auto aborto, ou aquele realizado por terceiro, com ou sem o seu consentimento, e encontra-se previsto nos artigos 124 a 128, do Código Penal. O legislador, abarcou duas hipóteses de causas excludentes de ilicitude – estas são circunstâncias em que é excluída a culpabilidade nas condutas ilegais – sendo elas, quando a gravidez é resultante do estupro e quando não há outros meios de salvar a vida da gestante (NUCCI, 2019b). Na Ação de Descumprimento de Preceito Fundamental nº 54, sob a relatoria do ministro Marco Aurélio, foi declarada a inconstitucionalidade da interpretação que tipifica como crime a interrupção da gravidez de feto anencéfalo (BRASIL, 2012), consolidando-se, com a decisão do Supremo Tribunal Federal, outra hipótese permissiva.

Atentar-se-á a primeira causa de excludente de antijuridicidade, consistente no aborto decorrente de estupro, também denominada como aborto sentimental, humanitário ou piedoso. Como visto, esta hipótese é positivada no ordenamento jurídico e garante o direito de escolha entre realizar ou não um aborto diante de uma gravidez resultante de estupro, o que demonstra a imprescindibilidade de serviços de saúde comprometidos com o amparo das vítimas, sobretudo diante dos altos índices de agressão sexual no Brasil. Além disso, a Constituição Federal, em seu artigo 196, dispõe que o direito à saúde é um direito de todos, de modo que é dever do Estado garantir políticas públicas que assegurem o seu acesso universal (BRASIL, 1988), todavia, a realidade evidencia a dificuldade no acesso ao aborto de grande parcela das mulheres que sofrem violência sexual.

Pesquisas recentes, as quais serão abordadas a seguir, demonstram os obstáculos - geográficos, institucionais ou de consciência dos profissionais - enfrentados pelas mulheres até a realização do procedimento de abortamento. Desse modo, no caminhar da análise sobre as limitações do acesso ao aborto no país, serão elencadas algumas barreiras encontradas pelas mulheres vítimas de estupro, a começar pelos instrumentos normativos que regulam a temática, percorrendo os problemas decorrentes da desinformação até chegar nos obstáculos empreendidos pelos profissionais de saúde durante a assistência clínica.

2.1. OS INSTRUMENTOS NORMATIVOS COMO AVANÇOS E RETROCESSOS

A realização do aborto da vítima de estupro não é criminalizada pelo Código Penal Brasileiro desde 1940, razão pela qual a mulher, diante de uma gravidez resultante de violência sexual poderá, ou não, optar pela continuidade da gestação. Entretanto, a concretização deste direito encontra-se, muitas vezes, obstacularizada pelos instrumentos normativos que regulam o acesso ao aborto, seja por meio de sua omissão normativa ou não. É essencial verificar a evolução dos dispositivos regulatórios, bem como a quantidade e qualidade dos serviços no país. Nesse sentido, Cristião Rosas e Helena Paro, ao observarem o panorama histórico dos serviços que realizam o procedimento de aborto no país, destacam que "foi apenas em 1989 que a implementação do primeiro programa público de aborto legal por estupro no país foi concretizada" (2021, p. 6).

Essa tardia regulamentação demonstra a pouca visibilidade dada aos direitos garantidos às mulheres, que somente foi possível pela "luta incansável das organizações feministas cujas exigências encontraram eco na coordenação da área técnica de saúde da mulher da Secretaria de Saúde do Município de São Paulo" (ROSAS, PARO, 2021, p. 6). Diante da ausência de uma regulamentação federal sobre as formas de realização do procedimento, os profissionais de saúde, visando prestar assistência, estabeleceram o limite gestacional de 12 semanas e a apresentação de Boletim de Ocorrência (BO) com Laudo do Instituto Médico Legal (IML) (ROSAS, PARO, 2021). Em âmbito nacional a primeira "regulamentação do aborto previsto em lei ocorreu em 1999, com o lançamento da norma técnica Prevenção e Tratamento dos Agravos Resultantes da Violência Sexual contra Mulheres e Adolescentes, que estimulava e normatizava a estruturação dos serviços" (MADEIRO, DINIZ, 2016, p. 564).

Por sua vez, foi instituída em 2005 a Portaria MS/GM nº 1.508 (BRASIL, 2005), do Ministério da Saúde, que estabeleceu o Procedimento de Justificação e Autorização da Interrupção da Gravidez. De acordo com o ato normativo, os serviços de saúde, em conjunto com as demais normas técnicas, devem realizar o abortamento em caso de consentimento da vítima. Nesse sentido, conforme destacado pelo Ministério da Saúde (2012, p.76), "abortamento é a interrupção da gravidez até a 20ª ou 22ª semana de gestação, e com produto da concepção pesando menos que 500g". Ressalta-se que para alguns profissionais de saúde a imposição do limite gestacional de 22 semanas sugerido pela Norma

Técnica demonstra uma arbitrariedade, sobretudo em relação ao incipiente número de serviços de saúde, e não só, mas pelo fato de que a lei penal não condiciona limite de tempo para a realização do aborto nos casos previstos (ROSAS, PARO, 2021).

Destaca-se que a Norma Técnica do Ministério da Saúde, dispõe que:

> A realização não se condiciona à decisão judicial que sentencie e decida se ocorreu estupro ou violência sexual. A lei penal brasileira também não exige alvará ou autorização judicial para a realização do abortamento em casos de gravidez decorrente de violência sexual. O mesmo cabe para o Boletim de Ocorrência Policial e para o laudo do Exame de Corpo de Delito e Conjunção Carnal, do Instituto Médico Legal. (MINISTÉRIO DA SAÚDE, 2012).

É com base na prescindibilidade de decisão judicial que confirme a violência sofrida e na palavra da vítima como presunção de veracidade, que torna o cerne da Lei do Minuto Seguinte (Lei 12.845/13), que garante, através do SUS, o atendimento emergencial, prioritário e multidisciplinar das pessoas em situação de violência sexual (BRASIL, 2013). Com relação à reportação pelos profissionais de saúde às autoridades policias dos casos de vítimas de violência sexual, esta tornou-se maior alvo de discussões depois que o país acompanhou a repercussão do caso de uma criança de 10 anos, grávida, vítima de estupro em São Mateus/ES. Em 15 de agosto de 2020, a menina deu entrada no Hospital Universitário Cassiano Antonio Moraes (Hucam), em Vitória/ES, mas a equipe médica do Programa de Atendimento as Vítimas de Violência Sexual (Pavivi) recusou-se a realizar a interrupção da gestação, somente efetivada em Recife/PE após autorização judicial.

O fato resultou em inúmeros indagações em torno da necessidade de aquiescência do Poder Judiciário em razão da gravidez encontrar-se em estado avançado, o que implicaria em risco de vida para a criança. Além disso, a repercussão também ganhou força no que tange a necessidade de reportação ao ambiente policial em casos de gravidez decorrente de violência sexual. Após o ocorrido, o Ministério da Saúde editou a Portaria 2.282, de 27 de agosto de 2020 (BRASIL, 2020), que revogou a Norma Técnica de "Prevenção e tratamento de agravos resultantes da violência sexual contra mulher e adolescentes" e também o Título V do Capítulo VII da Seção II – do Procedimento de Justificação e Autorização da Interrupção da Gravidez, da Portaria 1.508 GM/MS (BRASIL, 2005).

Além disso, a regulamentação obrigou o médico a comunicar às autoridades policiais em caso de ocorrência de estupro e a equipe em informar sobre a possibilidade de visualizar o feto ou embrião por meio de ultrassonografia caso a gestante assim o deseje. Posteriormente, foi editada a Portaria nº 2.561 (BRASIL, 2020), que revogou a Portaria nº 2.282 (BRASIL, 2020), todavia, ao regular o procedimento de Justificação e Autorização, mantém a necessidade de reportação à autoridade policial em caso de indícios ou confirmação do crime de estupro e a necessidade de encaminhamento dos vestígios da violência.

Desse modo, com o intuito de estabelecer diretrizes acerca da comunicação dos casos de violência à polícia, o Ministério da Saúde editou a Portaria nº 78, de 18 de janeiro de 2021 (BRASIL, 2021). Nela, não há a imposição da identificação da vítima e do profissional de saúde, salvo em casos excepcionais, como o risco à comunidade ou à vítima, a critério da autoridade sanitária e sob o conhecimento prévio da vítima ou de seu responsável. Ocorre que a edição desta última portaria não revoga expressamente a Portaria nº 2.561 e, portanto, não fica claro se houve ou não a substituição das portarias anteriores, bem como elenca critérios sem objetividade para aferir sobre as situações excepcionais, conforme destacado por Rosas e Paro (2021). A busca por dificultar o acesso ao aborto é evidenciada pela ausência de um sistema normativo integrado que, associado com a desinformação, seja da população que busca atendimento ou da equipe médica, coloca em risco a saúde da mulher vítima de estupro.

2.2. DA DESINFORMAÇÃO A AUSÊNCIA DE TRANSPARÊNCIA DOS DADOS SOBRE OS SERVIÇOS DE ABORTO

O direito à informação é uma garantia fundamental prevista no inciso XXXIII, do artigo 5º, da Constituição Federal (BRASIL, 1988), e também pela Lei 12.527 (BRASIL, 2011), que regula o acesso a garantia do dispositivo constitucional. Em algumas situações, esse direito não é concretizado pela própria falta de pesquisas sobre determinados temas ou diante da dificuldade de levantar dados concretos em que se visualiza a alta incidência da subnotificação nos casos que envolvem violência sexual, dificultando uma apuração do número real e os impactos advindos desta violação. Aliás, a própria falta de transparência pública demonstra o desinteresse dos órgãos públicos sobre algumas temáticas e acaba por violar as diretrizes estabelecidas na Lei de acesso à informação, tal como a execução da divulgação de informações de interesse público, independente de solicitação, prevista no inciso II, do artigo 3º, da Lei 12.527 (BRASIL, 2011).

Essa desinformação se transforma em um dos inúmeros obstáculos ao direito das mulheres, vez que estas desconhecem os próprios riscos afetos à saúde quando da ocorrência de uma violência sexual, tal como doenças sexualmente transmissíveis e a gravidez indesejada. Quanto a este, segundo o Ministério da Saúde (2012, p.38), estima-se que o risco de gravidez decorrente dos crimes sexuais varia entre 0,5 e 5% e depende de fatores como a coincidência da ocorrência com o período fértil e se a violência ocorre uma única vez ou de forma continuada, bem como a idade da vítima e o uso de contraceptivos. Nesse sentido, o Instituto Brasileiro de Pesquisa Econômica Aplicada, prevê que cerca de 19,3% das mulheres que engravidaram submeteram ao aborto legal, enquanto que, quando consideradas as crianças como vítimas, o indicador cai para 5% (IPEA, 2014).

Corrobora-se o fato de que, conforme o 14º Anuário Brasileiro de Segurança Pública (FBSP, 2020), somente no primeiro semestre de 2020, das 22.201 vítimas de estupro do sexo feminino, 14.746 destas referem-se a estupro de vulnerável, o que permite antever que a probabilidade de gravidez entre crianças é substancialmente maior. Estes resultados indicam a importância de que seja assegurado às vítimas de violência sexual em situação de gravidez um serviço hospitalar que atenda as suas necessidades. Ocorre que a realidade sobre os números de hospitais ativos revela-se aquém do necessário no país. Débora Diniz e Alberto Pereira Madeiro (2016) realizaram um estudo nacional acerca dos serviços de aborto legal no Brasil e coletaram informações sobre a quantidade de ambulatórios que realizam o procedimento, sua distribuição entre os Estados, a estrutura dos serviços, o perfil das vítimas e as dificuldades encontradas pelos profissionais durante o atendimento.

A pesquisa foi realizado no período de 2013 à 2015, sendo avaliados 68 serviços, dos quais 37 informaram a realização da interrupção da gravidez por estupro. Dos hospitais em atividade, todos destacaram possuir equipe multiprofissional mínima, todavia, 35 destes não possuíam uma equipe específica (MADEIRO, DINIZ, 2016). É possível notar que pouco mais da metade dos hospitais brasileiros realizam os serviços, de modo que não são oferecidos em todos os Estados equanimemente, dificultando o acesso aos procedimentos de abortamento (MADEIRO, DINIZ, 2016). Nesse sentido, Fonseca *et al* (2020), ao buscar atualizar a produção sobre o tema, levantou a produção científica no período de 2008 à 2018 e coletou dados quanto ao perfil dos serviços, das mulheres atendidas, conhecimento pelos profissionais de saúde e casos de anencefalia e malformação, localizando apenas o estudo mencionado anteriormente quanto ao número de hospitais que realizam o aborto legal.

Percebe-se que a insuficiência e invisibilidade dos locais que realizam o abortamento no país em conjunto com a ausência de informações unificadas acaba por dificultar o acesso por parte da população, sobretudo para aqueles que precisam de seu acesso imediato. Em razão do diminuto número das informações sobre o tema, a Artigo 19, organização não governamental de direitos humanos, realizou, em 2018, um "Breve Panorama sobre Aborto Legal e Transparência no Brasil" e avaliou os órgãos de saúde pública, a nível nacional, estadual e municipal, com base na checagem de seus respectivos sites oficiais, utilizando-se como parâmetro inicial a Lei de Acesso à Informação (LAI). Segundo consta, das 27 Secretarias Estaduais de Saúde, 17 não possuíam páginas específicas dedicadas à saúde da mulher. Notou-se que em alguns portais as notícias encontram-se dispersas ou remetem a outros sites ou portarias/leis, o que pode dificultar o acesso.

No aspecto relacionado a saúde e direitos sexuais e reprodutivos, evidenciou-se que 13 estados não publicavam nenhuma informação e que o site do Ministério as Saúde havia apenas informações parciais e uma cartilha com dados desatualizadas sobre o aborto, que era direcionada aos profissionais de saúde e não a população. Importante notar neste estudo que 21 órgãos de saúde estaduais não possuíam em seus endereços eletrônicos qualquer seção de contato telefônico para sanar as eventuais dúvidas, e o mais grave, vinte destes não haviam qualquer informação quanto as hipóteses de aborto legal no Brasil. Diante do amplo desconhecimento da população sobre os estabelecimentos em atividade, o levantamento da Artigo 19 culminou na criação de uma plataforma online que lista os serviços do SUS que oferecem um atendimento às mulheres que precisam realizar o aborto legal.

Em consulta ao endereço eletrônico, em 10 de março de 2022, constam 89 hospitais no Cadastro Nacional de Estabelecimentos de Saúde - CNES como provedores de atendimento para as vítimas de violência sexual. Com a pandemia da Covid-19, a plataforma Gênero e Número, que aborda questões de gênero e raça, buscou, entre 27 de abril e 7 de maio de 2020, contato telefônico com os hospitais que realizavam a interrupção da gestação identificados pelo Mapa do Aborto Legal.

Constatou-se que apenas 42 hospitais mantiveram o atendimento durante a crise sanitária. Em que pese não haver referências robustas sobre os serviços ativos, é perceptível através das informações colhidas que há um desatendimento que coloca em risco a saúde das vítimas de violência sexual e amplia a dificuldade de acesso ao procedimento.

E não só, mas a ausência de pesquisas sobre a temática implica na insuficiência de dados para a criação de políticas públicas que visem o aprimoramento do atendimento das mulheres vítimas de estupro que desejam realizar o abortamento. Se na transparência de dados acerca da quantidade de estabelecimentos em atividade no país já se identifica uma dificuldade em localizá-los, aliados a desinformação da população que sequer conhece as unidades hospitalares de pronto atendimento, é possível traçar uma nova barreira na inefetividade do aborto legal das vítimas de estupro. Soma-se a isso aos empecilhos encontrados pelas mulheres durante o atendimento médico-hospitalar, o que torna o caminho ainda mais longínquo ao que lhes é assegurado pelo ordenamento jurídico.

2.3. A INVIABILIDADE DA INTERRUPÇÃO DA GESTAÇÃO DURANTE O ATENDIMENTO HOSPITALAR

Duas problemáticas, no que tange ao atendimento hospitalar, devem ser levantadas: a primeira, examinada no tópico anterior, diz respeito ao número de serviços de aborto legal no país, a segunda, trata dos obstáculos empreendidos pelos profissionais de saúde durante a assistência clínica. O não avanço da implementação de locais capacitados que realizam o procedimento de abortamento no país traz implicações significativas no acesso pelas mulheres. No estudo retromencionado foram apontadas as dificuldades no cotidiano dos serviços em funcionamento. Entre estas está "a pequena disponibilidade dos profissionais, principalmente médicos, para a realização do aborto" (DINIZ, MADEIRO, 2016, pp. 566-567), reflexo da ínfima quantidade de serviços disponíveis atualmente. O segundo, trata da "necessidade de maior capacitação da equipe quanto à ampliação do conhecimento sobre a legislação e sobre a garantia de direitos em saúde sexual e reprodutiva" (DINIZ, MADEIRO, 2016, pp. 566-567).

Esse desconhecimento por grande parte da equipe durante o atendimento é evidenciado através da exigibilidade da comunicação à autoridade policial, através da realização de Boletim de Ocorrência ou com a judicialização do pedido para a realização do procedimento de abortamento (DINIZ, MADEIRO, 2016). Diante desta constatação, é possível questionar: Um profissional de saúde pode alegar desconhecimento da legislação? O que pode ser feito para contorná-lo? Para compreender o questionamento, é necessário entender que, no âmbito jurídico, a Lei de Introdução às normas do Direito Brasileiro – LINDB (BRASIL, 1942) destaca que ninguém pode alegar desconhecimento da lei para escusar-se de seu cumprimento. De modo que os profissionais, em tese, não poderiam insurgir com a referida premissa.

Ocorre que o "Código Penal estabeleceu a ausência de punição, mas não especificou como reconhecer a verdade do estupro ou do risco de vida da mulher" (DINIZ *et al*, 2014, p.292), razão pela qual a constatação do crime fica a cargo da equipe médica. Na prática, demonstra-se que quando "uma mulher alcança um serviço de aborto legal, há um regime de suspeição em curso que a antecede e a acompanha" (DINIZ, 2014, p. 293). É nesse sentido que, dado o estigma que é o abortamento, a mulher passa por um regime investigativo, isto porque "mesmo aqueles que reconhecem o direito ao aborto sentem-se pressionados, pelo estigma imposto aos serviços, pela ameaça persecutória e pela moral hegemônica do aborto como um ato violador, a atualizar táticas e práticas periciais". (DINIZ, 2014, p.297).

Para Débora Diniz (2014), essa suspeição expressa-se em duas dimensões, a primeira consistente na exceção à lei penal e a segunda diante da dimensão temerária por parte dos profissionais que temem serem enganados. Permanece durante o atendimento das vítimas um método inquisitivo, que "ao contrário do que determinam as normas técnicas do Ministério da Saúde, a verdade do estupro para o acesso ao aborto legal não se resume a uma narrativa íntima e com presunção de veracidade" (DINIZ, 2014, p.297). Isto porque a mulher vítima de estupro, para ter acesso ao aborto legal, deve comprovar que a gestação é decorrente dele, não sendo suficiente a constatação da violência. Quando da análise do tópico acerca dos serviços de aborto disponíveis no país, notou-se um dado que demonstra esse caráter investigativo por parte das instituições médicas durante a realização do aborto.

Segundo consta, dos 37 hospitais que realizam a interrupção da gestação a maioria exigia requisitos não constantes em normas para a interrupção da gravidez, tal como "a solicitação de autorização por escrito da mulher em 34 serviços (34/92%), BO (5/14%), laudo do IML (3/8%), alvará judicial (3/8%), parecer do Comitê de Ética institucional (4/11%) e, ainda, despacho do Ministério Público (3/8%)"

(MADEIRO, DINIZ, 2016, p. 566). O medo dos profissionais de serem responsabilizados em casos que não houve de fato a ocorrência da violência sexual acaba por incorrer na não realização do abortamento. Ocorre que "a palavra da mulher que busca assistência médica afirmando ter sido vítima de crime sexual há de gozar de credibilidade e, pelo menos para o serviço de assistência, deve ser recebida com presunção de veracidade" (MINISTÉRIO DA SAÚDE, 2011, p. 10), o que não ocorre na prática.

Há de pontuar que, em caso da suposta vítima faltar com a verdade, o médico que realiza o procedimento não poderá ser responsabilizado criminalmente diante da existência de um erro, que constitui uma causa de excludente de culpabilidade, nos termos do artigo 20, do Código Penal. Nessas circunstâncias, o agente "tem conhecimento equivocado da realidade" (CUNHA, 2020, p. 274), razão pela qual o médico que acredita na palavra da vítima e, posteriormente, descobre que não houve a ocorrência do crime não pode sofrer sanção penal. Isso porque, "não se deve confundir os objetivos do serviço de assistência à mulher com os objetivos da justiça criminal. Lembre-se de que o objetivo do serviço médico não é condenar ninguém pela prática do crime sexual, mas, sim, garantir à mulher o exercício de um direito" (MINISTÉRIO DA SAÚDE, 2011, p. 10).

Não só o desconhecimento da legislação leva os profissionais a não realização do aborto das mulheres vítimas de estupro, mas as barreiras de ordem moral. A Objeção de Consciência, por exemplo, "é um dispositivo normativo de códigos profissionais e de políticas públicas que visa proteger a integridade de pessoas envolvidas em uma situação de conflito moral" (DINIZ, 2011, p. 982). Referido direito encontra-se disposto no texto constitucional, no artigo 5º, incisos VI e VIII, que trata do direito de liberdade de consciência e de crença, e no capítulo II, inciso IX, do Código de Ética Médica (2018). Desse modo, o profissional de saúde ao invocar a sua esfera individual para não exercer o seu ofício, faz surgir o conflito entre o direito de invocar a objeção de consciência e o direito à realização do aborto.

Para resolver a divergência entre os direitos, Débora Diniz (2011, pp.982-984), traz duas interpretações para a objeção de consciência, sendo a "tese da incompatibilidade" e a "tese da integridade", sugerindo como resultado das duas a "tese da justificação". A primeira consiste no fato de que a recusa do médico em serviço de referência para a realização do aborto pode consistir em obstrução do direto da mulher à saúde, de modo que a liberdade de crença deve estar subordinada ao dever de assistência. A segunda, entende que a objeção de consciência é um direito absoluto e individual e qualquer profissional que preste assistência tem direito de recursar em razão da sua integridade moral. Para resolver a colisão de dois direitos fundamentais, a autora sugere a ponderação entre o direito à saúde e o direito de liberdade de consciência e crença e traz a tese da justificação.

Diniz (2011) argumenta que a objeção de consciência não pode servir de impasse para a assistência médica, mas que mesmo assim deve ser resguardada. Ela sugere que o médico pode recusar o atendimento desde que se trate de motivo relevante. Além disso, quando a negativa de atendimento surge em razão da objeção de consciência, a autora destaca que a alegação deve estar circunscrita as hipóteses legais, sob pena de violação do direito à saúde da mulher, isto porque não se trata de um direito absoluto, como propõe a tese da integridade. Além disso, quando da recusa, a justificativa deve possuir relevância, cabendo a unidade de saúde avaliar o caso concreto. Consoante a isso, ater-se aos direitos dos profissionais quando da recusa é assegurar a inviolabilidade do direito de consciência e crença, não tendo por obrigatoriedade a imposição dos serviços quando restarem outras alternativas, tais como a possibilidade da paciente ser atendida por outro profissional (DINIZ, 2011).

Desse modo, a questão da objeção de consciência, deve ser analisada no caso em concreto diante das duas garantias fundamentais, de forma que uma não sobreponha à outra. Ocorre que as questões de ordem moral, que incidem desde o início do atendimento médico hospitalar até a interrupção da gestação, diante do regime de suspeição durante o atendimento das vítimas de estupro, demonstra a inviabilidade de um acesso efetivo por parte dos próprios profissionais de saúde que, em tese, deveriam se valer de práticas de acolhimento. Os obstáculos no acesso ao aborto decorrente de estupro através das limitações encontradas pelas vítimas de violência sexual que buscam ao que lhes é garantido pelo ordenamento demonstrados até aqui expõem a complexidade da temática no contexto prático e que acaba por refletir na falta de amparo estatal.

3. CONSIDERAÇÕES FINAIS

Evidenciou-se com a pesquisa que os altos índices de estupro no país demonstram a inefetividade das normas jurídicas que buscam a proteção da dignidade sexual. A ausência de uma definição concreta sobre o crime de estupro acaba por resultar em uma constatação da violência permeada pelo caráter discriminatório. Isso restou comprovado pela dificuldade de se identificar as formas de agressões, que, na maioria das vezes, sequer são visíveis, o que acaba por legitimar o acometimento de violações contra à mulher.

Ademais, a incidência demasiada de normas que visam resguardar a dignidade sexual, indicam a falsa percepção de que estas são suficientes para a coibição de sua prática, uma compreensão errônea que pode ser constatada pelos altos índices de violência sexual. Pois, ao colocar o enfoque na criminalização do agressor, acabou-se por retirar a atenção da mulher e a proteção de sua saúde, deixando à margem a discussão dos desdobramentos desta violação.

A construção legal do direito ao aborto decorrente de estupro vem cercada de obscuridades e nas disposições mais recentes se visualiza uma busca por dificultar o seu acesso diante da omissão legislativa que gera uma insegurança e proporciona uma dificuldade interpretativa por parte dos profissionais de saúde. Essa ausência de normas integradas reprimem a efetividade das normas e impede um conhecimento apurado por parte das instituições que prestam os serviços no país, de modo a desinformação sobre o tema, aliada a falta de transparência pública sobre alguns dados, torna ainda mais longínquo a concretização das disposições legais acerca do acesso ao aborto das mulheres vítimas de estupro.

Além disso, o pouco avanço na implementação de serviços que realizam o procedimento do aborto no país, traz implicações significativas no que tange ao atendimento das mulheres que, muitas vezes, necessitam passar uma via crucis até encontrar um serviço disponível. É possível notar que pouco mais da metade dos hospitais brasileiros realizam os serviços e não são oferecidos em todos os Estados equanimemente, dificultando o acesso aos procedimentos de abortamento.

Durante a pesquisa, deparou-se com números de serviços muito aquém do necessário, sobretudo quando analisado os altos índices de aborto no país. Do resultado revela-se a necessidade de serviços comprometidos com a saúde da mulher, o que importa em serviços distribuídos de maneira adequada no país, equipes médicas especializadas e informações devidamente consolidada nos bancos de dados, pois, só assim é possível buscar a efetividade das normas para que possa gerar impacto jurídico-social relevante.

REFERÊNCIAS BIBLIOGRÁFICAS

ARTIGO 19. *Breve Panorama sobre Aborto Legal e Transparência no Brasil*. 2018. Disponível em: <https://artigo19.org/wp-content/blogs.dir/24/files/2018/12/AbortoLegalTran spare%CC%82ncia_Reduzido.pdf >. Acesso em: 04 abr. 2021.

ARTIGO 19. *Plataforma reúne informações sobre serviços que realizam aborto legal no Brasil*. Disponível em: <https://artigo19.org/2019/03/28/plataforma-reune-informacoes-so bre-servicos-que-realizam-aborto-legal-no-brasil/ >. Acesso em: 19 abr. 2021.

BIANCHINI, Alice. BAZZO, Mariana. CHAKIAN, Silvia. *Crimes contra Mulheres*. 2ª ed. Salvador: JusPodivm, 2020.

BRASIL, Supremo Tribunal Federal. *Ação Direta de Inconstitucionalidade nº 6552 – Distrito Federal*. Relator Ricardo Lewandowski. Decisão Monocrática, 13 de outubro de 2020. Disponível em: < http://portal.stf.jus.br/processos/detalhe.asp?incidente=5995820 >. Acesso em: 22 abr. 2021.

BRASIL, Supremo Tribunal Federal. *Arguição de Descumprimento de Preceito Fundamental n.737/DF – Distrito Federal*. Relator Ricardo Lewandowski. Decisão Monocrática, 13 de outubro de 2020. Disponível em: <http://portal.stf.jus.br/processos/detalhe.asp?incidente=599 6919 >. Acesso em: 22 abr. 2021.

BRASIL, Supremo Tribunal Federal. *Arguição de Descumprimento de Preceito Fundamental n.54/DF – Distrito Federal*. Relator Marco Aurélio. Acórdão 12 de abril de 2012. Disponível em: < http://portal.stf.jus.br/processos/detalhe.asp?incidente=2226954 >. Acesso em: 14 abr. 2021.

BRASIL. *Constituição da República Federativa do Brasil de 1988*. Disponível em: < http://www.planalto.gov.br/ccivil_03/constituicao/constituicao.htm>. Acesso em: 25 abr. 2021.

BRASIL. *Decreto-Lei 2.848, de 07 de dezembro de 1940*. Disponível em: < http://www.planalto.gov.br/ccivil_03/decreto-lei/del2848compilado.htm >. Acesso em: 11 abr. 2021.

BRASIL. *Lei n. 2.848, de 07 de dezembro de 2021*. Disponível em: < http://www.planalto.gov.br/ccivil_03/decreto-lei/del2848compilado.htm >. Acesso em: 26 abr. 2021.

BRASIL. *Lei n. 4.657, de 04 de setembro de 1942*. Disponível em: < http://www.planalto.go v.br/ccivil_03/decreto-lei/del4657compilado.htm >. Acesso em: 22 abr. 2021.

BRASIL. *Lei n. 11.340, de 07 de agosto de 2006*. Disponível em: < http://www.planalto.gov .br/ccivil_03/_Ato2004-2006/2006/Lei/L11340.htm>. Acesso em 11 abr. 2021.

BRASIL. *Lei nº 12.015, 07 de agosto de 2009*. Disponível em: < http://www.planalto.gov.br /ccivil_03/_ato2007-2010/2009/lei/l12015.htm >. Acesso em: 11 abr. 2021.

BRASIL. *Lei nº 12.845, de 01 de agosto de 2013*. Disponível em: < http://www.planalto.gov .br/ccivil_03/_ato2011-2014/2013/lei/l12845.htm >. Acesso em 11 abr. 2021.

BRASIL. *Lei 12.527, de 18 de novembro de 2011*. Disponível em: < http://www.planalto.gov.br/ccivil_03/_ato2011-2014/2011/lei/l12527.htm >. Acesso em: 11 abr. 2021.

BRASIL. *Portaria nº 78, de 18 de janeiro de 2021.* Altera a Portaria de Consolidação GM/MS nº 4, de 28 de setembro de 2017, para dispor sobre as diretrizes para a comunicação externa dos casos de violência contra a mulher às autoridades policiais, no âmbito da Lei nº 10.778, de 24 de novembro de 2003. Diário Oficial da República Federativa do Brasil, Brasília, Edição: 12/Seção: 1/p. 57, 19 jan. 2021.

BRASIL. *Portaria nº 1.508, de 01 de setembro de 2005.* Dispõe sobre o Procedimento de Justificação e Autorização da Interrupção da Gravidez nos casos previstos em lei, no âmbito do Sistema Único de Saúde-SUS. Disponível em: < https://bvsms.saude.gov.br/bvs/saudelegi s/gm/2005/prt1508_01_09_2005.html >. Acesso em: 27 maio 2021.

BRASIL. *Portaria nº 2.282, de 27 de agosto de 2020.* Estabelece critérios para aborto legal por estupro. Diário Oficial da República Federativa do Brasil, Brasília, Edição: 166/Seção: 1/p. 359, 28 ago. 2020.

BRASIL. *Portaria nº 2.561, de 23 de setembro de 2020.* Dispõe sobre o Procedimento de Justificação e Autorização da Interrupção da Gravidez nos casos previstos em lei, no âmbito do Sistema Único de Saúde-SUS. Diário Oficial da República Federativa, Brasília, Edição 184/ Seção: 1/ p.89, 23 set. 2020.

BRASIL. *Portaria nº 78, de 18 de janeiro de 2021.* Dispõe sobre as diretrizes para a comunicação externa dos casos de violência contra a mulher às autoridades policiais. Diário Oficial da República Federativa, Brasília, Edição 12/ Seção 1/ p. 57, 19 de jan. 2021.

BREDOFW, Rosi. Menina de 10 anos engravida depois de ser estuprada em São Mateus, no ES. Disponível em: < https://g1.globo.com/es/espirito-santo/noticia/2020/08/08/menina-de-10-anos-engravida-depois-de-ser-estuprada-em-sao--mateus-es.ghtml >. Acesso em 04 de abr. de 2021.

BOBBIO, Norberto. *Teoria da Norma Jurídica.* 5ª ed. São Paulo: Edipro, 2014.

CÓDIGO DE ÉTICA MÉDICA. *Resolução nº 2.217, de 27 de setembro de 2018.* Aprova o Código de Ética Médica. Diário Oficial da República Federativa, Brasília, Edição 211/ Seção 1/ p. 179, 01 nov. 2018.

CUNHA, Rogério Sanches. *Manual de Direito Penal:* parte geral (arts. 1º ao 120). 8ª ed., Salvador: Jus Podvm, 2020.

DIMOULIS, Dimitri. *Manual de Introdução ao Estudo do Direito.* 7ª ed. São Paulo: Revista dos Tribunais, 2016.

DINIZ, Débora *et al. A verdade do estupro nos serviços de aborto legal no Brasil.* Revista de Bioética, v.22, n. 2, p.291-298, jun. 2014.

DINIZ, Débora. *Objeção de consciência e aborto:* direitos e deveres dos médicos na saúde pública. Revista Saúde Pública, v. 45, pág. 981-985, 2011. Disponível em: <https://www.scielo.br/scielo.php?script=sci_arttext&pid=S0034-89102011000500021& lang=em >. Acesso em 26 abr. 2021.

DWORKIN, Ronald. *Domínio da Vida:* Aborto, eutanásia e liberdades individuais. São Paulo: Martins Fontes, 2003.

FONSECA, Sandra Costa. *Aborto legal no Brasil:* revisão sistemática da produção científica, 2008-2018. Caderno de Saúde Pública, v.36, n.1, p. 1-27, ago. 2020.

FÓRUM BRASILEIRO DE SEGURANÇA PÚBLICA. *Anuário Brasileiro de Segurança Pública 2019*. São Paulo: FBSP, 2019. Disponível em: <https://forumseguranca.org.br/wp-content/uploads/2019/10/Anuario-2019-FINAL_21.10.19.pdf>. Acesso em: 02 abr. 2021.

FÓRUM BRASILEIRO DE SEGURANÇA PÚBLICA. *Anuário Brasileiro de Segurança Pública 2020*. São Paulo: FBSP, 2020. Disponível em: <https://forumseguranca.org.br/wp-content/uploads/2021/02/anuario-2020-final-100221.pdf>. Acesso em: 22 maio 2021.

G1 PE e GI ES. *Menina de 10 anos estuprada pelo tio no Espírito Santo tem gravidez interrompida*. Disponível em: <https://g1.globo.com/pe/pernambuco/noticia/2020/08/17/men ina-de-10-anos-estuprada-pelo-tio-no-es-tem-gravidez-interrompida.ghtml >. Acesso em: 23 abr. 2021.

INSTITUTO PATRÍCIA GALVÃO. Pesquisa: *Percepções sobre estupro e aborto previsto em Lei*. Disponível em: <https://agenciapatriciagalvao.org.br/violencia/violencia-sexual/pes quisa-brasileiros-reconhecem-impacto-do-estupro-e-direito-das-vitimas--ao-aborto-previsto-por-lei/ >. Acesso em 04 de abr. 2021.

IPEA. Instituto de Pesquisa Econômica Aplicada. *Estupro no Brasil*: uma radiografia segundo os dados da Saúde. Organizadores Daniel Cerqueira e Danilo de Santa Cruz Coelho. Nota Técnica, n.11, Brasília: Ipea, 2014.

KELSEN, Hans. *Teoria Geral das Normas*. Tradução José Florentino Duarte. Porto Alegre: Fabris, 1986.

MACHADO, Carolina Leme *et al*. *Gravidez após violência sexual*: vivências de mulheres em busca da interrupção legal. Caderno de Saúde Pública, v.31, n. 2, p. 345-353, fev. 2015.

MADEIRO, Alberto Pereira; DINIZ, Debora. *Serviços de aborto legal no Brasil*: um estudo nacional. *Revista Ciência e Saúde Coletiva*, v. 21, n. 2, p. 563-572, fev. 2016.

MAPA DO ABORTO LEGAL. Disponível em: < https://mapaabortolegal.org/ >. Acesso em: 19 de abr. 2021.

MINISTÉRIO DA SAÚDE. Secretaria de Atenção à Saúde. *Prevenção e tratamento dos agravos resultantes da violência sexual contra mulheres e adolescente*. Norma Técnica. Secretaria de Atenção à Saúde. Departamento de Ações Programáticas Estratégicas. 3ª ed. Brasília: Ministério as Saúde, 2012.

MINISTÉRIO DA SAÚDE. Secretaria de Atenção à Saúde. Departamento de Ações Pragmáticas Estratégicas. *Aspectos jurídicos do atendimento às vítimas de violência sexual*: perguntas e respostas para profissionais de saúde. 2. ed. Brasília: Editora do Ministério da Saúde, 2011.

NIELSSON, Joice Graciele; WERMUTH, Maiquel Ângelo Dezordi. A *"carne mais barata do mercado"*: uma análise biopolítica da "cultura do estupro" no Brasil. Revista da Faculdade de Direito da UERJ, n.34, p.171-200, dez. 2018.

NUCCI, Guilherme de Souza. *Curso de Direito Penal*: parte geral arts. 1º a 120. v.1. 3ª ed. Rio de Janeiro: Forense, 2019a.

NUCCI, Guilherme de Souza. *Curso de Direito Penal*: parte especial arts. 121 a 212. v.2. 3ª ed. Rio de Janeiro: Forense, 2019b.

NUCCI, Guilherme de Souza. *Curso de Direito Penal:* parte especial arts. 213 a 361. v.3. 3ª ed. Rio de Janeiro: Forense, 2019c.

ORGANIZAÇÃO PAN-AMERICANA DA SAÚDE. *Prevenção da violência sexual e da violência pelo parceiro íntimo contra a mulher: ação e produção de evidência.* Disponível:<https://iris.paho.org/bitstream/handle/10665.2/3661/Prevencao%20da%20violencia%20sexual%20e%20parceiro%20intimo.pdf?sequence=1&isAllowed=y>. Acesso em: 12 abr. 2021.

ROSAS, Cristião Fernando. PARO, Helena Borges Martins da Silva. *Serviços de atenção ao aborto previsto em lei:* desafios e agenda no Brasil. 2021. Disponível em: < https://www.cf emea.org.br/index.php/artigos-e-textos/4888-servico-de-atencao-ao-aborto--previsto-em-lei-desafios-e-agenda-no-brasil>. Acesso em: 23 abr. 2021.

SILVA, Vitória Régia. FERREIRA, Letícia. *Só 55% dos hospitais que ofereciam serviço de aborto legal no Brasil seguem atendendo na pandemia.* Gênero e Número. Disponível em: <http://www.generonumero.media/so-55-dos-hospitais-que-ofereciam-servico-de--aborto-legal-no-brasil-seguem-atendendo-na-pandemia/ >. Acesso em: 19 abr. 2021.

VENTURA, Miriam. *Direitos Reprodutivos no Brasil.* 3ª ed. Brasília: UNFPA, 2009.

A (IN)SEGURANÇA JURÍDICA DO ABORTO LEGAL EM CASOS DE VIOLÊNCIA SEXUAL OS IMPACTOS DA PORTARIA 2.561/20 NA RESPONSABILIDADE ÉTICO-PROFISSIONAL DOS MÉDICOS QUE REALIZAM PROCEDIMENTOS ABORTIVOS NO BRASIL

Emily Tavares Bueri[1]
Giovanna de Mesquita Barros Russo[2]
Isabel Pereira Cardoso[3]
Maria Eduarda Schön Lessi[4]

INTRODUÇÃO

No Brasil, o aborto é tipificado como crime nos artigos 124 a 126 do Código Penal (CP). Nesses tipos penais[5], são previstas sanções à

[1] Graduanda da Faculdade Nacional de Direito da Universidade Federal do Rio de Janeiro, integrante da Liga de Direito Médico e Life Science.

[2] Graduanda da Faculdade Nacional de Direito da Universidade Federal do Rio de Janeiro, integrante da Liga de Direito Médico e Life Science.

[3] Graduanda da Faculdade Nacional de Direito da Universidade Federal do Rio de Janeiro, integrante da Liga de Direito Médico e Life Science.

[4] Graduanda da Faculdade Nacional de Direito da Universidade Federal do Rio de Janeiro, integrante da Liga de Direito Médico e Life Science.

[5] Tipo penal é a conceituação técnica, dentro do Direito Penal, que descreve fato ilícito, ou seja, proibido por lei.

gestante que provoca aborto em si mesma ou permite que outrem lhe provoque, bem como sanciona um terceiro que possa estar envolvido (artigo 125, CP).

Contudo, objetivando a preservação da autonomia e do bem-estar da mulher, há hipóteses do chamado aborto legal, isto é, casos de exclusão da ilicitude do fato, quais sejam: o aborto necessário – em que não há outro meio de salvar a vida da gestante (art. 128, I, CP); o aborto no caso de gravidez resultante de estupro (art. 128, II, CP) e o aborto de feto anencéfalo (ADPF 54)[6].

Isso significa que não será punido o procedimento abortivo, realizado por médico, se decorrente de alguma dessas justificações. Embora tais excludentes estejam salvaguardadas por lei, a desigualdade das relações de gênero somada às profundas raízes patriarcais permite a manutenção de controvérsias acerca do aborto legal no Brasil. No caso de estupro, a situação se torna mais complexa em razão de anterior ocorrência do crime de violência sexual.

Um debate recente se deu em razão da publicação da Portaria 2.282, em agosto de 2020, alterada pela Portaria 2.561 um mês depois. Editado pelo Ministério da Saúde (MS), tal ato "dispõe sobre o Procedimento de Justificação e Autorização da Interrupção da Gravidez nos casos previstos em lei, no âmbito do Sistema Único de Saúde-SUS" e, apesar de apresentar ementa generalista, as disposições deste ato abordam, principalmente, a hipótese de interrupção da gravidez decorrente de estupro (art. 128, II, CP). Por isso, cabe, de forma breve, tratar da complexa definição de "violência sexual".

Sabe-se que esse conceito sofre transformações quando analisado sob diferentes locais de fala. Nas palavras de Souza e Adesse (2005, p. 21, apud BALLONE e ORTOLONI, 2003), para o movimento de mulheres sob perspectiva dos direitos humanos, a violência sexual pode ser entendida "como uma violência de gênero que se 'caracteriza por um abuso de poder no qual a vítima (criança, adolescente e mulher) é usada para gratificação sexual do agressor sem seu consentimento, sendo induzida ou forçada a práticas sexuais com ou sem violência física.'"

---

6 Por maioria de votos, o STF julgou procedente o pedido contido na Arguição de Descumprimento de Preceito Fundamental (ADPF) 54 [...] para declarar a inconstitucionalidade de interpretação segundo a qual a interrupção da gravidez de feto anencéfalo é conduta tipificada nos artigos 124, 126 e 128, incisos I e II, todos do Código Penal.

A OMS, de maneira técnica, conceitua essa espécie de violência como "qualquer ato sexual ou tentativa de obter ato sexual, investidas ou comentários sexuais indesejáveis, ou tráfico ou qualquer outra forma, contra a sexualidade de uma pessoa usando coerção". Sob um entendimento mais subjetivo, Aparecida Gonçalves, secretária nacional de Enfrentamento à Violência contra as Mulheres da Secretaria de Políticas[7] afirma que

> violência sexual é a mais cruel forma de violência depois do homicídio, porque é a apropriação do corpo da mulher – isto é, alguém está se apropriando e violentando o que de mais íntimo lhe pertence. Muitas vezes, a mulher que sofre esta violência tem vergonha, medo, tem profunda dificuldade de falar, denunciar, pedir ajuda.

Para além da complexidade conceitual, é imprescindível refletir acerca dos motivos pelos quais ainda há tanta resistência de terceiros quanto à interrupção de gravidez por uma mulher que foi vítima de violência sexual – direito que ela tem protegido por lei. Sob esta lógica, a Portaria 2.561, editada pelo Ministério da Saúde (MS), órgão do Poder Executivo, trata de um desses aspectos controvertidos: o papel do médico que realiza o procedimento abortivo e suas responsabilidades.

Ressalvadas as possíveis motivações ideológicas, o fundamento jurídico da nova regulamentação, que revogou a Portaria n° 1.508/05, pautou-se a necessidade de disciplinar a licitude do procedimento de interrupção da gravidez, além de garantir segurança jurídica aos profissionais de saúde envolvidos – o que não era integralmente concretizado com a Portaria anterior, segundo o Ministério da Saúde.

Isto posto, questiona-se, no presente artigo, tal (in)segurança jurídica apontada pela Portaria 2.561/20 e, especificamente, quais os impactos desse ato normativo na responsabilidade ético-profissional dos médicos que realizam procedimentos abortivos nos casos de violência sexual no Brasil. A partir desse questionamento, a análise desenvolvida apresentará um recorte jurídico a fim de alcançar conclusão dedutiva – embora não axiomática – sobre a real intenção da nova Portaria.

Em primeiro plano, será avaliado o cenário da responsabilidade ético-profissional do médico antes do recente ato do Ministério da Saúde com a intenção de verificar se, de fato, inexistiam mecanismos de se-

---

7 Galvão, Patrícia Agência. Dossiê "Violência Contra as Mulheres" https://dossies.agenciapatriciagalvao.org.br/violencia/violencias/violencia-sexual/ Acessado em: 21 abr. 2021.

gurança jurídica para o profissional da saúde. Para isso, serão analisadas a Lei 12.845/13, bem como a revogada Portaria 1.508/05 e outras normas que compõem o arcabouço legal de protocolos e formalidades a serem observados nas hipóteses de aborto legal.

Em segundo plano, será examinada a validade da Portaria 2.561 dentro do ordenamento jurídico brasileiro para compreender se este ato poderia concretizar seus efeitos. Assim, pretende-se confrontar suas disposições frente a normas constitucionais, a atos primários, secundários e resoluções específicas de conselhos de classe – como o Código Penal, a Lei do SUS, Código de Ética Médica, entre outros.

Para o desenvolvimento dessa metodologia, porém, encontrou-se dificuldade em razão da data de publicação da Portaria 2.561 e de sua suspensão devido às ações no Supremo Tribunal Federal (STF). Ou seja, por ser muito recente – agosto de 2020 – e por estar suspensa, ainda não há dados ou efeitos práticos, de modo que a discussão se deu predominantemente sob viés teórico.

O assunto é de extrema importância, complexo e envolvido por numerosas questões sociopolíticas, morais e, até mesmo, religiosas. Não há, portanto, pretensão em esgotar as diversas facetas do tema para além do recorte apresentado. Busca-se, ainda que mediante desenvolvimento restrito aos aspectos jurídicos, contribuir para um debate mais franco acerca do aborto legal.

1. O CENÁRIO DA RESPONSABILIDADE ÉTICO-PROFISSIONAL DO MÉDICO ANTES DA PORTARIA 2.561/20

Com o propósito de construir raciocínio silogístico e, assim, alcançar uma conclusão lógica, inicia-se o presente desenvolvimento a partir da análise do cenário da responsabilidade ético-profissional do médico anterior à publicação do Ministério da Saúde. O órgão, por enxergar fragilidades nesse cenário, editou a Portaria 2.282/20 - posteriormente atualizada para a 2.561/20 - com base, portanto, na alegada necessidade de assegurar maior proteção jurídica aos profissionais da saúde atuantes no procedimento abortivo legal.

De fato, o artigo 87, parágrafo único, II da Constituição Federal atribui, ao referido órgão, competência para "expedir instruções para a execução das leis, decretos e regulamentos" – embora a utilização des-

ABORTO LEGAL E SEGURO 81

se poder regulamentar, para a publicação em questão, seja questionável, ponto que será abordado no tópico seguinte.

Contudo, contesta-se a veracidade da motivação do Ministério e, nesse intuito, cabe analisar o cenário do arcabouço jurídico anterior à Portaria 2.561 a fim de certificar se, de fato, havia um desamparo dos médicos na execução do aborto legal.

Em primeiro plano, seguindo a ordem hierárquica dos atos normativos, denota-se a Lei nº 12.845/13 cujo teor visa garantir, à vítima de qualquer forma de atividade sexual não consentida[8], o atendimento hospitalar em caráter emergencial, integral e multidisciplinar para a recuperação de sua integridade física e mental (artigo 1º).

Nesse cenário, a Lei determina, além dos cuidados hospitalares, a obrigatoriedade, por parte da instituição de saúde, de informar à vítima acerca de seus direitos (artigo 3º, VII) e, também, a "facilitação do registro da ocorrência e encaminhamento ao órgão de medicina legal e às delegacias especializadas com informações que possam ser úteis à identificação do agressor e à comprovação da violência sexual" (artigo 3º, III).

Importa, aqui, salientar a primeira alteração trazida pela Portaria 2.561 que impõe, ao médico, obrigatória notificação do fato à autoridade policial responsável (art. 7º, I). Dessa mudança, decorrem diversos impasses, uma vez que a facilitação do Registro de Ocorrência (R.O) – prevista na Lei 12.845 – não deve ser confundida com obrigatoriedade.

Evidencia-se, dessa forma, dentre as possíveis consequências, a confusão no papel dos profissionais de saúde, mais especificamente, do médico, os quais, segundo Gabriela Rondon (2020), advogada e pesquisadora do Anis (Instituto de Bioética, Direitos Humanos e Gênero)[9],

> não foram treinados e nem é seu papel profissional e constitucional se preocupar prioritariamente com uma investigação criminal. A preocupação primordial deve ser cuidar daquela mulher ou menina. Se isso cria essas outras camadas, pode levar à confusão e, no fim das contas, fazer com que não cumpram seu objetivo principal, que é o principal efeito e problema dessa norma.

---

8 Utiliza-se, aqui, a conceituação de violência sexual realizada na introdução deste artigo.

9 Em entrevista pela revista Carta Capital < https://www.cartacapital.com.br/saude/com-a-nova-portaria-aborto-legal-nao-e-mais-procedimento-de-cuida-do-mas-sim-de-investigacao/> Acesso em 21 abr. 2021

A existência das delegacias especializadas corrobora para a ideia de que o médico não recebe treinamento para cumprir tal função. Isso porque estas delegacias são compostas por mulheres que são treinadas exclusivamente para acolher as vítimas de violência sexual por meio de atendimento social e psicológico, além de promover acesso aos exames de corpo de delito no Instituto Médico Legal (IML) e aos serviços da Defensoria Pública nos processos judiciais (SOUZA e ADESSE, 2005, pág. 83). Ou seja, há uma capacitação voltada unicamente para que essas profissionais lidem com o possível estupro, o que não ocorre com a equipe da saúde.

Isso significa que, ao obrigar os médicos a notificar o crime, o Ministério da Saúde acaba por atribuir-lhes maiores responsabilidades para as quais eles não são instruídos, além de desviá-los de seus deveres perante suas pacientes e expô-las a um atendimento pouco capacitado. Nas palavras de Souza e Adesse, os habituais maus tratos dessas vítimas são o principal obstáculo às notificações dos casos de estupro e, visando mitigar isso, a Subsecretaria de Segurança da Mulher realizou "reformas e construiu-se a parceria com a área de saúde, objetivando melhorar as condições de atendimento dessas mulheres" (2005, pág 82).

Esse contexto apenas reforça a ideia de que médicos e profissionais da saúde não são – e nem deveriam ser – capacitados para incumbências investigativas quanto ao crime. Conforme o artigo 3°, III, da Lei 12.845[10], o Registro da Ocorrência deveria, somente, ser facilitado pelo médico, e a vítima, orientada a buscar as providências legais cabíveis nas delegacias especializadas as quais, conforme apontado, têm função, justamente, de atender essas mulheres e meninas. Por meio deste dispositivo, a equipe clínica contribuía para o trabalho das autoridades policiais, sem exorbitar suas funções.

Em certa medida, é possível afirmar que a nova Portaria gera, ao contrário do que propõe, desproteção ao profissional, uma vez que imputa essa responsabilidade atípica. Nessa lógica, Rondon (2020) aponta que a dicção do artigo 7°, I não deixa claro se "comunicar o fato à autoridade policial responsável" seria o mesmo que realizar o R.O. De acordo com a advogada:

---

10 III - facilitação do registro da ocorrência e encaminhamento ao órgão de medicina legal e às delegacias especializadas com informações que possam ser úteis à identificação do agressor e à comprovação da violência sexual;

[...] sequer a portaria explica como isso deveria ser feito. Não existe um manual de comunicação entre essas duas esferas, porque não necessariamente elas se comunicam de fato. Então, na verdade, isso gera insegurança para os profissionais de saúde, de como interpretar essa norma e o que eles devem fazer e como fazer isso sem violar o sigilo ou colocar essa mulher em risco. (RONDON, 2020)

Com a Lei 12.845, restava assegurada a responsabilidade ético-profissional do médico limitada apenas às obrigações quanto à sua profissão instituídas pelo Código de Ética Médica - Resolução nº 2.217 do Conselho Federal de Medicina – que dispõe, no Capítulo II: "O alvo de toda a atenção do médico é a saúde do ser humano, em benefício da qual deverá agir com o máximo de zelo e o melhor de sua capacidade profissional."

Em seguimento à hierarquia dos atos normativos, analisa-se as etapas burocráticas dispostas pela Portaria 1.508/05 cuja intenção é certificar o viés legal do procedimento abortivo. Para isso, são previstas quatro etapas para a justificação e autorização do aborto legal que deverão ser registradas em documentos específicos e anexadas ao prontuário médico (artigo 2º).

Todas as fases foram instituídas para proteger juridicamente a equipe de saúde. Na primeira, a gestante deverá realizar e assinar – ou, se incapaz, seu representante legal o fará - Termo de Relato Circunstanciado no qual constarão informações sobre a ocorrência (artigo 3º, Portaria 1.508). Em seguida, o médico deve elaborar um parecer técnico, além de diversos exames e avaliações complementares (artigo 4º).

Na terceira fase, especificamente, a então gestante assina Termo de Responsabilidade o qual "conterá advertência expressa sobre a previsão dos crimes de falsidade ideológica (art. 299 do Código Penal) e de aborto (art. 124 do Código Penal), caso não tenha sido vítima de violência sexual" (artigo 5º, Portaria 1.508/05).

Percebe-se, portanto, que, anteriormente ao recente ato publicado pelo Ministério da Saúde, os médicos já cumpriam protocolos legais com objetivo de preservar sua atuação. A esses profissionais, não seria imputado nenhum crime, tampouco infração ética, caso fosse identificado que a gravidez em questão não era consequência de um estupro. O encargo recai sobre a mulher que procurou o serviço de saúde sob falsas alegações, de modo que a responsabilidade ético-profissional da equipe de saúde não será demandada.

Além da Lei 12.845/2013 e da Portaria 1.508/2005, foi elaborada, ainda no ano de 2005, pelo Ministério da Saúde, a Norma Técnica de "Atenção Humanizada ao Abortamento" que visa "rápida assistência a mulheres e adolescentes vítimas de violência sexual" por meio de integração de diferentes setores como saúde, justiça, ONGs do movimento feminista, entre outros (SOUZA E ADESSE, 2005, p. 88).

Ao longo do documento, é apontado, em diversos momentos, o dever dos profissionais de promover "atenção de qualidade ao abortamento e suas complicações com referenciais ético-legais e bioéticos" (Norma Técnica, 2005, pág. 10). Mais especificamente, em seu capítulo segundo, são abordados os aspectos ético-profissionais e jurídicos ao aborto, de forma que:

> A atenção humanizada às mulheres em abortamento merece abordagem ética e reflexão sobre os aspectos jurídicos, tendo como princípios norteadores a igualdade, a liberdade e a dignidade da pessoa humana, não se admitindo qualquer discriminação ou restrição do acesso a assistência à saúde" (MINISTÉRIO DA SAÚDE, 2005)

Percebe-se que, seja pela legislação primária, secundária ou pela normatização técnica, o médico está vinculado à sua função de zelar pela saúde, acolhimento e orientação das vítimas de violência sexual e deve, para isso, observar e respeitar as disposições do Código de Ética Médica: sigilo médico, dever de informar, entre outros.

Do contrário, não há, em nenhuma esfera, vinculação do profissional da saúde à notificação compulsória da ocorrência do crime ou qualquer outra atividade de viés investigativo, conforme propõe a Portaria 2.561, sob risco de desvio da função médica e de infrações ético-profissionais.

Com isso, denota-se uma contradição do próprio Ministério da Saúde que editou o referido ato normativo cujas determinações são incoerentes frente às normas preexistentes. Isso porque, em contrariedade ao alegado pelo órgão, no cenário legislativo anterior à Portaria 2.561 – vide Lei 12.845, na Portaria 1.508 e no próprio Código de Ética Médica –, é possível observar o oferecimento da devida segurança jurídica e limitação da atuação do médico.

Isso significa que sua responsabilidade ético-profissional encontrava proteção jurídica antes mesmo da publicação da Portaria 2.561. Na realidade, tendo em vista os possíveis desdobramentos expostos e o parecer de peritos no assunto, este ato tem potencial de expor e vulnerabilizar o profissional, já que atribui a ele, responsabilidades imprecisas e descabidas.

A principal motivação, portanto, que levou o Ministério da Saúde a publicar a Portaria, ou seja, a alegada insegurança jurídica, é bastante questionável. Entretanto, considerando que haja contexto de desamparo legal do médico, será analisada a validade da Portaria 2.561 frente às normas superiores a fim de constatar se tal ato normativo estaria apto a concretizar este propósito.

2. A VALIDADE DA PORTARIA QUANTO À HIERARQUIA NORMATIVA DO ORDENAMENTO JURÍDICO

Após essa análise quanto ao cenário legal da responsabilidade ético-profissional do médico, observou-se antecedente segurança jurídica advinda, principalmente, da Portaria 1.508/05, garantindo que esses profissionais possam cumprir seus deveres perante as vítimas de violência sexual sem receios de sanções e responsabilizações injustas.

A partir disso, portanto, foi possível auferir a prescindibilidade da nova Portaria 2.561, tendo em vista que sua existência é amparada na - alegada - necessidade de propiciar segurança jurídica a esses profissionais quando, na verdade, essa proteção já acontecia. Plausível, ainda, ir além e apostar que as alterações trazidas, inclusive, geram efeito contrário de forma a fragilizar esse resguardo.

Entretanto, ainda que a justificação da edição da Portaria restasse comprovada, pode-se discutir se este ato do Poder Público conseguiria cumprir com o que se propõe em razão de sua questionável constitucionalidade – característica da norma que está em harmonia com a Constituição Federal.

Hans Kelsen (1998), em sua obra "Teoria Pura do Direito", delimita a norma jurídica como objeto racional do estudo das teorias jurídicas estática e dinâmica, nas quais o teórico austríaco afirma ser característico dessa ciência a autorregulamentação:

> A produção das normas jurídicas gerais, isto é, o processo legislativo, é regulado pela Constituição, e as leis formais ou processuais, por seu turno, tomam à sua conta regular a aplicação das leis materiais pelos tribunais e autoridades administrativas" (KELSEN, 1998, p. 80)

A tese kelseniana, portanto, estabelece o conceito de ordenamento jurídico a partir de uma estrutura hierárquica que regula a si mesma.

Com a Constituição Federal no vértice dessa pirâmide em abstrato - Norma Fundamental -, os atos normativos primários, isto é, lei *lato sensu,* por resultarem do processo legislativo, retiram sua validade da Carta Magna e regulamentam os direitos nela dispostos. São eles: leis complementares, leis ordinárias e leis delegadas; decreto legislativo e medidas provisórias.

Sob esta lógica, os atos normativos secundários, por sua vez, são validados pelos primários e, por não serem fruto do processo legislativo, mas sim de decisão unilateral da Administração Pública, podem apenas executar e regulamentar as disposições legais, sendo vedada a inovação por meio de ato dessa natureza, como: decretos executivos; normas individuais - como sentenças em ações judiciais - e, claro, portarias. A hierarquização das normas é ferramenta para evitar conflitos jurídicos, bem como para fundamentar o controle de constitucionalidade misto[11] - sedimentado pela Emenda Constitucional n° 45/2004.

Com isso, denota-se que a Portaria 2.561 configura ato normativo secundário, fruto do exercício atípico do Poder Executivo e, portanto, localizada na base da célebre Pirâmide de Kelsen, de modo que está vinculada a todas as normas hierarquicamente superiores a ela - sejam constitucionais ou infraconstitucionais.

O Ministério da Saúde, em vista disso, exorbita seu poder regulamentar o qual, nas palavras de Virgílio Afonso da Silva (2021, pág 461), "[...] está estritamente subordinado aos termos da legislação e, portanto, não pode estabelecer regras que não estejam ao menos implícitas na legislação". Isso ocorre pois o conteúdo da Portaria atribui condicionantes à hipótese de aborto legal em caso de gravidez decorrente de estupro, enquanto o artigo 128, II, do Código Penal assegura esse direito à vítima de violência sexual sem exigir nenhum requisito além do consentimento da então gestante ou, se incapaz, de seu representante legal[12].

Ressalta-se que, ao Poder Executivo, não compete condicionar onde o legislador não o fez, uma vez que sua função atípica regulamentadora deve respeitar as balizas normativas superiores. Pela regra herme-

---

11 "[...] é a avaliação da compatibilidade de leis e outros atos normativos àquilo que prevê a Constituição." (AFONSO, 2021. pág. 566)

12 Art. 128 - Não se pune o aborto praticado por médico:

II - se a gravidez resulta de estupro e o aborto é precedido de consentimento da gestante ou, quando incapaz, de seu representante legal.

nêutica, o intérprete não pode desrespeitar o silêncio proposital da lei. Sob essa ótica, examina-se que

> No Brasil, assim como em outros países latino-americanos, não há lei que regule o acesso ao aborto legal para além do Código Penal. [...] Normativas adicionais existem no plano administrativo apenas para estabelecer quais são as obrigações do Estado na organização da política pública de saúde, para garantir que os direitos previstos em lei sejam cumpridos. O Ministério da Saúde da gestão Jair Bolsonaro decidiu, por outro lado, extrapolar sua esfera de competência administrativa, para avançar na cruzada ideológica antigênero no tema do aborto." (IBCCRIM, 2020)

Indo ao encontro da tese de inconstitucionalidade da Portaria 2.561, há diversas ações tramitando no Supremo Tribunal Federal a fim de questionar esse excesso, como a Arguição de Descumprimento de Preceito Fundamental (ADPF) n° 737 proposta por um conjunto de partidos políticos, a Ação Civil Pública (ACP) n° 5017239-42.2020.4.03.6100 ajuizada pela Defensoria Pública da União e de diversos estados, a Ação Direta de Inconstitucionalidade (ADI) n° 6.552 proposta pelo Instituto Brasileiro das Organizações Sociais de Saúde (IBROSS) e outras.

Além dos numerosos argumentos sustentados pelas referidas ações, todas apontam, preliminarmente, o abuso da Administração Pública ao abordar questões de Direito Penal por meio de uma Portaria. Argumentam, também, a consequente violação ao Princípio da Legalidade (art. 5°, II, XXXIX[13]), bem como ao artigo 87, parágrafo único, II cuja determinação restringe a competência do Ministro de Estado a "expedir instruções para a execução das leis, decretos e regulamentos".

Na esfera constitucional, cabe, ainda, evidenciar o descumprimento a diversos direitos fundamentais: à dignidade, à autonomia, à autodeterminação, à privacidade e, até mesmo, ao acesso integral e humanizado à saúde. As referidas ações em tramitação, portanto:

> [...] levam em consideração não apenas a violação aos direitos e garantias fundamentais das mulheres atingidas pela portaria, como também pela inobservância dos limites ao poder regulamentar, previstos no artigo 84, IV, da CF, uma vez que as atribuições do Ministério da Saúde restringem-se à atuação relativa à saúde pública, mas a portaria dispõe sobre questões relativas ao Direito Penal. As normas criadas pela portaria, portanto, somente poderiam ser objeto de lei aprovada pelo Congresso Nacional e não de ato do Poder Executivo. (LEITE; BRITO; VALENÇA, 2020)

---

[13] Art. 5°, XXXIX: não há crime sem lei anterior que o defina, nem pena sem prévia cominação legal

A Portaria exige Termo de Relato Circunstanciado (artigo 2°) no qual a vítima deverá narrar, detalhadamente, o crime cometido contra ela. Além disso, foi estabelecida a obrigatoriedade da comunicação do fato à autoridade policial (artigo 7°, II) e de Termo de Consentimento no qual são esclarecidos "os desconfortos e riscos possíveis à sua saúde" (artigo 5°, I, a´).

Essas exigências impostas ao procedimento abortivo são criticadas por especialistas e organizações da saúde, por meio de notas de repúdio[14], sob alegação de que a Portaria dificulta o acesso ao aborto legal garantido por lei. A ABRASCO - Associação Brasileira de Saúde Coletiva - caracterizou as disposições desse ato normativo como "[...] procedimentos que intimidam, constrangem e beiram a tortura de meninas e mulheres que já foram vítimas de um crime e precisam passar por um procedimento que pode ser difícil e doloroso".

Em concordância, a FEBRASGO - Federação Brasileira das Associações de Ginecologia e Obstetrícia desaprovou a compulsoriedade da denúncia às autoridades policiais, tendo em vista "que viola os direitos ao sigilo, à privacidade e à autonomia das mulheres."

Quanto ao esclarecimento dos riscos no Termo de Consentimento, em entrevista à *Gênero e Número*[15], Gabriela Rondon afirmou que

> Não são medidas de acesso à informação ou que ajudem a mulher a tomar uma decisão consciente [...]. Faz-se uma lista de riscos possíveis, mas não se fala da prevalência desses riscos, que são baixíssimos. [...] Selecionar alguns aspectos sem realmente explicar o que significam esses riscos é claramente uma tentativa de intimidação, de desinformação e de criar pânico nas mulheres. (RONDON, 2020)

Ao observar as diversas reprovações de instituições profissionais e peritos no assunto, torna-se possível atestar, de fato, as múltiplas violações à Constituição Federal em razão da Portaria 2.561 - sejam formais, quanto ao Princípio da Legalidade e ao poder atípico da Administração, sejam materiais, quanto à privacidade, autodeterminação e dignidade das vítimas de violência sexual que buscam exercer seu direito ao aborto legal.

---

14 COSTAL, Inês; CONCEIÇÃO, Patrícia: "Há desinformação e intimidação em nova portaria sobre acesso ao aborto legal, afirmam entidades" <https://www.analisepoliticaemsaude.org/oaps/noticias> Acesso em 21 de abr. 2021

15 Gênero e Número é uma empresa social que produz e distribui jornalismo orientado por dados e análises sobre questões urgentes de gênero e raça, visando qualificar debates rumo à equidade. <http://www.generonumero.media/institucional/>

Entende-se, portanto, que, além de a Portaria 2.561 não possuir existência justificada - em razão de anterior proteção jurídica dos médicos, também não encontra validade no ordenamento jurídico brasileiro, de modo que não poderia produzir efeitos. Quando, em desacordo com a Carta Magna, a norma é dita nula - já que o Brasil adota a teoria americana da nulidade. A consequência jurídica poderá - ou deveria ser - a declaração de inconstitucionalidade da Portaria pelo Supremo Tribunal Federal (art. 102, CF/88).

Com isso, evidencia-se as referidas contradições entre a Portaria 2.561 e a Constituição Federal brasileira como o primeiro pilar que sustenta a tese de invalidade deste ato do Executivo. É possível, ainda, revelar outras incompatibilidades frente a normas de diferentes hierarquias no ordenamento jurídico que irão amparar o segundo pilar desta premissa.

3. OS DIREITOS E DEVERES DO MÉDICO FRENTE ÀS DISPOSIÇÕES DA PORTARIA

3.1. OBRIGATORIEDADE DO REGISTRO DE OCORRÊNCIA

Além das violações constitucionais expostas no tópico anterior, também é observada uma discordância entre os dispositivos da Portaria 2.561 que versam sobre alguns direitos e deveres do médico frente a normas superiores de mesma matéria. Aponta-se, para tanto, o Código Penal, a Lei n° 13.718, além de Norma Técnica do próprio Ministério cujas disposições permitem traçar raciocínio dedutivo acerca da ineficácia da Portaria em promover maior segurança jurídica do profissional.

O trecho da recente publicação do Ministério da Saúde que levanta a principal controvérsia sobre os deveres do médico ao realizar o aborto legal é o artigo 7° que estabelece como obrigação da equipe de profissionais "comunicar o fato à autoridade policial responsável" (artigo 7°, I)[16]. O órgão do Executivo baseou-se no artigo 225 do Código Penal (CP), alterado pela Lei n° 13.718/2018, que prevê a natureza incondi-

---

16 Art. 7° [...] o médico e os demais profissionais de saúde ou responsáveis pelo estabelecimento de saúde que acolherem a paciente dos casos em que houver indícios ou confirmação do crime de estupro, deverão observar as seguintes medidas: I - Comunicar o fato à autoridade policial responsável;

cionada da ação penal pública para crimes sexuais e contra a liberdade sexual - estupro, violação sexual mediante fraude, de importunação sexual, entre outros.

Quando uma ação penal apresenta caráter incondicionado, isso significa que sua "[...] propositura cabe exclusivamente ao Ministério Público (MP), sem depender da concordância do ofendido ou de qualquer outro órgão estatal (art. 100, caput, CP)" (NUCCI, 2008, p.573). Contudo, essa alteração legislativa no artigo 225, CP não torna obrigatória a notificação das autoridades competentes por parte da equipe médica que realiza interrupção de gravidez decorrente de estupro.

Isto pois, conforme explicitado em definição doutrinária, recai sobre o MP a obrigação de oferecer a denúncia independente de manifestação de vontade da vítima. Dessa forma, é possível anunciar que a Portaria 2.561 deturpa o conceito de ação penal incondicionada ao atribuir, aos profissionais de saúde envolvidos no procedimento abortivo, a obrigação de notificar a possível ocorrência.

Inobstante essa ausência de competência[17] do médico – ponto aprofundado anteriormente – ressalta-se que pode ser nocivo, no exercício de sua profissão, assumir a responsabilidade de comunicar às autoridades responsáveis, uma vez que a Portaria não esclareceu os critérios dessa comunicação[18] entre o sistema de saúde e a polícia. Não resta claro como isso deve ser feito, o que aumenta, ainda mais, a insegurança desse encargo.

O Instituto Nacional de Saúde da Mulher, da Criança e Adolescente Fernandes Figueira (IFF), em conjunto com a Fundação Oswaldo Cruz (Fiocruz) e com o Ministério da Saúde criou o "Portal de Boas Práticas" a fim de difundir conhecimento sobre saúde com base em evidências científicas. E, em matéria sobre "Principais questões sobre Aborto Legal", afirmou-se:

> [...]A equipe de serviço social deve acompanhar a vítima até a delegacia da mulher, para que, com o acolhimento necessário, ela faça o boletim de ocorrência e os processos de investigação policial ocorram para identificar o agressor. Caso a mulher não queira fazer a denúncia e o boletim de ocor-

---

17 Competência, no sentido jurídico, diz respeito ao "poder de julgar", geralmente de um juiz, segundo os limites legais impostos. Conforme aponta o tópico anterior, há uma confusão no papel do médico.

18 Nas palavras da advogada Gabriela Rondon, não há instruções sobre como essa comunicação deve ser realizada, o que gera insegurança para os profissionais da saúde quanto ao sigilo e à integridade da mulher.

rência, mantém-se o direito da mulher de acesso à interrupção da gravidez, isto é, a interrupção não pode ser cerceada. (IFF, 2019)

Em consonância, a Norma Técnica "Atenção humanizada ao abortamento" - já citada no presente -, do próprio Ministério da Saúde, reforça a impertinência da obrigatoriedade da notificação em detrimento do direito da vítima de abortar. Em seu capítulo II, sedimentou-se que

> O Código Penal não exige qualquer documento para a prática do abortamento nesses casos e a mulher violentada sexualmente não tem o dever legal de noticiar o fato à polícia. Deve-se orientá-la a tomar as providências policiais e judiciais cabíveis, mas, caso ela não o faça, não lhe pode ser negado o abortamento. (MINISTÉRIO DA SAÚDE, 2005)

Entende-se, assim, que o artigo 225 do Código Penal não constitui base legal para justificar as disposições da Portaria 2.561, as quais atribuem ao médico a função de realizar o Registro de Ocorrência.

Ademais, é necessário fazer alusão à Lei nº 13.931/2019 - que altera a Lei nº 10.778/2003 - cujo conteúdo dispõe sobre a notificação compulsória às autoridades policiais para "os casos em que houver indícios ou confirmação de violência contra a mulher atendida em serviços de saúde públicos e privados" (artigo 1º), uma vez que poderia ser utilizada como respaldo legal às inovações do Ministério da Saúde.

No entanto, ainda que a Portaria 2.561 fizesse menção à referida lei, seu texto impreciso não pode ser utilizado como prerrogativa para impor ao médico tal obrigação. Isso encontra razão no fato de que, ao ato secundário, não cabe acrescentar deveres ao profissional para além de previsão legal. Além disso, a própria Lei 13.931 já era alvo de críticas, não apenas devido às determinações imprecisas, mas também por ser

> muito problemática e inconstitucional porque mistura processos que não deveriam ser misturados e condiciona a saúde a outra esfera que não tem nenhuma relação e pode gerar obstáculos de acesso. Além de tudo isso, não foi regulamentada, não especificou como os profissionais de saúde atenderiam a essa nova lei. Essa norma não está sendo colocada em prática porque os profissionais não sabem o que fazer, e essa nova portaria sobre o aborto legal cria mais uma camada de confusão nesse sentido. (RONDON, 2020)

A partir do que foi analisado, acima da discussão acerca da possibilidade de realização de registro de ocorrência pelo médico, está a necessidade de acolhimento e respeito às vontades da vítima. A Defensoria Pública da União (DPU) compartilhou desse mesmo entendimento em sua Ação Civil Pública 5017239-42.2020.4.03.6100, citando, ainda, um posicionamento do próprio Ministério da Saúde frente à Lei nº 13.931/2019:

> Desse modo, o Ministério da Saúde tem construído sua compreensão sobre a interpretação da nova norma de forma convergente aos tópicos conclusivos apresentados pelo Núcleo Especializado de Promoção e Defesa dos Direitos das Mulheres, que dispõem sobre as recomendações de não envio do prontuário e ficha de notificação de violência às autoridades policiais, bem como da importância da autorização da mulher nas situações em que as informações de identificação pessoal precisarão ser repassadas às autoridades policiais para medidas de proteção emergenciais.(OFÍCIO Nº 661/2020/SVS/MS, apud DEFENSORIA PÚBLICA DA UNIÃO, 2020, p. 10).

Apesar de não ser exigida a autorização da mulher para que seja movida uma investigação criminal em caso de estupro, é notável, na realidade fática, que a notificação compulsória ultrapassa a vontade dessa vítima de violência sexual, possibilitando que o médico a exponha, involuntariamente, à nova situação de risco.

Novamente, corroborando para a tese de que a Portaria 2.561 não logra êxito em proteger o médico, denota-se o abuso de poder por parte do órgão executivo que estaria excedendo sua função atípica de regulamentar limitada à hierarquia do ordenamento jurídico. Não obstante, as inovações trazidas pela Portaria contradizem normas constitucionais, atos primários como o Código Penal - especificamente quanto ao artigo 225 - e a Lei nº 13.718.

3.2. SIGILO MÉDICO

Em sequência, ainda são colocadas em xeque, importantes determinações do Código de Ética Médica no que tange ao sigilo médico. França (2014, p. 168) entende como sigilo médico "o silêncio a que o profissional da medicina está obrigado a manter sobre fatos dos quais tomou conhecimento quando esteve na relação médico-paciente; portanto, no pleno exercício de sua profissão", é o que dispõe o art. 73 do Código de Ética Médica.

Assim, em uma primeira leitura parece haver confronto com o sigilo médico. Logo, é necessário observar alguns aspectos do instituto, principalmente no que tange às hipóteses de exceção, para que não haja desrespeito às normas que regem a profissão, bem como a inviolabilidade da intimidade da vítima que tem status de garantia fundamental prevista no art. 5º, X da Constituição Federal.

A confidencialidade e o respeito à privacidade constituem preceitos morais tradicionais das profissões de saúde, indicando o dever de guarda e reserva em relação aos dados de terceiro a que se tem acesso em virtude do exercício da atividade laboral. Entretanto, de fato, o sigilo médico não é direito absoluto, visto que há situações em que se permite o acesso, em certa medida, a essas informações. No entanto, a quebra do sigilo não pode ser a regra, mas sim a exceção.[19]

Dessa forma, o art. 73 do Código de Ética Médica Brasileiro descreve três situações em que a quebra do sigilo não seria considerada violação ao direito, são essas: justa causa, dever legal e consentimento do paciente. Nesse contexto, ainda é necessário verificar que no parágrafo único, em caso de suspeita de crime, "o médico estará impedido de revelar segredo que possa expor o paciente a processo penal".

Dentro das exceções, quanto à temática que se discute, é necessário trabalhar a justa causa e o dever legal. No que tange a primeira hipótese, em consonância com o art. 154 do CP[20], que trata sobre violação do segredo profissional, deve ser reparado oe interesse de ordem moral ou social que autoriza o não cumprimento de uma regra. Logo, é preciso fazer a leitura da justa causa com base nos princípios fundamentais da medicina[21], de modo a evitar discricionariedade por parte do médico.

Por outro lado, quando se trata da hipótese de dever legal, a quebra do sigilo ocorre por obediência ao que está regulado em lei - em sentido estrito. Em caso de descumprimento, ou seja, quando o médico mantiver o sigilo quando houver determinação legal dispondo o contrário, pode ser imputada, a ele, conduta criminosa (FRANÇA, 2014, p. 159). Deve ser observado, entretanto, que a Portaria 2.561 não se encaixa em nenhuma das duas hipóteses de quebra do sigilo.

---

19 Quebra de sigilo por "motivo justo" causa grandes dilemas aos médicos. Informativos do CREMESP – Conselho Regional de Medicina do Estado de São Paulo, São Paulo, edição 289, 01 fevereiro de 2012 Disponível em: https://www.cremesp.org.br/. Acesso em 13 de abril de 2021

20 Art. 154, CP: revelar alguém, sem justa causa, segredo, de que tem ciência em razão de função, mistério, ofício ou profissão, e cuja revelação possa produzir a outrem

21 O Código de Ética Médica estabelece, em seus artigos I e II, que a Medicina é uma profissão a serviço da saúde do ser humano e da coletividade e será exercida em discriminação de nenhuma natureza; o alvo de toda a atenção do médico é a saúde do ser humano, em benefício do qual deverá agir com o máximo de zelo e o melhor de sua capacidade profissional.

Nesse diapasão, é necessário observar o já exposto no tópico quanto à competência da Portaria para legislar sobre o tema. Reforça-se que este ato do Ministério da Saúde, enquanto ato normativo secundário, não poderia incumbir, ao médico, novos deveres e nem usurpar competência do legislativo. Isso significa que apenas leis - em sentido estrito - podem criar situações de quebra do sigilo em nome do dever legal, algo que não pode ser feito mediante portaria do Executivo.

Além disso, as previsões legais existentes em relação à atuação médica - conforme abordado neste artigo - são no sentido de orientação e facilitação, logo, não há que se falar em dever legal do médico em registrar a ocorrência do possível estupro, tendo em vista que não há lei impondo tal responsabilidade de forma vinculante.

Ainda, insta salientar a necessidade de comunicabilidade com os princípios constitucionais que buscam à integral assistência médica e à plena garantia da saúde sexual e reprodutiva da mulher, além do direito geral de liberdade. De acordo com Silva (2020), não se poderia exigir, do médico, a efetiva comunicabilidade, sob risco de desconfigurar a atuação médica, assim como violar o princípio fundamental da intimidade.

Nesse mesmo sentido, o Instituto Brasileiro de Ciências Criminais – IBCCRIM –aprofundou, em nota, esse entendimento em nota sobre a Portaria 2.282 de 2020, a qual foi atualizada pela Portaria 2.561:

> Os profissionais de saúde que passassem a violar o sigilo de suas pacientes, em desconformidade com suas obrigações constitucionais e legais, ainda se colocariam na situação de provocar risco adicional à vida delas, uma vez que, sem conhecer sua realidade ou ter condição de controlar os fatores de risco, poderiam expô-las à revitimização e a agressões de represália. (IBCCRIM, 2020)

Assim, no que pese ao embate do sigilo médico e o dever de informar às autoridades competentes, Aragão (2020) aponta que "o sigilo médico torna possível o exercício da Medicina de forma plena e tranquila, pois sem ele se tornaria impossível a prática da atividade" em consonância, portanto, com o artigo 5°, XIII, da CRFB/88.

Destaca-se as palavras de Nélson Hungria que se aplicam perfeitamente ao caso:

> Ainda, mesmo que o segredo verse sobre ato criminoso, deve ser guardado. Entre dois interesses colidentes – o de assegurar a confiança geral dos confidentes necessários e o da repressão de um criminoso – a lei do Estado prefere resguardar o primeiro, por ser mais relevante. Por outras palavras:

entre dois males – o da revelação das confidências necessárias (difundido o receio geral em torno destas, com grave dano ao funcionamento da vida social) e a impunidade do autor de um crime – o Estado escolhe o último, que é o menor. (HUNGRIA, 1945, p. 242 - 243)

3.3. OBJETIVOS E PRINCÍPIOS DO SUS: ART. 2º, 5º E 7º, LEI 8.080

Conforme explicitado, a atuação do médico é voltada para garantir, dentro da sua capacidade funcional, a saúde do ser humano. Entende-se a questão salutar como direito fundamental a ser garantido pelo Estado – artigos 6º e 196, CF/88 – com base no acesso igualitário e universal às ações e serviços para sua promoção, proteção e recuperação. Ainda, seguindo os preceitos da Organização Mundial da Saúde (OMS), não se fala apenas em uma situação exclusivamente de ausência de doença, mas de bem-estar físico, mental e social.

Desta forma, tal entendimento irá banhar a Lei do Sistema de Saúde Único (SUS) brasileiro nº 8.080/90 que reforça, em seu artigo 2º, o dever do Estado em prover as condições indispensáveis para a efetivação desse direito fundamental. Porém, é possível constatar que algumas disposições da Portaria 2.561 atravancam essa execução.

Não se pretende, aqui, esgotar toda a discussão no que tange à funcionalidade do SUS, bem como todos os seus princípios norteadores. Entretanto, quanto ao tema discutido, é necessário destacar dois pontos nos quais a Portaria esbarra de forma direta: o objetivo do SUS de dar assistência às pessoas (art. 5º, III)[22] e o princípio da "preservação da autonomia das pessoas na defesa de sua integridade física e moral" (art. 7º, II)[23].

---

22 Art. 5, III da Lei 8.080/90 - São objetivos do Sistema Único de Saúde SUS: a assistência às pessoas por intermédio de ações de promoção, proteção e recuperação da saúde, com a realização integrada das ações assistenciais e das atividades preventivas.

23 Art. 7, II da Lei 8.080/90 - As ações e serviços públicos de saúde e os serviços privados contratados ou conveniados que integram o Sistema Único de Saúde (SUS [...] obedecendo ainda aos seguintes princípios: II - integralidade de assistência, entendida como conjunto articulado e contínuo das ações e serviços preventivos e curativos, individuais e coletivos, exigidos para cada caso em todos os níveis de complexidade do sistema;

Assim, a Portaria 2.561, ao incutir ao médico certo dever investigativo, deixa de observar, não apenas a competência do profissional da saúde no exercício das suas atividades, mas também o atendimento assistencial à saúde e as questões estruturais dispostas na Lei do SUS, conforme bem observado pela Defensoria Pública da União na Ação Civil Pública[24] ajuizada:

> ao determinar a obrigatoriedade da notificação da violência sexual sofrida pelos/as profissionais de saúde às autoridades policiais, independentemente da vontade da vítima de tal violência a Portaria nº 2.282 viola, portanto, a determinação de preservação de autonomia da pessoa atendida pelo serviço de saúde e o atendimento humanizado da saúde.

Nessa mesma linha, insta salientar que, em relação ao atendimento obrigatório e integral de pessoas em situação de violência sexual, o papel dos hospitais integrantes da rede do SUS é apenas de facilitar o registro da ocorrência, bem como encaminhar, ao órgão de medicina legal e às delegacias especializadas, informações que possam ser úteis à identificação do agressor e à comprovação da violência sexual (art. 3°, Lei 12.845/13).

Assim, apesar de se apresentar como facilitador, o foco do médico permanecia, integralmente, no oferecimento de atendimento emergencial e multidisciplinar às vítimas de violência sexual, visando ao controle e ao tratamento dos agravos físicos e psíquicos decorrentes do crime. Isto é, a atuação do profissional estava em consonância com os objetivos e com o campo de atuação do SUS, dispostos nos artigos 5° e 6° da Lei 8.080/90.

No entanto, com a indevida ampliação da atuação médica trazida pela Portaria 2.561, é possível dizer que essa harmonia frente aos objetivos e princípios regulamentados pela Lei do SUS é ameaçada. Nesse aspecto, o Instituto Brasileiro de Organizações Sociais de Saúde – IBROSS, em Ação Direta de Inconstitucionalidade nº 6.552 ressalta:

> Sob o aspecto operacional, a norma transfere ao profissional médico e demais profissionais das instituições de saúde, a atividade policial e de investigação que extrapola o atendimento assistencial à saúde por meio do SUS, sendo que essa não é e nunca foi a função do Sistema Público de Saúde. Também não cabe ao médico a função de polícia. [...] Repita-se que a função das unidades de saúde é assistir, acolher e proteger as vítimas de estupro e violência sexual e a aplicação da norma fatalmente levará a

---

24 Ação Civil Pública 5017239-42.2020.4.03.6100

discussões internas que acabarão por agravar o sofrimento da vítima - retirando o foco da assistência, do acolhimento, da proteção e garantia da saúde física e mental da estuprada.

4. CONSIDERAÇÕES FINAIS

A partir das referências trazidas nesse estudo jurídico, a Portaria 2.561/20 é compreendida como mecanismo que transfigura a responsabilidade ético-profissional do médico nas etapas burocráticas da interrupção de gravidez decorrente de violência sexual. Surgem, assim, impactos negativos das disposições desse ato normativo quanto ao exercício ético-médico subjugado a uma conduta investigativa exorbitante a qual pode cercar o profissional de mais inseguranças jurídicas.

Isso porque torna mais burocrático um processo que já possuía os documentos e orientações necessários para que o médico pudesse se concentrar no cuidado à saúde da mulher, vítima da violência sexual, sem adentrar em um cenário de desamparo jurídico. Ademais, o ato do Ministério da Saúde foi além do que se propôs e, caso seja realizado no plano prático, sequer cumpre sua proposta de salvaguardar o profissional de demandas judiciais e ético-profissionais.

Ademais, é imprescindível ressaltar o contexto da publicação da Portaria 2.282 - posteriormente atualizada para 2.561. Em agosto de 2020, obteve repercussão nacional, o caso de uma criança de dez anos, no Espírito Santo, que, após ser violentada pelo tio durante anos, ainda precisou travar uma luta no Judiciário - e na sociedade - pelo seu direito de interromper essa gravidez decorrente de estupro, conforme garante o artigo 128, II, CP. O procedimento ocorreu no dia 16 de agosto e, curiosamente, no dia 27 do mesmo mês, foi publicada a primeira versão da Portaria discutida.

Para além da data específica, importa apontar o contexto global de pandemia que, embora certamente traga outras prioridades às autoridades de saúde do país, também encoberta e desvia o foco da aprovação de projetos problemáticos como é o caso da Portaria 2.561. Essas observações conjunturais somadas à análise jurídica desenvolvida suscitam-se dúvidas sobre a real motivação dessa publicação pelo Ministério da Saúde.

É possível, portanto, enxergar a Portaria, não como mecanismo jurídico de proteção ao médico que realiza o aborto legal, mas como instrumento de resistência aos direitos femininos – e feministas. Os confrontos sociais característicos da atual gestão governamental e a enraizada cultura patriarcal no Brasil reforçam a extrema importância de discussões teóricas e conscientização sobre o tema e, principalmente, da busca por mudanças práticas e reais. Nas palavras de Debora Diniz, antropóloga, professora e pesquisadora da Anis – Instituto de Bioética, Direitos Humanos e Gênero[25]:

> O escândalo não está no crescimento em milhares de vítimas, mas na persistência do abuso. [...] Honra, dignidade, autonomia são ignoradas pelo estuprador, é verdade. Mas o estupro vai além: é um ato violento de demarcação do patriarcado nas entranhas das mulheres. É real e simbólico. Age em cada mulher vitimada, mas em todas as mulheres submetidas ao regime de dominação. (DINIZ, 2013)

REFERÊNCIAS BIBLIOGRÁFICAS

ABRASCO, Associação Brasileira de Saúde Coletiva. *Em defesa dos direitos sexuais e reprodutivos das meninas e mulheres e em repúdio à Portaria Nº 2282/MS*. ABRASCO, 29 ago. 2020. Disponível em < https://www.abrasco.org.br>. Acesso em: 7 abr. 2021

BRASIL. Ministério da Saúde. *Portaria nº 2.561*. Brasília, 2020.

BRASIL. *Lei 8.080/90*. Dispõe sobre as condições para a promoção, proteção e recuperação da saúde, a organização e o funcionamento dos serviços correspondentes e dá outras providências. Diário Oficial da União, Brasília.

BRASIL. *Lei nº 12.845*. Dispõe sobre o atendimento obrigatório e integral de pessoas em situação de violência sexual. Diário Oficial da União, Brasília.

BRASIL. *Lei nº 13.931*. Altera a Lei nº 10.778, de 24 de novembro de 2003, para dispor sobre a notificação compulsória dos casos de suspeita de violência contra a mulher. Diário Oficial da União, Brasília.

BRASIL. Constituição (1988). *Constituição da República Federativa do Brasil*. Brasília, DF: Senado Federal: Centro Gráfico, 1988.

BRASIL. Ministério da Saúde. Dispõe sobre o Procedimento de Justificação e Autorização da Interrupção da Gravidez nos casos previstos em lei, no âmbito do Sistema Único de Saúde-SUS. *Portaria nº 1.508*. Brasília, 2005.

BRASIL. Decreto-Lei 2.848. *Código Penal*. Diário Oficial da União, Rio de Janeiro, 31 dez. 1940.

CONSELHO FEDERAL DE MEDICINA (CFM). *Código de ética médica*. Resolução nº 2.217 de 2018.

---

25 Artigo em jornal O Estado de S. Paulo: "O estupro é um ato de demarcação nas entranhas femininas, escreve antropóloga Debora Diniz". Disponível em < http://www.compromissoeatitude.org.br/o-estupro-e-um-ato-de-demarcacao-nas-entranhas-femininas > Acesso em 17, abr. 2021

DEFENSORIA PÚBLICA DA UNIÃO. *Ação Civil Pública (ACP) n°5017239-42.2020.4.03.6100*. Disponível em <https://defensoria.ba.def.br/>. Acesso em 27 mar. 2021

FRANÇA, Genival Veloso de. *Direito Médico*. 12. ed. rev., atual. Rio de Janeiro: Forense, 2014.

IBROSS - Instituto Brasileiro das Organizações Sociais de Saúde. *Ação Direta de Inconstitucionalidade (ADI) n° 6.552*. STF, 27 ago. 2020. Disponível em < http://portal.stf.jus.br/processos>. Acesso em: 2 mar. 2021

IBCCRIM. *Aborto legal em caso de estupro: Portaria 2.282/20 e a necessária independência dos sistemas de saúde e Justiça Criminal*. IBCCRIM, 01 nov. 2020. Disponível em: < https://www.ibccrim.org.br/noticias/ >. Acesso em: 31 mar. 2021.

IFF – Instituto Fernandes Figueira: Instituto Nacional de Saúde da Mulher, da Criança e da Adolescente. *Principais Questões sobre Aborto Legal*. IFF, 22 nov. 2019. Disponível em < https://portaldeboaspraticas.iff.fiocruz.br>. Acesso em: 12 abr. 2021

HUNGRIA, Nélson. *Comentários ao Código Penal*. Vol. 6. São Paulo: Forense, 1980.

KELSEN, Hans. *Teoria Pura do Direito*. 6ª ed. São Paulo: Martins Fontes, 1998.

LEITE, Glauco Salomão; BRITO, Marina Falcão; VALENÇA, Natalia Bezerra. *O direito ao aborto e a portaria do Ministério da Saúde*. CONJUR, 21 set. 2020. Disponível em: <https://www.conjur.com.br>. Acesso em: 31 mar. 2020.

MINISTÉRIO DA SAÚDE. *Atenção Humanizada ao abortamento*: Norma técnica. Brasília: Editora MS, 2005

NUCCI, Guilherme de Souza. *Manual de processo penal e execução penal*: 4 ed. rev., atual. e ampl. – São Paulo: Editora Revista dos Tribunais, 2008.

SILVA, Adriano Pedro da. *O sigilo médico diante da tutela ao direito da intimidade no crime de aborto*. Orientador: Risoleide de Souza Nascimento. 25f. Trabalho de Conclusão de Curso (Bacharel em Direito) - Centro Universitário do Planalto Central Aparecido dos Santos, 2020.

SILVA, Virgílio Afonso da. *Direito Constitucional Brasileiro*. 1ª ed. São Paulo: Editora da Universidade de São Paulo, 2021.

SILVA. Vitória Régia da. *Com a nova portaria, aborto legal não é mais procedimento de cuidado, mas, sim, de investigação*. Gênero e Número, 28 ago. 2020. Disponível em <http://www.generonumero.media/portaria-aborto-legal-investigacao/>. Acesso em 31 mar. 2021.

SOUZA, Cecília de Mello e. ADESSE, Leila. *Violência sexual no Brasil: perspectivas e desafios*. Brasília: Ipas Brasil, 2005.

A LEGALIZAÇÃO DO ABORTO, MOVIMENTOS SOCIAIS E O POLÍTICO: UM ESTUDO COMPARADO ENTRE BRASIL E ARGENTINA

Edna Raquel Hogemann[1]
Beatriz Mattos da S. Oliveira[2]

INTRODUÇÃO

No ano de 2018 o Brasil e a Argentina passaram por uma forte discussão sobre a descriminalização do aborto[3], retomada posteriormente por diferentes eventos.

A partir da análise dos eventos mais expressivos sobre o tema desde o ano de 2018 busca-se investigar de que forma atuaram alguns movimentos sociais de cada um desses países e como seus atores políticos responderam a esses eventos para estabelecer uma análise comparativa entre ambos. Dessa forma, o presente trabalho tem por objetivo estabelecer de que forma o direito ao aborto foi abordado nesses dois países pelos seus agentes sociais e políticos.

---

[1] Professora do Curso de Direito da Universidade Federal do Estado do Rio de Janeiro (UNIRIO). Decana da Escola de Ciências Jurídicas (ECJ-UNIRIO). Coordenadora do Grupo de Pesquisa Direitos Humanos e Transformação Social vinculado ao PPGD/UNIRIO. Membro da Comissão de Bioética da OAB/RJ e da Global Comparative Law: Governance, Innovation and Sustainability (GGINNS).

[2] Residente Jurídico na Defensoria Pública do Estado do Rio de Janeiro. Pesquisadora do Grupo de Pesquisa Direitos Humanos e Transformação Social vinculado ao PPGD/UNIRIO. Graduada em Direito pela Universidade Federal do Estado do Rio de Janeiro (UNIRIO).

[3] Entende-se como termo apropriado "interrupção da gestação", opta-se por ele em diversos momentos do texto, no entanto o termo "aborto" é frequentemente utilizado, sendo a terminologia adotada pelo Código Penal brasileiro.

A pesquisa toma por base a apuração de conteúdos publicados nos meios de comunicação disponíveis em formato digital e o exame de estudos que possibilitaram às autoras promover uma análise sociopolítica, de forma a entender o modo como o direito ao aborto foi abordado nesses países, por movimentos sociais e políticos.

Em um primeiro momento abordam-se os eventos do ano de 2018 que incitaram a discussão da descriminalização do aborto nas estruturas do Estado, no Brasil através do Poder Judiciário e na Argentina sob o Poder Legislativo. Em um segundo momento, dedica-se a análise de casos de negativa do direito ao aborto legalmente previsto, ocorridos e midiatizados em ambos os países. Por fim, realiza-se uma análise das medidas adotadas pelo Estado, em especial os governos de cada país, a partir dos eventos discutidos anteriormente.

Considerando o objeto do estudo, em cada um dos eventos analisados serão evidenciados os agentes sociais e políticos envolvidos e examinadas as ações decorrentes desses, a fim de avaliar comparativamente as respostas dos dois Estados quanto à possibilidade da legalização do aborto.

Nas considerações finais, reconhece-se que a descriminalização e a garantia do aborto legal, além da constância da mobilização social favorável, dependem também do apoio de setores políticos e da discussão no seio social aplicada de forma a afastar a equívoca ideologização do tema.

Nessa perspectiva, apesar da mobilização social brasileira favorável a legalização do aborto, a carência de poderes políticos favoráveis à pauta e de um debate público focado na perspectiva de saúde pública, como ocorreu no caso argentino, impediram e seguem a impedir a expansão e a efetivação dos direitos sexuais e reprodutivos no Brasil.

1. A INTENSIFICAÇÃO DO DEBATE NA ESTRUTURA DO ESTADO NO ANO DE 2018

Durante vários anos houve diversas mobilizações sociais e tentativas para alterar as legislações de Brasil e Argentina) no entanto, no ano de 2018 se acentuou o debate sobre a descriminalização do aborto na América Latina, em especial em ambos os países retro citados.

Apesar dos esforços dispendidos pelos movimentos pró legalização da interrupção voluntária da gestação, nesses países, o debate público sobre o tema é permeado por questões morais e religiosas que também são deslocadas para o debate político, ainda que esses Estados sejam laicos por previsão constitucional. As forças conservadoras, com grande influência da Igreja Católica e Evangélica, utilizam a estrutura do Estado para exercer controle sobre a política e consequentemente reprimir qualquer debate ou tentativa de alteração legislativa no que concerne à expansão dos direitos reprodutivos (VAGGIONE, 2017).

No entanto, no ano de 2018 dois acontecimentos intensificaram a discussão do tema nos dois países: as audiências públicas da Arguição de Descumprimento de Preceito Fundamental - ADPF 442, no Brasil e a votação pelo Congresso do projeto de lei de descriminalização e legalização da interrupção voluntária da gravidez, na Argentina.

1.1. O JUDICIÁRIO BRASILEIRO COMO VIA PARA A LEGALIZAÇÃO

O processo de tomada de decisão política no Brasil é designado pela Constituição Federal ao Poder Legislativo, sendo esse um espaço democrático para a promoção de discussões. No entanto, o Congresso Nacional vem se privando de decisões a respeito da legalização da interrupção voluntária da gravidez[4] e conta, por outro lado, com diversos projetos em tramitação versando sobre a inviolabilidade do direito à vida desde a concepção.

Diante dessa conjuntura, o Poder Judiciário se tornou uma via alternativa para a discussão da temática. Em março de 2017, o Partido Socialismo e Liberdade (PSOL) propôs perante o Supremo Tribunal Federal (STF) a ADPF nº 442 com o objetivo de obter a declaração de não recepção dos artigos 124 e 126 do Código Penal[5] pela Constituição Federal de 1988.

A ADPF se sustenta sob o fundamento da manifesta inconstitucionalidade dos referidos tipos penais por criminalizarem a interrupção voluntária da gestação quando realizada em suas primeiras 12 semanas.

---

4 Nos últimos dez anos apenas um projeto de lei propôs a descriminalização da interrupção voluntária da gravidez, o PL 882/2015. Posteriormente o projeto de lei foi anexado ao PL 313/2007 que versa sobre a lei de planejamento familiar, sem discutir a questão do aborto e aguarda parecer do relator da Comissão de Seguridade Social e Família (CSSF) (LIBÓRIO, 2020).

5 Os artigos tipificam o delito de aborto provocado pela gestante e aborto provocado por terceiro com o consentimento da gestante.

O principal argumento utilizado pelo partido tem por base a violação dos marcos da cidadania, liberdade, igualdade, saúde, planejamento familiar e da proibição de tortura ou tratamento desumano ou degradante, expressos na Constituição de 1988, além da ausência no contexto atual das razões jurídicas que inspiraram a criminalização do aborto no Código Penal, que data de 1940.

A ação argumenta ainda que a violação do princípio da dignidade humana reforça as desigualdades brasileiras, uma vez que a parcela da população que mais sofre com a criminalização são mulheres pobres, negras e indígenas.

A Presidência da República, o Senado Federal e a Câmara dos Deputados manifestaram-se na ação sustentando, respectivamente, a competência do Poder Legislativo, a garantia de direitos ao feto viável, assegurada pelo Código Civil de 2002, e a vigência dos dispositivos legais questionados.

No mês de março de 2018 a Ministra Rosa Weber, relatora do caso, anunciou convocatória para a audiência pública da ADPF sob a justificativa de complexidade da controvérsia constitucional, sendo essa a técnica processual adequada ao possibilitar que o tribunal ouça pessoas com experiência e autoridade na matéria.

As audiências ocorreram nos dias 3 e 6 de agosto de 2018, com a participação de entidades científicas, religiosas, políticas e da sociedade civil expondo posicionamentos que reforçavam ou contrariavam o pedido da petição inicial.

Além da significativa participação da sociedade civil nas audiências, por meio de coletivos e organizações não governamentais (ONGs), houve uma intensa mobilização social influenciada pela ADPF 442 e seus desdobramentos, principalmente nas redes sociais com convocatórias de organizações e coletivos feministas para atos de rua.

No mês de agosto de 2018, a Frente Nacional Contra a Criminalização das Mulheres e Pela Legalização do Aborto e a campanha "nem presa, nem morta" promoveram o festival pela vida das mulheres em Brasília, que ocorreu durante as audiências públicas da ADPF 442, e atos em diversas cidades e capitais brasileiras no dia 8 de agosto em apoio à votação no Senado argentino do projeto de lei sobre a legalização do aborto (ARTICULACION FEMINISTA MARCOSUR, 2018).

A ADPF aguarda o voto e o relatório do caso, que serão elaborados pela ministra relatora, para posterior remessa aos 11 ministros da Corte e decisão, porém ainda não há previsão para uma futura votação sobre o tema.

1.2. A MARÉ VERDE E O PROJETO DE LEI ARGENTINO

Na Argentina, assim como no Brasil, o processo de tomada de decisão política é designado ao Poder Legislativo, exercido pelo *Congreso de la Nación* que é composto por duas câmaras: dos Deputados e dos Senadores. De forma similar, durante anos o Congresso argentino evitou discussões acerca da descriminalização do aborto, deixando de votar diversos projetos sobre o tema apresentados desde a redemocratização.

Fruto do Encontro Nacional de Mulheres[6] e lançada oficialmente em 2005, a Campanha Nacional Pelo Direito ao Aborto Legal, Seguro e Gratuito apresentou ao Congresso argentino seu primeiro projeto pela descriminalização e legalização do aborto em 2007, no entanto o projeto sequer foi discutido.

Em março de 2018 a Campanha Nacional apresentou pela sétima vez ao Congresso um projeto de lei sobre a descriminalização e legalização da interrupção voluntária da gravidez, dessa vez contando com o apoio de deputados e deputadas de todo o espectro político (CAMPAÑA NACIONAL POR EL DERECHO AL ABORTO LEGAL, SEGURO Y GRATUITO, 2018). Diferente do que ocorria até então, o projeto apresentado em 2018 teve seu debate aberto no Congresso.

Apesar das modificações em relação ao projeto original de 2007, ativistas argentinas (DOUGALL e FRONTERA, 2018) consideraram que a mudança da conduta parlamentar para discussões ocorreu devido à mobilização social, ao movimento de mulheres feministas, à constância da Campanha Nacional e ao movimento *Ni Una Menos*, que levou milhares de pessoas às ruas contra o feminicídio a partir do caso de uma jovem de 14 anos, grávida, assassinada e enterrada na casa do namorado com vestígios de medicamento abortivo[7].

---

6 Evento que ocorre anualmente desde 1986 em diferentes cidades argentinas e reúne participantes de diversos movimentos, classes sociais e idades de todo o país com uma programação voltada para o debate de questões de gênero.

7 O movimento teve início em razão de feminicídios que se tornaram públicos na mídia por seu caráter perverso. Com o propósito de dar maior publicidade ao discurso coletivo de repúdio, evidenciando que não se tratavam de casos de violência isolados, mas de um plano sistemático de violência contra as mulheres, o movimento Ni Una Menos mobilizou protestos para estimular as discussões sobre políticas sociais na Argentina.

Durante os meses que ocorreram os debates no Congresso argentino milhares de pessoas, em sua extensa maioria mulheres, marcharam com lenços verdes pelas ruas do país em apoio ao projeto de lei em discussão, no que ficaria conhecido como "maré verde". Os *pañuelos* verdes, símbolo do movimento pela legalização do aborto, fazem referência aos lenços brancos usados pelas Avós e Mães da Praça de Maio, que à época simbolizavam as fraldas de seus netos filhos desaparecidos durante a ditadura militar argentina (GOULART, 2021).

Além das manifestações e vigílias enquanto ocorriam as votações do projeto de lei, o movimento de mulheres conseguiu difundir socialmente o tema da descriminalização e legalização do aborto para pautar o debate, inclusive com o apoio de outros países da América Latina. Para Goulart (2021), isso ocorre devido ao efeito de "ressonância", uma potência de comoção que atinge movimentos de outros territórios que identificam uma conexão com a "maré verde".

O projeto foi aprovado pela Câmara dos Deputados após uma votação apertada de 129 votos a favor e 125 contra, com um acordo entre mulheres representantes de partidos políticos opostos que juntas conseguiram a "meia sanção" da lei. No entanto, o Senado argentino vetou o projeto de lei por 38 votos contra, 31 a favor e duas abstenções.

Entre os principais argumentos apresentados pelos legisladores a favor da proposta estão a necessidade de uma perspectiva de saúde pública, com base em documentos estatísticos sobre o tema no país e a garantia dos direitos da mulher frente a carência de direitos do embrião. Em especial, as deputadas sustentaram a soberania das mulheres sobre seus corpos, enfatizando que a maternidade deve ser uma escolha (FUENTES; MARTÍNEZ; HERRERA, 2019).

Por outro lado, os legisladores contra a aprovação do projeto alegaram a sua inconstitucionalidade, assumindo que o embrião não faz parte do corpo da mulher, sendo um ser vivo independente e dotado de direitos, considerando a bioética concepcionista de cariz católica.

Fuentes, Martínez, Herrera (2019) afirmam que a reprovação do projeto pode ter ocorrido, em parte, pelo apego a convicções religiosas, prevalecendo a convicção pessoal sobre a argumentação técnica entre os Senadores que votaram contra a proposta, além disso, a Igreja com o apoio expresso do Papa Francisco e organizações conservadoras da sociedade também se mobilizaram contra o projeto.

Apesar disso, de acordo com a advogada e ativista integrante da Campanha Nacional, Nelly Minyersky (2019), a não aprovação da lei pelo Senado não deveria ser vista como uma derrota:

> A lei foi rejeitada pelo Senado, mas nos faltaram apenas 7 votos (38 contra e 31 a favor), e isso foi um triunfo enorme. Nós não perdemos. Não conseguimos a aprovação da lei, mas os tempos estão mudando. O aborto foi retirado da zona escura, para fora da zona criminal na imaginação da sociedade, deixou de ser demonizado. E agora nós falamos sobre direitos sexuais e reprodutivos – os jovens conversam sobre isso. Isso é o quanto avançamos [...]. (MINYERSKY, 2019)

Considerado como marco histórico da luta pelo aborto legal na Argentina, o ano de 2018 não marcou apenas o resultado de anos de mobilização das mulheres argentinas e da Campanha Nacional, mas também a conquista da visibilidade do tema na sociedade, tornando público o debate sobre a descriminalização e legalização do aborto.

2. OS CASOS MIDIÁTICOS SOBRE A INTERRUPÇÃO VOLUNTÁRIA DA GESTAÇÃO DE MENINAS QUE REAVIVARAM O DEBATE

Apesar de haver a previsão legal da interrupção voluntária da gravidez em casos de violação sexual no Brasil e na Argentina, há dificuldade de acesso ao procedimento mesmo com normas dos próprios governos que reafirmam o direito e indicam protocolos de atendimento das vítimas.

Em 2019 e 2020 casos similares de meninas que solicitaram o aborto legalmente previsto na Argentina e no Brasil, respectivamente, foram amplamente divulgados na mídia jornalística retomando a discussão e visibilidade do tema.

Os casos guardam similaridade não apenas pela violação sexual sofrida pelas meninas, mas também pela negativa de seus direitos, praticada por instituições do Estado e a hostilidade com que os casos foram tratados, tornando-os um campo de disputa política e religiosa.

Essa disputa, em termos foulcaultianos, se opera por um biopoder[8] que atua sobre os corpos dessas meninas, inviabilizando seus direitos e tornando públicas suas informações.

---

8 "(...) o conjunto dos mecanismos pelos quais aquilo que, na espécie humana, constitui suas características biológicas fundamentais vai poder entrar numa polí-

2.1. O CASO DA MENINA DE 10 ANOS GRÁVIDA QUE TEVE O ABORTO LEGAL NEGADO E INFORMAÇÕES DIVULGADAS NO BRASIL

A legislação penal brasileira prevê expressamente a não punibilidade do aborto praticado por médico em caso de gravidez resultante de estupro. Além disso, a legislação não condiciona a realização do aborto à existência de queixa contra o autor do crime ou autorização judicial.

De acordo com a Norma Técnica "prevenção e tratamento dos agravos resultantes da violência sexual contra mulheres e adolescentes", editada em 2005 pelo Ministério da Saúde, o objetivo do serviço de saúde é a garantia do exercício do direito à saúde, não devendo seus procedimentos serem confundidos com os reservados à polícia ou à justiça e, portanto, não havendo obrigatoriedade do boletim de ocorrência policial para a realização do aborto.

Em agosto de 2020, foi amplamente veiculado na mídia brasileira o caso de uma menina de 10 anos grávida, após ser estuprada por um familiar, que foi impedida de realizar o aborto legalmente previsto por negativa do hospital de sua cidade, no Espírito Santo.

Conforme veiculado à época, a secretária municipal de Assistência Social da cidade alegou que seria necessária autorização médica e judicial para a interrupção da gravidez, uma vez que a gestação se encontrava em período limite para o aborto legal no país (OLIVEIRA, 2020). A justificativa foi sustentada ainda que a criança estivesse com 21 semanas de gestação, não sendo um impeditivo clínico ou legal, tendo em vista que as normas editadas pelo Ministério da Saúde em vigor na época não indicavam a interrupção da gravidez somente após 22 semanas. Para Barwinsk (2020) o hospital optou por uma prática comum de violência com a postergação da gravidez para salvar o feto.

Após a negativa, a questão foi levada ao Judiciário, sendo autorizado que a criança fizesse o procedimento. Antes da decisão o Tribunal de Justiça do Estado do Espírito Santo emitiu um comunicado oficial em suas redes sociais declarando:

---

tica, numa estratégia política, numa estratégia geral de poder. Em outras palavras, como a sociedade, as sociedades ocidentais modernas, a partir do século XVIII, voltaram a levar em conta o fato biológico fundamental de que o ser humano constitui uma espécie humana. É em linhas gerais o que chamo, o que chamei, para lhe dar um nome, de biopoder" (FOUCAULT, 2008, p. 3)

[...] Todas as hipóteses constitucionais e legais para o melhor interesse da criança serão consideradas por parte deste Juízo no momento de decidir a demanda, valendo destacar que este órgão se pauta estritamente no rigoroso e técnico cumprimento da legislação vigente, sem influências religiosas, filosóficas, morais, ou de qualquer outro tipo que não a aplicação das normas pertinentes ao caso. Informações que não correspondem com a realidade têm influenciado a opinião de toda a sociedade, mas, pelo compromisso que este Juízo tem com o sigilo que resguarda o melhor interesse da criança, inclusive imposto legalmente, não serão revelados, em que pese eventual julgamento negativo e equivocado contra o Poder Judiciário. [...] (TJES, 2020)

Não bastasse toda a situação de negativa de direitos pela qual foi submetida após ser vítima de um crime, a criança precisou sair de seu estado para realizar o aborto autorizado pela Justiça. Isso porque os hospitais procurados no Espírito Santo não aceitaram realizar o procedimento legal com urgência.

Além disso, uma ativista conservadora contrária ao aborto divulgou em suas redes sociais a identidade da criança e o local onde faria o procedimento, informações sigilosas conforme determina o Estatuto da Criança e do Adolescente. Devido ao anonimato violado, a menina foi perseguida por grupos que tentaram impedir que a mesma realizasse o aborto bloqueando as entradas do local onde foi realizado o procedimento, tendo a criança entrado no hospital escondida no porta-malas de um carro. Com a publicação de seus dados, a criança foi submetida a uma nova situação de violência, conforme apontado pelo médico e diretor da unidade de saúde em questão, Olimpio Moraes (2020).

Cabe destacar a forma com que o caso foi tratado pelo Executivo, com a atuação direta da Ministra da Mulher, da Família e dos Direitos Humanos, Damares Alves, que já havia se mostrado contrária ao aborto antes do caso e manteve sua posição, tendo inclusive lamentado em suas redes sociais a decisão judicial que autorizou o procedimento (JIMÉNEZ, 2020). Há uma apuração preliminar da Procuradoria Geral da República que investiga se houve participação da Ministra em suposto movimento para impedir que a criança tivesse acesso ao procedimento de interrupção da gravidez. (ROCHA, 2020).

Ressalte-se que não foram encontradas reportagens ou notas que indiquem a participação ativa ou qualquer manifestação do Ministério da Saúde sobre o caso.

A divulgação das informações sigilosas fez com o caso se tornasse um palco político para a discussão do aborto. Parlamentares integrantes da bancada evangélica se uniram ao movimento pró-vida e a um grupo católico local para protestar no hospital onde seria realizado o procedimento e impedir que a menina fosse atendida (JIMÉNEZ,2020).

Também foi amplamente publicada nas redes sociais a *hashtag* "gravidez aos 10 mata" para divulgar o caso e pressionar o Estado a autorizar o aborto legalmente previsto. Houve também manifestação do Fórum de Mulheres de Pernambuco, que protestou a favor da decisão da justiça na unidade de saúde onde seria realizado o aborto.

Diniz (2020) afirma que o caso deveria ser tratado como uma questão de saúde pública, tendo em vista a situação de risco de vida a qual a criança estava exposta com gestação. No entanto, a antropóloga destaca que há uma ideologização da questão do aborto no Brasil, sendo usada nesse caso para provocar afetos e posições polarizadas, que se manifestam em ações de agentes políticos e religiosos e da sociedade civil com o objetivo de impedir a efetivação do direito a interrupção voluntária da gestação.

2.2. OS CASOS DE MENINAS QUE FORAM SUBMETIDAS A CESARIANAS APÓS NEGATIVA DE ABORTO NA ARGENTINA

Menos de um ano após o Senado argentino vetar o projeto de lei que versava a respeito da descriminalização e legalização da interrupção voluntária da gravidez, retomou-se o debate sobre o tema na mídia com novas manifestações sociais argentinas.

A mobilização se formou a partir de casos em que províncias argentinas distintas emitiram uma ordem negativa do direito ao aborto a meninas de 11 e 12 anos, mesmo com a concordância das autoridades de saúde para a realização do procedimento, que nesses casos é uma prática legal reafirmada pela Suprema Corte da Nação desde 2012[9].

---

9 Em 2012 a Suprema Corte argentina analisou um caso concreto de pedido de interrupção da gravidez de uma menor que havia sido abusada sexualmente, uma vez que o Código Penal prevê o aborto não punível nos casos de perigo a vida da gestante e gravidez proveniente de violação ou atentado ao pudor cometido contra mulher idiota ou demente (artigo 86). A decisão da Corte afirmou a garantia o direito ao aborto para as mulheres estupradas, cabendo às autoridades nacionais e provinciais estabelecerem protocolos para a efetivação do direito, além de enfatizar que os médicos não devem solicitar autorização judicial para realizar o procedimento.

A justificativa apresentada pelas províncias para autorizar a cesárea ao invés do aborto foi fundamentada no tempo da gestação, que teria ultrapassado o limite para uma possível interrupção (SMINK, 2019). A legislação nacional que permite o aborto no país não especifica o tempo gestacional máximo para que seja feito o aborto, tampouco o *"protocolo para la atención integral de las personas con derecho a la interrupción legal del embarazo"* o fazia. No entanto, algumas províncias contam com protocolos próprios e proíbem o procedimento após determinado tempo de gestação (ARGENTINA, [20--]).

Nos casos em questão, ocorridos nos meses de janeiro e fevereiro de 2019, as províncias de Salta, Jujuy e Tucumán autorizaram apenas que fosse realizada uma cesárea, buscando o nascimento e manutenção da vida do feto. As cesárias foram realizadas com menos de seis meses de gestação, os bebês nasceram prematuros e não sobreviveram.

O caso ocorrido na província *norteña* de Tucumán provocou uma mobilização maior ainda, isso porque diferente do ocorrido nas outras províncias, a vítima de abuso sexual e sua mãe denunciaram o crime e informaram sobre a gravidez quando Lucía[10] estava com apenas 19 semanas de gestação e, em decorrência de dilações, o procedimento foi iniciado somente na 23ª semana (SÁNCHEZ e JOHNSON, 2020).

Além da ausência de normas, uma vez que a província não aderiu ao protocolo nacional e não tem qualquer outra normativa sobre o procedimento, Lucía encontrou diversos obstáculos, como a manifestação do Ministério da Saúde da província de Tucumán com pedido de continuidade dos procedimentos para salvar as duas vidas, em contradição à decisão da justiça provincial determinando o cumprimento do protocolo legal.

Ativistas em defesa dos direitos das meninas propagaram nas redes sociais as *hashtags* #NiñasNoMadres e #YoALos11 em conjunto com a publicação de fotos si mesmas aos 11 anos, em uma referência a idade de Lucía, gerando um contraste entre a infância e o que estava sendo feito à menina ao forçá-la a ser mãe (SÁNCHEZ e JOHNSON, 2020).

Durante a internação de Lucía, um médico empregou diversas estratégias para convencer sua mãe a não optar pelo aborto[11]. De forma

---

10 Nome escolhido pelos veículos de informação para proteger a identidade da vítima.

11 O protocolo nacional determina que os representantes legais participem em conjunto com menores de 14 anos para a tomada de decisão e assinem o termo de consentimento informado.

similar agiu o capelão do hospital que ao visitar Lucía fazia apenas perguntas sobre o bebê, buscando dissuadir Lucía e sua mãe. Segundo Sánchez e Johnson (2020) para os setores conservadores há uma ideia que anula Lucía como um sujeito de direitos, sendo apenas um corpo gestante, uma mãe destinada, não importando seus temores e desejos, para isso nomeia-se o feto como um "humano", "bebê" ou "filho" de uma forma performática, gerando-se empatia e afeto ao feto, suprimindo a gestação forçada e anulando a importância do parto no sofrimento da criança.

Além disso, assim como no caso ocorrido no Brasil, Lucía teve sua identidade real divulgada publicamente pelo arcebispo de Tucumán.

A atuação desses agentes que possuem uma autoridade médica e religiosa sustentam os processos de controle sobre o corpo de Lucía, que em conjunto com o governo provincial formaram um dispositivo[12] de controle biológico.

As províncias *norteñas* são comumente identificadas como uma área conservadora da Argentina, onde a Igreja Católica ainda tem um peso importante, sendo visível inclusive na votação do projeto de descriminalização do aborto, ocorrida na Câmara dos Senadores em 2018, onde cinco províncias rejeitaram absolutamente e outras seis rejeitaram parcialmente a proposta (FUENTES; MARTÍNEZ; HERRERA, 2019).

Ainda em agosto de 2018, a província de Tucumán se declarou "província pró-vida", convidando seus municípios para desenvolver atividades a favor das duas vidas, sustentando a não adesão a outras leis de ampliação de direitos. Sobre a influência da igreja para a resistência da sanção de direitos sexuais e reprodutivos:

> Para alguns governantes e legisladores a Igreja é a única voz legitimada para ditar conteúdos morais em relação à sexualidade, e esses conteúdos devem ser a base da regulamentação legal. Seja pela religiosidade dos governantes e legisladores, ou pelo lobby da igreja junto a eles, não é pouco frequente a influência direta da Igreja na tomada de decisões. (VAGGIONE, 2017, p. 82)

Dessa forma, se torna questionável a laicidade do governo provincial e da saúde pública ao impedir o exercício de direitos sexuais e reprodutivos legalmente previstos, como no caso em análise.

---

12 "um conjunto heterogêneo que engloba discursos, instituições, organizações arquitetônicas, decisões regulamentares, leis, medidas administrativas, enunciados científicos, proposições filosóficas, morais, filantrópicas. Em suma, o dito e o não dito" (FOUCAULT, 2013, p. 364)

3. AS ALTERAÇÕES NORMATIVAS APÓS DEBATE POLÍTICO E SOCIAL

Após a retomada da discussão sobre o aborto a partir dos casos noticiados, em que o direito à interrupção voluntária legalmente previsto de meninas foram dificultados e alguns até mesmo impossibilitados, houve a movimentação dos governos do Brasil e da Argentina para alterar suas normativas a respeito do tema.

Entretanto, pode-se afirmar que os dois países seguiram em direções opostas. Por um lado, o Ministério da Saúde brasileiro promoveu novos requisitos para que as unidades de saúde realizarem o procedimento. De outro, o Ministério da Saúde e o presidente argentino, editaram normas em vista a efetivar o direito a interrupção da gravidez.

Ainda que o tema esteja inscrito em uma pauta de saúde pública, o que resta evidenciado quando os Ministérios da Saúde dos países estabelecem normas sobre o procedimento de interrupção da gestação, alguns agentes institucionais insistem em reacender debates éticos, morais e religiosos sobre o tema, afastando a concretização de direitos.

3.1. A EDIÇÃO DA PORTARIA Nº 2.282/2020 PELO MINISTÉRIO DA SAÚDE NO BRASIL

Apenas 10 dias após a realização do aborto legal no caso da menina violentada sexualmente, o Ministério da Saúde publicou nova portaria com modificações quanto ao atendimento de pacientes que solicitem a interrupção voluntária da gravidez.

A Portaria nº 2.282/2020 do Ministério da Saúde torna obrigatória a notificação da autoridade policial pelos profissionais de saúde nos casos em que houver indício ou confirmação de estupro, que a equipe médica informe a paciente sobre a possibilidade de visualização do feto através de ultrassonografia e que as pacientes assinem um termo de consentimento que lista detalhadamente possíveis complicações do aborto.

Dessa forma, o poder das equipes de saúde de avaliar se a mulher sofreu ou não um estupro acaba se tornando um poder soberano[13] que

---

13 O termo "poder soberano" é utilizado por Foucault (2013, p. 279-295) para identificar a mecânica do poder na sociedade feudal através da relação soberano–sú-

está associado a um poder administrativo extrajurídico, transferindo para a equipe de saúde uma atividade policial.

O ponto central do debate, equivocadamente, gravita em torno de saber qual o status jurídico do nascituro. Entender que não possua personalidade jurídica, especialmente nos estágios iniciais da gestação, reforça substancialmente as pretensões da gestante pela autonomia. Considerá-lo como vida humana, dotado de personalidade e dignidade, implica num raciocínio mais sofisticado e em maiores dificuldades para uma flexibilização do aborto.

> Sem dúvida, se o embrião fosse uma pessoa constitucional, utilizando a expressão de Dworkin ao se referir ao feto, com interesses e direitos que o governo tivesse necessariamente que tutelar, a legislação que prevê a excludente de punibilidade dos casos de aborto humanitário ou sentimental e de aborto necessário ou terapêutico também teria que ser retirada do ordenamento jurídico pátrio e o artigo 5º da lei 11.105/05 seria inconstitucional. (HOGEMANN, 2015, p.170)

Em oposição à portaria, foram ajuizadas ações constitucionais: ADI 6552 pelo Instituto Brasileiro das Organizações Sociais de Saúde (Ibross) e ADPF 737 por cinco partidos opositores de forma conjunta. As duas ações alegam que a norma impõe funções aos profissionais de saúde que extrapolam o atendimento assistencial à saúde promovido pelo SUS e a violação de preceitos fundamentais como o direito à saúde a dignidade da pessoa humana e da vedação ao tratamento cruel, desumano ou degradante.

Antes que o Supremo Tribunal Federal apreciasse as ações ajuizadas, o Ministério da Saúde editou a Portaria nº 2.561/2020, substituindo a anterior, mas sem alterações substanciais. A nova portaria apenas troca a "obrigatoriedade" de comunicação do crime de estupro à autoridade policial pelos profissionais de saúde para "devem observar" e exclui o artigo que previa a possibilidade de visualização do feto através de ultrassonografia. A normativa, ainda que questionada no poder judiciário, permanece produzindo seus efeitos.

Em outubro do mesmo ano, o Ministério da Saúde admitiu ter sido provocado por entidades da sociedade civil contrárias ao aborto para que editasse a Portaria nº 2.282/2020, os documentos apresentados apontam duas entidades: Instituto de Defesa da Vida e da Família e Associação Virgem de Guadalupe (PRAZERES, 2020). Sobre esse con-

---

dito, marcada pela repressão, que a partir do século XVII se sustenta sob uma nova mecânica de poder, exercida através da vigilância dos corpos e de seus atos.

texto: "Líderes religiosos, organizações da sociedade civil e políticos têm articulado alianças com a finalidade principal de resistir, ou se for o caso reverter, a sanção de direitos sexuais e reprodutivos." (VAGGIONE, 2017, p. 78).

Condutas conservadoras de agentes do poder Executivo, ainda que criticadas por parte da sociedade civil e agentes políticos, vêm sendo praticadas frequentemente durante o governo do presidente Jair Bolsonaro. Em junho de 2020, durante a pandemia do novo coronavírus, o Ministério da Saúde declarou que o aborto previsto em lei deveria ser considerado um serviço essencial e, portanto, ininterrupto. Entretanto, o Ministério cancelou a norma técnica que continha a declaração após pressão do presidente Jair Bolsonaro, que declarou em suas redes sociais que o documento seria apócrifo e reiterou seu posicionamento contrário, afirmando não apoiar qualquer tentativa de legalização do aborto. A norma técnica cancelada além de não citar qualquer proposta de legalização foi assinada por três coordenadores e uma diretora da área de Saúde da Mulher (CANCIAN; CARVALHO, 2020).

Tramitam no Congresso brasileiro duas propostas legislativas que buscam dificultar o acesso ao aborto legal o Projeto de Lei do Senado nº 5.435/2020 que estabelece a proteção da "criança" por nascer e propõe um auxílio financeiro para filhos de mulheres vítimas de estupro e o Projeto de Lei da Câmara dos Deputados nº 232/2021 que propõe a obrigatoriedade da apresentação de Boletim de Ocorrência com exame que ateste a veracidade do estupro para realização do aborto legalmente previsto.

Novamente, tem-se a equívoca ideologização da questão do aborto inviabilizando a promoção de direitos, no caso brasileiro as medidas conservadoras adotadas por diferentes instâncias do governo federal ou seus agentes encontram embate direto de agentes sociais opositores que buscam impedir a supressão de direitos. E aqui, mais uma vez, se revela coerente o pensamento foucaultiano segundo o qual se está a viver num contexto biopolítico, pelo qual os corpos – os seres – são docilizados, de tal forma que sobre eles recai um biopoder de normalização e adequação (FOUCAULT, 1988).

3.2. A ALTERAÇÃO LEGISLATIVA QUE DESCRIMINALIZA O ABORTO NA ARGENTINA

Em novembro de 2019, a secretaria de saúde, órgão do Ministério da Saúde argentino aprovou uma nova edição do *"protocolo para la atención integral de las personas con derecho a la interrupción legal del embarazo"* que estipulou o prazo de 10 dias corridos, contados desde a data da solicitação, para realizar o aborto legalmente previsto e de 24 horas no caso de alegada objeção de consciência para encaminhamento da paciente a um profissional disponível a realizar o procedimento.

Posteriormente, um decreto assinado pelo presidente Mauricio Macri e pela Ministra da Saúde Carolina Stanley revogou a nova edição do protocolo com a justificativa de que não houve a participação de determinadas secretarias ou a consulta de superiores hierárquicos para a edição do documento.

Logo após a posse do novo presidente argentino Alberto Fernández, em dezembro de 2019, o Ministério da Saúde promoveu uma nova edição desse protocolo, incluindo dispositivos já previstos na norma revogada como o prazo de 10 dias corridos para realizar o aborto legalmente previsto, porém não fazendo menção à um prazo para que os médicos objetores encaminhem a paciente usando apenas o termo "imediatamente".

Primeiro candidato presidencial abertamente favorável à legalização do aborto no país, em novembro de 2020, Alberto Fernández enviou ao Congresso projeto de lei para a legalização da interrupção voluntária da gravidez com previsão de atendimento pelo sistema de saúde no país. Através de um vídeo publicado em suas redes sociais, o presidente argentino declarou:

> [...] A legalização do aborto salva vidas de mulheres e preserva suas capacidades reprodutivas, muitas vezes afetadas por abortos inseguros. Não aumenta a quantidade de abortos, nem os promovem. Somente resolve um problema que afeta a saúde pública. [...] O debate não é dizer sim ou não ao aborto. Os abortos ocorrem de forma clandestina e põem em risco a vida e a saúde das mulheres que a eles se submetem. Portanto, o dilema que devemos superar é se os abortos acontecerão na clandestinidade ou no sistema de saúde argentino. (FERNÁNDEZ, 2020, tradução nossa)

Ainda em 2020 o Congresso argentino aprovou a legalização do aborto até a 14 semana da gestação. Enquanto a votação ocorria no

Senado, onde o projeto anterior havia sido rejeitado em 2018, manifestantes pró e contra se reuniram nas proximidades (CENTENERA, 2020).

Grupos contrários ao projeto levavam cruzes, rosários, fotos de ultrassom e um enorme feto de papelão ensanguentado, enquanto padres celebravam missas. A utilização dessas imagens pelos grupos pró-vida é uma prática discursiva que, segundo Vacarezza (2012 apud SÁNCHEZ; JOHNSON, 2020), utiliza um efeito performativo para gerar sentimentos de "terror ao aborto" e empatia a "criança por nascer".

Militantes favoráveis ao aborto legal acompanharam o debate legislativo por 20 horas e espalharam a maré verde pelas ruas de Buenos Aires em celebração após o Senado aprovar a legalização da interrupção voluntária da gravidez.

A lei aprovada pelo Congresso e promulgada pelo presidente no início de 2021 prevê o acesso ao aborto legal até a 14ª semana, sem condicionantes, no prazo de 10 dias corridos após o pedido pela requerente com a assinatura do consentimento por escrito.

Menos de um mês após a promulgação da lei, uma juíza do tribunal da província de Chaco suspendeu sua aplicação na província. A decisão acolheu uma medida cautelar requerida em processo com pedido de declaração de inconstitucionalidade da norma, baseado na Constituição da província de Chaco que garante o direito à vida desde a concepção.

Deza (2021) afirma que a decisão liminar não possui fundamentos jurídicos e ignora a supremacia constitucional e a forma de organização política argentina, uma vez que não é legítimo que uma província tenha um padrão de direitos humanos abaixo do restante.

Antes mesmo da legalização da interrupção voluntária da gestação, o governo argentino reconhecia os diferentes tratamentos dispensados pelas províncias. A diretora de Saúde Sexual e Reprodutiva do Ministério da Saúde da Argentina, Valeria Isla, reconhecia que havia obstáculos à realização do aborto legal nas províncias onde as autoridades locais são abertamente contrárias à garantia do direito (BOUERI, 2020).

Ainda que a legalização da interrupção voluntária da gravidez tenha ocorrido na Argentina com o apoio dos poderes executivo e legislativo, persistem os desafios para se tenha o pleno exercício dos direitos sexuais e reprodutivos legalmente previstos, reprimidos por instâncias do próprio Estado.

4. CONSIDERAÇÕES FINAIS

Como demonstrado ao longo do presente ensaio, as normativas a respeito do aborto legal e as políticas públicas aplicadas, tanto no Brasil quanto na Argentina, por vezes se mostram insuficientes a garantir o direito ao aborto legal. A partir da análise dos eventos que reavivaram o debate sobre o tema, nota-se a constante tentativa de agentes que integram a sociedade e instituições políticas e religiosas para impedir a expansão e a efetivação dos direitos sexuais e reprodutivos já conquistados.

Não obstante, a recente descriminalização da interrupção voluntária da gestação na Argentina demonstra a importância da mobilização social constante e empenhada a estimular socialmente o tema, tornando-o público e retirando-o da obscuridade, assim como da atuação de agentes políticos que afastam o tema da influência religiosa e moral para incluí-lo como questão de saúde pública.

Dessa forma também evidenciam os eventos brasileiros, uma vez que diferentes instâncias do governo federal vêm atuando de forma conservadora, adotando medidas que restringem os direitos reprodutivos através da ideologização da questão do aborto. Considerando que o Poder Legislativo age de forma semelhante, o Poder Judiciário se torna o espaço democrático possível para discussão da descriminalização do aborto no Brasil, com ação ainda pendente de decisão.

Ainda assim, a garantia do direito ao aborto legal encontra obstáculos, uma vez que alguns agentes sociais, institucionais e, por vezes, o próprio Estado, formam um dispositivo de controle biológico/biopolítico para impedir a efetivação de direitos e insistem em pautar o tema sob debates pretensamente éticos, morais e religiosos.

Apesar da mobilização social brasileira favorável à legalização do aborto utilizar estratégias similares ao movimento argentino, como o uso das redes sociais e atos de rua enquanto a discussão do tema é pautada, inclusive com manifestações em apoio ao debate legislativo argentino, evidenciando a influência desse, a carência de poderes políticos favoráveis à pauta impede a expansão e a efetivação dos direitos sexuais, sendo oportuno demarcar-se, in fine, a inquestionável contribuição tanto de Foucault quanto de Agamben no que diz respeito às reflexões sobre poder e os discursos dos dispositivos de dominação dos corpos nas sociedades modernas que se projetam para a pós-modernidade.

Por todo o exposto, entende-se que a descriminalização e a garantia do aborto legal, além da constância da mobilização social favorável, dependem também do apoio de setores políticos e da discussão social aplicada de forma a afastar a ideologização do tema.

REFERÊNCIAS BIBLIOGRÁFICAS

ARGENTINA. Ministerio de Salud de la Nación. *Protocolo para la atención integral de las personas con derecho a la interrupción legal del embarazo.* 2ed. Buenos Aires, 2015. Disponível em: www.legisalud.gov.ar/pdf/protocolo_web_2015.pdf. Acesso em 23 maio 2021.

ARGENTINA. Ministério de Salud. *Atlas Federal de Legislación Sanitaria de la República Argentina.* 20--. Disponível em: http://www.legisalud.gov.ar/atlas/categorias/abortonp.html. Acesso em 13 maio 2021.

ARGENTINA. Ministerio de Salud. *Resolución n. 1*, 12 dez. 2019. Apruébase el "protocolo para la atención integral de las personas con derecho a la interrupción legal del embarazo" 2da Edición 2019. Disponível em: www.legisalud.gov.ar/atlas/categorias/abortonp.html. Acesso em: 23 maio 2021.

ARGENTINA. Poder Ejecutivo Nacional. *Decreto n. 785*, 22 nov. 2019. Derógase la Resolución de la Secretaría de Gobierno de Salud del Ministerio de Salud y Desarrollo Social N° 3158 de fecha 19 de noviembre de 2019. Disponível em: www.legisalud.gov.ar/atlas/categorias/abortonp.html. Acesso em: 23 maio 2021.

ARGENTINA. Secretaría de Gobierno de Salud del Ministerio de Salud y Desarrollo Social. *Resolución n. 3158*, 19 nov. 2019. Apruébase el "protocolo para la atención integral de las personas con derecho a la interrupción legal del embarazo" actualización 2019. Disponível em: www.legisalud.gov.ar/atlas/categorias/abortonp.html. Acesso em: 23 maio 2021.

ARTICULACION FEMINISTA MARCOSUR. *"Nem presa, nem morta": Festival pela vida das mulheres mobiliza brasileiras.* Montevidéu, 21 ago. 2018. Disponível em: www.mujeresdelsur-afm.org/nem-presa-nem-morta-festival-pela-vida-das-mulheres-mobiliza-brasileiras/. Acesso em 05 maio 2021.

BARWINSKI, Sandra Lia Bazzo. Menina que engravidou após estupro teve que sair do ES para fazer aborto legal. [Entrevista concedida a] Dhiego Maia. *Folha de S. Paulo.* São Paulo, 2020. Disponível em: www1.folha.uol.com.br/cotidiano/2020/08/menina-que-engravidou-apos-estupro-teve-que-sair-do-es-para-fazer-aborto-legal.shtml. Acesso em 13 maio 2021.

BOUERI, Aline Gatto. Mesmo com apoio do presidente, direito ao aborto é dificuldade na Argentina. *Universa.* Brasil, 15 set. 2020. Disponível em: www.uol.com.br/universa/noticias/redacao/2020/09/15/mesmo-com-apoio-do-presidente-direito-ao--aborto-e-dificultado-na-argentina.htm. Acesso em 02 jun. 2021.

BRASIL, Câmara dos Deputados. *Projeto de Lei PL 232/2021.* Altera o inciso IV do artigo 3° da lei n° 12.845, de 1° de agosto de 2013, tornar obrigatória a apresentação de Boletim de Ocorrência com exame de corpo de delito positivo que ateste a veracidade do estupro, para realização de aborto decorrente de violência sexual. Disponível em: www.camara.leg.br/proposicoesWeb/fichadetramitacao?idProposicao=2269124. Acesso em: 29 maio 2020.

BRASIL, Senado Federal. Projeto de Lei PL 5.435/2020. Dispõe sobre o Estatuto da Gestante. Disponível em: www25.senado.leg.br/web/atividade/materias/-/materia/145760. Acesso em: 29 maio 2020.

BRASIL. Ministério da Saúde. *Portaria n. 2.282*, 27 ago. 2020. Dispõe sobre o Procedimento de Justificação e Autorização da Interrupção da Gravidez nos casos previstos em lei, no âmbito do Sistema Único de Saúde-SUS. Disponível em: www.in.gov.br/en/web/dou/-/portaria-n-2.282-de-27-de-agosto-de-2020-274644814. Acesso em 23 maio 2021.

BRASIL. Ministério da Saúde. *Portaria n. 2.561*, 23 set. 2020. Dispõe sobre o Procedimento de Justificação e Autorização da Interrupção da Gravidez nos casos previstos em lei, no âmbito do Sistema Único de Saúde-SUS. Disponível em: www.in.gov.br/en/web/dou/-/portaria-n-2.561-de-23-de-setembro-de-2020-279185796. Acesso em 23/05/2021. Acesso em 23 maio 2021.

BRASIL. Ministério da Saúde. Secretaria de Atenção à Saúde. *Prevenção e Tratamento dos Agravos Resultantes da Violência Sexual contra Mulheres e Adolescentes: norma técnica*. 1 ed. Brasília: Ministério da Saúde, 2005. Disponível em: bibliotecadigital.mdh.gov.br/jspui/handle/192/1126. Acesso em: 07 maio 2021.

BRASIL. Supremo Tribunal Federal. *ADPF 442*. Relatora: Ministra Rosa Weber. Disponível em: portal.stf.jus.br/processos/detalhe.asp?incidente=5144865. Acesso em 05 maio 2021.

BRASIL. Supremo Tribunal Federal. Portaria do Ministério da Saúde sobre aborto é questionada no STF por cinco partidos políticos. *Notícias STF*. Brasília, 04 set. 2020. Disponível em: portal.stf.jus.br/noticias/verNoticiaDetalhe.asp?idConteudo=451025&ori=1. Acesso em 23/05/2021.

CAMPAÑA NACIONAL POR EL DERECHO AL ABORTO LEGAL, SEGURO Y GRATUITO. *Presentación proyecto interrupción voluntaria embarazo*. Buenos Aires, 2 mar. 2018. Disponível em: www.abortolegal.com.ar/presentacion-proyecto-interrupcion-voluntaria-embarazo/. Acesso em 04 maio 2021.

CANCIAN, Natália; CARVALHO, Daniel. Após pressão de Bolsonaro, Ministério da Saúde retira do ar nota técnica que cita acesso a aborto legal. *Folha de S. Paulo*. 4 jun. 2020. Disponível em: www1.folha.uol.com.br./equilibrioesaude/2020/06/apos-pressao-de-bolsonaro-ministerio-da-saude-retira-do-ar-nota-tecnica-que-cita--acesso-a-aborto-legal.shtml. Acesso em: 29 maio 2021.

CENTENERA, Mar. Argentina legaliza o aborto e se põe na vanguarda dos direitos sociais na América Latina. *El País*. Buenos Aires, 29 dez 2020. Disponível em: brasil.elpais.com/internacional/2020-12-29/votacao-historica-no-senado-de-projeto-para--legalizar-aborto-na-argentina.html. Acesso em 23 maio 2021.

DEZA, Soledad. Argentina legaliza o aborto e se põe na vanguarda dos direitos sociais na América Latina. [Entrevista concedida a] Agence France-Presse. *Folha de S. Paulo*. Buenos Aires, 29 jan. 2021. Disponível em: www1.folha.uol.com.br./mundo/2021/01/juiza-suspende-descriminalizacao-do-aborto-em-provincia-argentina.shtml. Acesso em: 29 maio 2021.

DINIZ, Débora. Estuprada desde os 6, grávida aos 10 anos e num limbo inexplicável a espera por um aborto legal. [Entrevista concedida a] Joana Oliveira. *El País* [online]. São Paulo, 2020. Disponível em: brasil.elpais.com/brasil/2020-08-15/estuprada-desde-os-6-gravida-aos-10-anos-e-num-limbo-inexplicavel-a-espera-por-um--aborto-legal.html. Acesso em 13 maio 2021.

DOUGALL, Celeste Mac; FRONTERA, Agustina. Argentina: do "Nenhuma a Menos" à legalização do aborto. [Entrevista concedida a] Andrea Dip. *A Publica*. Disponível em: apublica.org/2018/07/argentina-do-nenhuma-a-menos-a-legalizacao-do-aborto/. Acesso em 07 maio 2021.

FERNÁNDEZ, Alberto. *Siempre fue mi compromiso que el Estado acompañe a todas las personas gestantes en sus proyectos de maternidad y cuide la vida y la salud de quienes deciden interrumpir su embarazo.* Buenos Aires, 17 nov. 2020. Twitter: @alfernandez. Disponível em: twitter.com/alferdez/status/1328775329398329344?s=20. Acesso em 03 jun. 2021.

FOUCAULT, Michel. *Microfísica do poder.* Organização introdução e revisão técnica Roberto Machado. 27 ed. São Paulo: Graal, 2013.

FOUCAULT, Michel. *Segurança, território, população*: Curso dado no Collège de France (1977-1978). São Paulo: Martins Fontes, 2008.

FOUCAULT, Michel. *História da Sexualidade: a vontade de saber.* Tradução de Maria Thereza da Costa Alburquerque e J. A. Guilhon Albuquerque. 13ª Ed. Rio de Janeiro : Edições Graal, 1988.

FUENTES, Janet Lucero Cerón; MARTÍNEZ, Beatriz Hernández; HERRERA, Roberto Llaca. *Debate sobre la interrupción voluntaria del embarazo en Argentina (2018): análisis de la argumentación en el Congreso de la Nación* [online]. México, 2019. Disponível em: investigacion.upaep.mx/images/img/editorial_upaep/biblioteca_virtual/pdf/dive_final_oct2019.pdf. Acesso em: 12 maio 2021.

GOULART, Domenique. Maré verde feminista e um devir latino-americano. *Le Monde Diplomatique*. Brasil, 15 jan. 2021. Disponível em: diplomatique.org.br/mare-verde-feminista-e-um-devir-latino-americano/#_ftnref2. Acesso em 05/05/2021.

HOGEMANN, Edna Raquel. *Bioética, alteridade e o embrião humano.* Rio de Janeiro: Multifoco, 2015

JIMÉNEZ, Carla. Menina de 10 anos violentada faz aborto legal sob alarde de conservadores à porta do hospital. *El País*. São Paulo, 16 ago. 2020. Disponível em: brasil.elpais.com/brasil/2020-08-16/menina-de-10-anos-violentada-fara-aborto-legal-sob--alarde-de-conservadores-a-porta-do-hospital.html. Acesso em 13 maio 2021.

LIBÓRIO, Bárbara. Só um PL propôs a descriminalização do aborto no Brasil na última década. *AzMina* [online]. Brasil, 30 jun. 2020. Disponível em: azmina.com.br/reportagens/so-um-pl-propos-a-descriminalizacao-do-aborto-no-brasil-na-ultima-decada/. Acesso em 04 maio 2021.

MINYERSKY, Nelly. Nelly Minyersky: a rainha verde. [Entrevista concedida a] Lucía Iglesias Kuntz. *O Correio da UNESCO*, Paris, n. 4, 2019. Disponível em: pt.unesco.org/courier/2019-4/nelly-minyersky-rainha-verde. Acesso em 07 maio 2021.

MORAES, Olimpio. Menina de dez anos entrou em hospital em porta-malas de carro enquanto médico distraía religiosos. legal. [Entrevista concedida a] Thaiza Pauluze e João Valadares. *Folha de S. Paulo* [online]. São Paulo, 2020. Disponível em: www1.folha.uol.com.br/cotidiano/2020/08/menina-de-dez-anos-entrou-em-hospital-na-mala-do-carro-enquanto-medico-distraia-religiosos.shtml. Acesso em 13 maio 2021.

OLIVEIRA, Joana. Estuprada desde os 6, grávida aos 10 anos e num limbo inexplicável à espera por um aborto legal. *EL PAÍS*. Disponível: brasil.elpais.com/brasil/2020-08-15/estuprada-desde-os-6-gravida-aos-10-anos-e-num-limbo-inexplicavel-a-espera-por-um-aborto-legal.html. Acesso em: 10 maio 2021.

PRAZERES, Leandro. Ministério da Saúde admite que publicou portaria por pressão de entidades antiaborto. *O Globo*. 03 out. 2020. Disponível em: oglobo.globo.com./sociedade/ministerio-da-saude-admite-que-publicou-portaria-por-pressao-de-entidades-antiaborto-24675541. Acesso em 29 maio 2021.

ROCHA, Marcelo. PGR apura participação de Damares em mobilização contra aborto de menina. *Folha de S. Paulo*. 10 nov. 2020. Disponível em: www1.folha.uol.com.br/cotidiano/2020/11/pgr-apura-participacao-de-damares-em-mobilizacao-contra--aborto-de-menina.shtml. Acesso em: 14 maio 2021.

SÁNCHEZ, Melisa Ruth; JOHNSON, María Cecilia. "Niñas, no madres": alianzas y disputas de sentidos en el cuerpo de Lucía. *Ciências Sociais E Religião* [online]. Campinas,2020, 22 ed. Disponível em: econtents.bc.unicamp.br/inpec/index.php/csr/article/view/13511/9310. Acesso em 23 maio 2021.

SMINIK, Verónica. Cesárea en vez de aborto: los casos de dos niñas violadas que reavivaron el debate sobre la interrupción legal del embarazo en Argentina. *BBC*. Buenos Aires, 28 fev. 2019. Disponível em: www.bbc.com/mundo/noticias-america-latina-47410099. Acesso em: 13 maio 2021.

TJES. *Nota Pública Juízo da Infância e da Juventude da Comarca de São Mateus*. Espírito Santo, 14 agosto 2020. Facebook: TJESoficial. Disponível em: web.facebook.com/TJESoficial/posts/3436233236442469/. Acesso em 13 maio 2021.

VAGGIONE, Juan Marco. A Política da Dissidência: O Papel de Católicas Pelo Direito de Decidir na América Latina. In: JURKEWICZ, Regina Soares (Org.). *Entre dogmas e direitos: religião e sexualidade*. Jundiaí: Maxprint, 2017. Páginas 77-101.

A PRIVACIDADE E A CONSTRUÇÃO DA IDENTIDADE PESSOAL DA MULHER: CONSIDERAÇÕES ACERCA DA AUTONOMIA DECISÓRIA EM CASOS DE INTERRUPÇÃO VOLUNTÁRIA DA GESTAÇÃO

Daniela Zilio[1]

INTRODUÇÃO

A possibilidade de interrupção voluntária da gestação causa controvérsias há tempos em áreas do conhecimento das mais distintas. O tema é, por conseguinte, de análise peculiarmente delicada, mas igualmente necessária. O que se pretende no ensaio em pauta é debatê-lo na perspectiva dos direitos sexuais e reprodutivos da mulher, notadamente porque o tema diz respeito a uma decisão íntima e estritamente pessoal.

Assim, o que se tematiza no presente artigo é a autonomia decisória da mulher, inerente ao seu direito à privacidade pessoal, enquanto supedâneo para o direito à realização da interrupção da gestação. Por conseguinte, alicerçam a argumentação também o direito ao próprio corpo e o direito à construção da identidade pessoal da mulher.

---

[1] Doutoranda e Mestra em Direito pelo Programa de Pós-graduação em Direito da Universidade do Oeste de Santa Catarina – Unoesc. Professora do Curso de Direito da Universidade do Oeste de Santa Catarina – Unoesc. Membra do Grupo de Estudos e Pesquisa "Interculturalidade, Identidade de Gênero e Personalidade", vinculado ao Programa de Pós-graduação em Direito da Universidade do Oeste de Santa Catarina - Unoesc. Advogada.

Para o perfeito deslinde da argumentação, o texto será dividido em seções que corresponderão aos objetivos específicos da pesquisa. Primeiramente, então, o estudo se voltará ao entendimento do que se entende por autonomia decisória em um contexto geral para que, finalmente, se possa resolver o problema de pesquisa que embasa o estudo, buscando corroborar a tese levantada: estudar-se-á a autonomia decisória para o fim da colocação em prática do direito à interrupção voluntária da gestação.

O estudo segue o método de pesquisa dedutivo. A técnica de pesquisa empregada é a documentação indireta em que os dados possuem natureza bibliográfica. A pesquisa será, ainda, exploratório-explicativa e qualitativa. Por evidente, não se tem o intuito de esgotar o tema, pois a profundidade do debate não o permite. O que se pretende, então, é enriquecer a discussão, mediante as pautas a serem levantadas.

1. A AUTONOMIA DECISÓRIA ENQUANTO VIÉS DO DIREITO À PRIVACIDADE E A CONSTRUÇÃO DA IDENTIDADE PESSOAL

Inicialmente, muito antes de que se adentre na explicação quanto ao mérito da autonomia decisória enquanto norte para o reconhecimento de um direito à interrupção voluntária da gestação, faz-se mister elencar em que bases estão firmados os argumentos. Para tanto, entende-se por bem traçar um caminho explicativo inicial no que se relaciona ao termo "autonomia decisória", ressaltando-se desde já que se o prefere ao uso dos termos "autonomia da vontade" ou "autonomia privada", por entender-se ser aquele o mais acertado de acordo com as premissas a serem elencadas a partir de agora.

Pois bem, quando se pensa o termo autonomia decisória, pensa-se na construção global da personalidade do ser humano em decisões que se encontram sob o manto de proteção de seu direito à privacidade, ou seja, trata-se da ideia do resguardo a escolhas que digam respeito unicamente à pessoa envolvida na decisão. Daí porque pensar-se, *a posteriori*, o aborto sob o manto de proteção da autonomia decisória.

Para a ideia de delineamento da autonomia decisória, parte-se inicialmente do exposto por Warren e Brandeis (1890) acerca do direito à privacidade, ou, como pontuaram os autores estadunidenses, "*The right to privacy*". De acordo com o entendimento dos autores, o direito de privacidade teria duas esferas distintas, quais sejam, a primeira relacionada à posse e disseminação de informações, e o direito ao resguardo da privacidade informacional, largamente disseminada hodiernamente no Brasil tendo em vista a proteção de dados e a nova legislação sobre o tema (Lei 13.709/18). A segunda dessas esferas é aquela que une o presente ensaio à teoria, qual seja, à esfera do direito à privacidade que cuida da autonomia inerente a cada pessoa de ter acesso ao seu corpo na integralidade do termo para que, assim, possa realizar as suas escolhas com base em seu projeto de vida e em um campo de intimidade tão protegido, que diga respeito única e exclusivamente ao próprio titular do direito. Note-se a relevância da ponderação anteriormente exposta.

Assim, os assuntos que se encontram sob o manto de proteção da autonomia decisória emanada do direito à privacidade redescrito (COHEN, 2012), passam por aqueles relacionados ao corpo e à vida, como o são, sem dúvidas, os direitos sexuais e reprodutivos, o direito à estética do próprio corpo e o direito à decisão pela continuidade ou interrupção de tratamentos médicos quando em estágios de fim de vida.

Obviamente, tais decisões dizem respeito unicamente ao indivíduo titular do direito de escolha, mas, a autonomia explanada não parte, como outrora, de ideais que vislumbram uma não atuação estatal, ou um viés de análise negativo da liberdade, como o foi aos tempos do importante mas já ultrapassado século XVIII. Ideais individualistas de cidadão desenraizado também não são o alicerce da autonomia pleiteada. Veja-se que é justamente o oposto: pensa-se em cidadãos imbuídos da constituição dos valores sociais, incluídos e pertencentes à comunidade, inclusive, mas que apesar disso possam, livremente, realizar as suas escolhas, como mencionado, de acordo com os seus projetos de vida, sem intervenção desmedida, quer seja do Estado, quer seja de outras pessoas, físicas ou jurídicas. Não cabe a terceiros, assim, decisões que digam respeito ao corpo de outrem.

Nesta senda o porquê pensa-se ser primordial a autonomia decisória inclusive no que se relaciona ao direito de autocompreensão, o que se prefere denominar de direito à identidade pessoal. Entende-se que cada ser humano tem o direito de se compreender, de se entender, e de se expressar no mundo de acordo com a sua própria individualidade, e de construir a sua identidade pessoal de acordo com o seu projeto de vida. Isso passa pelas decisões que digam respeito ao corpo físico, mas também aos aspectos psíquicos e morais vinculados a esse mesmo corpo. Isso o porquê da análise do corpo na sua integralidade.

A intervenção estatal nos corpos não merece guarida, pelo menos se ponderado o primordial direito à proteção da identidade pessoal do indivíduo, amealhado da interpretação sistemática da Constituição Federal de 1988. Habermas (2010) reflete muito bem essa ideia com base no que determina por direito de autocompreensão, ou seja, o jeito como cada pessoa se compreende no mundo, o seu modo de existência, a forma como se vê (literalmente), e a forma pela qual se relaciona. Por isso muitas vezes a necessidade de atuação positiva do Estado, resguardando as possibilidades de escolha e fazendo com que elas possam de fato ocorrer - como é o caso da questão transgênero ou mesmo o caso do aborto, em que inegavelmente para se seja possível com segurança, deve haver uma atuação positiva do Estado.

Como pontua Cohen (2012, p. 188), a ideia expressa pela autonomia decisória no que se relaciona à construção da identidade perpassa o direito à integridade da personalidade, de modo que seja propiciado aos indivíduos o exercício para a formação, manutenção e apresentação de uma "[...] autoconcepção coerente, autêntica e distinta". Relembra-se o arguido em outra oportunidade:

> Assim, os novos direitos de privacidade protegem também a identidade em face do nivelamento em nome de uma vaga ideia de comunidade ou da concepção da maioria acerca do bem comum. Protegem as diferenças individuais em face da "norma" adotada pela sociedade ou grupo a que pertence o indivíduo. Em suma, não só o direito de ser deixado em paz, mas o direito de autodeterminação - a autonomia decisória-, é protegido pelo direito à privacidade (ZILIO, 2016, p. 133).

Claramente, não se entende a possibilidade de que o sujeito tome decisões completamente isoladas da forma como ele é constituído em sociedade. Entende-se, evidentemente, que a construção da autonomia decisória passa por todos os valores galgados, como dito alhures, em sociedade, e sobretudo aqueles aos quais cada pessoa convive no desenrolar da sua existência. Justamente por isso é que não se pretende discutir o indivíduo desenraizado (Cohen, 2012), mas que se constrói com os valores do todo, contudo, ainda mais, apesar dos valores galgados pelo todo. É o indivíduo em sua essência, optando e fazendo suas escolhas com bases seguras. Evidentemente, para que o indivíduo exerça o seu poder de escolha é preciso - novamente - a atuação estatal positiva na prestação das informações cabíveis - porque inerente ao direito de escolha é o direito à informação, segura e consciente. Como argumentado em outra ocasião:

> O respeito explanado envolve uma ação, e exige, do mesmo modo, mais do que obrigações de não intervenção nas decisões das pessoas, já que inclui obrigações para sustentar as capacidades das pessoas para escolherem autonomamente, diminuindo os medos e demais questões que possam desfavorecer o exercício da autonomia. Isso implica capacitar os indivíduos para que ajam autonomamente, informando-os, por conseguinte, e se contrapõe ao desrespeito, que envolve atitudes e ações que ignoram, insultam, ou degradam a autonomia alheia e, por conseguinte, negam a existência de uma mínima igualdade entre as pessoas. Partindo-se, então, da autonomia sob uma perspectiva positiva de liberdade, não caberia ao Estado interferir nas decisões estritamente pessoais de cada indivíduo, mas caberia, isso sim, informar e disciplinar a sensata utilização da autonomia pessoal, em prol da proteção da privacidade decisória. [...] (FREITAS; ZILIO, 2016, p. 174).

Ainda, importante contribuição é feita por Freitas e Pinto (2018) quando relatam que em relação à construção do direito ao corpo, como mediador da autonomia decisória e por via de consequência da identidade pessoal, a preocupação deve ser também naquilo que tange a salvaguarda de outro direito humano fundamental, qual seja, o direito à informação. Conforme explicitam, tal direito possui caráter difuso e constitui direito de toda a coletividade, vez que sem a informação precisa, divulgada de forma clara e sem manipulações, não há que se falar em escolha verdadeira e satisfatória para o fim da construção de uma identidade. Outrossim, o aqui pontuado controle sobre o próprio corpo passa pela ideia da prerrogativa da tomada de decisões sobre ele. Segundo ponderam [...] "as informações mais próximas da realidade quanto aos resultados das opções seriam fundamentais para a construção da identidade pessoal, na medida em que possibilitariam decisões em conformidade com a vontade pessoal" (FREITAS; PINTO, 2018, p. 7).

Ademais, sobre a autonomia decisória como ramificação do direito à privacidade e notadamente importante em decisões de esfera pessoal, e a relação com o que se denomina de autodeterminação corporal, arrazoou-se outrora que:

> Portanto, a autodeterminação corporal encontra-se como que, pode-se dizer, em duas bases aparentemente distintas daquela, ou seja, como consequência do seu exercício, mas antes disso, como pressuposto para que ela própria exista. Apesar da aparente paradoxal ou dicotômica conclusão, pensa-se ser exatamente dessa forma a relação entre esses direitos. Explica-se: a autodeterminação corporal pode sim ser visualizada a partir da autonomia decisória, no sentido de ser dela uma consequência lógica, já que aquela alicerça

o indivíduo na tomada de decisões íntimas e pessoais, e, perfeitamente, as decisões relacionadas ao próprio corpo se encontram dentro do conceito de intimidade abarcado pela autonomia decisória. Ocorre que, parece ser também latente a premissa de que o direito ao corpo é pressuposto para a própria efetivação da autonomia decisória, ou para sua própria existência, isso porque, é necessário que se vislumbre que, para a tomada de decisões de cunho pessoal, primeiramente, o indivíduo em questão precise, e possa, empoderar-se do próprio corpo para que então, munido da privacidade para decidir, possa refletir a sua autonomia. Decidir autonomamente questões íntimas revela antes de mais nada, e em uma realidade outrora discutível, a premente necessidade de tomar, o ser, a posse de seu corpo, nas suas diferentes dimensões e, somente então, exercer verdadeiramente a sua autonomia de decisão (FREITAS; MEZZAROBA; ZILIO, 2019, p. 175).

Por óbvio que, para que decisões íntimas sejam tomadas, a ideia do empoderamento sobre o próprio corpo precisa ser pensada, mesmo porque, certamente, como expresso nas ulteriores linhas, o entendimento do corpo ultrapassa seu âmbito físico, para que se o entenda de maneira integral.

Muito bem. Uma vez pontuado ainda que sinteticamente o ponto de vista em relação ao qual se compreende a autonomia decisória, a partir do marco teórico pontuado, no momento que segue, o estudo passa a compreendê-la em um dos casos de cunho íntimo alhures relatados em que a controvérsia se dá de maneira mais contundente, qual seja, o direito à interrupção voluntária da gestação.

2. A AUTONOMIA DECISÓRIA DA MULHER E A INTERRUPÇÃO DA GESTAÇÃO NA PERSPECTIVA DO SEU DIREITO AO PRÓPRIO CORPO

Nos caminhos nem sempre fáceis da autonomia decisória, emergem meandros específicos igualmente difíceis. Todas as questões que dizem respeito ao núcleo de privacidade pessoal despertam ácidas discussões, interdisciplinarmente, inclusive. Em relação à controvérsia sobre o aborto, a dificuldade parece emergir com peculiar força. Neste momento, buscar-se-á, assim, delinear um traço argumentativo no sentido de que a autonomia decisória seja a matriz fundante de um possível direito à interrupção voluntária da gestação. Há um adendo inicial a ser feito: a defesa se dá em relação ao exercício da autonomia para a tomada de decisões de viés íntimo, dentre as quais se encontra a interrupção da gestação. A defesa não se dá, assim, em relação ao aborto, mas em relação ao exercício da autonomia decisória. Se for e caso seja o aborto um direito conquistado, ele é ou será um direito galgado à luz de muita luta, não em prol dele em si, mas em prol do exercício da autonomia decisória para que (também) ele possa ser exercido.

A contenda aqui permeada gira em torno da possibilidade de que, legalmente, a interrupção voluntária da gestação possa existir, uma vez que à margem da legalidade ela já é realidade. Importante frisar que, hodiernamente, há ainda a possibilidade de interrupção da gestação (de forma legal) em casos de estupro, risco de morte da gestante, e em casos de anencefalia fetal (conforme decisão na Arguição de Descumprimento de Preceito Fundamental n. 54, do Supremo Tribunal Federal). Ao tempo da confecção do presente estudo, pendente ainda de julgamento a Arguição de Descumprimento de Preceito Fundamental n. 442, que discute a legalização/descriminalização do aborto até a décima segunda semana de gestação.

Fala-se, então, da reinserção dos domínios do corpo nos limites de proteção da privacidade pessoal, o que fica evidente em Cohen (2012, p. 193) quando menciona que:

> Nessa concepção normativa de privacidade, o que é crucial e empoderador é claramente o sentimento de controle sobre as necessidades da própria identidade, sobre o acesso a si próprio, sobre quais aspectos de si serão apresentados em que momento e a quem, juntamente com a capacidade de exigir ou renunciar às demandas por acesso.

Discutir-se o aborto, ou a interrupção voluntária da gestação, é traçar um árduo, mas necessário caminho de empoderamento do próprio corpo, não como uma propriedade objetificável (sequer pelo próprio titular), mas como modo de acesso, como refere-se acima, à própria identidade. O direito de proteção da privacidade permite com que tal acesso ocorra a despeito da existência de fatores obviamente externos referentes ao Estado e à sociedade.

Evidentemente, soaria até ingênuo o argumento de que tal possibilidade poderia existir sem nenhuma contenda, até porque, como já ressaltou Foucault (1988), a influência sobre os corpos existe chegando até mesmo ao padrão do que considerou, o autor, aquilo que concebeu como "corpos dóceis". Há que se traçar um caminho, porém, como reiterado alhures, de reinserção do corpo nos limites de proteção da personalidade humana. Entende-se, inclusive, ser ele, um próprio direito da personalidade, caso assim que queira referir.

É claro que, quando se pensam os assuntos pessoais detalhados no primeiro ponto do estudo, resta a interpretação dos seus padrões. Acredita-se, todavia, ser impossível relacionar-se a autonomia decisória para a tomada de decisões de viés íntimo, ou em relação a assuntos pessoais, caso assim que queira, sem pensar a problemática do aborto. Nada parece ser mais pessoal e íntimo (inclusive corporalmente falando), do que uma gestação e sua continuidade (ou não). Como muito bem pontuado por Cohen (2012), a miríade de tais assuntos pode ser discutível a depender do contexto sociocultural envolvido, e das contestações políticas sobre as normas culturais, mas a intersecção corpo – indivíduo merece e deve ser objeto de destaque em estudos como o em pauta.

Explica-se: o corpo é parte de quem é cada pessoa, ou seja, todos os indivíduos são individualidades corporificadas (Cohen, 2012, p. 195). Veja-se:

> Meu corpo não é extrínseco a quem eu sou. Isso, naturalmente, não é um simples fato físico, pois podemos perder algumas partes do corpo sem perder nossa identidade, e o significado simbólico que damos a nossos corpos é comunicativamente mediado, variando de acordo com as culturas e ao longo do tempo. Não obstante, nossas individualidades, nossas identidades, estão intrinsecamente implicadas em nossos corpos e no que fazemos deles – pois nossos corpos são o nosso modo de ser no mundo.

Perceba-se o sentimento de controle sobre o próprio corpo como necessário à constituição da personalidade e da identidade da pessoa, como reiterado em momento precedente (FREITAS; MEZZAROBA; ZILIO, 2019). Sem o necessário sentimento de empoderamento sobre o próprio corpo, e mais, sem o reconhecimento por parte dos demais no que tange a esse poder em relação ao próprio corpo, mutila-se, por consequência, a autodeterminação corporal e a autoimagem necessária à autocompreensão humana. Quanto a isso, já se referia Honneth (1992). Note-se, assim, o sentimento de humilhação relacionado à perda do sentimento de si e a consequente lesão à percepção coerente da realidade que indiscutivelmente acontece quando a integridade corporal de alguém não obtém o devido reconhecimento pelos outros, conforme Honneth (1992) e Cohen (2012).

Portanto, impor uma identidade de gestante e de mãe a alguém que não a suporte, pode comprometer, ainda que potencialmente, a incolumidade psicofísica, além de violar a integridade da personalidade. Note-se: a compreensão que a mulher tem de si em momentos de gestação e de posterior maternidade e maternagem passa por mudanças extremamente significativas. A percepção física que se tem disso é mais evidente, porque salta aos olhos. Porém, a reestruturação da identidade transcende o plano corporal, e adentra significativamente no plano emocional e no sentimento de individualidade da mulher (Cohen, 2012).

Tanto é assim que ressaltam Freitas e Pinto (2018, p. 6):

> A questão da identidade pessoal, ligada ao corpo, como forma de garantia da dignidade pessoal foi utilizada amplamente pelo movimento feminista para defender o direito ao aborto, por exemplo. Nesse sentido afirmam: "nosso corpo, nós mesmas", pontuando a importância da integridade corporal para efeitos da Autonomia Decisória. O foco central dessa defesa toca a identidade pessoal feminina. Forçar uma mulher a uma gravidez indesejada significaria a imposição de uma identidade não desejada de mulher grávida e de mãe à mulher, promovendo-lhe uma mudança substancial no próprio corpo e em sua identidade pessoal, com reflexos emocionais profundos, para além de alterações significativas de natureza econômica.

No mesmo sentido, já se arrazoou:

> [...] a gravidez é uma experiência extremamente peculiar e porque não dizer, difícil para todas (ou quase todas) as mulheres. As mudanças corporais, e, principalmente, a mudança na identidade psicológica da mulher são muito significativas, e isso em se tratando de mulheres que desejaram aquela gravidez e que se utilizaram de sua autodeterminação corporal para planejar, ou, no mínimo, aceitar aquela gestação. Essa mudança na identidade, se indesejada, é, para aqueles que defendem o direito de realizar um aborto, acontecimento que enseja o ferimento a direitos primordiais da mulher. Neste momento é que surge a defesa pelo direito de autodeterminação corporal da mulher, para que ela, como pessoa autônoma que é, amparada pelo seu direito ao próprio corpo, decida se quer, ou não, levar adiante tal gestação (indesejada) (FREITAS; MEZZAROBA; ZILIO, 2019, p. 179).

Como mencionado anteriormente, a construção da identidade passa pela corporificação, mas, não somente por ela, por óbvio. A relação de interação deve ser levada em consideração porque o Outro e o ambiente determinam muitas coisas. Porém, é crucial que se a garanta a despeito do local em que a pessoa se encontra. Assim, "[...] a liberdade reprodutiva é fundamental também porque envolve o cerne da identidade de uma mulher – estão em jogo sua corporificação, seus processos de autoformação, seus projetos de vida e sua compreensão sobre si própria" (COHEN, 2012, p. 198).

Por fim, aquiesce-se, ainda, ao argumentado por Cohen (2012, p. 199) no sentido de que ter-se em consideração o direito ao aborto enquanto um direito inerente ao próprio direito à privacidade é, pois, "reconhecer a 'diferença' das mulheres, deixando, simultaneamente, a cada mulher individual a questão de como definir essa diferença". Conforme expõe, ainda, o reconhecimento legal da competência ética da mulher com relação aos assuntos atinentes à reprodução, à sexualidade, e à associação íntima, ratifica sua igualdade. Desse modo:

> Enquanto as mulheres como mulheres adquirem "proteção especial" para suas singulares capacidades (direito ao aborto é direito das mulheres), sua "diferença" não é por isso reificada; antes, é simultaneamente reconhecida e deixada nas mãos das próprias mulheres, para que a construam. E eu entendo que, afinal, este é o momento de afirmar o direito de ser "diferente" e igual (COHEN, 2012, p. 199).

Assim é que se pretende delinear a autonomia decisória para o fim da construção da identidade pessoal da mulher em relação ao aborto, reconhecendo que esse é um espaço de debate que deve ser ocupado por ela, pois é a ela que devem pertencer o domínio sobre o próprio corpo e a consequente autodeterminação corporal.

3. CONSIDERAÇÕES FINAIS

Ao término do presente ensaio, que teve como objetivo geral analisar a autonomia decisória e a construção da identidade pessoal para o fim da preservação da autodeterminação corporal da mulher em relação ao aborto, algumas conclusões podem ser vislumbradas, as quais passa-se, agora, a elencar:

a) A aqui nomeada autonomia decisória aloca-se no âmbito de proteção do direito à privacidade, constitucionalmente assegurado, e é alicerce para a construção da identidade pessoal de cada ser humano, e especialmente importante quanto a decisões relacionadas a assuntos pessoais, de viés íntimo.

b) Os direitos sexuais e reprodutivos encontram-se no âmbito de proteção da privacidade em sua perspectiva de autonomia decisória e, sendo assim, o direito ao aborto encontra-se permeado nessa lógica.

c) É premente que se perceba o aborto, ou a interrupção voluntária da gestação, como preferiu-se delimitar no título do estudo, enquanto prerrogativa que diz respeito exclusivamente à mulher envolvida no direito de escolha. Intromissões nos corpos femininos não podem e não devem ser consideradas sob a ótica do direito de preservação da identidade pessoal, conforme delineado no decorrer do texto. O discernimento cabe ao sujeito envolvido na decisão de cunho íntimo e não deve(ria) ser de mais ninguém, nem mesmo do Estado, a prerrogativa de imposição de uma identidade indesejada a alguém, mesmo em (e ainda mais em) assuntos tão peculiarmente delicados como é o caso do aborto.

Assim, os objetivos propostos inicialmente foram alcançados, ou seja, foi devidamente conhecida e compreendida a ideia que gira em torno do conceito de autonomia decisória, e, após, com base na compreensão proposta, ela foi defendida enquanto supedâneo ao direito à interrupção voluntária da gestação. A tese proposta, assim, restou corroborada pelos resultados alcançados no decorrer da pesquisa bibliográfica: a autonomia decisória enquanto pilar do direito maior à privacidade pessoal coadunada à ideia da construção do direito ao próprio corpo de forma integral - que ultrapassa inclusive a esfera física - e o direito à autocompreensão da mulher - que se concebeu enquanto direito à identidade -, precisam ser resguardados em decisões de viés pessoal, e nada mais pessoal, íntimo e intransferível, do que a escolha pelo direito da manutenção (ou não) de uma gestação – ainda mais se indesejada.

REFERÊNCIAS BIBLIOGRÁFICAS

BRASIL. *Constituição Federal*: República Federativa do Brasil de 1988. Brasília, DF: Senado Federal, 1988.

COHEN, Jean L. Repensando a privacidade: autonomia, identidade e a controvérsia sobre o aborto. *Revista Brasileira de Ciência Política*, Brasília, n. 7, 2012. Disponível em:<http://www.scielo.br/pdf/rbcpol/n7/a09n7.pdf>. Acesso em: 30 mar. 2021.

FOUCAULT, Michel. *História da sexualidade I*: a vontade de saber. Rio de Janeiro: Graal, 1988.

FREITAS, Riva Sobrado de; MEZZAROBA, Orides; ZILIO, Daniela. A autonomia decisória e o direito à autodeterminação corporal em decisões pessoais: uma necessária discussão. *Revista de Direito Brasileira*, Florianópolis, v. 24, n. 9, 2019, p. 168-182. Disponível em:< https://www.indexlaw.org/index.php/rdb/article/view/5706/4782>. Acesso em: 6 abr. 2021.

———; PINTO, Danielle Jacon Ayres. Debates contemporâneos sobre autonomia privada decisória: transgêneros, identidade genética e eutanásia. *Revista Brasileira de Direitos e Garantias Fundamentais*, Salvador, v.4, n. 1, 2018, p. 1-22. Disponível em:< https://www.indexlaw.org/index.php/garantiasfundamentais/article/view/4351/pdf>. Acesso em: 12 abr. 2021.

———; ZILIO, Daniela. Da autonomia privada à autonomia decisória: analisando o conceito e sua transformação histórica. *In*: FREITAS, Ana Paula Pinheiro; MARCO, Cristhian de; WENCZENOVICZ, Thaís Janaina. *Série Direitos Fundamentais Civis*: Teoria dos Princípios, proporcionalidade, razoabilidade e a dimensão ideal do Direito – suas conexões - Tomo VIII. Joaçaba: Editora Unoesc, 2016, p. 155-178.

HABERMAS, Jürgen. *O Futuro da Natureza Humana*: A caminho de uma eugenia liberal? Tradução Karina Jannini. 2. ed. São Paulo: Marins Fontes, 2010. 159 p. Tradução de: Die Zukunft Der Menschlichen Natur: Auf Dem Weg Zu Einer Liberalen Eugenik?

HONNETH, Axel. Integrity and disrespect: principles of a conception of morality based on the theory of recognition. *Political Theory*, [S.l.], v. 20, n. 2, p. 187-201,1992.

WARREN, Samuel D., BRANDEIS, Louis D. The right to privacy. *Harvard Law Review*, Boston, vol. IV, n. 5, p. 193-220, 1890.

ZILIO, Daniela. O aborto: análise a partir da privacidade decisória da mulher. *In*: FREITAS, Riva Sobrado de; ZILIO, Daniela. *Série Ensaios*: Ensaios sobre a Constitucionalização dos Direitos Fundamentais Civis. Joaçaba: Editora Unoesc, 2016, p. 117-143.

ABORTO INSEGURO NO BRASIL: UM PROBLEMA DE SAÚDE PÚBLICA E VIOLAÇÃO DE DIREITOS

Luíse Pereira Herzog[1]
Stéffani das Chagas Quintana[2]

INTRODUÇÃO

O presente artigo possui como tema o aborto no Brasil como um problema de saúde pública, à luz dos direitos das mulheres. Dito isso, ressalta-se a importância do respectivo tema, uma vez que são praticados inúmeros abortamentos no Brasil de forma insegura e sem qualquer amparo, ocasionando danos e perigos à vida de diversas mulheres brasileiras, bem como, violando direitos fundamentais.

Apesar de o aborto estar previsto em lei, podendo ser realizado em determinadas situações, como em casos de estupro, risco à vida da mulher e quando se tratar de fetos anencéfalos, ainda há dificuldades das instituições em realizá-lo, fazendo com que muitas mulheres arrisquem as suas vidas e realizem o procedimento do aborto de forma clandestina, insegura e ilegal.

Como objetivo geral da pesquisa, buscou-se tratar sobre o aborto no Brasil, observando-o como um problema de saúde pública e violação de direitos. Para isso, a metodologia utilizada para a realização deste artigo resumiu-se em pesquisar, explorar e agrupar informações di-

---

1 Bacharela em Direito pela Universidade de Santa Cruz do Sul. Pós-graduanda em Direito Processual Civil pela Faculdade Dom Alberto. Endereço eletrônico: luise-pherzog@gmail.com.

2 Bacharela em Direito pela Faculdade Dom Alberto. Pós-graduanda em Direito do Trabalho pela Faculdade Dom Alberto. Endereço eletrônico: steffaniquintana@ hotmail.com.

vulgadas sobre o tema, além de buscar pesquisas bibliográficas para melhor entendimento sobre o assunto, ou seja, aplicando o método dedutivo e as técnicas de pesquisa bibliográfica e documental.

Além disso, o referido estudo busca responder ao seguinte problema de pesquisa: a prática do aborto e as suas complicações geram um problema de saúde pública no Brasil? Nesse sentido, a fim de responder a problemática proposta e cumprir com o objetivo geral do estudo, elencaram-se três principais objetivos específicos, correspondentes aos tópicos de estudo do artigo.

Inicialmente, buscou-se explorar os direitos das mulheres à saúde e ao aborto em âmbito nacional, averiguando a garantia dos direitos fundamentais às mulheres a fim de não violar o princípio da dignidade da pessoa humana e o direito à saúde ao realizar este procedimento.

Na sequência, visou-se abordar sobre o aborto inseguro no Brasil e as suas complicações, inclusive tratando sobre os impactos da criminalização do aborto, demonstrando que inúmeras são as mulheres que realizam abortos inseguros no país.

Por fim, objetivou-se analisar o aborto como um problema de saúde pública, á luz dos direitos humanos e direito à saúde, vez que além de ser um debate jurídico, o aborto deve ser analisado sob a ótica da saúde pública, em razão das inúmeras mulheres que se submetem à realização de abortos inseguros e sem amparo.

1. O DIREITO À SAÚDE E AO ABORTO POR MULHERES EM ÂMBITO NACIONAL

A mulher que tem seu direito de abortar garantido por lei se depara com grandes dificuldades para realizá-lo, seja em razão da ausência de conhecimento, de instrução ou por falta de atendimento médico.

Os direitos fundamentais possuem relevante importância na vida das mulheres, principalmente quando se trata do direito da dignidade da pessoa humana e do direito à saúde, os quais estão elencados na Constituição Federal. Assim, pode-se ressaltar que o direito à saúde engloba a preocupação com o bem-estar mental, físico e espiritual dos indivíduos, sendo que quando violado fere diretamente o direito da dignidade da pessoa humana. Portanto, devem-se proteger os direitos das mulheres e a sua integridade de forma que seu poder de escolha em realizar o aborto seja feito ou não, priorizando a sua saúde física e psicológica.

O direito à saúde está previsto na Constituição Federal (BRASIL, 1988), no artigo 196: "A saúde é direito de todos [...]", e no artigo 6º: "São direitos sociais a educação, a saúde, a alimentação, o trabalho, a moradia, o transporte, o lazer, a segurança, a previdência social, a proteção à maternidade e à infância, a assistência aos desamparados, na forma desta Constituição", além de haver a previsão da assistência à saúde, disposição a qual inclui o direito à saúde da mulher ao se tratar do aborto legal (PAES, 2016).

O aborto é quando a gestação é interrompida, conhecido como abortamento pelos médicos, tendo como significado a perda da gestação antes que o embrião (chamado até a 8ª semana) ou o feto (chamado a partir da 9ª semana) seja capaz de sobreviver separado da mãe, as perdas que acontecerem após este período serão considerados como nascimentos prematuros (PRADO, 2017).

Há diversas formas de aborto, sendo elas: natural, criminoso, acidental, legal (MORAIS, 2008). O aborto acidental e o natural não são ilegais, o primeiro pode ser causado por várias situações, como por um trauma, por uma queda ou qualquer situação inusitada, já o segundo é quando acontece de forma espontânea a interrupção da gestação (MORAIS, 2008). O aborto criminoso é aquele que a legislação brasileira proíbe e o aborto legal é aquele que é realizado para salvar a vida da mulher, quando a gravidez é anormal ou quando o feto for anencéfalo (MORAIS, 2008).

O aborto legal está previsto na Arguição de Descumprimento de Preceito Fundamental (ADPF/54) (SUPREMO TREIBUNAL FEDERAL, 2012), na qual foi julgada constitucional a interrupção da gestação de feto anencéfalo, além de estar previsto, também, no Código Penal, no artigo 128 e seus incisos:

> Art. 128 - Não se pune o aborto praticado por médico:
> Aborto necessário
> I - se não há outro meio de salvar a vida da gestante;
> Aborto no caso de gravidez resultante de estupro
> II - se a gravidez resulta de estupro e o aborto é precedido de consentimento da gestante ou, quando incapaz, de seu representante legal (BRASIL, 1940).

Portanto, levando em consideração o enquadramento do artigo 128 ou da ADPF/54, a mulher terá o direito de fazer o procedimento do aborto através do Sistema Único de Saúde gratuitamente (WEBER, 2020).

Por sua vez, o aborto criminoso está previsto nos artigos 124 ao 127 do Código Penal:

> Aborto provocado pela gestante ou com seu consentimento
> Art. 124 - Provocar aborto em si mesma ou consentir que outrem lho provoque: Pena - detenção, de um a três anos.
> Aborto provocado por terceiro
> Art. 125 - Provocar aborto, sem o consentimento da gestante: Pena - reclusão, de três a dez anos.
> Art. 126 - Provocar aborto com o consentimento da gestante:
> Pena - reclusão, de um a quatro anos.
> Parágrafo único. Aplica-se a pena do artigo anterior, se a gestante não é maior de quatorze anos, ou é alienada ou débil mental, ou se o consentimento é obtido mediante fraude, grave ameaça ou violência
> Forma qualificada
> Art. 127 - As penas cominadas nos dois artigos anteriores são aumentadas de um terço, se, em conseqüência do aborto ou dos meios empregados para provocá-lo, a gestante sofre lesão corporal de natureza grave; e são duplicadas, se, por qualquer dessas causas, lhe sobrevém a morte (BRASIL, 1940).

Entretanto, mesmo com uma legislação especial e uma decisão do STF para tal assunto, não se assegura que as mulheres gestantes poderão realizar o aborto legal por meio das instituições de saúde (PAES, 2016).

O país avançou frente ao direito à saúde para as gestantes, visando um adequado atendimento para as grávidas durante a gestação e pós-parto, porém as mulheres que necessitam da realização do procedimento do aborto não possuem a mesma experiência, havendo maior dificuldade no seu atendimento (PAES, 2016).

O aborto legal mesmo sendo autorizado pela legislação brasileira, é um procedimento evitado pelos médicos mediante à afirmativa de que estão em desacordo com a moral médica, além de não haver suporte institucional para realizar o aborto (MORAIS, 2008). Além disso, o mesmo autor ainda relata que os médicos requerem as gestantes uma autorização judicial, boletim de ocorrência ou avaliação por uma Junta Médica para a realização do abortamento (MORAIS, 2008).

Desta forma, a mulher que tem seu direito de abortar garantido pela legislação brasileira se depara com inúmeras dificuldades para realizá-lo, devido à ausência de conhecimento, de instrução, falta de atendimento ou por simples negligência, o que resulta em diversos abortos clandestinos e, consequentemente, no aumento da mortalidade das mulheres que se obrigam a realizar este procedimento ilegalmente (MORAIS, 2008).

O direito à saúde das mulheres gestantes é garantido na Constituição Federal de 1988, além do direito à isonomia, autonomia e à vida íntima, conforme Sarmento (2006). Contudo, as mulheres além de terem seu psicológico e a sua saúde física abalados, ficam doentes e correm risco de vida ao realizarem um aborto clandestino (DINIZ; MENEZES, 2012).

O aborto deve ser tratado à luz do direito à saúde, já que o aborto ilegal é um procedimento com altos riscos, gera risco de vida às mulheres, principalmente as que são economicamente vulneráveis (PAES, 2016).

Portanto, é necessário fortalecer as políticas públicas para a realização do aborto legal, além de oferecer informações para preservar, defender e estimular o direito da dignidade da pessoa humana e direito à saúde das mulheres. Para tanto, depois de explorados os direitos das mulheres e ao aborto em âmbito nacional, passa-se a abordar sobre o aborto inseguro no Brasil e as complicações do aborto ilegal.

2. O ABORTO INSEGURO NO BRASIL E AS SUAS COMPLICAÇÕES

Inúmeras são as mulheres que se submetem à realização do abortamento clandestino e ilegal no país, sendo que essa prática pode ocasionar em diversas complicações à saúde das mulheres, assim, tornando-se necessário o estudo acerca do aborto inseguro no Brasil e, além disso, de suas complicações.

É importante analisar que diante do carecimento de adequação, necessidade e da proporcionalidade no âmbito estrito no que tange a discussão da criminalização do aborto, pode-se considerar a respectiva criminalização como desproporcional e, ainda, desmoderada frente aos direitos das mulheres (FREITAS, 2018). Desse modo, visando a proteção dos direitos das mulheres, a descriminalização do aborto torna-se um assunto de debate e ganha forças ao longo do tempo (FREITAS, 2018).

Além de o aborto ser considerado como um grave problema de saúde pública (ORGANIZACIÓN MUNDIAL DE LA SALUD, 2021), a criminalização do abortamento no Brasil também é vista como "uma questão de classe social, uma imposição moral, patriarcal e racista, influenciada por grupos políticos conservadores e religiosos. Trata-se de um instrumento para manter as mulheres em um lugar de submissão, em que sua sexualidade e o corpo são controlados" (COELHO, 2021, p. 292).

Assim, o aborto necessariamente deve ser analisado frente ao campo jurídico e da saúde pública, uma vez que o direito à prática de um aborto seguro e legal é parte de inúmeros direitos humanos das mulheres, os quais ainda não tiveram um reconhecimento efetivo pela legislação do país (RABELO; AZAMBUJA; ARRUDA, 2022).

Desse modo, levando em consideração que a criminalização do aborto tende a violar direitos fundamentais das mulheres, ressalta-se que na prática não há redução em sua realização, impondo inúmeros riscos à vida das mulheres e, ainda, demonstrando a ineficácia de sua criminalização penal (FREITAS, 2018).

Considerando o aborto como um complexo e grave problema de saúde, é estimado que ocorra mais de um milhão de abortos no Brasil anualmente (SANTOS *et al*, 2013). Ademais, conforme analisado por Debora Diniz e Marcelo Medeiros (2010), por meio da Pesquisa Nacional de Aborto, até o final da vida reprodutiva das mulheres brasileiras, mais de um quinto das mulheres urbanas já realizam um aborto, o que significa afirmar que o aborto é uma prática comum no país.

Além disso, o estudo acima mencionado demonstra que até os quarenta anos de idade das mulheres brasileiras, uma em cada cinco já fizeram um aborto (DINIZ; MEDEIROS, 2010), demonstrando-se ainda mais que o abortamento é uma conduta altamente praticada na sociedade.

Ressalta-se, assim, que a criminalização do aborto no Brasil e a repressão demonstram-se ineficazes e nocivos, principalmente por se tratar de uma prática comum por mulheres de todas as classes sociais, impedindo a diminuição do número de abortos realizados e, também, impedindo que as mulheres tenham acesso a um acompanhamento adequado e informações necessárias para a realização de um procedimento seguro (DINIZ; MEDEIROS; MADEIRO, 2017).

Conforme divulgado pela Organización Mundial de la Salud (2021) aproximadamente 45% dos abortos realizados no mundo entre os anos de 2010 e 2014 são por meios inseguros e, além disso, um terço destes foram realizados em meios de alta periculosidade. Assim, ressalta-se que o aborto inseguro é considerado como um dos motivos principais de mortalidade materna e de consequências físicas, psicológicas e outros danos às mulheres (ORGANIZACIÓN MUNDIAL DE LA SALUD, 2021).

Torna-se importante mencionar que não há garantia de acesso ao aborto seguro pelas mulheres brasileiras por meio de leis flexíveis, sem que haja a efetiva implementação de políticas públicas e serviços adequados (BORGES, 2019). Da mesma maneira que as leis de caráter restritivo não impedem a prática da realização do aborto e, na verdade, provocam um ambiente ainda mais inseguro (BORGES, 2019).

Além disso, mesmo diante de todos direitos fundamentais das mulheres violados com a criminalização do aborto e sua prática insegura, torna-se importante enfatizar que "mesmo com a proibição legal do aborto no Brasil, ele ocorre. É fato social de ampla dimensão e vem sendo realizado, na maioria dos casos, em péssimas condições, fato que coloca em risco a vida das mulheres" (FREITAS, 2018, p. 10 - 11).

Conforme identificado pela Organização Mundial da Saúde (2013), a realização de um abortamento inseguro pode culminar em inúmeras consequências, tanto em decorrência da forma, como do método utilizado para a indução do aborto. Segundo o estudo, entre as inúmeras complicações, têm-se, por exemplo, a causa de intoxicação e traumatismo abdominal (ORGANIZAÇÃO MUNDIAL DA SAÚDE, 2013).

Nesse sentido, as restrições à realização do aborto legal não provocam uma redução na necessidade de sua prática, porém, contribuem ainda mais para a realização de abortamentos inseguros e ilegais, resultando no aumento da mortalidade e morbidade em sua decorrência (ORGANIZAÇÃO MUNDIAL DA SAÚDE, 2013).

Dessa maneira,

> Na prática a criminalização do aborto é ineficaz para impedir que novos crimes ocorram, sendo medida que não tutela a vida do feto. E, ainda, tem efeitos mais nefastos sobre as mulheres pobres, que não podem pagar por um aborto em clínicas particulares e com o auxílio de profissionais de saúde capacitados para o procedimento, recorrendo, por vezes, a remédios caseiros e métodos inseguros, que ocasionam lesões graves e a morte. (RABELO; AZAMBUJA; ARRUDA, 2022, p. 1913 - 1914).

Visto isso, mesmo com a criminalização do aborto, as mulheres não estão impedidas de fazê-lo e, desse modo, muitas realizam o aborto de forma clandestina, não havendo qualquer meio de amparo, proteção ou segurança, violando-se ainda mais direitos das mulheres brasileiras (FREITAS, 2018).

Portanto, é necessário enfatizar que o Estado e a sociedade possuem o dever de evitar a prática de abortos inseguros, visto a violação de inúmeros direitos fundamentais e por se tratar de um problema de saúde pública (RABELO; AZAMBUJA; ARRUDA, 2022). Contudo, ressalta-se que somente será possível assegurar a não realização de abortos inseguros no Brasil quando houver a "efetivação dos direitos sexuais e reprodutivos das mulheres, não só na jurisprudência pátria, mas na legislação interna" (RABELO; AZAMBUJA; ARRUDA, 2022, p. 1917).

A partir disso, por fim, passa-se a analisar o aborto como um problema de saúde pública, à luz dos direitos humanos e direito à saúde.

3. O ABORTO COMO UM PROBLEMA DE SAÚDE PÚBLICA

O aborto também se torna um problema de saúde no Brasil em razão das instituições não realizarem o procedimento quando necessário o aborto legal e, do mesmo modo, por haver limitação em sua permissão, sendo que por consequência as mulheres optam por buscar alternativas de realizá-lo, gerando o aborto ilegal, inseguro ou clandestino.

A Organización Mundial de la Salud (2021) dispõe que o aborto realizado em condições inseguras e a incapacidade de um acesso respeitoso e oportuno deve ser considerado como um grave problema de saúde pública, assim como, uma grave violação de direitos humanos.

O aborto inseguro pode provocar consequências na saúde física, como, hemorragia, infecções, ferir demais órgãos e pode afetar a fertilidade da mulher, além de gerar custos ao sistema de saúde, mesmo o aborto sendo crime, nada o impede de que seja feito de forma ilegal (MEDEIROS; RONDON, 2021). O abortamento é um problema para a saúde pública brasileira também por suas consequências e complicações, vez que quando realizado de maneira irregular pode gerar alto risco de vida e problemas de saúde, os quais podem ocasionar a internação por complicações graves geradas pelo procedimento (VIEIRA, 2010).

Conforme o estudo realizado por Debora Diniz e Marcelo Medeiros (2010), através da Pesquisa Nacional de Aborto, constata-se que por ser o aborto considerado como uma prática comum no país, são verificados inúmeros problemas de saúde e que, consequentemente, devem elevar o aborto como um assunto de prioridade sobre saúde pública nacional.

Além disso, é necessário ressaltar que existe uma grande subnotificação em relação ao número de mortes de mulheres em decorrência do aborto realizado de maneira insegura ou de forma clandestina (SANTOS *et al,* 2013). Contudo, conforme abordado, enfatiza-se que na maioria das vezes o aborto é realizado em condições sanitárias precárias, ocasionando inúmeros riscos de vida às mulheres (SANTOS *et al,* 2013).

Conforme pesquisa divulgada pelo G1 SP (ACAYABA; FIGUEIREDO, 2020), o número de atendimentos de mulheres que realizaram abortos malsucedidos é 79 vezes maior que o número de abortos legais, assim, percebe-se que o procedimento mesmo previsto em lei, ainda provoca inúmeros abortos inseguros, culminando em ainda mais gatos ao sistema de saúde pelos procedimentos pós-aborto ilegal e ocasionando inúmeros problemas de saúde às mulheres.

Os especialistas em saúde da mulher abordam que há desigualdades as quais dificultam o alcance de mulheres ao procedimento de aborto adequado, ainda que seja autorizado pela legislação brasileira em determinadas possibilidades, ressaltando-se também que o próprio sistema de saúde possui gastos com os procedimentos que necessitam realizar pós-aborto ilegal, tornando-se um problema ainda mais grave (ACAYABA; FIGUEIREDO, 2020).

Além de a saúde física ser prejudicada, a saúde mental também sofre com o procedimento, entretanto, por ser um sintoma oculto há maior dificuldade de ser diagnosticado (GOMES, 2021).

O país sofre com tamanha desigualdade e isso se consegue analisar quando se verifica a situação do aborto no Brasil, já que, muitas das vezes, as mulheres que possuem condições de pagar por um valor maior conseguem realizar um procedimento com mais segurança e, por outro lado, as mulheres de baixa renda não possuem condições financeiras para arcar com os custos de um aborto seguro, se sujeitando à agressões, tanto físicas como psicológicas quando realizam o aborto clandestino (VARELLA, 2014).

O médico Dráuzio Varella (2011, n.p) defende que:

> Não há princípios morais ou filosóficos que justifiquem o sofrimento e morte de tantas meninas e mães de famílias de baixa renda no Brasil. É fácil proibir o abortamento, enquanto esperamos o consenso de todos os brasileiros a respeito do instante em que a alma se instala num agrupamento de células embrionárias, quando quem está morrendo são as filhas dos outros. Os legisladores precisam abandonar a imobilidade e encarar o aborto como um problema grave de saúde pública, que exige solução urgente.

Para Diniz (2007), ao aceitar que o aborto é um assunto relacionado à saúde pública quer dizer que se deve haver uma maior atenção na saúde da mulher e não em seus atos de infração moral.

Em razão de haver determinada omissão dos órgãos públicos por não oferecerem a atenção necessária para o sistema de saúde, geram-se consequências preocupantes para a vida das mulheres (MEDEIROS; RONDON, 2021).

Assim, o aborto deixando de ser crime no Brasil haverá uma maior proteção ao direito à saúde da mulher, a qual irá ter a possibilidade de realizar o procedimento de forma legal e usufruirá do acesso às informações adequadas sobre o abortamento, gravidez e meios contraceptivos, ou seja, realizar projetos sociais que proporcionarão a educação sexual e deixarão de colocar a responsabilidade dos atos apenas nas mulheres, irão colaborar com a diminuição de abortos ilegais no Brasil e a violação dos direitos das mulheres (MEDEIROS; RONDON, 2021).

Em uma sociedade que o aborto é tido como algo habitual, torna-se necessário que o governo brasileiro passe a realizar políticas públicas e ações para garantir às mulheres um atendimento adequado e seguro na rede pública de saúde do Brasil, a fim de diminuir as consequências do pós-aborto clandestino (MARTA; JOB, 2008).

Da mesma forma, em consonância com o Instituto Brasileiro de Ciências Criminais - IBCCRIM (2020), levando em consideração os diversos compromissos assumidos pelo Brasil prezando pelo respeito e garantia de direitos humanos, é possível analisar que a criminalização do aborto no Brasil é passível de uma forte inadequação.

O Instituto Brasileiro de Ciências Criminais (2020), da mesma forma, ressalta que diante da comparação do contexto que ocasionou a criminalização do aborto no Brasil frente ao atual cenário de dever de proteção de direitos humanos, inclusive internacionalmente, culmina-se no entendimento de que a legislação do país deve ser modernizada e adequada à realidade.

Além disso, é interessante ressaltar que o atual cenário vivenciado na sociedade brasileira exige o real cumprimento, proteção e respeito dos direitos sexuais e direitos reprodutivos das mulheres, mediante o cumprimento de inúmeros compromissos relacionados aos direitos humanos, principalmente porque o atual momento não se assemelha ao contexto que determinou a criminalização do aborto, o qual foi marcado pelo controle da sexualidade das mulheres e o descaso para com elas (INSTITUTO BRASILEIRO DE CIÊNCIAS CRIMINAIS, 2020)

Portanto, diante do que foi exposto, aborda-se que mesmo o aborto sendo permitido no Brasil em determinadas hipóteses, a sua criminalização e a falta de atendimentos adequados são motivos para o grande número de abortos ilegais e inseguros realizados no país, sendo necessário um novo olhar ao assunto, principalmente visando à garantia de direitos das mulheres.

4. CONSIDERAÇÕES FINAIS

Com base no que foi apresentado, as mulheres têm seu direito de abortar previsto por lei em algumas hipóteses, entretanto, nem sempre possuem esse direito assegurado em razão da dificuldade enfrentada pela falta de informação e pela falta de atendimento médico, o que leva a violação do direito à saúde da mulher e fere o princípio da dignidade da pessoa humana.

Visando abordar sobre o aborto inseguro no Brasil e as suas complicações, ressalta-se que muitas são as mulheres que se submetem à prática do aborto inseguro no país, tendo em vista a não permissão por lei ou pela falta de atendimento, desigualdades e carecimento de informação. Além disso, sendo necessário enfatizar que a criminalização do aborto não provoca diminuições em seu quadro prático, somente contribuindo ainda mais para a realização de abortamentos sem o suporte devido e necessário para a garantia da saúde e da dignidade das mulheres brasileiras. Sendo assim, conclui-se que o aborto inseguro é uma realidade no Brasil e provoca inúmeras complicações à vida das mulheres, incluindo danos irreversíveis à saúde e à vida.

O abortamento é considerado como um grave problema na saúde pública do Brasil em virtude da sua extensão e das inúmeras consequências na vida das mulheres e na violação de direitos. Pois, além de gerar diversos problemas na saúde da mulher, quando realizado o procedimento de forma incorreta pode causar a morte, podendo até mesmo gerar maiores gastos ao sistema de saúde pública com as complicações decorrentes. Nesse sentido, é necessário visualizar o aborto como um problema de saúde pública que deve ser enfrentado com urgência, a fim de evitar novas violações de direitos das mulheres, assegurando segurança, saúde e proporcionando a prática do aborto de forma legal às mulheres que tiverem necessidade.

A partir disso, considerando o problema de pesquisa proposto ao estudo: a prática do aborto e as suas complicações geram um problema de saúde pública no Brasil? Torna-se importante ressaltar que além do aborto ilegal ser considerado como uma prática comum no país viola inúmeros direitos da mulher, provoca diferentes problemas em sua saúde e, até mesmo, ocasiona a morte. Desse modo, considerando que o abortamento é, na maioria das vezes, realizado de forma ilegal e insegura, assim como são verificados inúmeros fatores consequenciais durante e após a sua prática, o procedimento de aborto no Brasil e as suas complicações culminam em um grave problema de saúde pública no país e violação de direitos das mulheres.

Portanto, em suma, conclui-se que o aborto permitido no Brasil sofre com a falta de informação, ausência de atendimentos adequados, desigualdades e de políticas públicas sobre o tema. Além disso, o aborto inseguro é considerado como uma prática recorrente no país, ainda que haja sua criminalização, ocasionando em um grande número de mortes e problemas de saúde às mulheres.

Por fim, ressaltando-se que a criminalização do abortamento no Brasil influencia ainda mais a sua prática em condições periculosas, cabendo mudanças legislativas, adequação da legislação para haver o real cumprimento de direitos humanos, implementação de políticas públicas e divulgação de informações para que haja a quebra de paradigmas e evolua-se em relação aos direitos das mulheres, proporcionando efetividade de direitos e segurança às mulheres.

REFERÊNCIAS BIBLIOGRÁFICAS

ACAYABA, Cíntia; FIGUEIREDO, Patrícia. Sus fez 80,9 mil procedimentos após abortos malsucedidos e 1.024 interrupções de gravides previstas em lei no 1º semestre de 2020. *G1 SP*, [online], 20 ago. 2020. Disponível em: https://g1.globo.com/sp/sao-paulo/noticia/2020/08/20/sus-fez-809-mil-procedimentos-apos-abortos-malsucedidos-e-1024-interrupcoes-de-gravidez-previstas-em-lei-no-1o-semestre-de-2020.ghtml. Acesso em: 04 mar. 2022.

BORGES, Talita Maciel. PENA DE UM CORPO SÓ: a relação entre a violência contra a mulher e a decisão pelo aborto. Dissertação: Programa de Pós-graduação Profissional em Promoção da Saúde e Prevenção da Violência da Universidade Federal de Minas Gerais, Belo Horizonte, Brasil, 2019. Disponível em: https://repositorio.ufmg.br/handle/1843/32500. Acesso em: 02 mar. 2022.

BRASIL. *Constituição da República Federativa do Brasil de 1988*. Disponível em: http://www.planalto.gov.br/ccivil_03/constituicao/constituicaocompilado.htm. Acesso em: 28 fev. 2022.

BRASIL. *Decreto-Lei nº 2.848, de 7 de dezembro de 1940*. Código Penal. Disponível em: http://www.planalto.gov.br/ccivil_03/decreto-lei/del2848compilado.htm. Acesso em: 28 fev. 2022.

COELHO, Sonia. A urgência da legalização do aborto no Brasil. *In:* GOBBI, Marcia Aparecida; PITO, Juliana Diamente (orgs). *Coletivos, mulheres e crianças em movimentos: na pandemia, do podcast ao livro.* São Paulo: FE-USP, p. 290 - 300, 2021. Disponível em: https://www.researchgate.net/profile/Daniela-Finco/publication/349297701_Desigualdades_Violencias_e_Pandemia_mulheres_em_rede_na_construcao_de_uma_pedagogia_critica_feminista/links/6029017092851c4ed56deeba/Desigualdades-Violencias-e-Pandemia-mulheres-em-rede-na-construcao-de-uma-pedagogia-critica-feminista.pdf#page=291. Acesso em: 02 mar. 2022.

DINIZ, Debora. Aborto e saúde pública no Brasil. *Scielo Brasil* [online], 2007. Disponível em: https://www.scielo.br/j/csp/a/43jcQvm8tKHNZBCyLStzGMp/?lang=pt. Acesso em: 04 mar. 2022.

DINIZ, Debora; MEDEIROS, Marcelo. Aborto no Brasil: uma pesquisa domiciliar com técnica de urna. *Ciência & Saúde Coletiva,*[online], 15, p. 959 - 966, 2010. Disponível em: https://www.scielo.br/j/csc/a/pYSRDGw6B3zPsVJfDJSzwNt/?lang=pt. Acesso em: 02 mar. 2022.

DINIZ, Débora; MENEZES, Greice. Aborto: saúde das mulheres. *Ciência & Saúde Coletiva,* [online], 2012. Disponível em: https://www.scielosp.org/article/csc/2012.v17n7/1668-1668/. Acesso em: 01 mar. 2022.

DINIZ, Debora; MEDEIROS, Marcelo; MADEIRO, Alberto. Pesquisa Nacional de Aborto de 2016. *Ciência & Saúde Coletiva,* 22, p. 653 - 660, 2017. Disponível em: https://www.scielo.br/j/csc/a/8LRYdgSMzMW4SDDQ65zzFHx/?format=pdf&lang=pt. Acesso em: 02 mar. 2022.

FREITAS, Michele dos Santos. A Criminalização do Aborto no Brasil e a Violação aos Direitos Fundamentais. *Portal de Conferências da IMED.* Transnacionalismo e Globalização: I Simpósio Internacional de Estudos Transnacionais: Anais do Evento, IMED, jun. 2018. Disponível em: https://soac.imed.edu.br/index.php/siet/isiet/paper/viewFile/852/237. Acesso em: 01 mar. 2022.

GOMES, Ana Lívia Dutra. *A saúde mental das mulheres em situação de aborto nos serviços públicos de saúde no Brasil: uma revisão narrativa.* São Luís: 2021. Disponível em: http://repositorio.undb.edu.br/bitstream/areas/628/1/ANA%20LIVIA%20DUTRA%20GOMES.pdf. Acesso em: 06 mar. 2022.

INSTITUTO BRASILEIRO DE CIÊNCIAS CRIMINAIS. Aborto: uma questão de direitos humanos das mulheres. *IBCCRIM,* 01 nov. 2020. Disponível em: https://www.ibccrim.org.br/noticias/exibir/1052. Acesso em: 07 mar. 2022.

MEDEIROS, Marcelo; RONDON, Gabriela. Aborto é problema de saúde pública. *Brazil LAB Princeton University,* 12 abr 2021. Disponível em: https://pp.nexojornal.com.br/opiniao/2021/Aborto-%C3%A9-problema-de-sa%C3%BAde-p%C3%BAblica. Acesso em: 03 mar. 2022.

MARTA, Gustavo N.; JOB, José, R., P., P. *Aborto: uma questão de saúde pública.* Medicina, Ribeirão Preto, [online], 41 (2), p. 196-199, abr./jun. 2008. Disponível em: https://www.revistas.usp.br/rmrp/article/view/267/268. Acesso em: 05 mar 2022.

MORAIS, Lorena Ribeiro. A legislação sobre aborto e o seu impacto na saúde da mulher. *Senado.* Brasília, v. 6, n.1, maio de 2008. Disponível em: https://www2.senado.

leg.br/bdsf/bitstream/handle/id/131831/legisla%c3%a7%c3%a3o_aborto_impacto.pdf?sequence=6&isAllowed=y. Acesso em: 25 fev. 2022.

ORGANIZACIÓN MUNDIAL DE LA SALUD. *Aborto.* OMS: 25 nov. 2021. Disponível em: https://www.who.int/es/news-room/fact-sheets/detail/abortion. Acesso em: 01 mar. 2022.

ORGANIZAÇÃO MUNDIAL DA SAÚDE. *Abortamento seguro: orientação técnica e de políticas para sistemas de saúde.* 2ª edição, 2013. Disponível em: http://apps.who.int/iris/bitstream/handle/10665/70914/9789248548437_por.pdf;jsessionid=90F588CAB-7216BC6A2E9E8BBEE256DCA?sequence=7. Acesso em: 02 mar. 2022.

PAES, Fabiana Dal'Mas Rocha. Questão do aborto legal precisa ser tratada sob a ótica do direito à saúde. *Consultor Jurídico*, 12 set. 2016. Disponível em: https://www.conjur.com.br/2016-set-12/mp-debate-questao-aborto-tratada-otica-direito-saude#:~:text=A%20Constitui%C3%A7%C3%A3o%20Federal%20de%201998,6%C2%BA%2C%20da%20Constitui%C3%A7%C3%A3o%20Federal%20Brasileira. Acesso em: 28 fev. 2022.

PRADO, Danda. *O que é aborto?* Brasiliense, set. 2017. Disponível em: https://books.google.com.br/books?hl=pt=-BR&lr=&id=PGkvDwAAQBAJ&oi=fnd&pg=P2T&dq-ABORTO&ots=fhjKkgxFsY&sig=M3VhP_B0D6DTaSlhM7lYVxN1ns4#v=onepage&-q=ABORTO&f=false. Acesso em: 27 fev. 2022.

RABELO, Luciana do Amaral; AZAMBUJA, Fernanda Proença de; ARRUDA, Rejane Alves de. *Direito ao aborto no Brasil: a efetividade dos direitos das mulheres no Brasil na jurisprudência do Supremo Tribunal Federal.* Brazilian Journal of Development, Curitiba, v.8, n.1, p. 1902-1920, jan. 2022. Disponível em: https://www.brazilianjournals.com/index.php/BRJD/article/view/42434/pdf. Acesso em: 02 mar. 2022.

SANTOS, Vanessa Cruz *et al.* Aborto no Brasil: impactos da ilegalidade na saúde pública. *Revista Eletrônica Gestão & Saúde*, extra 3, edição especial, p. 1527 - 1544, 2013. Disponível em: https://dialnet.unirioja.es/servlet/articulo?codigo=5557506. Acesso em: 02 mar. 2022.

SARMENTO, Daniel. Legalização do aborto e constituição. *In*: CAVALCANTE, Alcilene; XAVIER, Dulce (Orgs.). *Em defesa da vida: aborto e direitos humanos.* São Paulo: Católicas pelo Direito de Decidir, 2006. Disponível em: http://www.bibliotecadigital.abong.org.br/bitstream/handle/11465/308/CDD-BR_Em_defesa_vida_Aborto_direitos_humanos.pdf?sequence=1&isAllowed=y. Acesso em: 26 fev. 2022.

SUPREMO TRIBUNAL FEDERAL. *ADPF/54.* Brasília, 2012. Disponível em: https://redir.stf.jus.br/paginadorpub/paginador.jsp?docTP=TP&docID=3707334. Acesso em: 28 fev. 2022.

VARELLA, Dráuzio. A questão do aborto - Dr. Drauzio Varella. *Quebrando Tabus,* 28 set. 2011. Disponível em: https://qbrandotabus.wordpress.com/2011/09/28/a-questao-do-aborto-dr-drauzio-varella/. Acesso em: 05 mar. 2022.

VARELLA, Mariana. Aborto: um problema de saúde pública. *DrDrauzio.* Publicado em: 25 set. 2014. Disponível em: https://drauziovarella.uol.com.br/para-as-mulheres/aborto-um-problema-de-saude-publica/. Acesso em 05 mar. 2022.

VIEIRA, Elisabeth Meloni. A questão do aborto no Brasil. *Scielo Brasil,* 2010, p. 103-104. Disponível em: https://www.scielo.br/j/rbgo/a/Mykz5cBDgst5vCbNNfDTjc-C/?lang=pt. Acesso em: 04 mar. 2022

WEBER, Lucas. Saiba em quais casos o aborto é um direito garantido no Brasil. *Brasil de Fato.* Brasil de Fato, 17 ago. 2020. Disponível em: https://www.brasildefato.com.br/2020/08/17/saiba-em-quais-casos-o-aborto-e-um-direito-garantido-no-brasil. Acesso em: 28 fev. 2022.

ABORTO LEGAL E DIREITOS REPRODUTIVOS DURANTE A PANDEMIA DA COVID-19: BREVES REFEXÕES

Mara Dantas Pereira[1]
Míria Dantas Pereira[2]

INTRODUÇÃO

Este capítulo tem como objetivo refletir acerca do aborto legal e direitos reprodutivos durante a pandemia da COVID-19. A motivação para desenvolvimento deste estudo é decorrente do cenário de retrocessos e conservadorismos vivenciados no Brasil. Para tanto, optamos por realizar uma pesquisa de cunho qualitativo e de abordagem descritiva, realizado por meio de uma revisão narrativa da literatura, utilizando produções acadêmicas de circulação nacional e internacional referente a temática deste estudo. Desse modo, esse levantamento bibliográfico foi conduzido através de base de dados científicas, páginas eletrônicas, legislações e documentos oficiais.

O termo aborto é originário do latim *abortus*, advindo de *aboriri* (morrer, perecer), e vem sendo utilizado para designar a interrupção da gravidez antes de seu tempo normal (DINIZ, 2014). Nesse sentido, Ministério da Saúde (BRASIL, 2005) pontua que o aborto é definido como a interrupção da gravidez até a 20ª ou 22ª semana e com produto da concepção pesando menos que 500g. Sendo assim, o aborto é o produto da concepção eliminado no aborto. Ademais, ressalta-se que

---

1 Doutoranda em Psicologia na Universidade Federal da Bahia (UFBA). Mestra em Psicologia pela Universidade Federal de Sergipe (UFS). Pesquisadora do Grupo de Pesquisa Direitos Humanos e Transformação Social da Universidade Federal do Estado do Rio de Janeiro (GPDHTS/UNIRIO-CNPq).

2 Mestranda em Ciências da Saúde pela Universidade Federal de Sergipe (UFS). Farmacêutica pela Universidade Tiradentes (Unit).

tal definição aborda apenas questões médicas, pois, para a conduta subsumir no tipo penal, não se exige que o procedimento seja realizado nessa margem de tempo (BORGES *et al.*, 2021).

Nessa direção, para entender a trajetória do aborto no Brasil, no âmbito jurídico, é pertinente traçar um breve percurso histórico, levantando e discutindo pontos importantes na trajetória. Inicialmente, citamos que em 1940, houve a implementação do Decreto-Lei 2848/40 no Código Penal, e de acordo com o artigo 128 deste documento, não se pune o aborto praticado por médico: I - risco de vida da gestante e II - gravidez resultante de estrupo (BRASIL, 1940). Em seguida, ressaltamos que apenas em 1989 foi aberto o primeiro serviço de aborto legal no país, sendo este o Hospital Municipal Doutor Arthur Ribeiro de Saboya, localizado na cidade de São Paulo/SP. Cabe aqui citar, que o "Serviço de Aborto Legal" é um local de referência para a realização do procedimento de aborto permitido por lei no SUS, que prevê a constituição de uma equipe multidisciplinar constituída por ginecologistas-obstetras, psicólogas(os), assistentes sociais e enfermeiras(os) que atuam no atendimento à violência sexual e também na realização do aborto (BRASIL, 2005). Ademais, é preciso salientar que o aborto legal é precedido a partir do consentimento da gestante ou, quando incapaz, de representante legal (ALMEIDA, 2021).

Posteriormente, em 2011, o abortamento legal se inseriu nas diretrizes das políticas nacionais de saúde, por meio da Política Nacional de Atenção Integral à Saúde da Mulher (PNAISM) ou conhecida pela expressão de políticas feministas do aborto (BRASIL, 2011a). No mesmo ano, aconteceu a I Conferência Nacional de Políticas para Mulheres, tornando-se um grande avanço para o aborto legal no país, visto que a PNAISM busca garantir o direito de acesso universal à assistência humanizada nos casos de abortamento legal ou de complicações decorrentes do aborto inseguro.

Além disso, o documento também trouxe grandes avanços no campo dos direitos sexuais e reprodutivos, especialmente na melhoria da atenção obstétrica, no planejamento familiar, na atenção ao abortamento inseguro e no combate à violência doméstica e sexual. Ademais, consideramos que a PNAISM foi embasada em uma perspectiva de gênero, ao considerar a relação desigual entre mulheres e homens e seus efeitos, a política coloca na pauta a questão do aborto seguro como um dos percursos para a diminuição da morbimortalidade materna por causas preveníveis e evitáveis, como também o estabelecimento da garantia dos direitos humanos no país.

Ainda em 2011, foi lançada a Norma Técnica de Atenção Humanizada ao Abortamento (NTAHA), como esforço para alicerçar as diretrizes da PNAISM, que estabelece o aborto como um grave problema de saúde pública (BRASIL, 2011b), que necessita ser olhado por uma abordagem ética e reflexiva quanto aos seus aspectos jurídicos. Dessa forma, a NTAHA objetiva reforçar as orientações aos profissionais de saúde envolvidos na atenção ao abortamento legal quanto à necessidade de sigilo profissional conforme é garantido pelo Código Penal (BRASIL, 1940), ou seja, é desencorajado denúncias em casos de complicações resultantes do abortamento clandestino. Além disso, este documento postula a necessidade do atendimento humanizado e não moralizante da mulher em situação de abortamento provocado ou que opte pela interrupção legal da gestação, a NTAHA também fornece diretrizes e recomendações para a ação nos casos de aborto, tanto legal quanto ilegal, deixando claro que as mulheres que optam pelo procedimento clandestinamente podem procurar o serviço de saúde em situações de complicação, onde necessitam receber atenção qualificada e humanizada dos profissionais de saúde presentes.

Logo depois, em 2012, o plenário do Supremo Tribunal Federal – STF julgou procedente a ADPF 54 (Arguição de Descumprimento de Preceito Fundamental nº 54) permitindo a realização do aborto de feto anencefálico em face da inviabilidade de vida extrauterina, preservando-se a liberdade de escolha e a própria dignidade da mulher que deseja interromper a gravidez nesta condição (BRASIL, 2012).

No ano de 2020, o surto causado pelo *severe acute respiratory syndrome coronavirus* 2 (SARS-CoV-2), o novo coronavírus, conhecido mundialmente por *Coronavirus Disease* 2019 (COVID-19), causando uma pandemia, que gerou uma série de desafios e impactos aos sistemas de saúde em todo o mundo (PEREIRA *et al.*, 2020). Assim, diante da nova realidade imposta pela COVID-19, as relações sociais sofreram diversas alterações. E não seria diferente em relação aos médicos que realizam o procedimento de aborto legal e as mulheres grávidas (pacientes). Com isso, houve várias recomendações internacionais, como as da Organização Mundial da Saúde – OMS (WHO, 2020) e do Fundo de População das Nações Unidas no Brasil – UNFPA (2020) reforçando a importância de se dar continuidade aos serviços de saúde sexual e reprodutiva nesta situação pandêmica.

Entendendo essa realidade, foi implementada a Lei Nº 13.989, em 15 de abril de 2020, que autoriza o uso da telemedicina durante a pandemia. Dessa maneira, é possível entender que os profissionais que conduzirem o procedimento de aborto legal farmacológico (com o uso do medicamento misoprostol, que é tido como seguro e eficaz) estarão cumprindo com o seu dever de dar prosseguimento aos serviços de saúde sexual e reprodutiva mediante de ações alinhadas ao melhor uso da medicina neste momento, evitando a propagação da COVID-19 e protegendo suas pacientes (BRASIL, 2020). Como delineado pela OMS, que servem de base para o aborto legal e seguro por telemedicina, as quais se pautam pelas melhores práticas e evidências em saúde que asseguram a eficácia e a segurança do aborto farmacológico precoce realizado pela própria mulher em casa ou outro lugar de sua preferência, sob orientação médica (WHO, 2020).

Ao se pensar em aborto, não há como deixar de se referir as mulheres que estão em vulnerabilidade socioeconômica, sendo consideradas mais vulneráveis as jovens e adolescentes que moram em locais periféricos das cidades (QUISPE; TAYPE; VILCAHUAMAN, 2021). Para os autores, estas jovens mulheres não têm o costume de usar preservativos e contraceptivos, tornando a gravidez indesejada e a consequente prática do abortamento ilegal, cada vez mais evidente.

Diante dessa realidade, o aborto é tido como um problema de saúde pública mundial, devido à deficiência na assistência ao grupo de mulheres que vem crescendo, e também ao grande número de óbitos após o abortamento (SEDGH *et al.*, 2016). No Brasil, de acordo com Domingues *et al.* (2020), a referida prática é usada frequentemente, especialmente nas regiões menos desenvolvidas e por mulheres socialmente mais vulneráveis. Uma vez que, elas utilizam de métodos inseguros que ocasionam um número elevado de internações por complicações do aborto.

Mundialmente, a OMS reporta que a cada ano aproximadamente 74 milhões de mulheres têm uma gravidez indesejada e não planejada, que é a causa de 25 milhões de abortos e 47.000 mortes maternas por ano; onde a maioria dos abortos (97%) ocorre nos continentes da África, Ásia e América Latina (WHO, 2017). Já no Brasil, o artigo Pesquisa Nacional de Aborto 2016 produzido por Diniz, Medeiros e Madeiro (2017), evidenciou uma em cada cinco mulheres com menos de quarenta anos já realizou o procedimento. Diante desses dados, Cardoso, Vieira e Saraceni (2020) alertaram que entre 2008 e 2015 acorreram 200,000 internações por ano devido a procedimentos associados ao aborto inseguro. Corroborando, Almeida (2021) afirma que os números de casos de abortos clandestinos, mesmo subnotificados, e de mortes decorrentes das complicações e/ou da ausência de condições mínimas de segurança, apresenta uma escalada progressiva.

Diante desses fatos, Pilecco *et al.* (2021) afirmam que os países de baixa e média renda (*e.g.*, Brasil) merecem atenção especial, pois, além da grande necessidade não atendida de contracepção, têm taxas mais altas de gravidezes indesejadas e abortos em comparação com países de alta renda, apesar de suas leis restritivas ao aborto e os serviços de saúde reprodutiva em países de baixa e média renda já apresentavam problemas funcionais, com as mulheres tendo dificuldade de acesso à contracepção e, especialmente ao aborto legal.

Como anteriormente mencionado, o UNFPA (2020) e a OMS (2020), defendem que a contracepção e o aborto seguro são essenciais durante o período de pandemia. Estas entidades reportam um aumento na busca por informações e na demanda por serviços de aborto após o início da pandemia da COVID-19; contudo, grande parte dessa demanda não foi atendida devido às restrições de acesso a esses serviços. Em consonância, a pandemia vem acentuando os problemas existentes, enfraquecendo a oferta regular de contracepção e dificultando o já restrito acesso ao aborto legal, com consequente aumento de abortos inseguros (GUIJARRO; CABALLERO, 2020).

Tais fatos nos convidam a refletir que historicamente as pandemias produzem crises econômicas e afetam desproporcionalmente as mulheres, especialmente aquelas que já enfrentam barreiras no acesso à saúde. Diante disso, este capítulo traz uma discussão acerca do direito reprodutivo da mulher, que é, por assim dizer polêmico e a legalização do aborto de modo amplo. Para tanto, apresentamos dados de entidades nacionais que debatem sobre a referida temática. Nessa direção, mostrarmos um breve panorama do que tem sido produzido sobre o efeito da pandemia nos serviços de aborto legal, em geral, e, mais especificamente, no Brasil, e em países da América Latina. Ademais, destacamos que todo o conteúdo consultado por nós autoras/pesquisadoras foi descrito de forma crítica-reflexiva ao longo deste texto.

1. CAMINHOS METODOLÓGICOS

Este estudo apoia-se na abordagem descritiva de cunho qualitativo, realizado por meio de uma revisão narrativa da literatura, que se sustenta nos princípios propostos por Gil (2002). Para o autor, uma pesquisa narrativa caracteriza-se por ser desenvolvida a partir de materiais já elaborados, como artigos científicos, páginas eletrônicas, legislações e documentos oficiais ou outros, que constituem as fontes bibliográficas.

Nessa perspectiva, é um tipo de estudo que se realiza exclusivamente embasado em dados secundários, melhor dizendo, são aqueles dados disponíveis que não foram escolhidos em especial particularmente para a nossa pesquisa (PRODANOV; FREITAS, 2013). Posteriormente, para garantir a qualidade do estudo, foram selecionadas bases de dados com confiabilidade científica, elegendo-se: *Scientific Electronic Library Online* (SciELO; https://www.scielo.br/), Literatura Latino-Americana e do Caribe em Ciências da Saúde via Biblioteca Virtual da Saúde - BVS (LILACS; https://lilacs.bvsalud.org/), *US National Library of Medicine* (PubMed; https://pubmed.ncbi.nlm.nih.gov/) e Red de *Revistas Científicas de América Latina y el Caribe, España y Portugal* (Redalyc; https://www.redalyc.org/), utilizando-se as palavras-chave: "Aborto", "Aborto legal", "Coronavirus", "COVID-19" e "Direitos reprodutivos", respectivamente aplicados simultaneamente com o uso dos operadores booleanos "AND" e "OR". Em adição, buscando aumentar o arcabouço teórico da pesquisa, foram analisadas páginas eletrônicas, legislações e documentos oficiais.

Em seguida, utilizaram-se os seguintes critérios de inclusão: produções publicadas nos últimos dez anos; textos completos e disponíveis on-line, em português ou espanhol, ou inglês. Vale ressaltar que se optou em utilizar somente literatura internacional advinda de produções de estudiosos que abordassem sobre a América Latina, visto que estes países enfrentam obstáculos similares ao Brasil, no que concerne o acesso aos serviços de aborto legal, mesmo que haja uma heterogeneidade cultural entre eles. Excluem-se os estudos com temáticas diferentes da proposta. Após a seleção por meio dos passos descritos, foi realizada leitura e avaliação criteriosa de cada publicação. Utilizando-se da leitura interpretativa e crítica, foram analisados cautelosamente cada texto selecionado, e a partir dos dados apresentados e ideais das autoras/pesquisadoras, foi elaborado uma discussão norteada pela problemática apresentada como tema central dessa pesquisa, realizando uma relação entre dados e fatos apresentados por cada um dos autores, visando responder de forma fidedigna o tema aqui proposto. Após a leitura na íntegra dos estudos, a amostra final foi constituída por estudos de estudiosos renomados no campo das investigações sobre aborto legal, tais como: Marco (2012), Morgan e Roberts

(2012), Brown (2014), Bruno (2020), Lenguita (2021), Quispe, Taype e Vilcahuaman (2021), Cardoso *et al.* (2020), Paes *et al.* (2021), Jacobs e Boing (2021), entre outros.

2. RESULTADOS E DISCUSSÃO BASEADA NA PRODUÇÃO CIENTÍFICA NACIONAL E DA AMÉRICA LATINA

O presente capítulo parte de um contexto marcado por um problema de saúde pública, uma vez que o aborto tem elevada incidência no Brasil. Além disso, trata-se de uma temática permeada de tabus, bem como se urge a necessidade de debates, expondo argumentos na defesa da discriminação dessa prática, e também para a sua descriminalização. Vale ressaltar que em alguns países, assim como no Brasil, a prática de abortamento é ilegal, tido como um crime na maioria das situações, sendo ainda um ato cruel com mulheres que estão em vulnerabilidade socioeconômica. Diante do contexto pandêmico, essa repercussão pode ser ainda mais acentuada em países de baixa e média renda, especialmente em países da América Latina, como o Brasil, cujo acesso ao aborto legal normalmente é restrito.

Diante de tais questões, Almeida Junior, Lima e Moraes (2021) declaram que devido ao fato da prática do aborto ser criminalizada, oportuniza a realização dela de modo inseguro, sem uma estrutura adequada para tal prática, resultando em uma assistência precária, por isso, há um número elevado de abortos induzidos no Brasil. Corroborando, Diniz, Medeiros e Madeiro (2017) afirmaram que entre os anos de 2010 a 2014, foram realizados cerca de 25,1 milhões de abortos inseguros em todo o mundo, sendo que 24,3 milhões desses abortos foram notificados em países em desenvolvimento, dentre estes encontra-se o Brasil.

Em âmbito internacional, na história reprodutiva de muitas mulheres acontecem gestações não intencionais, entre 2015 e 2019, estima-se que ocorreram cerca de 120 milhões de gestações não intencionais por ano, das quais 61% terminaram na indução de um aborto (PAES *et al.*, 2021). Os estudiosos ainda destacam que os dois eventos eram mais frequentes nos países em desenvolvimento, principalmente naqueles onde o aborto induzido tem restrições legais. Como também na América Latina, a estimativa foi de 69 gestações não intencionais por mil mulheres de 15-49 anos, resultando em 32 abortos induzidos por mil, ou seja, 47% do total.

Importa relatar que a partir do surgimento do Sistema Único de Saúde (SUS), é dever do Estado garantir o acesso universal e igualitário à saúde nos termos da a Constituição Federal de 1988 [CF/88] (BRASIL, 1988). Entre os serviços de saúde a serem disponibilizados pelo SUS está o aborto nas situações previstas em lei. É importante considerar, ainda, que embora o aborto seja criminalizado no país, ele não é punível em situações específicas. São apresentados no Código Penal como não puníveis os abortos provocados por médico quando não há outra forma de salvar a vida da gestante ou em gestações decorrentes de estupro (BRASIL, 1940), bem como, em casos de gestações de fetos anencéfalos (BRASIL, 2012). Além do mais, Jacobs e Boing (2021) lembram que além destas situações, os abortos podem ser autorizados judicialmente em outros casos excepcionais.

Nesse ponto, é importante recordar que historicamente, as mulheres tiveram seus direitos e liberdades negados no SUS, isto é, o domínio do próprio corpo no que se refere à reprodutividade (RODRIGUES; KAMIMURA; OLIVEIRA, 2021). Isso porque há uma estrutura patriarcalista que se sedimentou ao longo da história em diferentes sociedades brasileiras. Assim também os autores destacam que o patriarcado pode ser conceituado como um sistema de dominação e exploração que oprime as mulheres, o que se estende na relação de trabalho e do corpo, consequentemente, isso implica na produção e reprodução da vida. Ademais, o nosso país, infelizmente, reverbera o patriarcalismo, o racismo e o capitalismo formado por um único sistema que sedimenta as relações sociais de modo incisivo, e nesses contextos, as escolhas das mulheres ficam centradas nesses três pilares.

No que concerne esse contexto durante a pandemia da COVID-19, Silva *et al.* (2021a) reportaram que os direitos das mulheres grávidas devem ser levados em conta, explicando a importância da decisão delas na continuação ou não da gravidez, expondo a real situação da gravidez de risco durante o período pandêmico, prestando os cuidados devidos com proteção da equipe durante o atendimento e o risco de contrair o vírus durante a sua internação, especialmente em casos de aborto legal que necessitam de maior apoio psicossocial por meio da atuação profissional do psicólogo. Nessa lógica, Maia (2021) alerta que vários fatores podem dificultar o acesso ao aborto legal, tanto antes como durante a pandemia; iniciando pela concentração dos serviços de aborto legal majoritariamente em capitais, a persistência de práticas como a exigência de boletim de ocorrência [não prevista na regulamentação brasileira desde a nota técnica publicada em 2005] (BRASIL, 2005), o grande número de mulheres atendidas, mas que não tiveram o procedimento realizado, e pouca demanda de assistência médica disponível para a realização do procedimento, sob alegação de objeção de consciência.

Levando em consideração o exposto, entendemos que a reduzida disponibilidade de serviços de aborto legal se apresenta como o principal obstáculo para o acesso a este procedimento. Ainda com base em Maia (2021) afirmamos que em vários estados brasileiros (*e.g.*, Sergipe), não há nenhum serviço em atividade; e isso implica em graves consequências as mulheres, oportunizando a ocorrência de abortos inseguros, como também se alerta para possível associação da legislação restritiva com o aumento da incidência de suicídios entre jovens mulheres grávidas. Além disso, é preciso não ignorar que na prática médica existem diversos casos de quebram do sigilo na relação médico-paciente, com denúncias às autoridades de mulheres suspeitas de provocar aborto, e também inseguranças na realização de intervenções salvadoras, com atraso na resolução de gestações ectópicas enquanto houver vitalidade fetal (MIKAEL-SILVA; NASCIMENTO, 2021).

Segundo o autor mencionado acima, infelizmente, em casos de gravidez decorrente de estupro, muitas mulheres enfrentam suspeição ao seu relato. Dentre os profissionais que lidam com casos de aborto, os médicos ainda são maioria nas equipes de saúde, sendo eles que ao realizarem o procedimento de aborto em condições legais também podem sofrer discriminação por parte de alguns colegas de profissão. Seja pelo temor de serem tachados por termos pejorativos, como "aborteiro", por crenças pessoais, desconhecimento ou medo, muitos profissionais declaram objeção de consciência ao aborto, se recusando a realizá-lo. Ademais, ressalta-se que estas práticas estão fortemente associadas às percepções, crenças religiosas e representações sociais dos profissionais de saúde sobre o aborto.

Sabemos que em gestação decorrente de estupro, compete a equipe de saúde informar a mulher sobre o direito de interromper a gravidez, identificar seu desejo de fazê-lo e esclarecê-la, quando a decisão é levar a gestação a termo, sobre acompanhamento pré-natal, possibilidade de permanecer com a criança ou entregá-la para adoção, etc. (SILVA *et al.*, 2021b). No entanto, segundo os autores, o médico pode alegar objeção de consciência para se negar a realizar o procedimento, trata-se de dispositivo criado a fim de preservar a integridade do profissional em casos de conflito moral, permitindo-lhe não participar de procedimentos que considere contrários a seus valores. Esse direito, todavia, não é reconhecido quando não há outro médico disponível para realizar o procedimento, ou quando há risco de morte, ou danos à saúde da gestante em decorrência da omissão. Ademais, alerta-se que manter sigilo acerca do aborto induzido é dever ético e legal, não cabendo ao profissional denunciar a paciente às autoridades (WIESE; SALDANHA, 2014).

É impossível falar de acesso ao aborto legal no SUS sem pensar, principalmente, na indisponibilidade de serviços que dependem de maior densidade tecnológica em capitais e regiões metropolitanas, com ênfase às regiões brasileiras Sul e Sudeste, sendo, portanto, mais acessíveis nessas áreas a atenção secundária e terciária do que em outras partes do país, e nelas estão incluídas geralmente o serviço de aborto legal (JACOBS; BOING, 2021). É nesta conjuntura brasileira, que os autores ainda avultam que no nosso país o medicamento mais usado para indução do aborto é misoprostol, sendo este de uso exclusivo das unidades hospitalares; além do método cirúrgico que é aspiração manual intrauterina, também de oferta hospitalar, e curetagem uterina, que pode ter oferecimento ambulatorial.

Nesse momento, menciona-se que na literatura latina no que diz respeito aos direitos humanos e sociais, intende-se os direitos sexuais e reprodutivos como direitos inalienáveis, intransferíveis e indivisíveis que implicam autonomia e a capacidade dos indivíduos de decidir livremente, de modo responsável e prazerosa (BROWN, 2014; LENGUITA, 2021; QUISPE; TAYPE; VILCAHUAMAN, 2021). Estes incluem, direitos associados à segurança na gravidez, parto, puerpério, bem como o acesso à assistência e tratamentos de fertilização assistida, melhor dizendo, aqueles eventos relacionados à reprodução; direitos associados à decisão de ter ou não filhos, de decidir com quem, como e quantos; de ter os meios seguros para executar estas escolhas, que estão ligados à contracepção e ao aborto; e direitos relacionados ao livre exercício da sexualidade sem discriminação, coerção ou violência. Este eixo faz parte de um dos objetivos de desenvolvimento do milênio sobre a redução da mortalidade materna e o acesso a uma cobertura eficiente de saúde; e faz parte do debate sobre o acesso à autonomia e autodeterminação em saúde sexual (aborto legal).

É igualmente importante salientarmos que os direitos sexuais e (não) reprodutivos entram em jogo no campo da saúde pública através da prestação de serviços. É lá que a implementação de acordos jurídico-normativos e político-culturais nas intervenções dos agentes de saúde é feita diariamente, influenciando ou restringindo o acesso e o exercício desses direitos. De acordo com Abramovich (2006), essas ações não são tidas somente como o cumprimento de mandatos morais ou políticos, mas como o modo escolhido para tornar efetivas as obrigações legais imperativas e aplicáveis impostas pelos tratados de direitos humanos.

Adicionalmente, defendemos que a sexualidade, a reprodução e a contracepção devem ser abordadas a partir de uma abordagem de direito, gênero e interseccionalidade tendo como principal pilar a capacidade de decisão e autonomia da mulher no que diz respeito ao seu próprio corpo, tendo o direito ao exercício da saúde sexual livre, responsável e prazerosa, constituem eixos norteadores de abordagem a partir de uma perspectiva mais abrangente, vinculada à autodeterminação sexual e separada da procriação/contracepção; caminhos que se vinculam a uma concepção de cidadania sexual. Para a estudiosa e feminista Graciela Di Marco (2012), é crucial incluir o acompanhamento às práticas de interrupção voluntária da gravidez através da rede entre os profissionais de saúde pelo direito de decidir.

Outras questões que necessitam ser apontadas são as relacionadas à sexualidade e reprodução, que permeiam a vida de todos os indivíduos e são reconhecidas como direitos humanos fundamentais, devendo ser abordadas de forma integral nos serviços de saúde. Dessa forma, é indiscutível, na prática do profissional em todos os níveis de atenção à saúde, a necessidade de elaborar ações no que concerne à assistência ao ciclo gravídico-puerperal e à realização de outras ações de saúde sexual e reprodutiva, como o aconselhamento e dispensação de contraceptivos ou a oferta de testes rápidos para infecções sexualmente transmissíveis no nosso país (PAES *et al.*, 2021).

No cenário pandêmico, segundo Pilecco *et al.* (2021) estima-se que há um declínio de 10% no uso de anticoncepcionais reversíveis de curto e longo prazo nos países da América Latina, resultando em mais 49 milhões de mulheres com demanda não atendida por contracepção e 15 milhões de gestações indesejadas. Esses autores também apontam que 10% das mulheres que tinham direito ao aborto legal e seguro nesses países deixaram de acessar esses serviços e recorreram ao aborto inseguro, haveria mais 3,3 milhões de abortos inseguros. Sobre a América Latina, o UNFPA (2020) prevê que 18 milhões de mulheres perderão acesso regular a anticoncepcionais modernos durante o período pandêmico. Quando permitido por lei, a obtenção do procedimento pode ser difícil devido ao pequeno número de serviços disponíveis, às constantes ameaças de interrupção do serviço e até mesmo objeção consciente ou desconfiança por parte dos profissionais de saúde.

Nesse capítulo, destaca-se que apesar da ampla heterogeneidade, os países da América Latina compartilham de uma ambiguidade comum em torno das intervenções no processo reprodutivo (MORGAN; ROBERTS, 2012; FEDERICI, 2013). Os sistemas de valores hegemônicos nestes países estão baseados no patriarcalismo religioso, com uma posição marcadamente conservadora sobre o aborto, colaborando para a ampliação das desigualdades socioeconômicas de gênero (SINGER, 2018). Apesar de os serviços de saúde sexual e reprodutiva frequentemente ser precários, oferecendo uma oferta irregular e limitada de métodos contraceptivos, a recente redução da fertilidade no continente da América Latina se deve muito ao uso ampliado da contracepção (SCHNABEL, 2016). O aborto, embora ilegal na grande maioria dos países, é vastamente praticado. Tendo em vista esse cenário, a pandemia da COVID-19 pode intensificar estes problemas, reduzindo a oferecimento regular de contraceptivos e dificultando o já restrito acesso ao aborto legal, tendo como principal consequência o aumento de abortos inseguros em vários países da América Latina, o que provavelmente atingiu o contexto da América do Sul, tendo o Brasil fazendo parte desta realidade (BRUNO, 2020).

Por sua vez, Silva *et al.* (2021b) fazem um alerta para a assistência de mulheres que necessitam realizar um aborto legal, uma discussão em que a participação da atenção primária à saúde ainda é pouco explorada em território brasileiro, e negligenciado tanto nas políticas públicas quanto no debate acadêmico, por exemplo, da área da medicina e da enfermagem. Trazendo estas questões no cenário pandêmico, cita-se que a OMS recomendou para o aborto legal e seguro o uso de telessaúde, as quais se pautam pelas melhores práticas e evidências científicas da área da saúde que garantem a sua eficiência e segurança do uso do método aborto farmacológico precoce realizado pela própria mulher em casa ou outro lugar de sua preferência, sob acompanhamento e orientação médica (WHO, 2020). Para tanto, os medicamentos mifepristone e misoprostol são recebidos em casa para que a mulher possa deles fazer uso (ASSIS; LARREA, 2020).

Ainda de acordo com a OMS, é lícito, recomendado e desejável que o aborto legal possa ser executado por intermédio do acompanhamento em telessaúde, sem exigência de que a mulher compareça ao hospital, sempre que possível, e sem a necessidade de internação (WHO, 2020). Enfatiza a entidade, ainda, que essa recomendação está apoiada não só pelas normativas que autorizam a flexibilização do atendimento de saúde em momento de emergência sanitária em decorrência da COVID-19, bem como pelas evidências cientificas de que a internação não é, em regra, necessária nem a melhor prática para muitos casos de aborto legal.

Por conseguinte, no cenário pós-pandemia, recomendamos que o aborto legal seja ofertado em serviços facilmente acessíveis e disponíveis, integrados ao sistema de saúde, e sublinha o papel da Atenção Primária a Saúde (APS) para este fim, considerando a segurança, conveniência e os custos reduzidos dos serviços ambulatoriais brasileiros. Para construir essa afirmação nos ancoramos em estudiosos argentinos, como Crosetto, Bilavcik e Maria (2021), que afirmam a necessidade dos serviços hospitalares, ser reservados para gestações com maior tempo de evolução e para o tratamento de complicações decorrentes do abortamento. Em suma, o acesso ao aborto legal só poderá ser garantido de maneira efetiva se houver centros de atenção e profissionais capacitados suficientes para a prestação de tal serviço (LENGUITA, 2020).

3. CONSIDERAÇÕES FINAIS

A partir deste capítulo, observou-se que a crise de cuidados em casos de aborto legal durante o período pandêmico, trouxe o paroxismo como uma oportunidade para realizar alterações em uma perspectiva humanizada e de gênero. Sobre isso, é preciso salutar que por mais paradoxal que possa parecer esses novos tempos, a pandemia revelou que as práticas essenciais de atendimento digno à saúde da mulher gravidas eram desvalorizadas fora do momento de crise. Assim, percebemos que o trabalho dos profissionais de saúde de cuidar e salvar vidas, é subvalorizado, e até mesmo negado diante dos obstáculos enfrentados para suas atuações no SUS. E, esta subvalorização, revelada na negação do oferecimento de serviços de aborto legal, é o produto de uma narrativa patriarcal, que inverte a prioridade e o essencial para os direitos sexuais e reprodutivos das mulheres.

Portanto, consideramos que a pandemia da COVID-19 se espalhou ao redor do mundo, e nos mostrou uma oportunidade de adotar a alternativa de valorização da mulher gestante, que ressignifica tudo no que diz respeito ao seu acesso aos serviços de aborto legal. Nessa direção, esperançamos que superaremos esta crise de cuidados levando na bagagem importantes lições da pandemia, como dar prioridade para promoção de um futuro mais justo e igualitário para todas nós mulheres brasileiras.

REFERÊNCIAS BIBLIOGRÁFICAS

ABRAMOVICH, Victor. *Una aproximación al enfoque de derechos en las estrategias y políticas de desarrollo*. CEPAL. 2006. Disponível em: https://www.cepal.org/es/publicaciones/11102-aproximacion-al-enfoque-derechos-estrategias-politicas-desarrollo. Acesso em: 23 fev. 2022.

ALMEIDA, Miléia Santos. *Ciências Sociais Unisinos*, v. 57, n. 2, p. 199–213, 2021.

ALMEIDA JUNIOR, Roberto Silva; LIMA, Isabel Souza; MORAES, Jorge Sidney Pinheiro. Aborto legal: uma revisão da perspectiva clínica e Jurídica no contexto da medicina. *Revista Eletrônica Acervo Saúde*, v. 13, n. 11, p. 1-11, 2021.

ASSIS, Mariana Prandini; LARREA, Sara. Why self-managed abortion is so much more than a provisional solution for times of pandemic. *Sexual and Reproductive Health Matters*, v. 28, n. 1, p. 1-4, 2020.

BORGES, Rachel Soares et al. Religião e aborto: manutenção da criminalização do aborto e a predominância do cristianismo no Brasil. *Brazilian Journal of Development*, v. 7, n. 12, p. 112726–112753, 2021.

BRASIL. (1940). *Código Penal*. 5.ed. São Paulo: Saraiva, 2020.

BRASIL. [Constituição (1988)]. *Constituição da República Federativa do Brasil de 1988*. Brasília, DF: Presidência da República, 1988. Disponível em: http://www.planalto. gov.br/ccivil_03/constituicao/constituicao.htm. Acesso em: 22 fev. 2022.

BRASIL. Ministério da Saúde. *Portaria Nº 1.508, de 1º de setembro de 2005*. Dispõe sobre o procedimento de justificação e autorização da interrupção da gravidez nos casos previstos em lei, no âmbito do Sistema Único de Saúde-SUS. 2005. Disponível em: https://bvsms.saude.gov.br/bvs/saudelegis/gm/2005/prt1508_01_09_2005. html. Acesso em: 18 fev. 2022.

BRASIL. Ministério da Saúde. *"Prevenção e tratamento dos agravos resultantes da violência sexual contra mulheres e adolescentes"*. Brasília: Ministério da Saúde. 68p. 2005. Disponível em: https://bvsms.saude.gov.br/bvs/publicacoes/prevencao_agravo_violencia_sexual_mulheres_3ed.pdf. Acesso em: 18 fev. 2022.

BRASIL. Ministério da Saúde. Secretaria de Atenção à Saúde. Departamento de Ações Programáticas Estratégicas. *Política Nacional de Atenção Integral à Saúde da Mulher*: princípios e diretrizes. Brasília: Ministério da Saúde, 2011a. Disponível em: https://conselho. saude.gov.br/ultimas_noticias/2007/politica_mulher.pdf. Acesso em: 23 fev. 2022.

BRASIL. Ministério da Saúde. Secretaria de Atenção à Saúde. Departamento de Ações Programáticas Estratégicas. *Atenção humanizada ao abortamento*: norma técnica. Brasília: Ministério da Saúde, 2011b. Disponível em: https://bvsms.saude.gov.br/bvs/publicacoes/ atencao_humanizada_abortamento_norma_tecnica_2ed.pdf. Acesso em: 23 fev. 2022.

BRASIL, Supremo Tribunal Federal. *Arguição de Descumprimento de Preceito Fundamental 54*. Questão de Ordem. Voto Vista: Ministro Marco Aurélio, 12 de abril de 2012. Disponível em: https://redir.stf.jus.br/paginadorpub/paginador.jsp?docTP=-TP&docID=3707334. Acesso em: 18 fev. 2022.

BRASIL. *Lei nº 13.989, de 15 de abril de 2020*. Dispõe sobre o uso da telemedicina durante a crise causada pelo coronavírus (SARS-CoV-2). Diário Oficial da União, Brasília, DF, 2020. Disponível em: http://www.planalto.gov.br/ccivil_03/_ato2019-2022/2020/lei/L13989.htm#view. Acesso em: 19 fev. 2022.

BROWN, J. *Mujeres y ciudadanía en Argentina. Debates teóricos y políticos sobre derechos reproductivos y sexuales (1990-2006)*. Editorial Teseo, Buenos Aire, 2014.

BRUNO, Maria Martha. *Como vão os direitos reprodutivos na América Latina durante a pandemia do coronavírus. Gênero e Número*. 2020. Disponível em: https://www.generonumero.media/como-estao-os-direitos-reprodutivos-na-america-latina-em--tempos-de-coronavirus/. Acesso em: 23 fev. 2022.

CARDOSO, Bruno Baptista; VIEIRA, Fernanda Morena dos Santos Barbeiro; SARACENI, Valeria. Aborto no Brasil: o que dizem os dados oficiais? *Cadernos de Saúde Pública*, v. 36, n. Suppl 1, p. 1–13, 2020.

CROSETTO, Rossana; BILAVCIK, Claudia; MARIA, M. Ana Maria. *Atención Primaria de la Salud en pandemia*: los derechos sexuales y reproductivos también son prioridad. Primer Congreso Latinoamericano de Trabajo Social de la UNVM. VII Jornadas Regionales de Trabajo Soc. IAPCS -UNVM, Villa María, 2021. Disponível em: https://www.aacademica.org/primer.congreso.latinoamericano.de.trabajo.social.de.la.unvm.vii.jornadas.regionales.de.trabajo.soc/7. Acesso em: 22 fev. 2022.

DINIZ, M. H. *O estado atual do biodireito*, 9. ed. São Paulo: Saraiva, 2014.

DINIZ, Debora; MEDEIROS, Marcelo; MADEIRO, Alberto. Pesquisa Nacional de Aborto 2016. *Ciência & Saúde Coletiva*, v. 22, n. 2, p. 653–660, 2017.

DOMINGUES, Rosa Maria Soares Madeira *et al*. Aborto inseguro no Brasil: revisão sistemática da produção científica, 2008-2018. *Cadernos de Saúde Pública*, v. 36, n. Suppl 1, p. 1–40, 10 fev. 2020.

FEDERICI, Silvia. *El feminismo y las políticas de lo común en una era de acumulación primitiva. Revolución en punto cero. Trabajo doméstico, reproducción y luchas feministas*. Editorial Traficantes de sueños. España, 2013.

FUNDO DE POPULAÇÃO DAS NAÇÕES UNIDAS NO BRASIL. UNFPA. *Teleconsulta pode auxiliar mulheres no acesso à saúde sexual e reprodutiva durante a pandemia*. 2020. Disponível em: https://nacoesunidas. org/teleconsulta-pode-auxiliar-mulheres-no--acesso-a-saude-sexual-e-reprodutiva-durante-pandemia/. Acesso em: 19 fev. 2022.

GIL, Antônio Carlos. *Como elaborar projetos de pesquisa*. São Paulo: Atlas, 2002.

GUIJARRO, Ester Massó; CABALLERO, Rosana Triviño. Parto y aborto en tiempos de coronavirus: el impacto de la pandemia en los derechos sexuales y reproductivos. *An International Journal of Theoretical and Practical Reason*, v. 65, n. 1, p. 117-130, 2020.

JACOBS, Marina Gasino; BOING, Alexandra Crispim. O que os dados nacionais indicam sobre a oferta e a realização de aborto previsto em lei no Brasil em 2019? *Cadernos de Saúde Pública*, v. 37, n. 12, p. 1-13, 2021.

LENGUITA, Paula Andrea. Cuidado et travail reproductif en Argentine. Dossier: Iné-galités renforcées, précarité amplifiée. Sous la pandémie, le patriarcat. *Revue Contretemps*, 2020. Disponível em: https://www.contretemps.eu/author/paula-lenguita/. Acesso em: 19 fev. 2022.

LENGUITA, Paula Andrea. Luchas feministas, cuidados y comunidad en la post-pandemia. *Telos: Revista de Estudios Interdisciplinarios en Ciencias Sociales*, v. 23, n. 1, p. 141- 149, 2021.

MAIA, Melanie Noël. Oferta de aborto legal na atenção primária à saúde: uma chamada para ação. *Revista Brasileira de Medicina de Família e Comunidade*, v. 16, n. 43, p. 2727–2727, 2021.

MARCO, Graciela Di. Las demandas en torno a la Ciudadanía Sexual en Argentina. *SER Social*, v. 14, n. 30, p. 210–243, 2012.

MIKAEL-SILVA, Thiago; NASCIMENTO, Adriano Roberto Afonso do. Representações sociais de aborto para ginecologistas e obstetras da Região Metropolitana de Belo Horizonte, Minas Gerais, Brasil. *Ciência & Saúde Coletiva*, v. 26, n. 8, p. 3345–3357, 2021.

MORGAN, Lyn; ROBERTS, Elizabeth. Reproductive governance in Latin America. *Anthropology & Medicine*, v. 19, n. 2, p. 241–254, 2012.

PAES, Stéphanie Chaves et al. Aborto inseguro no Estado do Rio de Janeiro, Brasil: magnitude e evolução de 2008 a 2017. *Cad. Saúde Pública (Online)*, v. 37, n. 10, p. 1-12, 2021.

PEREIRA, Mara Dantas *et al*. A pandemia de COVID-19, o isolamento social, consequências na saúde mental e estratégias de enfrentamento: uma revisão integrativa. *Research, Society and Development*, v. 9, n. 7, p. 1–31, 2020.

PILECCO, Flávia Bulegon et al. Abortion and the COVID-19 pandemic: insights for Latin America. *Cadernos de Saúde Pública*, v. 37, n. 6, p. 1-16, 2021.

PRODANOV, Cleber Cristiano. FREITAS, Ernani Cesar. *Metodologia do trabalho científico*: métodos e técnicas de pesquisa e do trabalho acadêmico. 2 ed. Novo Hamburgo: Feevale, 2013.

QUISPE, Richard Mallcco; TAYPE, Xiomara Alena Gamara; VILCAHUAMAN, Jenny Mendoza. Incidencia de aborto en tiempos de COVID-19 en el Hospital de Lircay II-1, marzo 2020 a febrero 2021. *Llamkasun*, v. 2, n. 3, p. 105–115, 2021.

RODRIGUES, Tenner Aires; KAMIMURA, Quésia Postigo; OLIVEIRA, Adriana Leônidas de. Legalização do aborto no Brasil: pleno exercício dos direitos humanos da mulher – impacto no desenvolvimento regional. *Brazilian Journal of Development*, v. 7, n. 3, p. 31414–31437, 2021.

SCHNABEL, Landon. Religion and Gender Equality Worldwide: A Country-Level Analysis. *Social Indicators Research*, v. 129, n. 2, p. 893–907, 2016.

SEDGH, Gilda *et al*. Insights from an expert group meeting on the definition and measurement of unsafe abortion. *International Journal of Gynaecology and Obstetrics*, v. 134, n. 1, p. 104-106, 2016.

SILVA, Ana Patrícia da Costa *et al*. Gravidez e aborto durante a pandemia do novo coronavírus: revisão integrativa de literatura. *Revista de Casos e Consultoria*, v. 12, n. 1, p. 1-15, 2021a.

SILVA, Maura Carolina Belomé *et al*. Análise dos registros de atendimentos de mulheres que realizaram aborto previsto em lei em Porto Alegre, Rio Grande do Sul, Brasil. *Cadernos de Saúde Pública*, v. 37, n. 1, p. 1-13, 2021b.

SINGER, Elyse Ona. Lawful Sinners: Reproductive Governance and Moral Agency Around Abortion in Mexico. *Culture, medicine and psychiatry*, v. 42, n. 1, p. 11–31, 2018.

WIESE, Iria Raquel Borges; SALDANHA, Ana Alayde Werba. Aborto induzido na interface da saúde e do direito. *Saúde e Sociedade*, v. 23, n. 2, p. 536–547, 2014.

WORLD HEALTH ORGANIZATION. WHO. *En todo el mundo se producen aproximadamente 25 millones de abortos peligrosos al año*. Geneva: WHO, 2017. Disponível em: https://www.who.int/es/news/item/2 8-09-2017-worldwide-an-estimated25-million-unsafe-abortions-occureach-year. Acesso em: 22 fev. 2022.

WORLD HEALTH ORGANIZATION. WHO. *Maintaining essential health services:* Operational guidance for the COVID-19 context. Interim guidance. Geneva: WHO, 2020. Disponível em: https://www.who.int/publications/i/item/WHO-2019-nCoV-essential_health_services-2020.2. Acesso em: 23 fev. 2022.

BRANCAS PAGAM, PRETAS MORREM: RACIALIZANDO O DEBATE DO ABORTO

Beatriz de Barros Souza[1]
Yvie C. S. Silva dos Santos[2]
Clícia Carolaine de Jesus Alves[3]

INTRODUÇÃO

No começo do século XXI, o Ministério da Saúde notou a inexistência de indicadores de desigualdade social que analisassem como os fatores de raça, classe social, faixa etária e deficiência, entre outros, atuam na decisão pela interrupção de uma gravidez (BRASIL, 2009). Na mesma pesquisa, o Ministério da Saúde afirmava que "o aborto é uma questão de saúde pública", que deve ser tratada pelos órgãos públicos "com seriedade", o que "significa entendê-lo como uma questão de cuidados em saúde e direitos humanos, e não como um ato de infração moral de mulheres levianas" (BRASIL, 2009. p. 12).

Atualmente, com a crescente racialização do debate sobre a descriminalização do aborto em diversas áreas do conhecimento, a presente revisão de literatura tem o objetivo de entender as relações patriarcais que atravessam a pauta, buscando identificar as contribuições de re-

---

1 Doutora em Psicologia (2022), Mestra em Direitos Humanos (USP, 2017) e Bacharela em Relações Internacionais (PUC-SP, 2011), atua como Professora colaboradora no Mestrado em Políticas Públicas da Escola Superior de Ciências da Santa Casa de Misericórdia de Vitória (Emescam).

2 Pós-graduanda em Estratégia da Saúde da Família. Bacharela em Serviço Social. Estudante no Grupo de Estudos sobre aborto (GEA) UFES e participa da Rede de Assistentes Sociais Pelo Direito de Decidir. Atua como Assistente Social na Organização Feminista Tamo Juntas. Pesquisa interseccionalidade, saúde da mulher, aborto e sexualidades.

3 Assistente social da 5ª Região/BA e Mestranda em Serviço Social – UFBA.

sistência sob uma perspectiva interseccional. De acordo com Goes e Nascimento (2013), a criminalização do aborto tem ligações umbilicais com o capitalismo e o patriarcado, visto que o aparelho uterino serve para produzir e reproduzir força de trabalho e sua proibição não propicia condições de saúde integral e nem atendimento humanizado a quem aborta. Isso faz com que mulheres pobres e negras, habitantes de países periféricos, como o Brasil, assumam o risco de passar por um abortamento ilegal, podendo vir a sofrer sequelas morais, de saúde e econômicas (CISNE; OLIVEIRA; CASTRO, 2018).

Segundo a literatura mais ampla, o capitalismo e o patriarcado são duas faces de um mesmo modo de produzir e reproduzir, que estruturam a sociedade heteropatriarcal em que vivemos e engendram diversas opressões, como a materialização do sistema reprodutivo das mulheres (SAFIOTTI, 2011). Nessa sociedade, aos homens é reservado o espaço de privilégio e liberdade sexual, e às mulheres por sua vez, é reservada a condição doméstica, do cuidado, da maternagem e da reprodução (HOMEM; CALLIGARIS, 2019).

Recentemente, a luta pela descriminalização do aborto ganhou notoriedade brasileira, em especial, após a discussão dessa temática pelo Congresso Nacional – Câmara dos Deputados –, que sustou os efeitos da portaria nº 2.282, de 27 de agosto de 2020, em que inviabiliza o atendimento das mulheres e meninas vítimas de violência sexual nos serviços de saúde (BRASIL, 2020).

Levantar a discussão sobre a descriminalização do aborto nos serviços públicos de saúde é de suma importância, visto que, na presente revisão bibliográfica, foi possível notar certo ranço conservador (YAZBEK, 2009) em algumas práticas profissionais, principalmente ao deparar-se em algumas temáticas como a descriminalização do aborto (DAMIÃO, 2018).

No percurso metodológico nesta pesquisa, buscamos identificar as relações de poder que fundamentam a criminalização do aborto, a partir das contribuições feministas marxistas e interseccionais, fazendo um recorte de raça e classe de modo a compreender a quem essa criminalização mais atinge. Para tanto, pretende-se contextualizar o abortamento e o papel da mulher na sociedade de classe, racista e heteropatriarcal.

A primeira seção do presente trabalho, portanto, discute o tema: "Direitos Reprodutivos e Racismo: Epistemologias Críticas das Desigualdades no Brasil", no qual veremos os principais aportes da literatura em dois eixos: "Contribuições marxistas" e "Contribuições Intersecionais". A partir destas relações, a segunda seção aborda o "Aborto e o Protagonismo das Mulheres negras no Brasil". A terceira, "Racializando a descriminalização do aborto no Brasil", trará um pouco sobre a pauta na formação de agentes para atuar nos serviços públicos de atenção ao abortamento legal. Em seguida, partiremos para as Considerações Finais.

1. DIREITOS REPRODUTIVOS E RACISMO: EPISTEMOLOGIAS CRÍTICAS DAS DESIGUALDADES NO BRASIL

Nesta seção, buscamos analisar as opressões vivenciadas historicamente pelas mulheres pobres e negras no atual contexto de desigualdades sociais, marcadas também pelo sistema capitalista-patriarcal-racista, "sofrendo privações e violações, desde a dificuldade de inserção no mundo do trabalho, em decorrência da divisão sexual e racial do trabalho, até o seu direito subjetivo à maternidade" (CISNE; OLIVEIRA; CARLOTO, 2018, p. 457). Para esta análise, além da epistemologia marxista, trazemos ainda os aportes da interseccionalidade para melhor racializar o debate sobre a prática, com foco no Brasil, em duas partes nesta seção.

1.1. CONTRIBUIÇÕES MARXISTAS

As contribuições marxistas ao debate sobre os direitos reprodutivos no Brasil partem da premissa de que as relações sociais de sexo, raça e etnia precisam ser analisadas à luz dos conflitos e antagonismos de classe social. Segundo Saffioti (2004, p. 125 apud CISNE, 2018, p. 221-222), essas relações não são separadas entre si, mas sim enoveladas de modo que se tornam "consubstanciais" (mesma natureza) e "coextensivas" (mesmo valor). Nesse sentido, a consubstancialidade e a coextensividade nos oferece condição de analisar criticamente os dados da prática do aborto, cuja criminalização reforça as desigualdades sociais de sexo, raça/etnia e classe.

Segundo o materialismo histórico-dialético, portanto, é preciso analisar: "(...) em uma perspectiva de totalidade, que as relações sociais de sexo (incluindo sexualidade) e as étnico-raciais conformam as classes sociais" (CISNE; SANTOS, 2018, p. 75). Em outras palavras, à luz da totalidade social, urge analisar do aborto sob um olhar mais aprofundado das desigualdades sociais que permeiam a América Latina.

Em nossos contextos, as questões de sexo, raça/etnia, consubstanciais às de classe, agravam a discriminação social. Importa salientar o quanto os itinerários abortivos indicam disparidades socioculturais de destinos, sendo essencial a compressão das consequências que a criminalização do aborto ocasiona para as camadas mais vulneráveis e marginalizadas da sociedade (CASTRO, 2016). Nesse sentido, no entender de "totalidade social" da dialética marxista, as desigualdades de classe, sexo, raça/etnia também são visíveis ao analisarmos a realidade do aborto inseguro no país e no mundo, uma vez que:

> As desigualdades operadas pelo sistema do capital a nível internacional e as apropriações que ele faz do patriarcado e do racismo são expressas na vida sexual e reprodutiva das mulheres, aprofundando a dimensão da opressão e da exploração sobre elas (CASTRO, 2016, p. 89).

Para isso, todavia, será necessário superar o "sistema patriarcal-racista-capitalista para a garantia da emancipação humana" (CISNE; OLIVEIRA; CASTRO, 2018, p. 459). Cisne (2018) apresenta sua análise à luz do feminismo fundamentada na teoria revolucionária marxista, que possui em comum a luta pela liberdade, pensando a totalidade das relações sociais, com a finalidade de uma ação coletiva em torno de um projeto societário de classes.

Pensar teoricamente sobre as questões de opressão de gênero, raça, classe, sexualidade e a sua relação com o sistema capitalista, a partir da teoria da totalidade de Marx e de uma teoria feminista marxista, interessa à sociedade atual porque a forma como um problema é enquadrado e pensado determina a sua solução. Dessa forma, o problema que a teoria da *reprodução social*[4] coloca é bem parecido com o de outras tradições do feminismo, como o feminismo negro, que é estabelecer uma alternativa viável a totalidade das relações de desigualdade que compõe o sistema capitalista (FONSECA, 2019).

---

4 De acordo com Fonseca (2019, p. xx): "Na tradição feminista marxista Reprodução social significa a manutenção e a reprodução da vida em nível diário e emocional, ou seja, a forma na qual o trabalho físico, emocional e invental é necessário para a produção da população socialmente organizada. É comum na teoria feminista marxista utilizar o termo reprodução societal, quando quer se referir a reprodução social como um todo".

Nesse sentido, a perspectiva do materialismo histórico-dialético possibilita intervir para a organização e a atuação feminista, classista e antirracista, e assim, propõe o esclarecimento e expõe as bases concretas estruturantes das explorações e opressões na emergência e desenvolvimento do modo de produção patriarcal-racista-capitalista. Dessa forma, a teoria marxista "possibilita um entendimento da condição da mulher no capitalismo, bem como aponta para a sua necessária participação política como integrante da classe trabalhadora na construção de um projeto societário emancipador" (CISNE, 2018, p. 214).

À luz do marxismo, é preciso compreender como o capital, o trabalho e alienação, a divisão social, sexual e racial do trabalho dialogam e imbricam as desigualdades e opressões vividas pelas mulheres, pois: "Trata-se de analisar como as mulheres sofrem uma exploração particular, ainda mais intensa do que a dos homens da classe trabalhadora, e que isso atende diretamente aos interesses dominantes" (CISNE, 2018, p. 224). Analisando criticamente essas divisões, é possível entender que o capitalismo universaliza as desigualdades de gênero, raça e sexualidade. De fato:

> Não foi tratando a questão do aborto […] que o movimento feminista começou. Foi a partir da tomada de consciência de uma opressão específica: tornou-se coletivamente "evidente" que uma enorme massa de trabalho era realizada gratuitamente pelas mulheres, que este trabalho era invisível, que era feito não para si, mas para os outros e sempre em nome da natureza, do amor e do dever maternal (KERGOAT, 2003, p. 2).

Segundo Saffioti (2011), o regime capitalista é determinante na vida social da mulher, uma vez que os princípios norteadores da divisão social do trabalho no sistema capitalista destinam às mulheres a esfera de trabalho reprodutiva, da submissão e subordinação em relação aos homens. Assim, a autora entende que a emancipação e libertação feminina está intrinsecamente ligada à superação do capital, e percebe a maternidade como trabalho marginalizado da mulher que socialmente é imposto pelas leis que regem a produção, a fim de manter a estrutura desigual de classes. Nesse sentido, a emancipação e libertação das mulheres estariam, ainda, associadas à superação do capital, pois "o feminismo não deve ser um movimento que luta restritamente pelas questões individuais das mulheres, ainda que tais questões sejam incontestavelmente importantes e indispensáveis" (CISNE, 2018, p. 220).

Portanto, a emancipação das mulheres encontra um limite estrutural no fundamento do feminismo marxista: a superação do sistema capitalista. Por sua vez: "o feminismo contribui de forma significativa para a compreensão das relações sociais, incluindo o desvelar crítico da divisão social do trabalho que é atravessada pelas relações sociais de sexo e raça, assim como as próprias classes sociais também o são" (CISNE, 2018, p. 221).

1.2. CONTRIBUIÇÕES INTERSECCIONAIS

A interseccionalidade trata de como ações políticas, no cruzamento da associação de sistemas múltiplos de subordinação geram opressões, sendo descrita como buscando capturar em várias formas as consequências estruturais de dinâmicas da interação entre dois ou mais eixos de subordinação (GOES, 2019). Segundo Akotirene (2019, p. 24) seria o método que permite "às feministas criticidade política a fim de compreenderem a fluidez das identidades subalternas impostas a preconceitos, subordinações de gênero, de classe e raça e às opressões estruturantes da matriz colonial moderna da qual saem". No Brasil, muitas feministas negras:

> [...] aplicam a interseccionalidade denunciando a ausência das mulheres negras nas agendas políticas do movimento de mulheres e do movimento negro e além de evidenciar que as mulheres negras estão sempre em situação de desvantagem quando comparadas às mulheres brancas e aos homens negros e brancos, tais situações eram descritas como múltiplas discriminações, dupla discriminação, tripla discriminação, mosaicos, e agora definimos o tal fenômeno como interseccionalidade (GOES, 2019, p. 1).

A compreensão do termo interseccionalidade, dessa forma, se dá ao analisarmos as desigualdades sociais que resultam de processos sociais, demográficos, econômicos, culturais e políticos em contextos sociais e historicamente definidos (GOES; NASCIMENTO, 2013). Assim: "As desigualdades no Brasil se refletem na busca por atenção pelas mulheres em situação de abortamento, as quais percorrem caminhos afetados por barreiras individuais, sociais e estruturais, expondo-as a situações de vulnerabilidades" (GOES *et al,* 2020, p. 2), o que prejudica o acesso a direitos fundamentais. As desigualdades raciais brasileiras, portanto:

> [...], estruturadas pelo racismo institucionalizado, impactam o acesso aos bens e serviços, tratando as pessoas de forma desigual por causa da sua raça/cor/etnia ou religião. Fruto da colonização, o racismo é reconhecido como princípio ativo desse processo, pois, desde o século XVI, as desigualdades impostas pelo regime escravagista do Brasil se mantiveram com o desenvolvimento de um sistema fundamentado no capitalismo, que con-

servou o racismo como legitimador da exclusão social (GOES; NASCIMENTO, 2013, p. 572).

Dessa forma, um dos aspectos que impulsionam a desigualdade/discriminação social no Brasil é o racismo, que difere ainda entre homens e mulheres (GOES, 2019), reforçando a necessidade de uma abordagem interseccional das trajetórias das mulheres negras. Assim:

> A interseccionalidade é uma ferramenta teórica e metodológica que estilhaça o espelho da mulher universal, transformando em prismas de mulheres no universo, que [...] permite que todas as mulheres, qualquer mulher, sejam vistas diante do reflexo. Pela lente da interseccionalidade, termo cunhado por feministas negras, ninguém fica de fora (GOES, 2019, p. 5).

Nesta abordagem, haveria ainda:

> [...] um entrelaçamento de várias estruturas de opressão e desigualdades, sendo que raça e gênero são os principais fatores responsáveis que conduzem às diferenças de classe; por isso que as intervenções políticas e sociais para as mulheres negras devem ter como base as suas intersecções. Visto que, todas as opressões se articularão ao mesmo tempo, em um só corpo (negro feminino), se intercruzando, interseccionando e determinando as condições de vida, sua oportunidade de escolarização, de ascensão no mercado de trabalho, o acesso a melhores empregos e renda, ao ensino superior e aos serviços de saúde (GOES, 2019, p. 4-5).

O racismo institucional, também presente nos serviços de saúde, representaria, além do mais: "o fracasso das instituições e organizações em prover um serviço profissional e adequado às pessoas em virtude de sua cor, cultura, origem racial ou étnica" (GOES; NASCIMENTO, 2013, p. 572). Essa discriminação institucional é manifesta no cotidiano social, uma vez que, onde quer que esteja: "(...), o racismo institucional sempre coloca pessoas de grupos raciais ou étnicos discriminados em situação de desvantagem no acesso a benefícios gerados pelo Estado e por demais instituições e organizações" (CRI, 2006, p. 22, *apud* GOES; NASCIMENTO, 2018, p. 572). Para a população negra brasileira, dessa forma:

> [...], as vulnerabilidades estão estruturalmente vinculadas ao racismo, que atua na sua produção, determinando piores indicadores sociais e de saúde, configurando um cenário de iniquidades. As mulheres negras são as mais vulneráveis nessa sociedade, já que experimentam desigualdades de raça, gênero e classe, quando comparadas às mulheres brancas e aos homens negros e brancos. São elas que apresentam desvantagens de escolaridade e renda, vivem em condições de moradia mais precária e, ao mesmo tempo, têm mais filhos, menos parceiros fixos e são mais frequentemente as

principais responsáveis pela família. *Sua extrema vulnerabilidade social certamente tem impactos sobre a saúde e o acesso aos serviços* (GOES *et al,* 2020, p 2, grifo nosso).

Compreendemos, pois, que os fatores relacionados à discriminação e desigualdade enovelam as questões de gênero e raça, formando linhas que se cruzam e hierarquizam os serviços de saúde através das diferentes características individuais, sendo que: "o racismo determina as condições de acesso das mulheres negras, como se pode depreender dos dados; para o acesso ruim, as mulheres negras têm o maior percentual, enquanto as mulheres brancas são prioridade no acesso bom" (GOES; NASCIMENTO, 2013, p. 576).

O mesmo racismo institucional cria barreiras às mulheres no acesso aos métodos contraceptivos e aos serviços preventivos de saúde segundo a questão de raça/cor pois, ainda segundo as autoras em seus estudos no estado da Bahia:

[...] Apesar do Sistema Público de Saúde (SUS) ser universal, igualitário e equânime, com garantia constitucional conferida a todas (os) as (os) cidadãs (os) brasileiras (os), independentemente de sua cor/raça, sexo ou qualquer outra característica, sua aplicabilidade ideal ainda está distante, devido a fatores de contexto histórico, cultural e político (GOES; NASCIMENTO, 2013, p. 578).

Dessa forma, a inserção das mulheres negras como um sujeito de direito é comprometida quando elas experimentam diferentes tipos de discriminação de raça e gênero, principalmente no que tange à saúde. Nesta intersecção, é possível perceber como as desigualdades impostas pelo racismo e sexismo diferenciam as mulheres no acesso aos serviços de saúde, assim como no processo de adoecimento (GOES; NASCIMENTO, 2013). Além disso, idade reprodutiva, níveis de escolaridade e renda são fatores discriminatórios que formam uma barreira no acesso a métodos preventivos das "mulheres negras com 50 anos ou mais [...] quando comparadas com mulheres brancas" (BAIRROS, MENEGUEL E OLINTO, 2008 & LEAL, GAMA E CUNHA, 2005, *apud* GOES; NASCIMENTO, 2013, p. 577).

Em outro estudo, Goes *et al* (2020) analisam fatores relativos às barreiras individuais na busca do primeiro atendimento pós-aborto segundo aspectos de raça/cor, resultando que: "As mulheres negras têm acesso mais restrito aos métodos contraceptivos e a maior parcela delas utiliza menor amplitude do mix anticoncepcional", enquanto "As mulheres que não têm condições para realizar o aborto em clínicas e consultórios privados recorrem ao uso de *misoprostol*[5], obtido em um circuito clandestino e ilegal" (GOES et. al., 2020, p. 2).

Dessa forma, ao início do sangramento, buscam assistência hospitalar pública para a *curetagem*[6] e eventuais complicações. As: "mulheres mais vulneráveis à interrupção de uma gravidez de modo inseguro são negras, jovens, solteiras, com filhos, de baixa escolaridade e baixa renda" (*id, ibid.*, p 2). Ao mesmo tempo: "as mulheres pretas declararam mais ter interrompido a gestação do que as pardas e as brancas. Entre as pretas que a interrupção da gravidez ocorreu mais tardiamente" (*id, ibid.*, p. 4). Dessa forma: "As desigualdades de gênero, raça e classe determinam as disparidades em saúde, restringindo a população negra ao acesso de bens e serviços" (*id, ibid.*, p. 9). Dentre todos esses fatores, a principal dificuldade no acesso aos serviços de saúde que as autoras encontraram nos relatos das mulheres estudadas:

> [...], especialmente pelas pretas, foi o medo de ser maltratada, que foi maior entre as que declararam o aborto como provocado. É possível que essa diferença seja ainda maior na medida em que parte dos abortos declarados como espontâneos tenha sido induzido. A discriminação nos serviços de saúde tem sido registrada como recorrente para as mulheres em situação de abortamento, de forma direta e indireta, com tratamento não digno, julgamento moral e constrangimentos que são revertidos em práticas violentas no momento do atendimento destas mulheres. Ao que parece, isso é redobrado pelo racismo institucional e passa a constituir uma barreira de acesso antes mesmo da entrada no sistema de saúde (GOES *et al,* 2020, p. 9).

À luz da interseccionalidade, percebemos que o acesso universal e equitativo à saúde "é condição importante para a manutenção de bom estado de saúde ou para seu reestabelecimento, embora não seja o único fator responsável por uma vida saudável e de boa qualidade" (GOES; NASCIMENTO, 2013, p. 572). De fato, as desigualdades de gênero, raça e classe "determinam as disparidades em saúde, restringindo a população negra ao

---

5 Misoprostol é o comprimido "efetivo no tratamento e prevenção da úlcera gástrica induzida por anti-inflamatórios não hormonais e que tem utilidade em obstetrícia, pois dispõe de ação útero-tônica e de amolecimento do colo uterino. Utilização na área da obstetrícia: Indução de aborto legal; Esvaziamento uterino por morte embrionária ou fetal; Amolecimento cervical antes de aborto cirúrgico (AMIU ou curetagem); Indução de trabalho de parto (maturação de colo uterino)" (BRASIL, 2012, p. 3).

6 Curetagem: "Procedimento obstétrico pós abortamento realizado nas redes de saúde que consiste no esvaziamento do útero com objetivo de retirar o material placentário, com o auxílio de uma cureta" (BRASIL, 2005).

acesso de bens e serviços" (GOES *et al,* 2020, p. 9). O estigma em relação ao aborto e o racismo institucional nos serviços de saúde "podem atuar simultaneamente, retardando a ida das mulheres pretas e pardas na busca pelo serviço, e esta decisão as coloca em uma situação limite quanto ao agravamento do quadro pós-abortamento" (GOES *et al*, 2020, p. 10).

2. ABORTO E O PROTAGONISMO DAS MULHERES NEGRAS NO BRASIL

Os escritos de Angela Davis (2016), a partir do alto índice quantitativo de mortes resultantes de procedimentos abortivos inseguros e ilegais que envolviam mulheres negras e latinas, refletiu sobre as condições miseráveis e desumanas em que essas mulheres negras viviam para que tomassem a decisão de interromper a gestação. Davis (2016) também conta que, desde os primeiros dias da escravidão, as mulheres negras têm autoinduzido o aborto, se recusando de trazer ao mundo crianças em que seu destino eram os açoites, as correntes, o abuso sexual e o trabalho explorado e interminável. Nesse sentido, questiona:

> Por que os abortos autoinduzidos e os atos relutantes de infanticídio eram ocorrências tão comuns durante a escravidão? Não era porque as mulheres negras haviam descoberto soluções para suas agonias, e sim porque elas estavam desesperadas. Abortos e infanticídios eram atos de desespero, motivados não pelo processo biológico do nascimento, mas pelas condições opressoras da escravidão. A maioria dessas mulheres, sem dúvida, teria expressado seu ressentimento mais profundo caso alguém saudasse seus abortos como um passo rumo à liberdade (DAVIS, 2016, p. 219).

Cisne, Oliveira e Castro (2018), por outro lado, refletem sobre o resultado de dados investigativos de relatórios de pesquisa que reforçam a lógica da criminalização do aborto no Brasil e nos países de economia periférica, onde o abortamento inseguro é uma realidade para uma parcela muito específica da população, uma vez que:

> São as mulheres pobres e negras, jovens e residentes em países de economia periférica as mais prejudicadas e as que mais morrem. Isso quer dizer que são essas mulheres, que assumem as maiores consequências do aborto ilegal, sejam morais, de saúde ou econômicas. Além disso, a proibição do aborto não o faz desaparecer nem diminui sua prática, ao mesmo tempo em que não proporciona condições de saúde integral às mulheres e nem atendimento humanizado (CISNE; OLIVEIRA; CASTRO, 2018, p. 459).

Dessa forma, o abortamento ilegal e inseguro precisa ser analisado com as questões de raça e classe social em pauta, e não apenas as de sexo ou gênero. Para a melhor compreensão das desigualdades sociais que permeiam as questões de sexo, raça/etnia, classe na realidade mundial do aborto, então, a Organização Mundial da Saúde (OMS, 2013) constatou, anualmente, 22 milhões de abortamentos inseguros, nos quais 70.000 mulheres morrem em decorrência de complicações (OMS, 2009), sendo que, entre 2015 e 2019, houve uma média anual de 73,3 milhões de abortos ao todo (OMS, 2020).

Indica-se, ainda, que as pessoas mais afetadas por complicações do aborto inseguro seriam consideradas pobres (OMS, 2009), mas não a maioria; três em cada quatro abortos realizados na África e na América Latina ocorreram sem condições de segurança (OMS, 2020). Além disso, embora o óbito, a infertilidade e os problemas decorrentes do aborto inseguro sejam complicações mais comuns em países de baixa renda (OMS, 2009) o custo anual de tratamento de grandes complicações dele resultantes seria estimado em US$ 553 milhões (OMS, 2009). Por outro lado, "Onde há poucas restrições ao aborto seguro, os óbitos e as complicações são reduzidos drasticamente" (OMS, 2009, p. 43). Analisando esse panorama, frisamos que:

> Essas estimativas devem provocar a reflexão em torno das desigualdades históricas entre países, provocadas pelo colonialismo, pela troca econômica desigual entre metrópole e colônia, tão necessária para o desenvolvimento do capitalismo, principalmente nos séculos passados (MANDEL, 1982, *apud* CASTRO, 2016, p. 88).

Esses dados nos confirmam a desigualdade social causada pela criminalização do aborto, segundo a qual, enquanto as mulheres brancas e ricas podem ir à clínica pagar centenas ou milhares de reais em um procedimento mais seguro (OMS, 2009), as mulheres pretas e pobres colocam sua vida e sua dignidade em risco ao passar por procedimentos precários e inseguros.

3. RACIALIZANDO A DESCRIMINALIZAÇÃO DO ABORTO NO BRASIL

A negação dos direitos reprodutivos das mulheres é uma violação e, portanto, interessa seu enfrentamento ético-político pela defesa da garantia de direitos contra todas as formas de violência e discriminação a todos os profissionais envolvidos nos equipamentos de saúde pública, notadamente os assistentes sociais (CARLOTO; DAMIÃO, 2018). Nessa profissão, a defesa do direito de decidir deveria ocorrer de forma orgânica, respeitando a autonomia das sujeitas, dado que:

> Se visto enquanto um direito humano das mulheres, a negação dos seus direitos reprodutivos é considerada uma violação séria, e, portanto, de interesse do assistente social. O contato do assistente social com situações de vulnerabilidade e negação de direitos traz, ao mesmo tempo, responsabilidade e possibilidades. Uma vez munido dessas informações, o assistente social pode agir no atendimento e na socialização das informações, a fim de denunciar essa realidade, sendo de profunda importância para a garantia e conquista de direitos. Tomam também contato diariamente com o sofrimento de mulheres pobres, de maioria negra, com pouca perspectiva de autonomia, que sofrem violências de todos os tipos, inclusive a violação de direitos reprodutivos (IAMAMOTO, 2015, *apud* CARLOTO E DAMIÃO, 2018, p. 322).

A estrutura fundante do modo de produção, das relações sociais e do sistema patriarcal-racista-capitalista precisam ser mais abordadas no processo de formação profissional, reconhecendo, na formação sócio-histórica brasileira, a existência do patriarcado e do racismo. No Serviço Social, por exemplo, embora o Código de Ética da/o Assistente Social (2012) defenda a formação continuada, Damião (2018) observa um esvaziamento dos espaços de capacitação. Segundo sua pesquisa, o debate sobre direitos reprodutivos, na maior parte dos casos (75%), não se fez presente na formação acadêmica/profissional, e apenas 1% das(os) entrevistadas(os) sabia do que se tratava. O que poderia justificar tal ausência, de acordo com a autora, então, seria a formação generalista do Serviço Social, mesmo contendo uma perspectiva de totalidade da realidade social (DAMIÃO, 2018).

Mattos (2009) foi um dos pioneiros a falar da descriminalização do aborto no Serviço Social, mas assim como o antagonismo de classes, esse debate ganhou mais centralidade na profissão "apenas recentemente" (DAMIÃO, 2018, p 138). Outros autores também afirmam que, para que o profissional seja munido de condições teórico-metodológica, ético-política e técnico-operativa para atuar nas diversas expressões da questão social, devem ser formuladas respostas profissionais que possibilitem a construção de mediações, com vistas a enfrentar as demandas apresentadas (MOREIRA E CAPUTI, 2016).

Essas questões lembram a importância do aprofundamento do servidor público nas questões ligadas aos direitos reprodutivos, bem como à descriminalização do aborto. Vemos, portanto, que essa aproximação se dá: através dos debates feministas-marxistas, por meio da perspectiva da totalidade encontrada no materialismo histórico-dialético; das contribuições interseccionais, enxergando entre as imbricações como as questões de sexo, raça, classe social se articulam nas desigualdades agravadas pela criminalização do aborto, sendo que:

> A questão do aborto remete aos desafios de propor alternativas viáveis de políticas públicas, pois somente com profissionais comprometidos com as questões sociais é possível elaborar e executar projetos que almejem a politização das classes populares bem como a transformação de necessidades em direitos universais (LOLATTO, 2004, p. 108).

Note-se ainda que, nos serviços de saúde e maternidades, no geral, os profissionais "(...) trabalham sob determinadas condições objetivas de trabalho que não podem devem ser desconsideradas", uma vez que "as normas e missões das instituições também influenciam na garantia ou não dos direitos" (LOLATTO, 2004, p. 109). Dessa forma, em uma sociedade onde impera o "Estado mínimo (e mercado máximo)":

> A maior parte dos estabelecimentos de saúde que têm em seus quadros o profissional do Serviço Social são públicos, gratuitos e, *em relação à questão do aborto não possuem qualquer qualificação no nível informativo para preparação das suas Assistentes Sociais. [...] A Assistente Social pode tanto reforçar uma discriminação [...] como também, pode desencadear mediações em relação a situações e processos sociais, no sentido do entendimento mais amplo e enfrentamento das contradições da sociedade, expressas na realidade cotidiana.* A mediação fica compreendida como o processo responsável por passagens e conversões das formas singulares na sua relação com a totalidade, passando pelas formas particulares como instâncias intermediárias (FREIRE, 1995, p. 93, *apud* LOLATTO, 2004, pp. 109-110, grifos nossos).

Ao deparar-se com uma solicitação de aborto, portanto, não são apenas as dimensões da ética e da moral que permeiam a práxis, embora essas sejam dimensões "muito importantes, uma vez, que abarcam diversas outras, entendendo que elas são tangidas socialmente, na construção histórica do ser humano." (LOLATTO, 2004, p. 110). No Brasil, desde 2014, a ABEPSS determina a adoção de pelo menos um componente curricular obrigatório nos cursos de graduação em Serviço Social dos temas que se dão por meio do debate amplo das relações de gênero associados às perspectivas de classe, raça/etnia, gênero, sexualidade e geração, com o intuito de "contribuir para a formação das futuras gerações de assistentes sociais no que se refere à discussão sobre a temática proposta neste trabalho" (DAMIÃO, 2018, p. 140).

Em 2009, na 38a Plenária do Encontro Nacional, o conjunto CRESS/CFESS se uniram na *Frente Nacional pelo Fim da Criminalização das*

Mulheres e Pela Legalização do Aborto, fazendo uma moção de apoio ao manifesto contra a criminalização das mulheres que praticam o aborto, entendendo sua criminalização reforça as desigualdades criadas e sustentadas pelo sistema capitalista-patriarcal associado a setores fundamentalistas, e reivindicando uma política integral de saúde sexual e reprodutiva que contemple todas as condições para uma prática sexual segura (CRESS/CFESS, 2009). Nesse sentido, ressalta que:

> A maternidade deve ser uma decisão livre e desejada e não uma obrigação das mulheres. Deve ser compreendida como função social e, portanto, o Estado deve prover todas as condições para que as mulheres decidam soberanamente se querem ou não ser mães, e quando querem. Para aquelas que desejam ser mães devem ser asseguradas condições econômicas e sociais, através de políticas públicas universais que garantam assistência à gestação, parto e puerpério, assim como os cuidados necessários ao desenvolvimento pleno de uma criança: creche, escola, lazer, cultura, saúde (CRESS/CFESS, 2009, p. 2).

Em 2016, foi lançado um Manifesto em apoio ao Dia Latino-Americano e Caribenho pela Descriminalização e Legalização do Aborto (CFESS, 2016), com reflexões a respeito da prática do aborto e das posturas profissionais das/os assistentes sociais, trazendo para a saúde pública argumentos voltados aos direitos reprodutivos das mulheres, a favor da sua libertação e emancipação. Com este Projeto-Ético-Político (PEP), a profissão do Serviço Social assume um compromisso com a liberdade como valor central, e se coloca na busca por uma sociedade livre de opressão de classe, raça/etnia e gênero (DAMIÃO, 2018). Desde então considerada uma profissão que lida com a "garantia de direitos", tais como os direitos reprodutivos das mulheres, o CFESS já se manifestou favorável à "luta pela descriminalização e legalização do aborto" em "diversas comunicações oficiais tratando do tema", de modo que "o debate sobre o aborto vem sendo aquecido pelo órgão federal e por suas regionais com as/os profissionais do Serviço Social" (DAMIÃO, 2018, p. 13).

4. CONSIDERAÇÕES FINAIS

O objetivo central deste artigo foi identificar as relações de poder que fundamentam a criminalização do aborto e os principais impactos subjetivos decorrente do processo de abortamento na vida das mulheres em condição de vulnerabilidade econômica e social. Nesse sentido, realizamos uma revisão documental e bibliográfica, onde foram verificadas as noções patriarcais e de raça da criminalização do aborto.

Pode-se começar a compreender em primeiro lugar, que as raízes patriarcais que endossam a sociedade que vivemos tem os seus vestígios, tanto é que, para além da demora desse debate, muitas vezes há sua ausência nos espaços de formação/capacitação profissional. Além disso, notou-se a importância de incluirmos as questões de raça/etnia e classe social no discurso sobre a descriminalização do aborto em cursos profissionalizantes voltados para a atuação com esta temática.

Por fim, falamos da descriminalização do aborto no Sistema Único de Saúde, trazendo contribuições feministas, marxistas e interseccionais que dessem luz à necessidade de discutir desigualdades no acesso ao aborto, que levam as mulheres negras e pobres a frequentarem, muito mais do que outras mulheres, ambientes precários e inseguros. Trouxemos dados internacionais que indicam como a criminalização as coloca em risco, uma vez que induz ao não-atendimento nos serviços de saúde, criando barreiras mesmo com o aborto já cometido.

Finalmente, notamos resistências a estas mudanças de mentalidade mesmo com as contribuições das entidades da categoria estando a favor da descriminalização do aborto, em concordância com os valores defendidos no PEP, considerando assim, que a gestação deve ser um ato de liberdade e não algo imposto socialmente a uma parcela da população.

Esperamos ter contribuído na construção do projeto de descriminalização do aborto no Brasil, fortalecendo o diálogo social no que se refere ao sistema patriarcal-racista-capitalista. Finalmente esse artigo se tornou um ponto de partida para novas inquietações no que se refere à contraditória realidade do profissional que atua em defesa dos direitos reprodutivos no país.

REFERÊNCIAS

AKOTIRENE, Carla. *Interseccionalidade*. Pólen Produção Editorial, 2019.

BRASIL. Ministério da Saúde. Secretaria de Atenção à Saúde. Departamento de Ações Programáticas Estratégicas. Área Técnica de Saúde da Mulher. *Atenção Humanizada ao Abortamento: norma técnica/Ministério da Saúde*, Secretaria de Atenção à Saúde, Departamento de Ações Programáticas Estratégicas – Brasília: Ministério da Saúde, 2005.

BRASIL. Ministério da Saúde. Secretaria de Ciência, Tecnologia e Insumos Estratégicos. Departamento de Ciência e Tecnologia. *20 anos de pesquisas sobre aborto no Brasil.* – Brasília: Ministério da Saúde, 2009.

BRASIL. Ministério da Saúde. Secretaria de atenção à saúde. Departamento de Ações Programáticas Estratégicas. Área Técnica de Saúde da Mulher. *Protocolo Misoprostol.* Brasília. 2012.

BRASIL. Câmara dos Deputados. *Decreto nº 381/2020, de 28 de agosto de 2020.* Susta os efeitos da PORTARIA Nº 2.282, DE 27 DE AGOSTO DE 2020, que dispõe sobre o Procedimento de Justificação e Autorização da Interrupção da Gravidez nos casos previstos em lei, no âmbito do Sistema Único de Saúde-SUS. 28 ago. 2020.

CARLOTO, Cássia Maria; DAMIÃO, Nayara André. *Direitos reprodutivos, aborto e Serviço Social.* Serviço Social & Sociedade, São Paulo, n. 132, p. 306-325, 2018.

CASTRO, Viviane Vaz. *NÃO É O CAMINHO MAIS FÁCIL, MAS É O CAMINHO QUE EU FAÇO: A trajetória do conjunto CFESS/CRESS na defesa da legalização do aborto.* Trabalho de Conclusão de Curso (Graduação em Serviço Social). Orientador: Profª. Drª. Silvia Neves Salazar. 2016. 144 p. Universidade Federal do Espírito Santo, Vitória, 2016.

CFESS, Conselho Federal de Serviço Social. *Dia Latino-americano e Caribenho de luta pela Descriminalização e Legalização do Aborto.* Brasília: CFESS Manifesta, 2016

CISNE, Mirla. *Feminismo e marxismo: apontamentos teórico-políticos para o enfrentamento das desigualdades sociais.* Serviço Social & Sociedade, n. 132, p. 211-230, 2018.

CISNE, Mirla; OLIVEIRA, Giulia Maria Jenelle Cavalcante de; CASTRO, Viviane Vaz. *Aborto inseguro: um retrato patriarcal e racializado da pobreza das mulheres.* Revista Katálysis, v. 21, n. 3, p. 452-470, 2018.

CISNE, Mirla; SANTOS, Silvana Mara Morais dos. *Feminismo e diversidade sexual: um encontro com o projeto ético-político do Serviço Social.* Feminismo, diversidade sexual e Serviço Social. Mirla Cisne, Silvana, 2018.

CONSELHO FEDERAL DE SERVIÇO SOCIAL. *CFESS Manifesta: Pela descriminalização e legalização do aborto.* Brasília: CFESS, 28 de setembro de 2009. Disponível em: <www.cfess.org.br> Acesso em 8 dez. 2020.

DAMIÃO, Nayara André. *Os direitos reprodutivos e o aborto no cotidiano de trabalho das assistentes sociais.* Se podes olhar, vê: o aborto no cotidiano de trabalho das assistentes sociais. Londrina, 2018. p. 147.

DAVIS, Angela, 1944. *Racismo, controle de natalidade e direitos reprodutivos.* Mulheres, raça e classe. Tradução Heci Regina Candiani. - 1. ed. - São Paulo: Boitempo Editorial, 2016.

FONSECA, Rhaysa Sampaio Ruas da. *Contribuições da Teoria da Reprodução Social para o debate contemporâneo sobre as opressões.* Marx e o Marxismo-Revista do NIEP--Marx, v. 7, n. 13, 2019.

GOES, Emanuelle Freitas et al. *Vulnerabilidade racial e barreiras individuais de mulheres em busca do primeiro atendimento pós-aborto.* Cadernos de Saúde Pública, v. 36, Sup. 01 e00189618, 2020.

GOES, Emanuelle Freitas; NASCIMENTO, Enilda Rosendo do. *Mulheres negras e brancas e os níveis de acesso aos serviços preventivos de saúde: uma análise sobre as desigualdades*. Saúde em Debate, v. 37, p. 571-579, 2013.

GOES, Emanuelle. *Interseccionalidade no Brasil, revisitando as que vieram antes*. Blogueiras Negras, October, v. 8, p. 2019, 2019.

HOMEM, Maria; CALLIGARIS, Contardo. *Coisa de menina? Uma conversa sobre gênero, sexualidade, maternidade e feminismo*. 2019.

KERGOAT, Danièle. Divisão sexual do trabalho e relações sociais de sexo. Trabalho e cidadania ativa para as mulheres: desafios para as Políticas Públicas, p. 55-63, 2003.

LOLATTO, SIMONE. *A questão do aborto e da ética profissional segundo as entrevistadas*. In: A INTERVENÇAO DO ASSISTENTE SOCIAL FRENTE A SOLICITAÇÃO DO ABORTO. Florianópolis, 2004. p. 96.

MATOS, Maurílio Castro de. *Trabalho em Marx*. Cotidiano, Ética e Saúde: o Serviço Social frente à contra-reforma do Estado e à criminalização do aborto, p. 127. 2009.

MOREIRA, Tales Willyan Fornazier; CAPUTI, Lesliane. *As diretrizes curriculares da ABEPSS e os valores éticos e políticos para a formação profissional em Serviço Social*. Temporalis, Brasília (DF), 2016, n. 32, jul/dez. 2016.

ORGANIZAÇÃO MUNDIAL DA SAÚDE. *Mulheres e saúde: evidências de hoje, agenda de amanhã*. 2009.

ORGANIZAÇÃO MUNDIAL DA SAÚDE. *Abortamento seguro: orientação técnica e de políticas para sistemas de saúde*. 2013.

SAFFIOTI, Heleieth. *A questão da mulher na perspectiva socialista*. Lutas sociais, n. 27, p. 82-100, 2011.

YAZBEK, Maria Carmelita. *Os fundamentos históricos e teórico-metodológicos do Serviço Social brasileiro na contemporaneidade*. Serviço Social: direitos sociais e competências profissionais. Brasília: CFESS/ABEPSS, 2009.

DIREITO E PODER: O RUMO DOS DIREITOS DAS MULHERES ÀS AVESSAS DO MARCO CONSTITUCIONAL DE 1988

Edna Raquel Hogemann[1]
Laila Maria Domith Vicente[2]

INTRODUÇÃO

As legislações vigentes a cada momento histórico estão materialmente relacionadas às relações sociais, às relações de poder, aos processos de subjetivação e à produção de subjetividade que as permeiam. Com isso não se pretende afirmar que a legislação define a vida, mas sim que a lei, sendo um tipo específico de discurso, é heterogênica, polifônica, composta por muitas vozes e utilizada para fins diversos e algumas vezes contraditórios.

Se atentar-se brevemente às legislações anteriores à Constituição Federal de 1988, concernentes à vida civil, trabalhista e previdenciária das mulheres, é possível o vislumbre de uma gama restritiva de direitos, já que, na sociedade brasileira ao longo dos séculos se fez presente, por seu modo colonial, o assim denominado, patriarcado como a base das relações sociais. Ou seja: a imposição - por meio de relações

---

[1] Doutora em Direito (UGF), com Pós-Doutorado em Direitos Humanos (UNESA), professora associada e Decana do Centro de Ciências Jurídicas e Políticas da Universidade Federal do Estado do Rio de Janeiro -UNIRIO. Coordenadora do Grupo de Pesquisa Direitos Humanos e Transformação Social (CNPq)

[2] Doutora e Mestre em Psicologia pela UFF – Universidade Federal Fluminense, Mestre em Teoria Crítica e Estudos Museísticos pela UAB – Universität Autònoma de Barcelona e pelo MACBA –Museo d'Art Contemporani de Barcelona. Professora adjunta do Centro de Ciências Jurídicas e Políticas da Universidade Federal do Estado do Rio de Janeiro – UNIRIO. Pesquisadora atuante no Grupo de Pesquisa Direitos Humanos e Transformação Social (CNPQ).

de força - da supremacia do homem/patriarca sobre as outras pessoas que o rodeiam (mulheres, negros, trabalhadores/escravos, minorias sexuais e de gênero – LGBTI–, crianças e/ou outras formas diversas de ser e estar no mundo), estabelecendo relações hierarquizadas de dominação e violência.

É interessante frisar que a expressão "pátrio poder" esteve presente até recentemente no Ordenamento Jurídico brasileiro, tendo em vista que o Código Civil de 1916, que só foi substituído em 2002, no capítulo VI do livro I, se referia diretamente ao pátrio poder, ainda que a sua abrangência fosse outra.

Além do instituto do pátrio poder, a legislação civil de 1916, vigente até 2002, trazia uma série de normas que definiam o lugar subalternizado das mulheres nas mais diversas relações. Na relação familiar, Basted e Garcez (1999, p. 17) ajudam a pontuar:

> O texto de 1916 privilegiou o ramo paterno em detrimento do materno; exigiu a monogamia; aceitou a anulação do casamento face à não-virgindade da mulher; afastou da herança a filha mulher de comportamento "desonesto". O Código também não reconheceu os filhos nascidos fora do casamento. Por esse Código, com o casamento, a mulher perdia sua capacidade civil plena, ou seja, não poderia mais praticar, sem o consentimento do marido, inúmeros atos que praticaria sendo maior de idade e solteira. Deixava de ser civilmente capaz para se tornar "relativamente incapaz". Enfim, esse Código Civil regulava e legitimava a hierarquia de gênero e o lugar subalterno da mulher dentro do casamento civil.

Do mesmo modo, nas relações sucessórias, as mulheres possuíam restrições uma vez que não poderiam, sem autorização do marido, aceitar ou refutar herança, litigar em juízo e exercer profissão, e mesmo na Justiça Trabalhista a mulher deveria ter assistência do marido para pleitear seus direitos (BARSTED e GARCEZ, 1999).

No que se refere ao Direito Penal, a questão de gênero se faz latente tanto nas condutas que são criminalizadas – criminalização primária – quanto na forma como os tribunais tratam as mulheres – criminalização secundária[3]. As condutas de interrupção da gravidez (art. 124, ss, CP) e de infanticídio (art. 123, CP) são aquelas em que a mulher é expressamente o sujeito ativo e são também aquelas que diretamente se relacionam com a precípua função social delegada pelo sistema pa-

---

3 Sobre o assunto verificar texto escrito em outra ocasião: VICENTE, Laila Maria Domith e RIBEIRO, Victor Oliveira. *Proteção Penal à Liberdade Sexual da Mulher ou à Moral Sexual Dominante? Uma análise do filme Acusados.* Florianópolis: FUNJAB, 2012.

triarcal às mulheres: a função de procriação, ou melhor, de produção, reprodução e regeneração da força de trabalho (procriação, maternidade e cuidados domésticos) que, desde este ponto de vista, são partes de uma atividade sócio-econômica (FEDERICI, 2011). Entretanto, são mantidas com o viés da naturalização, mistificadas como um recurso natural feminino que, por fim, colocam as mulheres em uma condição não-assalariada e à mercê dos desmandos masculinos e do capital. "Deveria acrescentar que Marx nunca poderia haver suposto que o capitalismo pavimentava o caminho para a libertação humana se houvera olhado a história desde o ponto de vista das mulheres" (FEDERICI, 2014, p.25)[4].

A criminalização de tais práticas faz parte de uma política populacional, ou biopolítica – como se referiria Foucault (2005 a) – uma vez que foi necessário, em determinados períodos históricos – manter/aumentar o nível populacional propenso à mão de obra. É também nestes mesmos momentos que a intervenção direta nos corpos das mulheres é mais pungente. Seguem dois exemplos: o primeiro, no Século XII que abarcou as crises europeias da Grande Fome (1315 – 1322) e da consequente Peste Negra (1347 – 1352) que dizimou entre 30% e 40% da população europeia do período ocasionando colapsos nas dinâmicas sociais e de trabalho. Estas crises na Europa Medieva foram contemporâneas ao início da caça às bruxas da Santa Inquisição que entre outras, perseguia as práticas de interrupção da gravidez, conhecimentos compartilhados e circunscritos entre as mulheres da época (FEDERICI, 2011).

No mesmo sentido, como o outro exemplo, tem-se no Brasil as políticas populacionais do Governo Vargas, em 1940, cujo o incentivo ao aumento populacional se mostrava nos discursos estatais de exaltação à "família brasileira" e à procriação, com a instituição de novos direitos como o salário família, o auxílio e a licença maternidade; medidas protetoras para as trabalhadoras gestantes e a obrigatoriedade de creches em empresas empregadoras de mulheres em idade reprodutiva (BARSTED, 1999). Se por um lado, tal política populacional trazia benefícios às mulheres que desejassem a maternidade, por outro, estabelecia um controle rígido sobre os corpos de todas as mulheres, uma vez que o Código Penal e a legislação restritiva referente à interrupção da gravi-

---

4 Tradução livre da citação: "Debería agregar que Marx nunca podría haber supuesto que el capitalismo allanaba el camino hacia la liberación humana si hubiera mirado su historia desde el punto de vista de las mujeres."

dez datam da mesma época – 1940. A necessidade do aumento populacional se mostrava neste momento tanto para preencher os espaços que a urbanização e a modernização do Brasil necessitavam, quanto para ter "carne para o canhão" [5] (LEITE, 2004, p.335) em virtude do período das grandes guerras.

Contrariamente, o marco jurídico constitucional de 1988 traz a afirmação da luta pela consolidação dos Direitos Fundamentais das mulheres no Brasil. O Art. 5° - que trata especificamente dos direitos fundamentais e é clausula pétrea (Art. 60 § 4° CF/88) –mostra com nitidez a constatação da importância que tais direitos adquirem na denominada virada democrática que se consolida com o movimento constituinte:

> Art. 5° Todos são iguais perante a lei, sem distinção de qualquer natureza, garantindo-se aos brasileiros e aos estrangeiros residentes no País a inviolabilidade do direito à vida, à liberdade, à igualdade, à segurança e à propriedade, nos termos seguintes:
> I - homens e mulheres são iguais em direitos e obrigações, nos termos desta Constituição;
> Art. 226. § 5° Os direitos e deveres referentes à sociedade conjugal são exercidos igualmente pelo homem e pela mulher.[6]
> § 7° Fundado nos princípios da dignidade da pessoa humana e da paternidade responsável, o planejamento familiar é livre decisão do casal, competindo ao Estado propiciar recursos educacionais e científicos para o exercício desse direito, vedada qualquer forma coercitiva por parte de instituições oficiais ou privadas.

Tal consolidação normativa de Direitos fundamentais referentes às mulheres é resultado das pressões dos movimentos feministas que participaram diretamente, tanto da luta pela democratização do país (TELLES, 2010) – sendo as mulheres muitas vezes sufocadas, torturadas, violentadas pelo regime ditatorial e autoritário[7] – quanto do mo-

---

5 A expressão é retirada de um trecho do texto "Amai... e não vos multiplicai" datado de 1931 da feminista e anarquista Maria Lacerda de Moura. Segue o trecho completo: "é um esforço no sentido de esclarecer a necessidade de não produzir 'carne para canhão' como queriam os governos totalitários." (Leite, 2004, p.335).

6 O Art. 226 que é a formulação expressa do afastamento do patrio poder em seus termos latinos.

7 Tal momento histórico do feminismo no Brasil se caracterizou por ser de guerrilhas, em que as mulheres se encontravam muitas vezes clandestinamente e lutavam pelas possibilidades de mudanças sociais e políticas, pelo fim de um autoritarismo de Estado que, em seus diversos aspectos, se apresentava como um sexismo de

vimento constituinte de 1987/88, vide a Carta das Mulheres ao Constituinte de 1987.

> O movimento feminista brasileiro foi um ator fundamental nesse processo de mudança legislativa e social, denunciando desigualdades, propondo políticas públicas, atuando junto ao Poder Legislativo e, também, na interpretação da lei. Desde meados da década de 70, o movimento feminista brasileiro tem lutado em defesa da igualdade de direitos entre homens e mulheres, dos ideais de Direitos Humanos, defendendo a eliminação de todas as formas de discriminação, tanto nas leis como nas práticas sociais. De fato, a ação organizada do movimento de mulheres, no processo de elaboração da Constituição Federal de 1988, ensejou a conquista de inúmeros novos direitos e obrigações correlatas do Estado, tais como o reconhecimento da igualdade na família, o repúdio à violência doméstica, a igualdade entre filhos, o reconhecimento de direitos reprodutivos, etc. (BARSTED, 2001, p. 35)

Em consonância com as diversas espécies de luta política, a luta específica do movimento feminista no processo constituinte de 1987 atingiu vários aspectos da vida social, como uma luta pela consolidação de Direitos, mas também como embate por uma vida cotidiana menos autoritária. Entretanto, as configurações sociais são sempre provisórias e, ao lado dos estudos de Foucault (1995) sobre as relações de poder, propõe-se que uma vitória democrática hoje, ainda que registrada, legislada, tornada cláusula pétrea na Constituição Federal de um país, carece de ser mantida cotidianamente, na medida em que as relações e configurações do poder são sempre instáveis.

E o que se denomina atualmente como judicialização da vida se refere justamente ao protagonismo que os movimentos sociais, e as pessoas de forma geral na sociedade, depositam no Poder Judiciário e na formalização legal dos direitos para a resolução das questões sociais. Efeito reverso é o aumento da intervenção direta da lei, e dos agentes judiciais, nas minúcias da vida cotidiana.

---

general, violento e violador. "Em especial, a tortura perpetrada à mulher é violentamente machista." Palavras de Cecília Coimbra (2011, p.44) que foi presa e torturada por três meses e meio desde agosto de 1970: Nós mulheres que atuamos – na vanguarda ou na retaguarda, não importa – naquele intenso e terrível período, derrubamos muitos tabus, vivemos visceralmente a presença assustadora da morte, a ousadia de desafiar e enfrentar um Estado de terror, a coragem de sonhar e querer transformar esse sonho em realidade. Acreditávamos... Sim, queríamos um outro mundo, outras relações, outras possibilidades... e queremos hoje. (COIMBRA, 2011, p. 45)

Portanto, necessário se faz sempre estar atenta(o)s, pois a formalização de uma luta social na lei nem sempre equivale a uma vida cotidiana menos autoritária, conforme a postulação da luta das mulheres em 1987.

Assim é que o presente estudo se dispõe a observar e analisar como as relações sociais interagem com as legislações, ou, dizendo de outro modo, como o atual momento histórico se revela uma tentativa de recrudescimento legal na liberdade das mulheres e nos direitos aos seus próprios corpos.

Assim, o ensaio está dividido em três momentos: a proposta do ensaio que reflete sobre os direitos conquistados e a tentativa de retirá-los após 1988, uma breve passagem sobre a base teórica e metodológica que possibilita tal análise, e um primeiro olhar sobre os projetos de lei objetos da temática do ensaio.

A proposta, portanto, é um refletir conjunto em como, após as conquistas nacionais de 1988, se tornaram possíveis discursos que apontam para a restrição de direitos das mulheres e pretendem, para isso, se tornar legislações vigentes no Brasil. Para avançar na construção desse pensamento, analisar-se-á como funcionam alguns desses discursos na sociedade e o fato de determinados discursos possuírem "força de lei", já que os recortes dos estudos realizados partem da legislação e dos projetos de lei.

1. AS LEIS COMO DISCURSOS E OS DISCURSOS COMO RELAÇÕES

> *E as falas anunciam batalhas.*
> *E por toda parte ferimentos, cortes...*[8]

A importância de pensar as formações discursivas no contemporâneo está diretamente relacionada ao entendimento de que a linguagem não é uma simples comunicação de informação entre dois ou mais sujeitos, nem uma ponte entre pensar e falar, mas sim uma forma de relação de poder, onde se sabe, por exemplo, que nem tudo que for dito por qualquer pessoa produzirá os mesmos efeitos a qualquer tempo.

Pensar o que possa ser o fato das pessoas falarem e de que esses discursos possuam efeitos os mais diversos, se revela muito importante

---

8 Deleuze, 2006, p. 11.

ainda pelo fato do presente artigo partir da análise de projetos de lei, que são palavras que se diferenciam por pretenderem ter "força-de-lei".

Vale destacar alguns traços substanciais importantes a serem analisados no denominado discurso, em especial, no discurso social. Uma primeira característica importante do discurso é este ser uma relação, e como outras relações de poder, o discurso "permeia, produz coisas, induz ao prazer, forma saber, produz [outros] discurso." (Foucault, 2001, p.08). Ou seja, a prática discursiva faz agir, faz pensar, faz ver, faz sentir, faz chorar, faz rir...

Partindo desse primeiro ponto, o discurso como relação, *é possível* pensar na hipótese que Foucault (2005, p.8-9) apresentou na sua aula inaugural do College de France – A Ordem do Discurso – nos seguintes termos:

> Suponho que em toda sociedade a produção do discurso é ao mesmo tempo controlada, selecionada, organizada e redistribuída por certo número de procedimentos que têm por função conjurar seus poderes e perigos, dominar seu acontecimento aleatório, esquivar sua pesada e temível materialidade.

Portanto, o discurso não é um simples aporte entre pensar e falar, ele possui materialidade. Por esse motivo existem procedimentos interiores e exteriores ao próprio discurso que se destinam a controlar, selecionar, organizar e redistribuir aquilo que pode ser dito. Foucault (2005) classificou tais procedimentos em interdição, separação e vontade de verdade como procedimentos externos de exclusão do que pode ser dito. E o princípio do autor, do comentário e da disciplina, como procedimentos de limitação interna dos discursos.[9]Nesse sentido, o que se propõe no presente ensaio é uma análise de como funcionam os princípios de coerção dentro dos discursos de projetos de lei específicos, que pretendem a retirada de direitos fundamentais das mulheres, "como se formam através, apesar, ou com o apoio desses sistemas de coerção, séries de discursos, qual foi a norma específica de cada uma e quais foram suas condições de aparecimento, de variação" (FOUCAULT, 2001 p.60).

Existem alguns tipos de regras impostas aos indivíduos que pronunciam os discursos, produzindo uma qualificação necessária e impedin-

---

9 Para entender como Foucault delimitou cada um destes procedimentos interiores e exteriores do discurso conferir Foucault (2005 b), ou para uma formulação nossa um pouco mais extensa sobre o assunto, conferir Vicente (2018).

do que determinadas pessoas tenham acesso[10] a eles. Trata-se de uma rarefação dos sujeitos falantes. "Ninguém entrará na ordem do discurso se não satisfizer certas exigências e não for, de início, qualificado para fazê-lo. " (FOUCAULT, 2005 p.37). Deleuze e Guatarri (2002) também expressam essa questão quando demonstram a importância do pragmatismo para o estudo da linguagem. Eles demonstram que as transformações nos corpos não acontecem independente das circunstâncias e dos agenciamentos que se dão: "Alguém pode gritar `decreto de mobilização geral`; esta será uma ação de infantilidade ou demência, e não um ato de enunciação, se não surgir uma variável efetuada que dê o direito de enunciar.". (DELEUZE e GUATARRI, 2002 p.21).

Some-se a essa rarefação dos sujeitos que falam mais um procedimento de controle do discurso, a vontade de verdade. A verdade aqui será entendida não como uma essência primeira, assim como a distinção entre verdadeiro e falso não será visto como algo previamente dado e que possua uma origem. A distinção entre falso e verdadeiro não passa de uma invenção. Lastreado no pensamento do Nietzsche, Foucault (2005 c, p.14) coloca a diferença entre origem (*ursprung* em alemão) e invenção (*erfindung* para Nietzsche) para mostrar como, desde que o platonismo se consolidou no pensamento ocidental, acredita-se em uma verdade essencial e primeira.

O que Foucault e Nietzsche querem revelar é que o conhecimento não é uma reminiscência e sim "uma invenção por trás da qual há outra coisa distinta: jogo de instintos, de impulsos, de desejos, de medo, de vontade de apropriação. É nessa cena de lutas que o conhecimento [e o discurso] vem a se produzir. " (FOUCAULT, 1997 p.14). O interesse (vontade) é posto antes do conhecimento e o verdadeiro é um efeito de uma falsificação: a oposição entre o verdadeiro e o falso. Esse efeito de verdade "encontra-se sem sombra de dúvida, o mais longe possível dos postulados da metafísica clássica. " (FOUCAULT, 1997 p.15).

A *união entre mecanismos como a vontade de verdade e a rarefação do sujeito do discurso* fornece formas ao que que se denomina especialis-

---

10 Acesso, não no sentido de que não sejam ditas certas coisas por determinados indivíduos. O termo acesso se refere mais ao ato performativo que a materialidade da linguagem faz aparecer. Neste sentido, citamos outros procedimentos de controle do discurso apresentado por Foucault como a separação e a rejeição. É a separação entre razão e loucura que faz com que o discurso do considerado louco seja rejeitado e faz, ainda, com que suas palavras não sejam ouvidas. É na própria palavra do louco que ocorre o reconhecimento da loucura e sua separação da razão.

mos. Esses especialismos se referem à "legitimidade para o verdadeiro" que o discurso de certos sujeitos possuem frente a outros considerados menores. Os discursos autorizados desses especialistas, como acontecimentos discursivos, se engendram uns aos outros e se disseminam em meio às práticas sociais, produzindo efeitos nos corpos. Um claro exemplo disso é o discurso jurídico que além do especialismo dos juristas, a Instituição Judiciária delimita a "força-de-lei" do discurso que possui efeitos concretos na vida das pessoas envolvidas. Um exemplo deste fato pode ser dado quanto ao discurso contido na sentença de um juiz: caso seja dita a palavra "condenado", ter-se-á a transformação do corpo de um cidadão no corpo de um preso.

Aqui cumpre trazer à baila o pensamento de Deleuze e Guattari (2002) em como a linguagem utiliza o discurso indireto, já que todo discurso é indireto[11], é sempre um ouvir dizer[12]. Para ilustrar o citado, eles usam a diferença entre a comunicação informativa das abelhas e a linguagem dos seres humanos, percebida por Benvenistes. As abelhas conseguem comunicar o que viram (o alimento, por exemplo), mas não são capazes de passar para frente a informação baseada no que foi comunicado. Já a nossa linguagem utiliza-se do "ouvir dizer" de um segundo para um terceiro e deste para o quarto e assim por diante. Não há a comunicação de um visto para um dito, mas sempre de um dito para um outro dito.

Como concebeu Bakhtin (1992, p.11) o discurso indireto é "obtido através de uma certa despersonalização do discurso citado" e nesse sentido é possível pensar em Lispector (1998) e sua junção com os personagens criados por ela, como na história da nordestina Macabéa, onde a escritora Clarice se confunde com o narrador Rodrigo S. M. que por sua vez, em certos momentos, não se sabe "se é" ele mesmo ou a Macabéa.[13] Pode-se citar ainda o conto de Guimarães Rosa (2005, p.

---

11 Não há a possibilidade de um narrador colocar os personagens a falar diretamente como acontece no discurso direito. A transcrição da fala é sempre subordinada a de quem a transcreve, como no discurso indireto. Para ir mais longe, deve-se utilizar o discurso indireto livre, onde não há citação: "a fala aparece livre como se fosse do narrador, mas, na verdade, são palavras do personagem, que surgem como atrevidas, sem avisar a ninguém." (Gramática On-line, 2006)

12 "Existem (...) todos os tipos de voz em uma voz" (DELEUZE E GUATARRI, 2002, pág. 13).

13 "Por ser ignorante era obrigada na datilografia a copiar lentamente letra por letra - a tia lhe dera um curso ralo de como *bater à máquina*." (grifo nosso). (LISPECTOR, 1998, p. 15).

04) – As Margens da Alegria – quando as palavras do narrador se confundem com as de um menino encantado com um peru, em um claro exemplo de discurso indireto livre:

> Grugulejou, sacudindo o abotoado grosso de bagas rubras; e a cabeça possuía laivos de um azul-claro, raro, de céu e sanhaços; e ele, completo, torneado, redondoso, todo em esferas e planos, com reflexos de verdes metais em azul-e-prêto-o peru para sempre. *Belo, belo!* Tinha qualquer coisa de calor, poder e flor, transbordamento. (grifo nosso)

Assim, se percebe pela literatura o que Deleuze e Guattari (1995) chamam de agenciamento coletivo de enunciação. Não há um sujeito que por si se colocaria a falar o discurso. Há na verdade uma junção de vozes e de personagens – como no livro da Clarice Lispector, que se agenciam em determinado "espaço no tempo" e proferem o discurso indireto e livre. É com este viés que se analisa o discurso dos Projetos de Lei e das propostas de Emenda à Constituição. Não se procura uma interioridade que coloque o *sujeito*[14], autor de tais propostas, a falar, o fio que se tenta puxar que se refere às práticas (discursivas ou não) que fazem com que seja possível a emergência desses discursos analisados. É nesse campo da autoria que Foucault (2005 b) encontra outro procedimento de controle dos discursos – este por sua vez interno, já que é o próprio discurso que exerce seu controle.

Ao lançar a questão sobre "O que é um autor?", Foucault desloca o conceito de autor para o que ele chama de função-autor, o nome do autor exerce uma função em relação ao discurso, serve para caracterizar certos discursos, para separar, agregar e dar importância a uns em face de outros. Em nossas sociedades existem alguns discursos que detém essa função-autor[15], enquanto outros não. Segundo Foucault (2001 a, p. 274) essa divisão serve para

---

14 "Por que preservamos nossos nomes? Por hábito, exclusivamente por hábito. Para tornar imperceptível, não a nós mesmos, mas o que nos faz agir, experimentar ou pensar. E, finalmente, porque é mais agradável falar como todo mundo e dizer que o sol nasce, quando todo mundo sabe que essa é apenas uma maneira de falar. Não chegar ao ponto em que não se diz mais EU, mas ao ponto em que já não tem qualquer importância dizer ou não dizer EU." (DELEUZE E GUATARRI, 1995, p. 11).

15 É importante que aqui se tenha em mente que não se trata de haver ou não um indivíduo que se põe a falar ou a escrever. Foucault (2005 b) de toda forma deixa isso claro em seu texto. Em conversas cotidianas ou um contrato (em que há um signatário, mas não um autor) o que deixa de ser exercida é a função autor, "seria um absurdo negar, é claro, a existência de um indivíduo que escreve e inventa" (FOUCAULT, 2005 b, p.28).

> Indicar que esse discurso [do autor] não é uma palavra cotidiana, indiferente, uma palavra que se afasta, que flutua e passa, uma palavra imediatamente consumível, mas que se trata de uma palavra que deve ser recebida de uma certa maneira e que deve, em uma dada cultura, receber *status*.

Portanto, se percebe que existem palavras que passam, que se exaurem logo que são pronunciadas (–Oi! Como vai? –Vou bem, nos falamos mais tarde! –Tchau!), enquanto outras tendem a circular e se manter produzindo efeitos, sendo que o autor funciona redistribuindo dessa forma os discursos. Em nossa cultura a função-autor serve ainda como forma de apropriação civil (direitos autorais) e penal (o indivíduo deve dar conta ao Estado daquilo que fala) dos discursos, e, neste ponto, reconhecemos o iluminismo e tudo aquilo que o marco da revolução francesa nos traz, "após o século XVIII, o autor desempenha o papel de regulador da ficção, papel característico da era industrial e burguesa, do individualismo e da propriedade privada". (FOUCAULT, 2001 a, pag. 288).

Quando há uma intenção de analisar projetos de lei se revela perceptível o quanto é propícia a conclusão de Foucault (2001 a, p. 288), em seu texto acima referido, quando esse autor retomando Beckett pergunta: "Que importa quem fala?"[16]. Os discursos de justificação dos projetos de lei em muito se equivalem aos discursos que cotidianamente ouvimos acerca dos mais diversos assuntos. Esses discursos cujo destino poderia ser o das 'palavras que se vão', pretendem por meio do Congresso Nacional passar a ser lei e modificar o funcionamento das instituições, e no caso daquele referido projeto, das instituições relativas às mulheres. É nesse instante que se percebe a presença da função-autor e ainda de uma função que se pode chamar de função-legal. Ainda que os discursos circulem na sociedade nos mais diversos meios e entre diversas pessoas que falam e escrevem, o discurso do legislador é aquele que pode atingir uma materialidade tal que se transformará em lei, e, logo, terá efeitos imediatos nas vidas de muitas pessoas.

Da mesma forma, como se vê o princípio do autor limitar o acaso e o acontecimento do discurso pelo jogo da identidade, tem-se o princípio do comentário que o faz da mesma forma só que no sentido da repetição. O procedimento do comentário funciona para que se classifique certos discursos como primeiros e originais, enquanto que outros surjam como o mero comentário das falas originais, repetindo-as indefini-

---

[16] "E, atrás de todas essas questões, talvez apenas se ouvisse o rumor de uma indiferença: Que importa quem fala?". (FOUCAULT, 2001 a, pág. 288)

damente e as mantendo em ascensão. Pelo que o presente ensaio vem construindo até aqui, não é difícil vislumbrar que não há discurso que emerja de um ponto zero (como acontece com as abelhas percebidas por Benvenistes), os discursos são sempre comentários, ou seja, um 'ouvir dizer'.

Nesse momento, cabe a observação de Deleuze e Guattari (2002, p. 17) de que "os jornais procedem por redundância, pelo fato de nos dizerem o que é `necessário` pensar, reter, esperar, etc," já que a linguagem não é a comunicação de informação, mas a efetivação de um ato imanente, instantâneo: atos de fala. "Ordenar, interrogar, prometer, afirmar, não é informar um comando, uma dúvida, um compromisso, uma asserção, mas efetuar esses atos específicos imanentes, necessariamente implícitos. " (2002, p. 17)[17]. É interessante apontar essa questão para romper com a crença da existência de uma comunicação 'imparcial e informativa', livre de quaisquer interesses. Inexiste linguagem que seja assim, ela já se revela, em si, um ato que produz efeitos. A informação é apenas uma condição mínima para a transmissão da palavra de ordem. Isso foi pensado inicialmente com Austin (1990) com a sugestão de "quando dizer é fazer". Este autor distinguiu, primeiramente, o que seria uma declaração constatativa, que apenas descreve algo, de uma performativa, que opera uma transformação, palavra derivada do *to perform* em inglês - verbo correlato do substantivo ação e que seria algo como "operativo" em português. Austin (1990) exemplifica tal constatação quando afirma: "Aceito alguém como minha legítima esposa..." em uma cerimônia de casamento não estou descrevendo um casamento, mas estou me casando de fato. Claro, aqui se leva em consideração um Estado em que o casamento homoafetivo é reconhecido por *lei*, ou como no caso do Brasil, por meio da *"força-de-lei"* que tem o discurso do STF, materializado na ADPF 132 e na ADI 4277.[18] Percebe-se, por fim, com Deleuze e Guattari que a distin-

---

17 No mesmo sentido, propõe Clarice Lispector (1998) no livro "A Hora da Estrela": "É claro que, como todo escritor, tenho a tentação de usar termos suculentos: conheço adjetivos esplendorosos, carnudos substantivos e verbos tão esguios que atravessam agudos o ar em vias de ação, já que *palavra é ação*, concordais? "(grifo nosso). (p. 15).

18 A ADPF 132 é a Arguição de Descumprimento de Preceito Fundamental que junto a ADI 4277 – Ação Direta de Inconstitucionalidade – reconhecem a União Homoafetiva como entidade familiar, assim como a necessária consagração do casamento civil entre pessoas do mesmo sexo.

ção entre sentenças constatativas e performativas *não é necessária já que toda declaração é performativa, ela é um fazer, já que produz sentido e transforma os corpos.*

É nesse sentido, portanto, que a presente pesquisa mostra a sua relevância ao apontar para a seguinte questão: Como se pode compreender as relações de poder e as consequentes afirmações destas nos discursos e nas práticas legais que, por fim, pretendem tornar-se legislações em vigor com efeito-de-lei?

2. CAMINHOS PARA FUTURAS ANÁLISES

O caráter ensaístico do presente artigo pretende propor as bases para que futuras pesquisas possam ajudar a trilhar caminhos no sentido da compreensão das condições de possibilidade que dão ensejo aos discursos legais que pretendem restringir os direitos das mulheres conquistados após a Constituição Federal de 1988. Assim é que se apresenta alguns dos vários Projetos de Lei e Propostas de Emenda à Constituição, em andamento na Câmara dos Deputados e no Senado Federal, com o lastro nas perspectivas que construídas, até aqui, logo mais adiante iniciaremos as análises iniciais:

- PL 4703/1998 – pretende tratar a Interrupção da gravidez como crime hediondo;
- Projeto de Lei 478/2007, conhecido como Estatuto do Nascituro.
- PEC 164 de 2012 – Estabelece a inviolabilidade do direito à vida desde a concepção;
- Projeto de Lei 5069/2013 –Tipifica como crime contra a vida o anúncio de meios e formas de interrupção da gravidez e prevê penas específicas para quem induz a gestante à prática;
- PEC 29 de 2015 – Altera a Constituição Federal para acrescentar no art. 5°, a explicitação inequívoca "da inviolabilidade do direito à vida, desde a concepção".

2.1. PROJETO DE LEI 478/2007, O ESTATUTO DO NASCITURO.

O Estatuto do Nascituro é uma questão que carece de uma múltipla abordagem tal a diversidade de perspectivas que encerra. É um tema que, antes de tudo e, principalmente, apresenta da forma mais perversa uma das mais intensas e arraigadas heranças misóginas de nossa sociedade colonialista, patriarcal, judaico-cristã e burguesa. Remete a um histórico milenar de dominação dos corpos e da sexualidade reprodutiva ou não das mulheres pela utilização de valores sociais consagrados visando o disciplinamento da existência das pessoas, pelo estabelecimento de uma imposição calcada na relação entre culpa e pecado.

Nessa perspectiva é de fundamental importância compreender e refletir criticamente sobre os reais interesses que subjazem por trás de um discurso pretensamente ético e hipocritamente em defesa da vida.

Esse projeto está baseado na crença de que a vida tem início desde a concepção (momento da união do óvulo com o espermatozoide), quer dizer, antes mesmo do ovo ser implantado no útero (na medida em que a concepção não se dá no útero, mas nas trompas de Falópio). Assim, teria por propósito estabelecer os direitos dos embriões – colocando numa mesma categoria os embriões extra-uterinos e os nascituros (embriões intra-uterinos) -, na medida em que confere ao nascituro e ao embrião humanos ao mesmo *status* jurídico e moral de pessoas nascidas e vivas.

O conteúdo desse projeto teria como consequência: primeiro a proibição das pesquisas com células-tronco de embriões descartados, pois não poderia mais haver fertilizações in vitro; segundo, a impossibilidade de qualquer direito das mulheres decidirem pela interrupção da gravidez indesejada, inclusive em caso de estupro ou perigo de morte da gestante. Significa afirmar que esse projeto, por seu conteúdo, suprime os permissivos legais existentes no Código Penal como em caso de risco de vida da mulher, da gravidez resultante de estupro e a antecipação terapêutica do parto no caso de anomalias graves (como anencefalia), esta última aprovada pelo Supremo Tribunal Federal.

Em seu aspecto interdisciplinar, outra análise que pode ser feita, observando o projeto de lei supracitado, é que ele coloca como sujeito de direitos, primeiro, o que chamam de "nascituro" que nada mais é que o embrião ou o feto, organismos ainda não plenamente desenvolvidos que fazem parte do corpo da mulher. E num segundo momento, o mais pernicioso é percebermos que o projeto de lei prioriza como sujeito de direitos o homem que praticou o estupro, já que ele possuiria o direito concedido pelo Estado de reconhecimento de sua "paternidade". A mulher não aparece como sujeito e sim como sujeitada, o sexo estrangeiro (Despendes, 2011), sem direitos sobre o próprio corpo, nem antes, nem depois da violação sexual. A banalização e naturalização do estupro aparece claramente nos termos do texto do projeto de lei denominado "Estatuto do Nascituro", inclusive pela denominação "genitor" dada ao violador, segue o texto do projeto de lei:

> **Art. 12.** É vedado ao Estado ou a particulares causar dano ao nascituro em razão de ato cometido por qualquer de seus genitores.
> **Art. 13.** O nascituro concebido em decorrência de estupro terá assegurado os seguintes direitos:
> I – direito à assistência pré-natal, com acompanhamento psicológico da mãe;
> II – direito de ser encaminhado à adoção, caso a mãe assim o deseje.
> § 1º Identificado **o genitor** do nascituro ou da criança já nascida, será este responsável por pensão alimentícia nos termos da lei.
> § 2º Na hipótese de a mãe vítima de estupro não dispor de meios econômicos suficientes para cuidar da vida, da saúde do desenvolvimento e da educação da criança, o Estado arcará com os custos respectivos até que venha a ser identificado e responsabilizado por pensão **o genitor** ou venha a ser adotada a criança, se assim for da vontade da mãe. (**grifo nosso**).

Assim, nesta primeira visada, já se percebe o quanto o projeto de lei 478 de 2007, traz a retirada de Direitos Fundamentais das mulheres, inclusive retirando destas a qualidade primordial de *sujeito de direitos*. Pois o discurso de tal projeto de lei reconhece preliminarmente os direitos do embrião e posteriormente os direitos do estuprador, mas deixa à margem os direitos da mulher, inclusive sobre o seu próprio corpo, retrocedendo não só os direitos conquistados na Constituinte de 1988, quanto antes mesmo desta, já que desde o Código Penal de 1940 é permitido às mulheres a interrupção da gravidez, legal e segura, entre outros, no caso do estupro (Art. 128, II do Código Penal).

Este projeto de lei soma-se a outras iniciativas no âmbito do Legislativo que buscam retirar quando não retirar direitos das mulheres e que são defendidos de modo ostensivo pelas bancadas de deputados e senadores, especialmente, evangélicos e católicos.

2.2. PEC 164 DE 2012 – ESTABELECE A INVIOLABILIDADE DO DIREITO À VIDA DESDE A CONCEPÇÃO

A PEC 164/2012 que assegura "a inviolabilidade do direito à vida desde a concepção", é de autoria do ex-deputado federal Eduardo Cunha, hoje em prisão preventiva decretada pela 13ª Vara Federal de Curitiba, desde outubro de 2016, na Operação Benin, por seu envolvimento em falcatruas e corrupção pela Operação Lava-Jato e pela Operação Sepsis.

A proposta dessa PEC é dar uma nova redação ao caput do art. 5º da Constituição Federal para que prevaleça a ideia de que a pessoa humana (titular de direitos e obrigações) enquanto tal já existe desde a concepção, ou seja, desde a fecundação (união do óvulo com o espermatozoide), o que, a rigor, significa que procedimentos como a fertilização in vitro passariam também a ser proibidos. Isso porque, para que se consiga um embrião apto a ser introduzido no útero feminino dezenas de óvulos são fecundados; no entanto, somente alguns serão aproveitados, de sorte que os demais são descartados.

Importante ressaltar que Supremo Tribunal Federal - STF já se debruçou sobre essa mesma matéria quando do julgamento da Ação Direta de Inconstitucionalidade - ADI 3510, que tratava do texto do artigo 5º da Lei de Biossegurança (Lei 11.105/2005), sobre a possibilidade de pesquisas científicas utilizando células-tronco embrionárias, restando permitido tal procedimento, afastando, deste modo, a compreensão de direito à vida desde a concepção ou da pessoalidade desde a concepção.

Por outro lado, essa PEC desconsidera uma realidade objetiva que se repete entra ano sai ano em nosso país: o aborto inseguro segue sendo uma das principais causas de morte de mulheres no Brasil e as estatísticas são incompletas, desatualizadas e não confiáveis. De qualquer modo, dados de 2016 do Ministério da Saúde apontam que, diariamente, pelo menos quatro mulheres morrem em hospitais do país em decorrência de complicações do aborto inseguro, com mais de 124 mil internações por consequências da interrupção da gravidez e " embora os dados oficiais de saúde não permitam uma estimativa do número de abortos no país, foi possível traçar um perfil de mulheres em maior risco de óbito por aborto: as de cor preta e as indígenas, de baixa escolaridade, com menos de 14 e mais de 40 anos, vivendo nas regiões Norte, Nordeste e Centro-oeste, e sem companheiro" (CARDOSO, VIEIRA, SARACENI, 2019, p.01).

Diante da pressão da opinião pública, da sociedade civil organizada, em especial dos grupos feministas e do Instituto dos Advogados Brasileiros a PEC foi arquivada em 31 de janeiro de 2019. No entanto, em 20 de fevereiro voltou a entrar em discussão na Comissão de Constituição e Justiça e de Cidadania (CCJC), aguardando desde março de 2021 um novo relator.

2.3. PROJETO DE LEI 5069/2013

Esse projeto de lei, da autoria do então deputado federal Eduardo Cunha (PMDB-RJ), tipifica como crime contra a vida o anúncio de meios e formas de interrupção da gravidez e prevê penas específicas para quem induz a gestante à prática, pretende incluir no Código Penal um artigo (147-A), que regula a interrupção voluntária da gravidez e tipifica como crime a venda e anúncio de meios abortivos, estabelecendo penas específicas para o que define como indução da gestante à prática do aborto.

Em 21/10/2015 esse projeto foi aprovado pela Comissão de Constituição e Justiça e Cidadania (CCJ), com a relatoria do deputado federal Evandro Gussi (PV-SP).

No entanto, é importante esclarecer que o Brasil já possui uma legislação relativa à violência sexual (Lei nº 12.845/2013), sancionada pela presidenta Dilma Rousseff, que estabelece como obrigatório o atendimento às vítimas de violência sexual em todos os hospitais do Sistema Único de Saúde (SUS), além do fornecimento de informações relativas aos direitos legais e serviços sanitários e a profilaxia da gravidez – que inclui o fornecimento da pílula do dia seguinte, como prevenção, ou mesmo o acompanhamento pré-natal.

Coerente com a lógica patrimonialista, machista de viés moralista religioso e profundamente hipócrita de seus propositores (não por acaso o deputado, "cidadão de bem", autor do projeto se encontrava até bem pouco tempo encarcerado por corrupção e se encontra em prisão domiciliar respondendo por seus crimes) o PL 5069/2013 traz em seu bojo modificações profundas na legislação em vigor, criando empecilhos para a realização do aborto legal.

O PL 5069/2013 concebido e proposto por um homem, modifica o entendimento de violência sexual sofrida por mulheres.

Nos termos da Lei 12.845/2013, violência sexual é qualquer forma de atividade sexual não consentida. Já o PL 5069/2013 propõe que, para ser considerado crime contra a liberdade sexual, a violência sexual tem que resultar em danos físicos e psicológicos, "provados por exame de corpo de delito".

Além disso a mulher é duplamente vitimada, pois, segundo esse PL precisaria provar que sofreu violência para ter acesso às políticas públicas de saúde, em sentido inverso ao que prevê a atual legislação que confere acesso garantido a todos os hospitais e serviços de saúde, apenas com seu relato do ocorrido.

Esse PL deslegitima e desqualifica a palavra da mulher. Ela será obrigada a primeiro fazer o registro do ocorrido na delegacia e exame de corpo de delito no Instituto Médico Legal (IML). Só então pode ser encaminhada a atendimento.

Aqui, mais uma vez, é perceptível a desconsideração da mulher como ser humano, como sujeito a ser considerado enquanto titular de direitos, desejos, espaços a serem respeitados. Essa desconsideração do outro oblitera a condição relacional humana fundamental, sem a qual não há que se falar em convivência, em coexistência civilizatória.

A coexistência é composição indeclinável no complexo das relações humanas, embora o isolamento existencial possa também sugerir recuo das simultâneas solicitudes a fim de refletir e ponderar: no entanto conviver, compreender civilidade e o respeito, bem como o amálgama-vinculatório-afetivo. *Conviver denota vencer o isolamento existencial numa proposta interativa com o outro. Nesse sentido, a vida social é valiosa conquista do processo de aprimoramento da espécie humana* (HOGEMANN, 2012, p.4). Consequentemente, demais direitos como *a liberdade, a igualdade, a fraternidade, a solidariedade, a segurança, o trabalho, a saúde, a educação e, enfim, a própria felicidade humana* (HOGEMANN, 2012, p. 4) e tantos outros valores que são objeto de direitos humanos fundamentais e operacionais, *todos eles se ligam ao direito à vida e se realizam mais efetivamente a partir do primeiro dos grupos sociais dos quais o ser humano faz parte: a família.* (HOGEMANN, 2012, p. 4). Eis o elenco de direitos humanos fundamentais e operacionais que se somam para a realização e a garantia da plenitude do ser humano. Contudo, importa a sublinhar que, por entre esses direitos, há um sobredireito que exsurge entre todos eles: a dignidade da pessoa humana. Esse projeto viola frontalmente a dignidade de todas as mulheres.

2.4. PEC 29 DE 2015

Essa proposta de Emenda Constitucional da autoria do Senador Magno Malta (PL/ES) é mais uma tentativa de caráter moralista religioso de alterar a Constituição Federal para acrescentar no art. 5º, a explicitação inequívoca "da inviolabilidade do direito à vida, desde a concepção". Ou seja, vai no mesmo sentido da PEC 164, de 2012 já comentada no presente ensaio e leva a proibição de qualquer tipo de interrupção de gravidez, mesmo aqueles legalmente previstas pela legislação em vigor desde 1940.

3. CONCLUSÃO

Nesse estudo preliminar acerca de algumas das propostas legislativas que se referem à interrupção da gravidez, o que sobressaiu às análises é a tentativa do legislador de retirar das mulheres a condição de sujeito a ser considerado enquanto titular de direitos, desejos, espaços a serem respeitados, inclusive do direito a ter o seu próprio corpo enquanto um espaço a ser respeitado.

Tal constatação vem ao encontro da proposição histórica e social que foi trazida à baila por este artigo, qual seja: a de que após as conquistas formalmente garantidas no processo constituinte de 1987, acompanhamos um processo de recrudescimento e retirada dos direitos das mulheres nas propostas legislativas constitucionais e infraconstitucionais.

Nesse contexto é importante que nos debrucemos sobre os estudos do discurso, uma vez que a análise parte de Projetos de Lei e Propostas de Emenda à Constituição, que são palavras que se diferenciam, em seus efeitos sociais, por pretenderem ter "força-de-lei". Portanto, no presente estudo, compreendemos os discursos enquanto *relações sociais ou relações de poder* nos termos do filósofo Michel Foucault (2001 a). Assim, uma legislação não é estática, está inserida na dinâmica social das relações de poder, o que demonstra a importância do estudo proposto: perfilar os debates, pós constitucionais, acerca dos direitos das mulheres nas Casas Legislativas. Em virtude do recorte metodológico, o estudo se voltou para as propostas legislativas que se referem às restrições dos direitos das mulheres à autonomia ao próprio corpo, em especial à interrupção da gravidez, que deveria se concretizar no aborto legal e seguro.

Nesse primeiro estudo, portanto, restou demonstrado que o rumo dos debates legislativos, acerca dos direitos das mulheres, é avesso ao marco constitucional de 1988.

REFERÊNCIAS

AUSTIN, J. L. I Conferência: Performativo e Constatativo. In: Quando dizer é fazer. Artes Médicas. Porto Alegre, 1990.

BAKHTIN, M. Discurso indireto, discurso direto e suas variantes. In: Marxismo e Filosofia da Linguagem. Ed. Hucitec. São Paulo. 1992.

BARSTED, Leila Linhares. Breve Panorama dos Direitos Sexuais e Reprodutivos no Brasil. Coletânea Traduzindo a legislação com a perspectiva de gênero. Rio de Janeiro: Cepia, 1999.

BARSTED, Leila Linhares e GARCEZ, Elizabeth. A Legislação civil sobre família no Brasil. In: As Mulheres e os Direitos Civis. Coletânea Traduzindo a legislação com a perspectiva de gênero. Rio de Janeiro: Cepia, 1999.

CARDOSO, Bruna Baptista. VIEIRA, Fernanda Morena dos Santos Barbeiro. SARACENI, Valeria. Aborto no Brasil: o que dizem os dados oficiais? Cad. Saúde Pública 36 (Suppl 1), 2020.

COIMBRA, Cecília Maria Bouças . Gênero, militância, tortura. In: Ferrez, E. (Org.). 68 a geração que queria mudar o mundo: relatos.. Brasília: Ministério da Justiça / Comissão de Anistia, 2011.

Carta das Mulheres à Assembleia Constituinte de 1987. CNDM. Conselho Nacional dos Direitos da Mulher. Brasilia: Ministério da Justiça, 1987.

DELEUZE. Gilles. A lógica do Sentido. São Paulo: Perspectiva, 2006.

DELEUZE, Gilles e GUATTARI, Félix. Mil Platôs: capitalismo e esquizofrenia. Vol. 2. São Paulo: Editora 34, 2002.

DESPENDES, Virginie. Teoria King Kong. Barcelona: Melusina, 2011.

ENGELS. Friedrich. A Origem da Família, do Estado e da Propriedade Privada. Rio de Janeiro:Bertrand Brasil, 1991.

DERRIDA, Jacques. Firma, Acontecimiento, Contexto. Edición electronica de Escuela de Filosofía Universidad ARCIS. Disponível em https://www.ufmg.br/derrida/wp-content/uploads/downloads/2010/05/Derrida-Jacques-Firma-acontecimiento-contexto.pdf, Acesso em 21 nov de 2021.

FEDERICI, Silvia. El Calibán y la Bruja. 4ª edição. Madrid: Traficantes de sueños. 2014.

GRAMÁTICA On-line. Disponível em: <http://www.gramaticaonline.com.br/gramaticaonline.asp?menu=4&cod=45>. Acesso em 28 jun. 2016.

FOUCAULT, Michel. O Sujeito e o Poder. Uma revisão do trabalho. In: RABINOW, Paul;DREYFUS, Hubert. Michel Foucault. Uma trajetória filosófica. Para além do estruturalismo e da hermenêutica. Rio de Janeiro: Forense Universitária, 1995.

FOUCAULT, Michel. Resumo dos Cursos do Collège de France : (1970-1982). Rio de Janeiro: Jorge Zahar Ed. 1997.

FOUCAULT, Michel. Microfísica do Poder: Verdade e Poder. 16ª ed. Rio de Janeiro: Edições Graal Ltda, 2001 a.

FOUCAULT, Michel. Estética: Literatura e Pintura, Música e Cinema: O que é um autor? Rio de Janeiro: Forense Universitária, 2001 b.

FOUCAULT, Michel. Microfísica do Poder: Nietzsche, a Genealogia e a História. 16ª ed. Rio de Janeiro: Edições Graal Ltda, p.15 – 37, 2001 c.

FOUCAULT, Michel. História da Sexualidade: a vontade de saber. Vol. 1. 16ª ed. Rio de Janeiro: Edições Graal, 2005 a.

FOUCAULT, Michel. A ordem do discurso. 12 edição. São Paulo: Edições Loyola, 2005 b.

FOUCAULT, Michel. A Verdade e as Formas Jurídicas. 3ª ed. Rio de Janeiro: Nau Editora, 2005 c.

HOGEMANN, Edna Raquel. A relevância do afeto e da alteridade na garantia dos Direitos Humanos. Prisma Jurídico (Online), v. 18, p. 100-118. 2012.

LEITE, Miriam Lifchitz Moreira. Outra face do feminismo: Maria Lacerda de Moura. São Paulo: Ática,1984.

LISPECTOR, Clarice. A Hora da Estrela. Rio de Janeiro, Rocco, 1998.

LOBO, Lilia Ferreira. Psicologia em Estudo: Pragmática e subjetivação por uma ética impiedosa do acontecimento , Maringá, v. 9, n. 2, mai./ago. 2004, disponível em http://www.scielo.br/scielo.php?script=sci_arttext&pid=S1413-73722004000200006. Acesso em: 08 ago. 2017.

PLATÃO. Fedro. São Paulo: Editora Martin Claret, 2005.

ROSA. João Guimarães. Primeiras Estórias: As Margens da Alegria. Rio de Janeiro: Editora Nova Fronteira, 2005.

STRECK, Lênio Luiz. Criminologia e Feminismo. In: CAMPOS, Carmen Hein de (Org.), Criminologia e Feminismo. Porto Alegre: Sulina, 1997.

TELES, Maria Amélia de Almeida. Lembranças de um Tempo sem Sol. In Gênero, Feminismos e Ditaduras no Cone Sul. Ilha de Santa Catarina: Editora Mulheres, 2010.

VICENTE, Laila Maria Domith. PECs: Propostas de Emenda à Consitutuição ou Processos de Exclusão e Criminalização. Rio de Janeiro: Lumen juris, 2018.

VICENTE, Laila Maria Domith e RIBEIRO, Victor Oliveira. Proteção Penal à Liberdade Sexual da Mulher ou à Moral Sexual Dominante? Uma análise do filme Acusados. Florianópolis: FUNJAB, 2012.

DIREITOS REPRODUTIVOS ENQUANTO *SOFT POWER*: O CASO DO BRASIL NA ONU

Beatriz de Barros Souza[1]
Juliana Aguilera Lobo[2]
Marina Schuwarten Furbino de Pinho[3]

INTRODUÇÃO

Tradicionalmente, o poder dos Estados é concebido como um termômetro para a análise das Relações Internacionais, para o qual há várias medidas, entre as quais está a medida de "força". Nessa medida, o poder brando - ou *soft power* - das nações teria três principais fontes: cultura, valores domésticos e política externa (NYE, 2004).

Tais ações e decisões podem mudar com os governos, criando cenários favoráveis para as diferentes estratégias de inserção no âmbito internacional e, consequentemente, mudança nos compromissos políticos e preferências ideológicas (LIMA, 2005b). Nesse sentido, o grau da afirmação do poder político relacional (em outras palavras, a "potência") está

---

1 Doutora em Psicologia (2022), Mestra em Direitos Humanos (USP, 2017) e Bacharela em Relações Internacionais (PUC-SP, 2011), atua como Professora colaboradora no Mestrado em Políticas Públicas da Escola Superior de Ciências da Santa Casa de Misericórdia de Vitória (Emescam).

2 Mestranda em Ciência Política (Unicamp) e Bacharela em Relações Internacionais (Unesp Franca, 2010). É pesquisadora do Grupo de Estudos sobre Aborto da Universidade Federal do Espírito Santo (GEA UFES) e do Núcleo de Pesquisa em Participação, Movimentos Sociais e Ação Coletiva (NEPAC) da Unicamp.

3 Formada em Direito pela Estácio de Vitória, pós-graduada em Relações Internacionais com ênfase em Direito Internacional pela Faculdade IBMEC e pesquisadora do Grupo de Estudos sobre Aborto da Universidade Federal do Espírito Santo (GEA UFES).

distribuído de forma desigual entre os Estados no âmbito internacional (BOBBIO, 1998, p. 959). Nessa distribuição desigual, a *política externa* seria o atributo mais tangível de poder brando segundo Joseph Nye (2004), podendo ser definida, segundo Pinheiro (2004, p. 5), enquanto:

> o conjunto de ações e decisões de um determinado ator, geralmente mas não necessariamente o Estado, em relação a outros Estados ou atores externos — tais como organizações internacionais, corporações multinacionais ou atores transnacionais —, formulada a partir de oportunidades e demandas de natureza doméstica e/ou internacional. Nesse sentido, trata-se da conjugação dos interesses e idéias dos representantes de um Estado sobre sua inserção no sistema internacional tal como este se apresenta ou em direção à sua reestruturação, balizados por seus recursos de poder.

Após vários governos, então, a política externa brasileira manteve como prioridade sua inserção como potência internacional e econômica, consolidando-se como potência regional e buscando estar presente nas agendas internacionais que poderiam ratificar tal papel (FERRO, 2016). Retornou, assim, a aspiração em tornar o Brasil um grande ator global.

Contudo, a política externa brasileira sofreu muitas alterações em seu acumulado histórico no que tange à sua diplomacia durante o governo de Jair Bolsonaro (CASARÕES, 2019). Nesse ínterim, quando a política externa de certo Estado perde em graus de credibilidade e legitimidade perante a visão dos outros atores internacionais, surgem atitudes de desconfiança, que por sua vez, reduzem a influência e, portanto, o *soft power* desse mesmo país (NYE, 2004).

A seguir, pretende-se analisar a construção e situação de *soft power* do Brasil a partir de seus posicionamentos oficiais nas Conferências da ONU sobre direitos das mulheres. Assim, se buscará analisar se essa agenda é capaz de influenciar nas políticas públicas locais e observar o momento político enfrentado pelo país, bem como a sua evolução no cenário internacional.

1. O BRASIL NA ONU: POSIÇÕES OFICIAIS SOBRE DIREITOS DAS MULHERES

Acerca dos posicionamentos oficiais do Brasil nas quatro conferências mundiais sobre as mulheres importa tecer algumas considerações. Na primeira dessas (ONU, 1975), a comissão brasileira foi presidida pelo então Embaixador Lauro Escorel, tendo na delegação, entre outras delegadas e delegados, a presença da feminista Bertha Lutz. A contribuição dessa delegação na luta pelos direitos das mulheres foi essencial para que o Brasil votasse nos assuntos com propriedade sobre o tema (SILVA, 2013).

Na ocasião, o Brasil havia se alinhado ao "Grupo dos 77", países em desenvolvimento que objetivavam a promoção do desenvolvimento interno através de participações em fóruns internacionais. Todavia, as discussões às vezes se desviavam do tema da equidade entre homens e mulheres para temas geopolíticos e de política externa dos países presentes (SILVA, 2013). Dessa forma, o Brasil teve uma participação tímida, com apenas três propostas sendo adotadas no texto oficial do Plano de Ação da Conferência, com 35 resoluções ao todo.

Na II Conferência (Copenhague, 1980), a participação brasileira foi ainda mais tímida do que na Conferência anterior, ainda concentrada no desenvolvimento interno. No entanto, sofreu posicionamentos opositores de feministas que estavam presentes no evento e esperavam posicionamentos mais firmes em questões propriamente femininas (SAFFIOTI, 1995). A confederação brasileira fez ainda uma proposta de resolução conjunta com outros países quanto à assistência para a reconstrução da Nicarágua, que tinha recentemente passado por uma guerra civil (a "Revolução Sadinista").

Já durante a III Conferência (1985), o Brasil passava pelo processo de redemocratização, o que permitiu que houvesse uma aproximação do movimento feminista e que o posicionamento brasileiro estivesse mais maduro quanto às questões sociais e de gênero. A embaixadora do Brasil na Áustria à época, Thereza Quintella, esteve na delegação brasileira e desempenhou papel fundamental para articular as feministas presentes (SAFFIOTI, 1995). A pauta da III Conferência por si só carregava um caráter mais progressista, pois tratava pela primeira vez de temas como a violência contra a mulher (SILVA, 2013). A delegação brasileira, embora tenha se restringido no quesito propostas de resolução, não fugiu do debate e se demonstrou interessada em contribuir (SILVA, 2013).

A Conferência de Pequim (1995) merece destaque devido ao seu impacto notório a nível global, principalmente em comparação com as Conferências anteriores, inserindo-se "no contexto de evolução do movimento de mulheres, constituindo-se em mais um passo na jornada internacional de conquistas e afirmação de seus direitos" (HADDAD,

2007, p. 84). Inclusive, foi a maior Convenção da ONU levando em consideração o número de participantes, contando com a presença de cinco mil delegados e delegadas, oriundos de cento e oitenta e nove países, mais de quatro mil profissionais da área do jornalismo e quatro mil integrantes de organizações não governamentais. Participaram da Conferência oficial cerca de trezentos brasileiros, dentre os quais encontrava-se a antropóloga Ruth Cardoso, primeira-dama à época, que chefiou a delegação do Brasil (HADDAD, 2007), tendo a delegação uma postura alinhada à agenda social da ONU nos anos 1990 e o diálogo aberto com a sociedade civil.

Destaca-se ainda a empenhada postura brasileira no processo preparatório à Convenção, iniciado em 1993, em duas instâncias (HADDAD, 2007). A primeira, oficial, comandada pelo governo, foi marcada pela criação do Comitê Brasileiro para a IV Conferência Mundial Sobre a Mulher, via decreto presidencial. O Comitê foi integrado por representantes ministeriais, bem como representantes do CNDM e do Fórum Nacional de Presidentas de Conselhos Estaduais da Condição e dos Direitos da Mulher. Seu maior objetivo era a elaboração do "Relatório Geral Sobre a Mulher na Sociedade Brasileira", documento inédito e muito importante para os direitos das mulheres no país, visto que houve consulta à sociedade para seu preparo (HADDAD, 2007; SAFFIOTI, 1995). A segunda instância era organizada pela sociedade civil e denominada Articulação de Mulheres Brasileiras (AMB), a qual segue atuante (SAFFIOTI, 1995).

Com a onda de redemocratização das Américas na década de 1990, a participação de ONGs foi decisiva no que tange à articulação dos interesses nas duas instâncias preparatórias para a conferência (HADDAD, 2007). De fato, a Plataforma de Ação oriunda da Conferência de Pequim traz, em 361 parágrafos no total, um "diagnóstico da situação da mulher no mundo, estabelecendo um conjunto de medidas a serem tomadas pela comunidade internacional" (HADDAD, 2007, p. 86-87) para a capacitação das mulheres e o combate às discriminações de gênero. Os cento e oitenta e nove países presentes em Pequim concordaram de forma unânime que os direitos das mulheres são parte integrante dos direitos humanos fundamentais e que a equidade de gênero é a base para o progresso e a justiça social (HADDAD, 2007).

2. BRASIL E DIREITOS DAS MULHERES: POLÍTICAS NO SÉCULO XXI

No Brasil, o começo do século XXI assistiu a uma priorização de programas sociais, marcados principalmente pela luta contra a fome, pela criação das Secretarias de Promoção da Igualdade Racial e de Políticas para as Mulheres, pela transferência de renda para brasileiros em extrema pobreza e pela ampliação do acesso à educação no governo Lula, o qual obteve, ao final de seu mandato, um índice de aprovação popular de 83,4% (DATAFOLHA, 2010). Por essas razões, Lula era considerado por alguns um líder populista com grande poder de persuasão e forte presença, contribuindo para o Brasil alcançar elevado patamar no cenário internacional e "uma ativa diplomacia da saúde com intenso ativismo sul-sul" (GAYARD, 2019 apud DALDEGAN; DE SOUSA, 2021, p. 224).

Dilma se elegeu como sucessora de Lula e foi a primeira mulher a assumir a Presidência da República. Começou seu mandato lançando um programa para atingir uma das principais metas do seu governo e conseguir retirar 16,2 milhões de pessoas da extrema pobreza. A presidente também continuou e ampliou outras ações de seu antecessor petista, como, por exemplo, o Programa Minha Casa, Minha Vida. Instaurou a Comissão Nacional da Verdade, que apurou violações dos direitos humanos ocorridas no período da ditadura militar (1946-1988). Dilma sancionou muitas leis importantes, como por exemplo o Marco Civil para a Internet, e sancionou, sem veto, o Plano Nacional da Educação (PNE). Segundo William Daldegan e Ana Tereza Lopes Marra de Sousa (2021, p. 2019) "especificamente sobre o Governo Rousseff, houve continuidade da política externa com relação ao governo Lula".

Em 2013, por conta do aumento do valor das passagens do transporte público, houve um ciclo de protestos no Brasil. Após o agravamento da crise econômica durante o Governo Dilma, novas manifestações aconteceram durante 2015 e 2016; contudo, desta vez, o objetivo era o seu *impeachment*, que foi formalmente aceito por Eduardo Cunha, então presidente da Câmara dos Deputados, e posteriormente votado na Câmara e no Senado em 2016 - ano em que o então vice de Dilma, Michel Temer, assumiu o governo e assim instaurou-se uma crise política no Brasil.

No final de 2018, Jair Bolsonaro conseguiu se eleger para Presidente da República através de uma campanha baseada em fake news, apoiando-se em discursos de ódio e aproveitando-se da prisão do ex-presidente Lula, também candidato e primeiro colocado nas pesquisas de intenção de voto até sua prisão.

As expectativas negativas foram superadas no momento que a pandemia se instaurou no Brasil, completamente despreparado e incapaz de priorizar a vida dos brasileiros. O próprio presidente fazia propaganda de tratamento precoce para Covid-19 mesmo após ser comprovada sua ineficácia cientificamente (VIEIRA et al, 2020), entre outros ataques à saúde pública.

A polarização da política insere-se muito bem no contexto brasileiro atual, onde direita e esquerda são inimigas, onde quem não apoia o atual presidente é automaticamente taxado de "comunista", quando na verdade, é só alguém tentando defender os direitos humanos básicos de algum ser humano. Com relação à política externa adotada por Jair Bolsonaro, pode ser caracterizada por três pontos principais (DALDEGAN; DE SOUSA, 2021, p. 219):

> i) fragmentação quanto ao processo de formulação PEB; ii) alinhamento aos EUA de Donald Trump; iii) críticas ao globalismo que seria instrumentalizado na ação dos organismos multilaterais; iv) abandono da atitude proativa e de liderança em temas como da defesa do meio ambiente e dos direitos humanos.

Insta salientar que no ano de 2019, o presidente foi denunciado no Tribunal Penal Internacional (TPI) por "crimes contra a humanidade e atos que levam ao genocídio de comunidades indígenas e tradicionais". Já no Conselho de Direitos Humanos da ONU, "o Brasil tem atuado para restringir o mandato de monitoramento do Conselho e se posicionado de forma contrária com relação a temas como o racismo, a violência policial, e o direito das mulheres" (DALDEGAN; DE SOUSA, p. 221). Adotando esses posicionamentos, o protagonismo do Brasil no âmbito internacional anteriormente galgado mediante capacidade discursiva e instrumentos de *soft power* foi enfraquecido (DALDEGAN; DE SOUSA, 2021).

Portanto, no contexto internacional, verifica-se a ascensão do Brasil na Era Lula, tendo um processo de deterioração nos governos Dilma e Temer por conta de fatores internos e externos (DALDEGAN; DE SOUSA, 2021) e, com o atual governo, segundo a Trinkunas (2018, p. 1 apud DALDEGAN; DE SOUSA, 2021, p. 219):

a eleição de Bolsonaro constituir-se-ia a principal prova para o soft power brasileiro, uma vez que suas posições defendiam um "ataque às políticas diplomáticas tradicionais do Brasil refletindo uma falta de apoio à ordem internacional atual, que, apesar de todas as suas falhas, o Brasil tem contado para estender sua influência e proteger seus interesses.

Dessa forma, em oposição a um momento anterior, o ataque a direitos humanos incluído na política externa contribui para o isolamento do Brasil no meio internacional e a consequente perda ganho de *soft power*. No atual momento político, com retrocessos e posicionamentos conservadores, potencializados pelas consequências da pandemia, verifica-se a queda deste poder de influência e prestígio internacional lapidado desde a redemocratização.

3. CONSIDERAÇÕES FINAIS

Atualmente, os direitos reprodutivos das mulheres são internacionalmente reconhecidos como direitos humanos, e sua defesa constitui um importante elemento de *soft power* no âmbito global. Dessa forma, os países que avançam na temática e a incluem em sua política externa, estarão em evidência, exercendo um papel de influência perante o restante dos Estados.

A partir do período de redemocratização do Brasil, a conjugação entre direito interno e internacional foi intensificada, juntamente com a proteção dos direitos humanos das mulheres, destacando-se a igualdade reconhecida constitucionalmente. Ademais, foi ressaltado que, desde 2008, tratados de direitos humanos assinados pelo Brasil passaram a compor o bloco de constitucionalidade, independentemente do quorum de sua aprovação no Congresso.

Com uma boa agenda internacional e uma diplomacia afiada, o Brasil chegou a desenvolver um forte protagonismo no cenário internacional no começo do século corrente, participando de Conferências, assinando tratados e contribuindo com debates realizados no âmbito do sistema ONU. Contudo, recentemente, houve um arrefecimento no que diz respeito à proteção dos direitos humanos das mulheres, em jurisdição interna e internacional.

Dessa forma, na análise desenvolvida, prevalece a concepção de que o país perdeu prestígio internacional após o fim do governo Lula, principalmente com a especulação midiática de casos de corrupção contra o ex-presidente Lula, mais tarde revogadas; com o impeachment (ou golpe) da Presidenta Dilma Rousseff em 2016; e, presentemente, com o constante ataque discursivo e na prática aos direitos humanos e à democracia pelo governo de Jair Bolsonaro.

Assim, conclui-se que embora o país tenha atingido grande prestígio e considerável avanço no que se refere aos direitos humanos das mulheres, atualmente é necessário adotar medidas para completo alinhamento do Estado brasileiro à causa e observar eventuais regressos, bem como alinhamento a países ultraconservadores no cenário internacional.

REFERÊNCIAS

ABRAMOVAY, Miriam. *Uma Conferência entre Colchetes*. Revista Estudos Feministas, Rio de Janeiro: IFCS/UERJ – PPCIS/UERJ, v. 3, n. 1, 1995, p. 212-218.

ALDEN, Chris; VIEIRA, Marco Antonio. *The new diplomacy of the South: South Africa, Brazil, India and trilateralism*. Third world quarterly, v. 26, n. 7, p. 1077-1095, 2005.

ALVES, José Augusto Lindgren. *A Agenda Social da ONU contra a desrazão "pós-moderna"*. Revista Brasileira de Ciências Sociais – ANPOCS, ano 11, n. 30, p. 63-82, fev. 1996.

ALVES, José Augusto Lindgren. *A Cúpula Mundial sobre o Desenvolvimento Social e os paradoxos de Copenhague*. Revista Brasileira de Política Internacional, v. 40, p. 142-166, 1997.

AMÂNCIO, Kerley Cristina Braz. *"Lobby do Batom": uma mobilização por direitos das mulheres*. Revista Trilhas da História, v. 3, n. 5, p. 72-85, 2013.

AMORIM, Celso. *Brasil: um interlocutor coerente*. In: BRASIL, 2008.

BANDEIRA, Lourdes Maria; ALMEIDA, Tânia Mara Campos de. *Vinte anos da Convenção de Belém do Pará e a Lei Maria da Penha*. Revista Estudos Feministas, v. 23, p. 501-517, 2015.

BILDER, Richard B. *An overview of international human rights law*. In: HANNUM, Hurst (Editor). Guide to international human rights practice. 2. ed. Philadelphia: University of Pennsylvania Press, 1992.

BINENBOJM, Gustavo. *Monismo e Dualismo no Brasil: uma dicotomia afinal irrelevante*. Revista da EMERJ, v. 3, n. 9, p. 180-195, 2000.

BOBBIO, Norberto. *"Política"*. In: BOBBIO, N.; MATTEUCCI, N.; PASQUINO, G. Dicionário de Política. Varriale et al.; coord. trad. João Ferreira; rev. geral João Ferreira e Luis Guerreiro Pinto Cacais. Brasília: UnB, 1a ed., 1998. p. 954-962.

BRASIL. *Lei nº 4.316, de 30 de julho de 2002*. Promulga o Protocolo Facultativo à Convenção sobre a Eliminação de Todas as Formas de Discriminação contra a Mulher. Diário Oficial da União, Brasília, DF, 31 jul. 2002. Disponível em: <http://www.planalto.gov.br/ccivil_03/decreto/2002/d4316.htm>. Acesso em: 26 set. 2021.

BRASIL. *Decreto nº 1.904, de 13 de maio de 1996.* Dispõe sobre o Programa Nacional de Direitos Humanos - PNDH, instituído pelo Decreto no 1.904, de 13 de maio de 1996, e dá outras providências. Diário Oficial da União, Brasília, DF, 15 maio de 2002. Disponível em: <http://www.planalto.gov.br/ccivil_03/decreto/2002/D4229.htm#8>. Acesso em: 26 set. 2021.

CANÇADO TRINDADE, Antônio A. *A proteção dos direitos humanos nos planos nacional e internacional: perspectivas brasileiras.* San José de Costa Rica/Brasília: Instituto Interamericano de Derechos Humanos, 1992.

CASARÕES, Guilherme. *Eleições, política externa e os desafios do novo governo brasileiro.* Pensamiento propio, v. 24, p. 231-274, 2019.

CASTRO, Araújo. *Organização e notas de Rodrigo Amado.* Brasília: Universidade de Brasília, 1982.

CENTRO FEMINISTA DE ESTUDOS E ASSESSORIA. *Plataforma 25 anos,* 2014. Disponível em <https://www.cfemea.org.br/plataforma25anos/>. Acesso em 26 set. 2021.

CERVO, Amado Luiz; LESSA, Antônio Carlos. *O declínio: inserção internacional do Brasil (2011-2014).* Revista Brasileira de Política Internacional, v. 57, p. 133-151, 2014.

COMISSÃO ECONÔMICA PARA A AMÉRICA LATINA E O CARIBE. *Conferência Regional sobre a Mulher da América Latina e do Caribe.* 2019. Disponível em <https://www.cepal.org/pt-br/orgaos-subsidiarios/conferencia-regional-mulher-america-latina-caribe>. Acesso em 25 set. 2021.

CONSELHO REGIONAL DE PSICOLOGIA DA 2a. REGIÃO (CRP-PE). *28 de maio: Dia Internacional de Luta Pela Saúde da Mulher e o Dia Nacional de Redução da Mortalidade Materna.* [recurso eletrônico]. 28 mai 2017. Disponível em: http://www.crppe.org.br/noticias/28_de_maio_-_dia_internacional_de_luta_pela_saude_da_mulher_e_o_dia_nacional_de_reducao_da_mortalidade_materna

CORTE IDH, *Caso 12.051, Maria da Penha Fernandes,* 4 de abril de 2001. Disponível em <https://www.cidh.oas.org/annualrep/2000port/12051.htm>. Acesso em 26 set. 2021.

DALDEGAN, William; DE SOUSA, Ana Tereza Lopes Marra. *Soft power brasileiro: uma análise da política externa em tempos pandêmicos.* Conjuntura Global, v. 10, n. 1, 2021.

DATAFOLHA, Instituto. *Acima das expectativas, Lula encerra mandato com melhor avaliação da história.* OPINIÃO PÚBLICA - 20/12/2010. Disponível em: https://datafolha.folha.uol.com.br/opiniaopublica/avaliacaodegoverno/presidente/lula/indice-1.shtml. Acesso em: 28 ago. 2021.

DE CARVALHO HERNANDEZ, Matheus. *A ascensão do tema dos direitos humanos no pós-guerra fria: a conferência de Viena (1993).* Mediações-Revista de Ciências Sociais, v. 15, n. 1, p. 54-73, 2010.

DE MELLO, Maria Elvira Vieira; GALLI, Beatriz. *Mortalidade Materna e Aborto Inseguro: uma questão de direitos humanos das mulheres.* 2016.

DUARTE, Paulo. *Soft China: o caráter evolutivo da estratégia de charme chinesa.* Contexto Internacional, v. 34, p. 501-529, 2012. Disponível em: <https://doi.org/10.1590/S0102-85592012000200005>. Acesso em: 28 ago. 2021.

FERRO, Maria Fernandez de Moura et al. *Política Externa e Temas Sociais: Uma análise da trajetória da posição do Brasil nas Conferências Mundiais da ONU Sobre a Mulher.* 2016.

FONSECA, JR., Gelson. *A legitimidade e outras questões internacionais*. 2º Ed. São Paulo: Paz e Terra, 2004.

GUTIER, Murillo Sapia. *Introdução ao direito internacional público*. 2011.

HADDAD, Tathiana. *Diplomacia pública: a política externa brasileira e as ONGs na conferência de Beijing (1995)*. Master diss. Pontifícia Universidade Católica do Rio de Janeiro, 2007.

HIRST, Monica; PINHEIRO, Letícia. *A política externa do Brasil em dois tempos*. Revista brasileira de política internacional, v. 38, n. 1, p. 5-23, 1995.

INSTITUTO INTERAMERICANO DE DERECHOS HUMANOS. *Protocolo Facultativo à Convenção sobre a Eliminação de todas as formas de Discriminação contra a Mulher*, 2000. Disponível em <https://www.iidh.ed.cr/BibliotecaWeb/Varios/Documentos. Interno/BD_1978751583/Protocolo/PP-Documento.htm?url=%2FBibliotecaWeb%-2FVarios%2FDocumentos.Interno%2FBD_1978751583%2FProtocolo%2FPP-Documento.htm>. Acesso em: 26 set. 2021.

LAFER, Celso. *A ONU e os direitos humanos*. Estudos avançados, v. 9, n. 25, p. 169-185, 1995.

LAFER, Celso. *A internacionalização dos direitos humanos. Constituição, racismo e relações internacionais*, 2005.

LIMA, Maria Regina Soares de. *Aspiração internacional e política externa*. Revista Brasileira de Comércio Exterior, v. 82, p. 4-19, 2005a.

LIMA, Maria Regina Soares de. *A política externa brasileira e os desafios da cooperação Sul-Sul*. Rev. Bras. Polít. Int. 48 (1): 24-59, 2005b.

MARIANO, Marcelo Passini. *A política externa brasileira e a integração regional: uma análise a partir do Mercosul*. Ed. Unesp: São Paulo, 2015.

MATTAR, Laura Davis. *Reconhecimento jurídico dos direitos sexuais: uma análise comparativa com os direitos reprodutivos*. Sur, Rev. Int. Direitos Human., [s.l.], v. 5, n. 8, p.23-35, jun. 2008. Disponível em: <https://doi.org/10.1590/S1806-64452008000100004>. Acesso em: 25 set. 2021.

MAZZUOLI, Valerio de Oliveira. *Direito Internacional Público: Parte Geral*. 4. ed. São Paulo: Revista dos Tribunais, 2008, p.73.

NETO, Octavio A. *De Dutra a Lula: a condução e os determinantes da política externa brasileira*. Ed. Elsevier: Rio de Janeiro, 2012.

NYE JR, Joseph S. *O paradoxo do poder americano*. Unesp, 2002.

NYE, Joseph S. *Soft Power: the means to sucess in world politics*. New York: Public Affairs, 2004.

ORGANIZAÇÃO DAS NAÇÕES UNIDAS (ONU). *Pacto Internacional sobre os Direitos Econômicos, Sociais e Culturais*. Genebra, 1966. Disponível em: <http://www.unfpa.org.br/Arquivos/pacto_internacional.pdf>. Acesso em 26 set. 2021.

ORGANIZAÇÃO DAS NAÇÕES UNIDAS (ONU). *Convenção sobre a Eliminação de Todas as Formas de Discriminação contra a Mulher*. Genebra, 1979. Disponível em: <www.onumulheres.org.br/wp-content/uploads/2013/03/convencao_cedaw.pdf>. Acesso em 26 set. 2021.

ORGANIZAÇÃO DAS NAÇÕES UNIDAS (ONU). *Declaração e Programa de Ação de Viena: Conferência Mundial sobre Direitos Humanos.* Viena, 14 a 25 de Junho de 1993. Disponível em: <https://www.onumulheres.org.br/wp-content/uploads/2013/03/declaracao_beijing.pdf>. Acesso em 26 set. 2021.

ORGANIZAÇÃO PAN-AMERICANA DA SAÚDE. *Conferência Sanitária Pan-Americana.* Disponível em <https://www.paho.org/pt/orgaos-diretores/conferencia-sanitaria--pan-americana>. Acesso em 25 set. 2021.

OSIS, Maria José Martins Duarte. *Paism: um marco na abordagem da saúde reprodutiva no Brasil.* Cadernos de Saúde Pública, v. 14, p. S25-S32, 1998.

PINHEIRO, Leticia Abreu. *Política externa brasileira.* Editora Schwarcz-Companhia das Letras, 2004.

PIOVESAN, Flávia. *Temas de direitos humanos.* Saraiva Educação SA, 2017.

PIOVESAN, Flávia. *Direitos humanos e o direito constitucional internacional.* 12. Ed. rev. e atual. São Paulo: Saraiva, 2011.

PITANGUY, Jacqueline. *Os direitos humanos das mulheres.* Fundo Brasil de Direitos Humanos, 2017a.

PITANGUY, Jacqueline. *As mulheres e a Constituição de 1988.* 2017b. Disponível em: <https://www.cepia.org.br/images/nov089.pdf>. Acesso em 25 set 2021.

PORTELA, Paulo Henrique Gonçalves. *Direito internacional Público e Privado.* Salvador: JusPodivm, 2009.

RAMOS, Margarita Danielle. *Reflexões sobre o processo histórico-discursivo do uso da legítima defesa da honra no Brasil e a construção das mulheres.* Revista Estudos Feministas, v. 20, p. 53-73, 2012.

REICHERT, Elizabeth. *Women's rights are human rights: platform for action.* International Social Work, v. 41, n. 3, p. 371-384, 1998.

RICUPERO, Rubens. *À sombra de Charles de Gaulle: uma diplomacia carismática e intransferível. A política externa do governo Luiz Inácio Lula da Silva (2003-2010).* Novos estudos CEBRAP, p. 35-58, 2010.

ROCHA, Maria Isabel B. da. *Política demográfica e parlamento: debates e decisões sobre o controle da natalidade.* Tese de Doutorado. Unicamp, 1992. Disponível em: <https://repositorio.unicamp.br/jspui/handle/REPOSIP/281050>. Acesso em 26 set. 2021.

RUBIN, Beatriz. *O papel das conferências mundiais sobre as mulheres frente ao paradigma do empoderamento feminino.* Leopoldianum, v. 38, n. 104-6, p. 61-84, 2012.

SAFFIOTI, Heleieth I. B.. *Enfim sós: Brasil Rumo a Pequim.* Estudos Feministas, Florianópolis, v. 3, n. 1, p.198-202, jan/jun 1995. Disponível em: <https://periodicos.ufsc.br/index.php/ref/article/view/16935/15499>. Acesso em: 25 set. 2021.

SECRETARIA DE POLÍTICA PARA MULHERES. *Consenso de Brasília: XI Conferência Nacional sobre a Mulher da América Latina e Caribe.* Brasília, 2013. Disponível em: <https://www.cepal.org/sites/default/files/events/files/informe_brasil_-_consenso_de_brasilia.pdf>. Acesso em: 23 set. 2021.

SECRETARIA DE SAÚDE DO ESTADO DO PIAUÍ (SESAPI). *Governo lança Política Nacional de Planejamento Familiar.* 28 mai 2007 [recurso eletrônico]. Disponível em:

www.saude.pi.gov.br/noticias/2007-05-28/1436/governo-lanca-politica-nacional-de-planejamento-familiar.html>. Acesso em: 23 set. 2021.

SILVA, Raimunda Magalhães da et al. *Planejamento familiar: significado para mulheres em idade reprodutiva.* Ciência & Saúde Coletiva, v. 16, p. 2415-2424, 2011a.

SILVA, Salete Maria da. *A Carta que elas escreveram: a participação das mulheres no processo de elaboração da Constituição Federal de 1988.* Tese (doutorado), Universidade Federal da Bahia, Faculdade de Filosofia e Ciências Humanas, 2011b, p. 196.

SILVA, Vivian Souza Alves da. *Representação oficial e o movimento feminista brasileiro: Os fóruns internacionais sobre gênero da ONU e a atuação brasileira.* Anais do III SINAGI: gênero, sexualidades e movimentos sociais, Catalão, v. 1, n. 1, p.516-531, out. 2013. Disponível em: <https://dialogus.catalao.ufg.br/up/502/o/Anais_III_SINAGI_2013_13_01.pdf?1389650469>. Acesso em: 25 set. 2021.

STOPPINO, M. "Poder". In: BOBBIO, Norberto; MATTEUCCI, Nicola; PASQUINO, Gianfranco. *Dicionário de Política.* Varriale et al.; coord. trad. João Ferreira; rev. geral João Ferreira e Luis Guerreiro Pinto Cacais. Brasília: UnB, 1a ed., 1998. p. 933-943.

TALIB, Rosângela Aparecida et al. *Dossiê: serviços de aborto legal em hospitais públicos brasileiros,* (1989-2004). Católicas pelo Direito de Decidir, 2005.

TELES, Maria Amélia de Almeida. *O que são direitos humanos das mulheres.* Editora Brasiliense, 2017.

TREMBLAY, Mathieu. *L'émergence du soft power chinois.* Plateforme Québécoise de Journalisme Citoyen, 2007. Disponível em: <http://www.centpapiers.com/lemergence-du-soft-power-chinois/>. Acesso em: 28 ago. 2021.

FUNDO DE POPULAÇÃO DAS NAÇÕES UNIDAS- UNFPA. *Consenso de Montevidéu Sobre População e Desenvolvimento.* Montevidéu, 2013. Disponível em <https://brazil.unfpa.org/pt-br/consenso-de-montevideu>. Acesso em: 24 set. 2021.

VIEIRA, Sebastian B.; FONTINELE, Danilo R. S. et al. *Early treatment of COVID-19 based on scientific evidence.* Rev Bras Prom Saúde, e-ISNN: 1806-1830, 2020;33:10993.

VIGEVANI, Tullo; CEPALUNI, Gabriel. *A política externa de Lula da Silva: a estratégia da autonomia pela diversificação.* Contexto Internacional, Rio de Janeiro, v. 29, n. 2, Dec. 2007.

VILLELA, Wilza V.; LAGO, Tânia. *Conquistas e desafios no atendimento das mulheres que sofreram violência sexual.* Cadernos de Saúde Pública, v. 23, p. 471-475, 2007.

VITALE, Denise; NAGAMINE, Renata. *Gênero, direito e relações internacionais: debates de um campo em construção.* EDUFBA, 2018.

VIZENTINI, Paulo Fagundes. *Uma década de política externa (1995-2005).* Civitas – Revista de Ciências Sociais, v. 5. n. 2, jul.-dez. 2005.

DIREITOS SEXUAIS E REPRODUTIVOS: A INTERRUPÇÃO VOLUNTÁRIA DA GRAVIDEZ NOS PAÍSES DO CONE SUL.

Luiza Regiane Gaspar Ienke[1]
Bruna Woinorvski de Miranda[2]
Lislei Teresinha Preuss[3]

INTRODUÇÃO

O presente artigo apresenta a interrupção voluntária da gravidez como uma das expressões dos Direitos Sexuais e Reprodutivos das mulheres, tendo como objetivo central identificar legislações dos países que compõem o Cone Sul que abordam o tema da interrupção voluntária da gravidez. Além disso, tem como objetivo específico a comparação das legislações levantadas entre os países.

Para que tais objetivos fossem alcançados utilizou-se de pesquisa bibliográfica e documental, tendo caráter exploratório e descritivo. Vale destacar que esse artigo é fruto de uma pesquisa denominada "Os direitos sexuais e reprodutivos das mulheres na atenção primária à saúde nos países do Cone Sul", no Programa de Iniciação Científica institucional da Universidade Estadual de Ponta Grossa/UEPG, realizada no período entre 2020 e 2021.

---

[1] Graduanda em Serviço Social pela Universidade Estadual de Ponta Grossa (UEPG); luizagaspar7@gmail.com

[2] Professora colaboradora do Departamento de Serviço Social da Universidade Estadual de Ponta Grossa (UEPG). Doutoranda em Ciências Sociais Aplicadas pela Universidade Estadual de Ponta Grossa (UEPG); brunawmiranda@gmail.com

[3] Professora Doutora Adjunta do departamento de Serviço Social e do Programa de Pós-Graduação Interdisciplinar em Ciências Sociais Aplicadas da Universidade Estadual de Ponta Grossa (UEPG); lisleipreuss@hotmail.com

Ressalta-se que o Cone Sul é formado por cinco países, sendo eles: Argentina, Brasil, Chile, Paraguai e Uruguai. Constitui-se em um agrupamento de países que ocupa determinada região da América do Sul (EIRÃO, 2018), cujas nações possuem grande influência e detêm a maior parte da população do continente, formando assim uma identidade, além de terem relevante influência econômica e política.

O tema dos Direitos Sexuais e Reprodutivos no contexto dos países do Cone Sul apresenta diferentes nuances, apesar dos aspectos que aproximam os países que integram a referida divisão. Assim, na sequência, esses direitos são conceituados, como situada nossa compreensão quando nos referimos a interrupção voluntária da gravidez apenas como uma pequena parte desses direitos que são tão abrangentes. Logo em seguida são evidenciadas as legislações que foram identificadas em cada um dos cinco países, finalizando com as considerações, onde foi realizada uma breve comparação entre as informações destacadas.

1. OS DIREITOS SEXUAIS E REPRODUTIVOS DAS MULHERES

Os Direitos Sexuais e Reprodutivos das mulheres são bastante abrangentes, apesar disso são reconhecidos dessa forma há pouco tempo. Para que esses fossem reconhecidos e passassem a ser compreendidos como parte integrante dos direitos humanos, aconteceram muitas reivindicações, como com o movimento feminista, e foi a partir de Conferências e Encontros internacionais sobre a mulher que foram reconhecidos e então conceituados (MORAES et al, 2015).

Um exemplo dessa trajetória histórica pode ser identificado na Conferência Internacional sobre População e Desenvolvimento, a qual foi realizada no Cairo em 1994: nela é que a saúde sexual e reprodutiva passou a ser reconhecida, de fato, como um direito humano básico. Porém, foi na Declaração e Plataforma de Ação da Quarta Conferência Mundial de Mulheres, realizada em Pequim, em 1995, que os direitos sexuais passaram a ser tratados como direitos humanos (CORNWALL et al, 2006).

Entendendo que tais direitos são parte dos direitos humanos, e além disso, são reconhecidos em leis internacionais, observamos a importância dos mesmos, visto que esses falam sobre o fato de que "bem-estar sexual e reprodutivo é a fonte alimentadora de todas as dimensões de nossas vidas, a física, a material e a psicológica" (CORNWALL et al, 2006, p. 10). De forma geral, os direitos sexuais são definidos na Declaração da Plataforma de Ação como o controle das mulheres sobre o próprio corpo, podendo assim tomar quaisquer decisões, desde que de forma responsável, sobre sua sexualidade (VIOTTI, 1995).

É de suma importância dar ênfase a saúde sexual e reprodutiva em diferentes fases, mas vale destacar que até pouco tempo, a saúde sexual se concentrava em controlar as doenças e infecções sexualmente transmissíveis, enquanto a saúde reprodutiva se concentrava em planejamento familiar destinado às mulheres de determinada idade (CORNWALL et al, 2006).

A chamada "maternidade compulsória" é o termo designado para falar sobre a imposição da maternidade às mulheres, como se fosse algo natural e instintivo, discurso esse que exacerba as relações desiguais de gênero e os papéis estabelecidos socialmente (ALLEGRETTI, 2019). Dessa forma compreende-se que essa imposição além de se configurar violência, devido a tortura psicológica acarretada por toda situação, é também uma manifestação do controle exercido sobre os corpos femininos, pois.

> A proibição do aborto não faz com que essas mulheres deixem de consegui-lo, mesmo que de maneira ilegal, porém ao burlarem a lei acabam por colorarem-se em uma situação de risco de vida, devido às condições precárias do procedimento feito à margem da lei. (ALLEGRETTI, 2019, p. 5)

O Ministério da Saúde brasileiro, órgão responsável pelas políticas voltadas para a área da saúde, em uma norma técnica[4] sobre atenção humanizada ao abortamento apresenta o fato de que o aborto é um grave problema de saúde pública, e além disso, é responsável pela maior parte das mortes maternas no mundo (BRASIL, 2011). Dessa maneira observa-se que promover e garantir os direitos sexuais e reprodutivos é um desafio para os profissionais de saúde (LEMOS, 2014), mas reconhecê-los é fundamental para que o Estado possa promover políticas públicas que os contemplem (BRASIL, 2013).

O Ministério da Saúde, apresenta ainda em seu 1º Caderno de Atenção Básica sobre Saúde Sexual e Reprodutiva, do ano de 2013, que a saúde sexual e reprodutiva deve ter atenção prioritária na Atenção Básica à Saúde, sempre respeitando os direitos sexuais e reprodutivos das mulheres (BRASIL, 2013). Nesse sentido, demonstra que os Direitos

---

4 Atenção Humanizada ao Abortamento. Norma Técnica. Série Direitos Sexuais e Direitos Reprodutivos – Caderno nº 4. (BRASIL, 2011).

Sexuais e Reprodutivos são também uma questão de saúde que precisam de políticas públicas concretas.

Diante do exposto, o reconhecimento dos direitos sexuais e reprodutivos retratam uma "conquista histórica, fruto da luta pela cidadania e pelos Direitos Humanos" (BRASIL, 2013, p. 11). E para garanti-los ainda é desafiador, exigindo ações que provoquem transformações na sociedade (CORNWALL et al, 2006). É necessária essa discussão, com ênfase na interrupção voluntária da gravidez, uma vez que:

> Verifica-se que, no contexto atual, além das inflexões do patriarcado, os direitos das mulheres, sobretudo os direitos sexuais e reprodutivos, estão sendo cada vez mais subjugados a partir da intensificação do conservadorismo, expressos nos discursos morais e religiosos que passam a interferir mais fortemente no âmbito das políticas públicas. (MEDEIROS, 2021, p. 281).

É de suma importância destacar tal assunto para que o aborto seja compreendido como parte integrante dos direitos, fazendo com que os serviços de saúde atuem com essa demanda respeitando os direitos, aumentando a qualidade de vida de muitas meninas e mulheres.

2. LEGISLAÇÕES IDENTIFICADAS NOS PAÍSES DO CONE SUL

As legislações identificadas nos países que abrangem questões que envolvem a interrupção voluntária da gravidez, são entendidas como meios para a garantia (ou violação), dos direitos sexuais e reprodutivos das mulheres, ao evidenciar o segmento específico do abortamento, visto que os direitos sexuais e reprodutivos são abrangentes. Na sequência são apresentadas as informações levantadas por país, que estão dispostos em ordem alfabética, onde posteriormente é realizada uma breve comparação entre os países, identificando as semelhanças das legislações e os desafios enfrentados para a garantia dos direitos das mulheres.

Primeiramente, temos a Argentina - país que teve o aborto legalizado em casos de até a 14º semana de gestação no final do ano de 2020, desta forma sendo ainda considerado crime em algumas situações. Em casos específicos o Código Penal não o pune, são eles:

> ARTICULO 86. - No es delito el aborto realizado con consentimiento de la persona gestante hasta la semana catorce (14) inclusive del proceso gestacional.

Fuera del plazo establecido en el párrafo anterior, no será punible el aborto practicado con el consentimiento de la persona gestante:

1. Si el embarazo fuere producto de una violación. En este caso, se debe garantizar la práctica con el requerimiento y la declaración jurada de la persona gestante ante el o la profesional o personal de salud interviniente. En los casos de niñas menores de trece (13) años de edad, la declaración jurada no será requerida.

2. Si estuviera en riesgo la vida o la salud **integral** de la persona gestante. (ARGENTINA, 1984, n. p.)

Se faz necessário trazer a atenção a essa temática, visto que na Argentina a principal causa de morte de mulheres grávidas eram recorrentes de complicações do aborto clandestino e por muito tempo se buscou espaço para debater o tema da descriminalização (ZICAVO et al, 2015). Sendo assim uma situação que envolve a questão de saúde pública, pleno exercício dos direitos sexuais e reprodutivos e autonomia da mulher para o controle sobre o próprio corpo, o país demonstrou um grande avanço.

No Brasil, por sua vez, é observado através das leituras a falta de infraestrutura adequada para a realização do procedimento e nem profissionais de saúde qualificados (MORAIS, 2008). Assim, pode-se considerar que essa não implementação de políticas adequadas para o abortamento seguro é um descaso com a saúde das mulheres brasileiras, uma vez que os serviços existentes são quase invisíveis, pois a população não tem conhecimento a respeito deles e no Sistema Único de Saúde – SUS.

O SUS, sistema público de saúde brasileiro, regulamentado pela Lei Nº 8.080, tem por finalidade assegurar a política de saúde para que o direito à saúde seja garantido (BRASIL, 1990). Contudo, as demandas nem sempre são atendidas devido a burocracia ou ineficiência do sistema nesse quesito, e a maior parte da população não tem acesso ao sistema de saúde privado, para buscar outros meios (SILVA, 2021).

É importante salientar que segundo o Código Penal Brasileiro, artigo 128, e do acórdão do Supremo Tribunal Federal na Ação de Descumprimento de Preceito Fundamental nº 54 (ADPF 54), o aborto não punível é possível: quando se faz necessário, sem outra forma de salvar a vida da gestante; quando a gravidez é resultado de um estupro; e em gravidez com feto anencefálico.

Sabe-se que o Brasil é um país com muitas forças políticas conservadoras, o que justifica em grande parte o motivo de possuir uma discussão regressiva em relação ao aborto perante a lei (SILVA, 2021). Mesmo a quarta causa de mortes maternas no país, sendo decorrentes do abortamento inseguro, isso ainda demonstra que de fato a penalização do mesmo não protege a vida das mulheres (MORAIS, 2008), por consequência o aborto é um problema grave de saúde pública, que precisa de atenção.

No Chile, até o ano de 2017 o aborto era criminalizado em todas as formas, se configurando assim o país mais conservador da América do Sul. Com muita mobilização, principalmente por influência de partidos políticos progressistas, em setembro de 2017 foi promulgada a lei nº 21.030 (DRI et al, 2019), que permite a realização da interrupção voluntária da gravidez em três casos:

> 1) La mujer se encuentre en riesgo vital, de modo que la interrupción del embarazo evite un peligro para su vida.
> 2) El embrión o feto padezca una patología congénita adquirida o genética, incompatible con la vida extrauterina independiente, en todo caso de carácter letal.
> 3) Sea resultado de una violación, siempre que no hayan transcurrido más de doce semanas de gestación. Tratándose de una niña menor de 14 años, la interrupción del embarazo podrá realizarse siempre que no hayan transcurrido más de catorce semanas de gestación (CHILE, 2017, n.p).

Vale destacar que a realização do procedimento em menores de 14 anos, deve-se além de ter o consentimento da menina, ter uma autorização de seu responsável. No início do ano de 2021, de acordo com o G1[5], aconteceram protestos na capital chilena, em Santiago, onde mulheres demonstravam a resistência feminina em defesa dos direitos sexuais e reprodutivos, abrindo assim uma discussão sobre a descriminalização da interrupção da gravidez até 14 semanas, a qual resultou em setembro do mesmo ano, conforme noticiários online como o CNN Chile, que a Câmara Chilena aprovou a discriminalização do aborto até a 14º semana de gestação, mas vale destacar que o mesmo não teve sua aprovação final no Congresso, sendo o projeto arquivado em meados de novembro de 2021. Enquanto este debate segue buscando espaço, o Chile ainda se assemelha com o Brasil neste segmento.

O Paraguai é o país que mais se apresenta como conservador, uma vez que, a prática do aborto é penalizada em todas as situações, exceto em uma, quando este procedimento é realizado para salvar a vida da

---

5 G1, France Presse. *Em meio a protestos, Congresso chileno inicia debate para descriminalizar aborto.* 2021. Disponível em <https://g1.globo.com/mundo/noticia/2021/01/13/em-meio-a-protestos-congresso-chileno-inicia-debate-para-descriminalizar-aborto.ghtml> Acesso em: 11. Mai. 2021.

mulher, porém não é punido aquele que não tiver a intenção de causá-lo (FERREIRA 2010). E no artigo 109, está explicitado as penas para quem cometer o aborto:

> 1°.- El que matare a un feto será castigado con pena privativa de libertad de hasta cinco años. Se castigará también la tentativa.
> 2°.- La pena podrá ser aumentada hasta ocho años, cuando el autor:
> 1. obrara sin consentimiento de la embarazada; o
> 2. con su intervención causara el peligro serio de que la embarazada muera o sufra una lesión grave.
> 3°.- Cuando el hecho se realizare por la embarazada, actuando ella sola o facilitando la intervención de un tercero, la pena privativa de libertad será de hasta dos años. En este caso no se castigará la tentativa. En la medición de la pena se considerará, especialmente, si el hecho haya sido motivado por la falta del apoyo garantizado al niño en la Constitución.
> 4°.- No obra antijurídicamente el que produjera indirectamente la muerte de un feto, si esto, según los conocimientos y las experiencias del arte médico, fuera necesario para proteger de un peligro serio la vida de la madre. (PARAGUAY, 2015, n.p)

Uma observação que vale destaque é sobre o ano de 2015, visto que a maioria das leis que tratam a respeito dos direitos sexuais e reprodutivos neste país foram sancionadas em tal ano, tendo sido influenciado pelo Plano Nacional de Saúde Sexual e Reprodutiva do país que é do ano de 2014. Ao compararmos com outros países podemos observar que foi tardia a adoção dessas políticas.

O Uruguai por sua vez, conta com a lei n° 18.987, a que trata da interrupção voluntária da gravidez, esta foi sancionada em 2012, é onde está descrito que é permitido a realização do procedimento até a décima segunda semana de gestação, ou até a décima quarta, em caso de estupro (DRI et al, 2019). Em suma, a mulher que desejar realizar a interrupção de uma gravidez, deverá ir a uma consulta médica no sistema de saúde público. O médico, por sua vez, providenciará uma consulta com equipe interdisciplinar (regulamentado pela lei n° 18.426, equipe composta por três profissionais, sendo um ginecologista, o outro deve ter especialização na área de saúde mental e o restante na área social). A equipe deve atuar informando a mulher a respeito da lei, de programas de apoio social e também sobre a possibilidade de colocar seu filho para adoção. Por fim, a mulher terá um prazo mínimo de 5 dias para refletir se irá seguir com o procedimento ou não (URUGUAY, 2012).

O artigo 5º da lei nº 18.987 refere-se às atribuições do sistema de saúde sendo uma delas a capacitação permanente da equipe profissional especialista interdisciplinar em saúde sexual e reprodutiva, para que possam amparar a decisão da mulher. No artigo 9º da mesma lei, fala que as interrupções voluntárias de gravidez são consideradas um ato médico sem valor comercial. E ainda é ressaltado no artigo 13º que a lei abrange apenas os cidadãos uruguaios naturais ou legais ou os estrangeiros que comprovam sua residência no território da República por um período de um ano no mínimo (URUGUAY, 2012).

Para finalizar, se faz necessário atentar-se que apesar de a lei que despenalizou o aborto representa um grande avanço ao se referir aos direitos sexuais e reprodutivos das uruguaias, ele ainda pode ser penalizado se as mulheres não respeitarem as etapas e prazos que são estabelecidos na lei (DRI et al, 2019). De qualquer forma é importante reconhecer as lutas históricas por trás desta lei.

Com base no que foi discorrido, é possível acompanhar a síntese das legislações dos países do Cone Sul envolvendo a temática da interrupção voluntária da gravidez no Quadro 1:

Quadro - 1 - Síntese das informações sobre a interrupção voluntária da gravidez nos países do Cone Sul.

País	Interrupção voluntária da gravidez
Argentina	Não penalizada até a 14º semana de gestação.
Brasil	Não penalizada apenas se não há outro meio de salvar a vida da gestante, se a gravidez é resultado de estupro ou se o feto é anecefálico.
Chile	Não penalizada apenas se não há outro meio de salvar a vida da gestante, se é resultado de estupro ou se o feto não vai sobreviver fora do útero.
Paraguai	Não penalizada apenas se for necessário para salvar a vida da mulher.
Uruguai	Não penalizada até a 14º semana de gestação.

Fonte: As autoras (2021).

Essa sintetização de forma simplificada, sobre as informações identificadas por meio das legislações, torna mais visível e facilita a comparação entre os países, assim podendo perceber como o procedimento da interrupção voluntária é abordado em cada país, e como tal procedimento sendo uma das expressões dos direitos sexuais e reprodutivos demonstra a garantia ou não dos direitos das mulheres abordando sua saúde sexual e reprodutiva.

3. CONCLUSÃO

Quando se fala de Direitos Sexuais e Reprodutivos, compreende-se a grande abrangência que possuem, uma vez que abarcam muitos aspectos que envolvem a sexualidade das mulheres. Portanto é importante delimitarmos o tema, neste trabalho, a abordagem feita foi a partir da interrupção voluntária da gravidez em cinco países próximos, identificando legislações em cada um dos países voltadas à garantia desse procedimento.

Quando é realizada a comparação entre as nações, podemos perceber que, apenas na Argentina e no Uruguai que o aborto é legalizado até a 14º semana de gestação, países que se assemelham. No Brasil e no Chile a legislação também é semelhante, enquanto o Paraguai se apresenta como o país mais conservador. Vale destacar que apesar da temática estar presente nas legislações ainda há desafios a serem enfrentados, como garantir que o procedimento seja feito de maneira adequada, sendo seguro a saúde das mulheres, além da qualificação permanente dos profissionais.

Portanto, é possível concluir que nenhum país aqui destacado dispõe de práticas seguras que contemplem todas as demandas, e demonstram grande déficit de profissionais qualificados e preparados para o procedimento, o que implica na violação de direitos das mulheres.

Além disso, ao analisarmos tais informações, conclui-se que, a garantia dos direitos sexuais e reprodutivos depende de políticas públicas consistentes na área da saúde, que sejam alinhadas à realidade para alcançar todas as demandas, levando em consideração todas as desigualdades sociais existentes, para não violar os direitos, que muitas vezes não são reconhecidos em sua totalidade como deveriam. Isto pois, quando depara-se com altos índices de abortos inseguros, observa-se que são consequências de violação de direitos das mulheres.

REFERÊNCIAS

ALLEGRETTI, Fernanda Espindola. *Aborto e maternidade compulsória:* considerações acerca dos direitos reprodutivos das mulheres. Anais Ciências Criminais, v. 1. n.1 (1). Disponível em: https://www.publicacoeseventos.unijui.edu.br/index.php/cnc-cdh/article/view/11837. Acesso em: 16. Fev. 2022

ARGENTINA, *Código Penal de La Nación Argentina.* Disponível em: <http://servicios.infoleg.gob.ar/infolegInternet/anexos/15000-19999/16546/texact.htm> Acesso em: 27. Mar. 2021

BRASIL. Lei 8.080 de 1990. Dispõe sobre as condições para a promoção, proteção e recuperação da saúde, a organização e o funcionamento dos serviços correspondentes e dá outras providências. *Diário Oficial da União*, Brasília, 19 set. 1990. Disponível em: <http://www.planalto.gov.br/ccivil_03/leis/l8080.htm> Acesso em: 27. Mar. 2021

BRASIL, Ministério da Saúde. *Cadernos de Atenção Básica. Saúde Sexual e Saúde Reprodutiva*. Brasília - DF, 2013. Disponível em: <http://bvsms.saude.gov.br/bvs/publicacoes/saude_sexual_saude_reprodutiva.pdf> Acesso em: 26. Ago. 2020

BRASIL. Decreto lei nº 2.848 de 1940. Código Penal. *Diário Oficial da União,* Brasília, 7 de dezembro de 1940. Disponível em: <http://www.planalto.gov.br/ccivil_03/decreto-lei/del2848compilado.htm > Acesso em: 27. Abr. 2021.

BRASIL. Supremo Tribunal Federal. Acórdão na Ação de Descumprimento de Preceito Fundamental (ADPF) 54. Relator: MELLO, M. A. de. Publicado no DJ de 12/04/2012, p.433. Disponível em: http://redir.stf.jus.br/paginadorpub/paginador.jsp?docTP=TP&docID=3707334 Acesso em: 17 Jul. 2021

BRASIL, Ministério da Saúde. *Atenção Humanizada ao Abortamento. Norma Técnica*. Brasília- DF, 2011. Disponível em: https://bvsms.saude.gov.br/bvs/publicacoes/atencao_humanizada_abortamento_norma_tecnica_2ed.pdf. Acesso em: 16. Fev. 2022.

CHILE, *Ley 21.030* de 23 de setembro de 2017. Regula la despenalización de la interrupción voluntaria del embarazo en tres causales. Biblioteca del Congreso Nacional de Chile. Disponível em <https://www.bcn.cl/leychile/navegar?idNorma=1108237> Acesso em: 11. Mai. 2021.

CNN Chile, *Cámara aprobó en general la despenalización del aborto hasta las 14 semanas*. Disponível em: https://www.cnnchile.com/pais/camara-diputados-aprueba-general-despenalizacion-aborto_20210928/ Acesso em: 30. Set. 2021

CORNWALL, Andrea; WELBOURN, Alice. *Direitos sexuais e reprodutivos: abordagens participativas em experiências mundiais*. Direitos Sexuais e Reprodutivos: experiências com abordagens participativas; tradução: Roberto Cataldo Costa. Porto Alegre, 2006 - Tomo Editorial. p. 9 - 26.

DRI, Clarissa Franzoi; SILVA, Louise Enriconi da. *Eu aborto, tu abortas, todos calamos? As razões da despenalização do aborto no Uruguai*. Revista Política Hoje - Volume 28, n. 1, 2019. Disponível em: <https://periodicos.ufpe.br/revistas/politicahoje/article/view/234737> Acesso em: 04. Mai. 2021.

EIRÃO, Thiago Gomes. *Acesso à informação pública nos países do Cone Sul: estudo sobre a adesão às diretrizes de acesso à informação*. Brasília, 2018. Disponível em <https://repositorio.unb.br/bitstream/10482/32816/1/2018_ThiagoGomesEir%C3%A3o.pdf> Acesso em: 24. Mai. 2021.

FERREIRA, Emilia Juliana. *Aborto, uma questão legal. Análise das legislações pertinentes de Brasil, Argentina, Uruguai e Paraguai*. Fazendo Gênero 9. Diásporas, Diversidades, Deslocamentos, agosto de 2010 . Disponível em: <http://www.fg2010.wwc2017.eventos.dype.com.br/resources/anais/1278296144_ARQUIVO_Aborto,umaquestaolegal.AnalisedaslegislacoespertinentesdeBrasil,Argentina,UruguaieParaguai_Emilia_Juliana_Ferreira.pdf> Acesso em: 04. Mai. 2021.

G1, France Presse. *Em meio a protestos, Congresso chileno inicia debate para descriminalizar aborto*. 2021. Disponível em <https://g1.globo.com/mundo/noti-

cia/2021/01/13/em-meio-a-protestos-congresso-chileno-inicia-debate-para-descriminalizar-aborto.ghtml> Acesso em: 11. Mai. 2021.

LEMOS, Adriana. *Direitos sexuais e reprodutivos: percepção dos profissionais da atenção primária em saúde.* Saúde debate vol.38 no.101 Rio de Janeiro Apr./June 2014. Disponível em: <https://www.scielo.br/scielo.php?script=sci_arttext&pid=S0103-11042014000200244 >. Acesso em: 27. Mar. 2021.

MEDEIROS, Jayce Mayara Mendes. Desafios à política de saúde brasileira: impactos no direito ao aborto legal. *R. Katál., Florianópolis,* v.24, n. 2, p. 280-290, maio/ago. 2021 ISSN 1982-025. Disponível em: https://www.scielo.br/j/rk/a/JKSRMSVLjSsQrnqtq7FGS8L/?format=pdf&lang=pt. Acesso em: 16. Fev. 2022.

MORAES, Silvia Piedade de; VITALLE, Maria Sylvia de Souza. *Direitos sexuais e reprodutivos na adolescência: interações ONU-Brasil.* Ciênc. saúde coletiva 20 (8). São Paulo, 2015. Disponível em: <https://www.scielosp.org/pdf/csc/2015.v20n8/2523-2531/pt> Acesso em: 28. Abr. 2021.

MORAIS, Lorena Ribeiro de. *A legislação sobre o aborto e seu impacto na saúde da mulher.* Senatus, Brasília, v. 6, n. 1, p. 50-58, maio de 2008. Disponível em: <https://www2.senado.leg.br/bdsf/bitstream/handle/id/131831/legisla%C3%A7%C3%A3o_aborto_impacto.pdf?sequence=6 > Acesso em: 27. Abr. 2021.

PARAGUAY, Ley nº 3.440 de 24 de Junio de 2015. Modifica Varias Disposiciones dela Ley nº. 160/97, Código Penal. Biblioteca y Archivo Central del Congreso de la Nación. Disponível em <https://www.bacn.gov.py/leyes-paraguayas/3485/ley-n-3440--modifica-varias-disposiciones-de-la-ley-n-116097-cdigo-penal> Acesso em: 13. Mai. 2021.

SILVA, Luis Gustavo Teixeira da. *O debate sobre o aborto nas câmaras dos deputados do Brasil e do Uruguai (1985 - 2016).* Rev. bras. Ci. Soc. vol.36 no.106 São Paulo 2021 Epub Mar 17, 2021. Disponível em: <https://www.scielo.br/scielo.php?script=sci_arttext&pid=S0102 69092021000200509&lang=pt > Acesso em: 23. Abr. 2021.

URUGUAY, Ley 18.987, de 22 de outubro de 2012. *Centro de Información Oficial.* Uruguay, 2012. Disponível em <https://www.impo.com.uy/bases/leyes/18987-2012> Acesso em: 05. Mai. 2021.

VIOTTI, Maria Luiza Ribeiro.*Declaração e Plataforma de Ação da IV Conferência Mundial Sobre a Mulher, Pequim, 1995.* Disponível em: https://www.onumulheres.org.br/wp-content/uploads/2013/03/declaracao_beijing.pdf. Acesso em: 27. Mar. 2021.

ZICAVO, Eugenia; ASTORINO, Julieta; SAPOROSI, Lucas. *Derechos sexuales y reproductivos em Argentina:* Los proyetctos parlamentários referidos al aborto. Saúde debate vol. 38 n. 101 Rio de Janeiro Apr./June 2014. Disponível em: <https://www.redalyc.org/journal/729/72946471007/html/> Acesso em: 27. Mar. 2021.

JUSTIÇA REPRODUTIVA E ABORTO: (RE)INTERPRETANDO DIREITOS SEXUAIS DAS MULHERES PELA VIA DO FEMINISMO CRÍTICO

Ana Paula Rodrigues Nalin[1]
André Spinelli[2]

INTRODUÇÃO

A construção histórica e institucional do conceito de cidadania sexual está relacionada ao alargamento das possibilidades interpretativas do princípio antidiscriminatório e da própria ideia de cidadania (MOREIRA, 2016, p. 13-14), que passou a ser reconhecida como categoria fundamental para o avanço das lutas sociais propostas por grupos minoritários e vulneráveis em prol da realização de seus direitos humanos. Em cenários contemporâneos nos quais as mulheres são concebidas enquanto sujeitos subalternizados, em razão de expressões cotidianas e comportamentos sexistas que buscam manter a dominação dos homens (SAU, 2000, p. 171-172), tem se tornado cada vez mais natural a assimilação de estratégias responsáveis pelo controle de seus corpos. Nesse sentido, a criminalização do aborto no âmbito do direito e do sistema de justiça brasileiro representa um recurso válido para ocasionar impactos desproporcionais em relação ao exercício dos direitos sexuais e reprodutivos pelas mulheres. Significa afirmar

---

1 Graduanda em Direito pela Universidade Estadual Paulista (UNESP) e estagiária em escritório de advocacia no município de Franca – SP.

2 Professor de História da Filosofia Contemporânea no Instituto Agostiniano de Filosofia (IAF/Franca). Professor de Filosofia na Rede Pública de Ensino e membro do Laboratório de Estudos e Pesquisas Avançadas em Direito Internacional Ambiental (LEPADIA/UFRJ).

que tanto as práticas abortivas em si próprias quanto os processos de criminalização são demarcados por disparidades decorrentes dos critérios de gênero, raça, classe social e nível econômico (PAULSEN, 2021, p. 420-421).

As relações entre justiça reprodutiva, cidadania sexual de mulheres e práticas abortivas são intermediadas por elementos que relevam a existência de uma interseccionalidade implícita em relação às opressões sofridas por esses sujeitos (CRENSHAW, 1991, p. 1241; AKOTIRENE, 2019, p. 19). Mais do que provocar impactos desproporcionais na vivência e no exercício pleno de mulheres em relação aos seus direitos sexuais e reprodutivos, enfrentar os decretos de criminalização do aborto enquanto instrumentos voltados ao domínio dos corpos femininos implica forjar alternativas críticas ao problema em questão a partir da teoria da interseccionalidade das opressões e das contribuições feministas ao direito (YUVAL-DAVIS, 2009, p. 44-50; FACIO, 2000, p. 15-18). Enquanto uma metodologia válida para operar o desnudamento de problemas implícitos no âmbito dos direitos humanos, o viés da interseccionalidade revela a existência de diferentes formas de opressão e desigualdade que se sobrepõe no contexto de vida social das mulheres, consideradas individualmente ou enquanto grupo (COLLINS; BILGE, 2016, p. 14-15). Por isso, discriminações interseccionais que afetam as mulheres ocorrem "quando dois ou mais critérios proibidos interagem, sem que haja possibilidade de decomposição deles" (RIOS; SILVA, 2015, p. 24).

A introdução do aborto enquanto fato delituoso na legislação brasileira, assim como a consequente resistência do sistema de justiça nacional quanto à identificação de critérios que validariam uma possível descriminalização, em atendimento às reivindicações de coletivos feministas, expressa a necessidade de superar conceitos tradicionais de discriminação, a fim de abarcar modelos institucionais e normativos que, sem intenção declarada de discriminar, produz impactos desproporcionais em relação ao exercício de direitos humanos por determinados grupos sociais (CORBO, 2018, p. 215; STURM, 2003, p. 51-55). Por meio da tese da discriminação indireta, desenvolveu-se o conceito de *impacto desproporcional* enquanto uma categoria jurídica que traduz o fato de que a cláusula de igualdade não pode ser utilizada apenas como proibição de atuações estatais ou particulares visivelmente discriminatórias, mas também deve avançar para abranger a averiguação dos danos causados por normas, políticas públicas, medidas e práticas institucionais que não operam de acordo com os direitos humanos de determinados grupos, embora construídas sem a intenção de violá-los (FISS, 1976, p. 146-148).

A partir da perspectiva segundo a qual a criminalização do aborto provoca impactos desproporcionais em relação ao exercício dos direitos sexuais e reprodutivos por parte das mulheres, este trabalho objetiva analisar como a interpretação feminista do direito pode auxiliar na construção de alternativas epistemológicas ao problema. Metodologicamente, recorremos fundamentalmente às produções bibliográficas que discutem a justiça reprodutiva e a abordagem feminista dos direitos humanos, especialmente em relação à questão do aborto. Para alcançar os objetivos propostos, o artigo está dividido em dois tópicos. No primeiro, avançamos sobre a temática da interseccionalidade, discutindo como a criminalização do aborto e a atuação do sistema de justiça brasileiro contribui para a construção de um estado de impactos desproporcionais aos direitos das mulheres. No segundo tópico, abordamos a formação dos movimentos sociais feministas e das políticas de saúde reprodutiva da mulher, além de apresentar elementos que permitem utilizar o feminismo crítico enquanto instrumento para operar uma (re) interpretação dos direitos sexuais e reprodutivos da mulher.

1. ABORTO NA MIRA DA INTERSECCIONALIDADE: CRIME, CIDADANIA E JUSTIÇA REPRODUTIVA

A teoria da interseccionalidade representa um importante contributo do feminismo negro norte-americano ao direito antidiscriminatório e, consequentemente, ao avanço das lutas por direitos humanos e reconhecimento apresentadas por grupos minoritários e vulneráveis (CRENSHAW, 1991, p. 1241-1245). Historicamente, diferentes modelos de opressão social foram utilizados enquanto fundamentos para subjugar determinadas populações ou indivíduos em detrimento de outros, responsáveis por ocupar posições de hegemonia. Das práticas discriminatórias associadas ao gênero, à classe social e à raça, os mecanismos de dominação social se tornaram cada vez mais alargados, abrangendo outras categorias diferenciadoras, que muitas vezes estão concentradas em um mesmo indivíduo (HANKIVSKY *et al.*, 2014, p. 2-3). Uma leitura básica do princípio da igualdade, sobretudo sob o ponto de vista formal, nos revela que uma pessoa deve ser tratada de acordo com critérios isonômicos pelo fato de ostentar valores morais semelhantes, considerando essa estratégia como elemento suficiente para minimizar as discriminações (MOREIRA, 2017, p. 111; GOODMAN, 2001, p. 13-36). No entanto, essa interpretação deixa de levar em consideração um problema fundamental: determinados sujeitos considerados vulneráveis são detentores de múltiplos marcadores da diferença, que não são postos como base para se pensar políticas de reconhecimento social. Nesse sentido, a inovação trazida pelas teóricas da interseccionalidade diz respeito justamente a uma mudança de foco, que estava concentrado em marcadores individualmente considerados e, a partir dessa perspectiva, visualiza os impactos da combinação de identidades socialmente marginalizadas em um sujeito e suas interações com os sistemas de opressão, discriminação e dominação.

Além de funcionar como um recurso metodológico fundamental para a construção de análises apropriadas para a realidade de grupos minoritários e vulneráveis, a teoria da interseccionalidade tem como uma de suas principais funções a capacidade de amarrar diferentes efeitos decorrentes das experiências de opressão e identificar como operam identidades subalternizadas em contextos nos quais as estruturas de poder são responsáveis por hierarquizar sujeitos sociais de acordo com critérios diferenciadores. Mulheres são afetadas não apenas por questões de gênero, mas também por aspectos de classe social, prestígio moral, raça e deficiência. Por isso, a abordagem interseccional das discriminações que afetam as mulheres tem como ponto de partida a ideia de que, assim como essas pessoas não sofrem opressões decorrentes de um único vetor, políticas de reconhecimento e medidas normativas também devem levar em consideração esses fatores (MOREIRA, 2017, p. 111-114). Ao passo em que as mulheres experimentam diferentes formas de opressão, que não advêm de apenas um fato causador, a manutenção das hierarquias sociais apenas pode ser desconstituída se houver uma leitura interseccional desses problemas. Assim, a gênese da ideia de interseccionalidade e sua relação com os direitos humanos nos demonstra que indivíduos que compartilham de múltiplas experiências discriminatórias na vida social tendem a permanecer invisíveis a partir de uma leitura simplificada desses problemas. Se focarmos apenas no critério da *raça* para a construção de políticas públicas e normas jurídicas de natureza antidiscriminatória, uma *mulher negra* não estará completamente protegida.

A prática do aborto é criminalizada no direito brasileiro, sendo permitida apenas nas situações em que houver risco à vida da mulher, quando for uma gravidez decorrente de estupro ou se o feto apresentar anencefalia. O que buscamos demonstrar neste tópico é o fato de que a criminalização do aborto – e, sobretudo, a sua manutenção enquanto crime no direito brasileiro, mesmo após as investidas e reivindicações apresentadas socialmente por facetas do movimento feminista – mascara impactos desproporcionais em relação aos direitos sexuais e reprodutivos de mulheres. Na verdade, isso se deve ao fato de que a própria construção da norma penal incriminadora não leva em consideração fatores diferenciadores que influenciam diretamente na prática do abortamento seguro, deixando de promover uma leitura interseccional das discriminações que afetam as mulheres. Em outros termos, poderíamos afirmar que a compatibilização dos interesses reivindicados pelas mulheres em relação aos direitos sexuais e reprodutivos e a tutela do direito humano à vida por meio da norma penal dependeria da construção interseccional do direito (PRICE, 2011, p. 555-557). De acordo com o que afirmamos anteriormente, políticas públicas, medidas legislativas, normas jurídicas promulgadas e estratégias governamentais, ainda que não possuam conteúdo discriminatório ou não sejam construídas com a finalidade de promover desigualdades sociais, podem se tornar lesivas ao exercício de direitos humanos por parte de determinados grupos considerados socialmente vulneráveis ou minoritários. A razão para esse fenômeno está relacionada à ideia de que, embora esses instrumentos formulados pelas instituições estatais não tenham intuito discriminatórios, eles podem ser responsáveis pela produção de efeitos prejudiciais à existência de grupos sociais – os *adverse effects* presentes na doutrina constitucional norte-americana (SARMENTO, 2006, p. 139-166).

As práticas de discriminação indireta que decorrem da construção institucional das normas jurídicas e das políticas públicas são demarcadas por três princípios centrais (FREDMAN, 2012, p. 177-180). O primeiro afirma que o mecanismo discriminatório trata todas as pessoas de forma igual, sem realizar diferenciações entre pessoas que possuem condição econômica favorável e quem está em situação de miserabilidade, por exemplo. Uma vez que o comando político ou normativo é direcionado à generalidade das pessoas, como ordena o princípio da igualdade formal, então podemos dizer que realmente inexiste intenção evidente de discriminar grupos sociais que não se favorecem com seu conteúdo. O segundo princípio está relacionado ao fato de que a produção desse mecanismo é capaz de ocasionar um impacto desproporcional na vivência social e no exercício de direitos humanos de alguns grupos minoritários e vulneráveis que já convivem com experiências de opressão. Sob esse ponto de vista, compreende-se que a discriminação indireta assume um caráter coletivo, pois, além de não ter a intenção de atingir sujeitos determinados, seu comando tende a excluir do âmbito de incidência da norma jurídica ou medida política pessoas que não perfaçam determinados requisitos. Em terceiro, os efeitos prejudiciais produzidos indiretamente podem ser justificados em razão da finalidade pretendida pelo mecanismo normativo ou político, de modo que apenas se torna uma discriminação na medida em que produz desvantagens sociais já existentes e toleradas no contexto de uma comunidade política (FREDMAN, 2012, p. 177-180). Nesse sentido, compreender que a norma que criminaliza o aborto no direito brasileiro é responsável pela produção de impactos desproporcionais na vida sexual e reprodutiva das mulheres exige uma interpretação, de caráter interseccional, capaz de visualizar que não está em jogo apenas a vida do feto, mas também a capacidade decisória da mulher acerca de questões existenciais, a autonomia sobre o seu corpo e a equiparação de gênero (HEWSON, 2001, p. 10-14).

Em 2016, o Supremo Tribunal Federal (STF) julgou o *Habeas Corpus* 124.306/RJ, de relatoria do Ministro Marco Aurélio Mello, que tinha como discussão central a possível inconstitucionalidade do delito de aborto em situações de interrupção voluntária da gestação ao longo do primeiro trimestre. Na ocasião, a ordem foi concedida para evitar o encarceramento de uma mulher que havia realizado manobras abortivas. A leitura da decisão nos permite identificar importantes questões atinentes a uma interpretação feminista dos direitos humanos e a consequente infiltração dessa proposta epistemológica no âmbito do sistema de justiça criminal brasileiro, uma vez que declarou ser a criminalização do aborto no país uma política responsável por construir impactos desproporcionais sobre mulheres pobres e não pertencentes a classes sociais hegemônicas. Pode-se dizer que, além de construir uma decisão vinculada à perspectiva de gênero e do respeito aos direitos sexuais e reprodutivos das mulheres brasileiras, o STF também promoveu importantes reflexões a respeito da inconstitucionalidade do crime de aborto no país, invocando indiretamente a necessidade de uma abordagem interseccional das discriminações: mulheres pobres não possuem acesso aos médicos e clínicas privadas, de modo que devem se submeter ao sistema público de saúde e ficarem sob risco de encarceramento, o que faz com que aumentem os casos de automutilação e óbitos[3] (BRASIL, 2016, p. 2). O reconhecimento da ideia segundo a qual a tipificação penal do aborto é suficiente para produzir impactos desproporcionais na vivência sexual e reprodutiva de mulheres, além de custos sociais às mulheres não pertencentes às classes hegemônicas, introduz novas perspectivas hermenêuticas no contexto dos tribunais superiores brasileiros[4]. A modificação dos paradigmas decisórios sobre os direitos das mulheres nos leva novamente à proposta central do conceito de cidadania sexual: embora as instâncias do sistema de justiça atuem majoritariamente na condição de reprodutoras da moralidade de grupos socialmente dominantes, decisões judiciais que operam na contramão dessa via se tornam importantes mecanismos para a afirmação de uma nova concepção de cidadania para mulheres e minorias sexuais em geral.

2. MOBILIZAÇÃO FEMINISTA E POLÍTICAS DE SAÚDE REPRODUTIVA DA MULHER: REINTERPRETANDO DIREITOS SEXUAIS PELO FEMINISMO CRÍTICO

Na sociedade brasileira, as instituições vinculadas ao sistema de justiça operam como espaços de construção e afirmação de estruturas simbólicas capazes de aprofundar opressões históricas e sistemáticas

---

3 Conforme o acórdão, "[...] a tipificação penal produz também discriminação social, já que prejudica, de forma desproporcional, as mulheres pobres, que não têm acesso a médicos e clínicas particulares, nem podem se valer do sistema público de saúde para realizar o procedimento abortivo. Por meio da criminalização, o Estado retira da mulher a possibilidade de submissão a um procedimento médico seguro. Não raro, mulheres pobres precisam recorrer a clínicas clandestinas sem qualquer infraestrutura médica ou a procedimentos precários e primitivos, que lhes oferecem elevados riscos de lesões, mutilações e óbito" (BRASIL, 2016, p. 20).

4 No mesmo sentido, "[...] a tipificação penal do aborto produz um grau elevado de restrição a direitos fundamentais das mulheres. Em verdade, a criminalização confere uma proteção deficiente aos direitos sexuais e reprodutivos, à autonomia, à integridade psíquica e física, e à saúde da mulher, com reflexos sobre a igualdade de gênero e impacto desproporcional sobre as mulheres mais pobres. Além disso, criminalizar a mulher que deseja abortar gera custos sociais e para o sistema de saúde, que decorrem da necessidade de a mulher se submeter a procedimentos inseguros, com aumento da morbidade e da letalidade" (BRASIL, 2016, p. 26).

contra as mulheres, especialmente em relação ao exercício de seus direitos humanos voltados à sexualidade e à reprodução (SEVERI, 2016, p. 82). Embora as instâncias jurídicas sejam comumente utilizadas enquanto instrumentos válidos para a organização e ordenação da sociedade, a reinterpretação trazida pelo movimento feminista na contemporaneidade a respeito da possibilidade de utilizar os problemas de gênero como motores para uma mudança social extensa e efetiva não apenas traz destaques à participação dessas mulheres nos processos que exigem prestações jurisdicionais adequadas à perspectiva de gênero nos casos de abortamento, violência doméstica, violência obstétrica, discriminações em geral e assédio nos espaços de trabalho. Na medida em que a questão de gênero passou a ser desafiada em diferentes decisões judiciais brasileiras, a mobilização social do movimento feminista em relação à necessidade de alterar os pressupostos hermenêuticos do direito serviu de fundamento para identificar problemas antes obscuros. Entre o emprego de estereótipos de gênero no processo penal enquanto estratégia apta a culpar a vítima pelos atos que pratica em sua vida social (FORTUNE, 1987, p. 237-248; JARAMILLO, 2000, p. 51-53) e a dificuldade de incorporar uma perspectiva de gênero nos meandros do sistema de justiça brasileiro, a mobilização promovida pelo feminismo no país foi responsável por desnudar uma questão central, que opera como fator dissociativo das políticas de reconhecimento, redistribuição e de saúde reprodutiva da mulher: os atores pertencentes ao sistema de justiça não possuem os recursos simbólicos e culturais necessários para interpretar o direito à luz dos problemas de gênero, o que faz com que esse assunto seja colocado entre colchetes e trabalhado em notas de rodapé nas decisões judiciais (SEVERI, 2016, p. 82; MORRISON, 2012, p. 574).

Na medida em que o direito se furta de trabalhar seus problemas sob o ponto de vista do gênero e dos direitos humanos das mulheres, ele tende a se transformar em uma instância reprodutora de paradigmas próprios do patriarcado, que compreendem os sentidos da dominação simbólica e material (JARAMILLO, 2000, p. 51-53). Pode-se afirmar, então, que as opressões praticadas contra mulheres podem ser concebidas como danos sociais injustos, institucionalmente estruturados e que são perpetrados por grupos hegemônicos a partir de estratégias de domínio material e psicológico diretas e indiretas (CUDD, 2006, p. 51-52). As restrições impostas pelas normas jurídicas e políticas públicas em relação ao exercício dos direitos sexuais e reprodutivos pelas mulheres não se justificam, tornando-se injustas, pelo fato de que esses instrumentos são manipulados para racionalizar a justiça em nome dos grupos dominantes e da materialização de seus interesses (CUDD, 2006, p. 51-52; CAMPOS; SEVERI, 2019, p. 966). Em termos de construção epistemológica das relações entre feminismo e direito, o que se tem, na verdade, são estudos recentes e que estão associados à emergência das mobilizações sociopolíticas promovidas nas últimas décadas a partir de sujeitos marginalizados, como forma de criticar constante e diretamente as estruturas que sustentam as desigualdades sociais (CAMPOS; SEVERI, 2019, p. 966). O debate acerca da posição social das mulheres e o limite de seus direitos humanos ganhou espaço ao se verificar que as pretensões e promessas liberais não se cumpriram totalmente, operando separações injustas entre pessoas consideradas cidadãs e outras que não estavam abrangidas pelo mesmo sistema de privilégios jurídicos.

Nas concepções da teoria contemporânea dos movimentos sociais, as mobilizações promovidas pelas mulheres ao longo da história assumiram diferentes formatações, que se dividem de acordo com critérios ideológicos, discursivos, reivindicatórios e identitários. Movimentos responsáveis pela reunião de mulheres tiveram em sua base fundamental a utilização de suas identidades como forma de apresentar socialmente as experiências que tinham vivenciado enquanto mulher. Sob esse ponto de vista, as mulheres propunham que as normas jurídicas e as políticas públicas ofertassem tratamentos desiguais em relação aos homens, estratégia que garantiria direitos e mecanismos protetivos específicos. Além disso, buscavam influenciar diretamente as estruturas políticas, a fim de incorporarem suas reivindicações e, principalmente, promover critérios de igualdade que ultrapassem a vertente formalista do princípio (MCBRIDE; MAZUR, 2010, p. 147-151). Em um primeiro momento, os movimentos formados por mulheres advindas das camadas populares tiveram como proposta lutar pela igualdade de acesso aos serviços públicos, de modo que o principal diálogo estabelecido nesse contexto foi justamente entre as mulheres e as instituições estatais, cuja função era assimilar as demandas e integrar socialmente o grupo marginalizado. Essa abordagem distingue os movimentos formados pelas mulheres e os movimentos feministas, que compreendem mobilizações de mulheres que têm por finalidade politizar o espaço privado a partir da ruptura dos limites entre as temáticas associadas às esferas pública e privada. Além disso, os movimentos feministas foram estruturados como recursos válidos para modificar as hierarquias sociais criadas com base em critérios de gênero, responsáveis pela subordinação histórica das mulheres. Portanto, a interlocução não se realiza mais apenas com as instituições estatais, mas sim com toda a sociedade, uma vez que objetiva promover mudanças culturais mais profundas que a mera realização material de direitos humanos (MCBRIDE; MAZUR, 2010, p. 37; GOLDSTONE, 2003, p. 129).

Na condição de mecanismo válido para a leitura crítica das estruturas patriarcais da sociedade e da irradiação da cultura do machismo para diferentes instituições, o movimento feminista foi responsável por avançar sobre as propostas apresentadas pelos movimentos formados por mulheres em prol de liberdades fundamentais. A tentativa de modificar rigidamente cenários sociais nos quais as mulheres estão inseridas constitui uma das marcas do movimento feminista, o que também compreende diferentes percepções a respeito do problema da interrupção voluntária da gestação. Ao recorrer à ideia de que a necessidade de legalizar o aborto está relacionada à existência de um direito à liberdade sexual da mulher, o movimento feminista se preocupa diretamente com as opressões intersecccionais que afetam o exercício livre e seguro dos processos de abortamento (ANJOS *et al.*, 2013, p. 505). Por isso, as reivindicações apresentadas por esse grupo em relação ao problema discutido estão concentradas na identificação do aborto enquanto um direito humano da mulher e na obrigatória observância dos impactos sociais que esses procedimentos causam quando realizados fora de estabelecimentos adequados, fazendo com que a crítica aos elementos como o recorte socioeconômico, a experiência de gravidez das mulheres brancas e negras e a ausência de políticas de planejamento familiar e de atenção à saúde reprodutiva das mulheres sejam considerados pontos estratégicos de sua luta organizada em favor da discriminalização do aborto (SCAVONE, 2008, p. 675-679; BARSTED, 1992, p. 105-107).

A preocupação com as políticas de saúde reprodutiva da mulher foram assimiladas pelo movimento feminista como um dos principais argumentos para fazer oposição à criminalização do aborto. Ao passo em que a sociedade e as instituições brasileiras carecem de cuidado com essas questões, a proposta do movimento feminista se torna justamente desvelar o fato de que o aborto e a proteção ao direito humano à saúde da mulher são categorias estreitamente relacionadas (BARSTED, 1992, p. 105-108). Nesse sentido, a crítica direcionada ao policiamento da sexualidade feminina exercida pelas instituições associadas ao sistema de justiça criminal brasileiro revela que há investimentos políticos, jurídicos e ideológicos para garantir a proibição das práticas abortivas em contrariedade à imposição de limites aos direitos sexuais e reprodutivos das mulheres (ARDAILLON, 1997, p. 379-383). Para que haja uma política de abortamento legal e seguro, é fundamental que haja assimilação e reconhecimento dos argumentos que estabelecem a autonomia da mulher em relação às suas escolhas existenciais enquanto direito humano (SMYTH, 2002, p. 336-339), a fim de fazer com que as escolhas sobre o aborto deixem de ser temáticas afeitas à esfera privada da mulher e avancem para o debate público, sem que haja banalização do problema. No entanto, a estruturação de uma política de aborto legal e segura depende também da aceitação dos postulados interpretativos afirmados pela hermenêutica feminista do direito.

A dificuldade de alteração do estado da arte sobre aborto no contexto dos tribunais superiores brasileiros está relacionada à formação e manutenção histórica de um direito interpretado a partir de um sistema de autoridade masculina, responsável pela incorporação de práticas e ideais que remontam àquilo que é esperado pelo patriarcado. Esse mesmo cenário, no qual a mulher é introduzida defronte o sistema penal como ré pela prática do delito de aborto, também abre margem para a naturalização de violências simbólicas capazes de produzir subordinações e apagamento das reivindicações propostas pelas mulheres em suas mobilizações sociais. Se as instituições estatais se afastam de uma perspectiva de gênero e dão razão para argumentos conservadores, então podemos afirmar que a tendência é naturalizar uma justiça desprovida de reflexões acerca dos problemas de gênero (MORRISON, 2012, p. 574). Apesar de importantes mudanças relativas ao desenvolvimento da cidadania das mulheres nas últimas décadas, ocorridas em razão da mobilização em prol da superação (parcial) de uma cultura política e jurídica brasileira baseada em práticas autoritárias e em critérios sexistas de diferenciação (BARSTED, 1999, p. 43-47), a "relação entre o feminismo e o direito é marcada por desconfianças recíprocas, na maioria das vezes formuladas pelas acadêmicas em termos de dilemas e paradoxos" (SEVERI, 2018, p. 36). Significa dizer que a compreensão jurídica dos fenômenos sociais que se relacionam com as mulheres, como as práticas de aborto, estão permeadas por visões sexistas, segundo as quais os homens são reconhecidos como padrões que servirão de base para o julgamento de mulheres (SMART, 2000, p. 35-36). A interpretação do direito sob o ponto de vista feminista, mais do que simplesmente descriminalizar o aborto e outros delitos que colocam exclusivamente mulheres como sujeitos ativos, também serviria como estratégia para combater o império do patriarcalismo e da manutenção das violências simbólicas (SMART, 2000, p. 32).

O pressuposto fundamental do feminismo crítico é a expansão da consciência das mulheres para que sejam capazes de identificar opressões e, consequentemente, promover a reorganização da sociedade de acordo com políticas de reconhecimento e redistribuição dos recursos materiais (FRASER, 2003, p. 16-22). Compreendermos a (re) interpretação dos direitos sexuais e reprodutivos das mulheres sob o ponto de vista do feminismo crítico implica aceitar que as instituições judiciais e os institutos jurídicos, enquanto estruturas imersas em perspectivas patriarcais, foram responsáveis por dificultar o exercício dos direitos humanos por parte das mulheres, sobretudo por retomar os problemas do direito, como o aborto, tendo o homem como padrão universal (FACIO, 2000, p. 15). De acordo com essa vertente, fornecer uma nova interpretação aos direitos sexuais e reprodutivos das mulheres a partir do feminismo crítico não representa apenas promover sensíveis alterações no âmbito das leis ou das decisões judiciais. Mais que isso, trata-se da necessidade de modificar a *ciência do direito* para servir às transformações dos paradigmas sexuais e reprodutivos presentes na contemporaneidade, a fim de que haja uma expansão capaz de abranger a diversidade (FACIO; FRIES, 2005, p. 260). Se, por um lado, o direito tem servido à manutenção de práticas contrárias à capacidade de decisão existencial das mulheres ou mesmo para desestimular a liberdade sexual e reprodutiva a partir do levantar das bandeiras da criminalização, por outro, sob o ponto de vista do feminismo crítico, ele seria capaz de assumir uma postura mais democrática (FACIO; FRIES, 2005, p. 262) e preocupada com o bem-estar das mulheres, sem que isso implicasse desconsiderar aspectos interseccionais de gênero, raça, classe social e deficiência. Portanto, significa modificar o direito ao ponto de retirar as mulheres das vistas do direito penal e inseri-las em um contexto de visibilidades vinculadas ao exercício de suas capacidades existenciais.

3. CONSIDERAÇÕES FINAIS

A proposta central deste trabalho foi analisar como a interpretação do direito pela via do feminismo crítico pode auxiliar na formação de alternativas epistemológicas válidas ao problema da criminalização do aborto e a consequente manutenção de uma retórica conservadora no âmbito das decisões construídas no sistema de justiça brasileiro. Formatado sob o ponto de vista das discriminações indiretas, compreendemos que o reconhecimento das práticas abortivas como delito no direito brasileiro representa uma estratégia central de policiamento dos direitos sexuais e reprodutivos das mulheres, além de estabelecer impactos desproporcionais em relação ao exercício de direitos humanos e da própria cidadania sexual. A razão para esse fenômeno está associada ao fato de que a construção do tipo penal deixa de levar em consideração os argumentos levantados pelo movimento feminista em prol da descriminalização, como a liberdade sexual e a autonomia da mulher para realizar escolhas existenciais, e abre margem para a afirmação de uma norma jurídica que desconsidera as múltiplas opressões que podem afetar as mulheres.

Nesse sentido, sob o ponto de vista da teoria da interseccionalidade, normas jurídicas e políticas públicas que tendem à manutenção da criminalização do aborto deixam de identificar outros elementos, além do gênero, que dificultam o exercício dos direitos sexuais e reprodutivos pelas mulheres. Um dos problemas interseccionais que podem ser citados diz respeito à questão da pobreza e do pertencimento às classes sociais subalternizadas, que insere a mulher em contextos de precariedade de políticas de saúde reprodutiva e abre margem para a violação dos direitos humanos e a possibilidade de óbito em razão do aborto. Por isso, conclui-se que o emprego de uma abordagem feminista crítica ao direito não apenas reconhece que as instituições e institutos jurídicos se valem do padrão masculino para julgar as decisões das mulheres, mas também buscam desconstituir discriminações que impedem a livre manifestação e exercício dos direitos sexuais e reprodutivos e fazer com que o direito atenda às transformações dos paradigmas sexuais na contemporaneidade.

REFERÊNCIAS BIBLIOGRÁFICAS

AKOTIRENE, Carla. *Interseccionalidade*. São Paulo: Sueli Carneiro; Pólen, 2019.

ANJOS, Karla Ferraz dos *et al*. Aborto e saúde pública no Brasil: reflexões sob a perspectiva dos direitos humanos. *Saúde em Debate*, Rio de Janeiro, v. 37, n. 98, p. 504-515, jul./set. 2013.

ARDAILLON, Daniela. O lugar do íntimo na cidadania de corpo inteiro. *Revista Estudos Feministas*, Rio de Janeiro, v. 2, n. 1, p. 376-388, 1997.

BARSTED, Leila Linhares. Breve panorama dos direitos sexuais e reprodutivos no Brasil. *In*: HERMANN, Jacqueline (Coord.). *A mulher e os direitos civis*. Rio de Janeiro: CEPIA, 1999.

BARSTED, Leila Linhares. Legalização e descriminalização do aborto no Brasil, 10 anos de luta feminista. *Revista Estudos Feministas*, Rio de Janeiro, v. 1, n. 1, p. 104-130, 1992.

BRASIL. Supremo Tribunal Federal. *Habeas Corpus 124.306/RJ*. Órgão Julgador: Primeira Turma, Rel. Min. Marco Aurélio de Mello, 09 de agosto de 2016.

CAMPOS, Carmen Hein de; SEVERI, Fabiana Cristina. Violência contra mulheres e a crítica jurídica feminista: breve análise da produção acadêmica brasileira. *Revista Direito & Práxis*, Rio de Janeiro, v. 10, n. 2, p. 962-990, 2019.

COLLINS, Patricia Hill; BILGE, Sirma. *Intersectionality*. Cambridge: Polity Press, 2016.

CORBO, Wallace. O direito à adaptação razoável e a teoria da discriminação indireta: uma proposta metodológica. *Revista da Faculdade de Direito da UERJ*, Rio de Janeiro, v. 1, n. 34, p. 201-239, dez. 2008.

CRENSHAW, Kimberlé Williams. Mapping the margins: intersectionality, identity politics and violence against women of color. *Stanford Law Review*, v. 43, n. 6, p. 1241-1299, 1991.

CUDD, Ann E. *Analyzing oppression*. Oxford: Oxford University Press, 2006.

FACIO, Alda. Hacia otra teoría crítica del derecho. *In*: HERRERA, Gioconda (Coord.). *Las fisuras del patriarcado*: reflexiones sobre feminismo y derecho. Quito: FLACSO Ecuador, 2000.

FACIO, Alda; FRIES, Lorena. Feminismo, género y patriarcado. *Revista sobre Enseñanza de Derecho de Buenos Aires*, Buenos Aires, v. 3, n. 6, p. 259-294, 2005.

FISS, Owen. Groups and the equal protection clause. *Philosophy & Public Affairs*, v. 5, n. 2, p. 107-177, 1976.

FORTUNE, Marie Marshall. Justice-making in the aftermath of women-battering. *In*: SONKIN, Daniel Jay (Ed.). *Domestic violence on trial*: psychological and legal dimensions of family violence. New York: Sprinter Publishers, 1987.

FRASER, Nancy. Social justice in the age of identity politics: redistribution, recognition, and participation. *In*: FRASER, Nancy; HONNETH, Axel. *Redistribution or recognition? A political-philosophical exchange*. London: Verso, 2003.

FREDMAN, Sandra. *Discrimination Law*. Oxford: Oxford University Press, 2012.

GOODMAN, Diane J. *Promoting diversity and social justice*: educating people from privileged groups. London: Sage Publications, 2001.

HANKIVSKY, Olena *et al*. An intersectionality-based policy analysis framework: critical reflections on a methodology for advancing equity. *International Journal for Equity in Health*, v. 13, n. 119, p. 1-16, 2014.

HEWSON, Barbara. Reproductive autonomy and the ethics of abortion. *Journal of Medical Ethics*, v. 27, n. 1, p. 10-14, 2001.

JARAMILLO, Isabel Cristina. La crítica feminista al derecho. *In*: WEST, Robin. *Género y teoria del derecho*. Bogotá: Siglo del Hombre Editores, 2000.

MCBRIDE, Dorothy; MAZUR, Anne. *The politics of State feminism*. Pennsylvania: Temple University Press, 2010.

MOREIRA, Adilson José. Cidadania sexual: postulado interpretativo da igualdade. *Direito, Estado e Sociedade*, Curitiba, v. 1, n. 48, p. 10-46, jan./jun. 2016.

MOREIRA, Adilson José. *O que é discriminação?*. Belo Horizonte: Letramento, 2017.

PAULSEN, Michael Stokes. Abortion as an instrument of eugenics. *Harvard Law Review*, v. 134, n. 1, p. 415-433, 2021.

PRICE, Kimala. It's not just about abortion: incorporating intersectionality in research about women of color and reproduction. *Women's Health Issues*, v. 21, n. 35, p. 555-557, 2011.

RIOS, Roger Raupp; SILVA, Rodrigo da. Discriminação múltipla e discriminação interseccional: aportes do feminismo negro e do direito da antidiscriminação. *Revista Brasileira de Ciência Política*, v. 1, n. 16, p. 11-37, jan./abr. 2015.

SARMENTO, Daniel. A igualdade étnico-racial no direito constitucional brasileiro: discriminação "de facto", teoria do impacto desproporcional e ação afirmativa. *In: Livres e iguais:* estudos de direito constitucional. Rio de Janeiro: Lumen Juris, 2006.

SAU, Victoria. *Diccionario ideológico feminista*. Barcelona: Icaria Editorial, 2000.

SCAVONE, Lucila. Políticas feministas do aborto. *Revista Estudos Feministas*, Rio de Janeiro, v. 16, n. 2, p. 675-679, 2008.

SEVERI, Fabiana Cristina. Justiça em uma perspectiva de gênero: elementos teóricos, normativos e metodológicos. *Revista Digital de Direito Administrativo*, Ribeirão Preto, v. 3, n. 3, p. 574-601, 2016.

SEVERI, Fabiana Cristina. *Lei Maria da Penha e o projeto jurídico feminista brasileiro*. Rio de Janeiro: Lumen Juris, 2018.

SMART, Carol. La teoría feminista y el discurso jurídico. *In:* BIRGIN, Haydée. *El derecho en el género y el género en el derecho*. Buenos Aires: Biblos, 2000.

SMYTH, Lisa. Feminism and abortion politics: choice, rights, and reproductive freedom. *Women's Studies International Forum*, v. 25, n. 3, p. 335-345, 2002.

STURM, Susan. Equality and the forms of justice. *University of Miami Law Review*, v. 58, n. 1, p. 51-82, 2003.

YUVAL-DAVIS, Nira. Intersectionality and feminist politics. *In:* BERGER, Michele Tracy; Guidroz, Kathleen (Eds.). *The intersectional approach:* transforming the academy through race, class, and gender. Chapel Hill: University of North Carolina Press, 2009.

LITÍGIO ESTRATÉGICO EM MATÉRIA DE ABORTO COMO VIA DE CONSOLIDAÇÃO DE PROTAGONISMOS *OUTROS:* UMA ANÁLISE DESDE AS EXPERIÊNCIAS BRASILEIRA E ARGENTINA

Jackeline Caixeta Santana[1]

INTRODUÇÃO

Dentre as variadas adversidades que urgem de um contexto global complexo e desigual, o debate sobre a descriminalização e a legalização do aborto na América Latina destaca-se por enfrentar um momento profundamente conturbado ante ao chamado retrocesso neoconservador (MACHADO, 2017), perpetuando-se, pois, enquanto um problema de justiça social e reprodutiva (LAMAS, 2008, p. 70). Isso porque a proibição da interrupção voluntária da gravidez viola diversos direitos integrantes do núcleo da dignidade humana da mulher, como, exemplificativamente, o direito (i) à vida, (ii) à integridade física e psíquica, (iii) à saúde sexual e reprodutiva, (iv) à igualdade, (v) à não discriminação, (vi) a estar livre de tortura e tratamento desumano e degradante e, ainda, (vii) a viver livre de violência (GALLI, 2020).

---

[1] Mestranda e graduada em Direito pela Universidade Federal de Uberlândia (2019). Pesquisadora no Laboratório de Estudos Decoloniais (LAED/UFU) e integrante de seu Grupo de Estudos e Pesquisa "Direitos Humanos e (De)Colonialidade" (UFU/CNPq). Integrante do Grupo de Pesquisa Direito e Sexualidade (UFBA/CNPq) e da linha de pesquisa Direito Internacional Crítico (DICRÍ) do Grupo de Estudos e Pesquisa em Direito Internacional (UFU/CNPq). Advogada. Currículo: http://lattes.cnpq.br/1785981651524897. ORCID: https://orcid.org/0000-0003-4895-3962. E-mail de contato: caixetajackeline@hotmail.com.

Sabe-se que a região latino-americana é reconhecida por ser uma das que possui as legislações mais restritivas sobre o tema ao redor do globo, o que agrava o percentual de abortamentos clandestinos e, portanto, inseguros (GUTTMACHER INSTITUTE, 2018). Não obstante este fato, há que se observar que as consequências da clandestinidade do aborto possuem uma dimensão geográfica e racial, sendo majoritariamente suportadas por mulheres sem recursos financeiros para custear um acompanhamento médico em outro país ou para acessar uma clínica clandestina, as quais são, em sua maioria, negras e periféricas (DINIZ; MEDEIROS; MADEIRO, 2007; LAMAS, 2008).

Emergem, face a este contexto, mecanismos de interação com o campo jurídico, cuja finalidade reside na urgência de impactar a ordem vigente rumo à transformação social. Um destes mecanismos é a utilização do litígio estratégico em Direitos Humanos, haja vista sua capacidade de interpretar o Direito sob uma perspectiva constitucional e/ou internacional, "especialmente naquelas áreas em que é difícil obter consenso legislativo sobre determinada questão" (OSORIO, 2020, p. 574) – como o caso do abortamento legal. Este instrumento também mostra-se interessante pois consegue tensionar o campo jurídico desde seu interior, trazendo ao centro debates marginalizados (GOMES, 2020) e abrindo os variados ordenamentos jurídicos a possibilidades de "novas arenas de confrontações, como negociações paralelas, acordos ou pressão sobre seus atores" (LOSEKANN; BISSOLI, 2017, p. 8).

À vista desta breve exposição, neste estudo, pretende-se investigar a importância do litígio estratégico em Direitos Humanos para a constitucionalização da interrupção voluntária da gravidez a partir das experiências brasileira e argentina, perquirindo, sobretudo, se este instrumento pode ser interpretado enquanto uma via de consolidação de protagonismos *outros* no campo jurídico-social. Para tanto, utiliza-se de uma abordagem qualitativa, vez que pretende-se empreender métodos e técnicas com o escopo de "proporcionar uma análise mais profunda de processos ou relações sociais", lançando luz à sua complexidade (IGREJA, 2017, p. 14).

Por fim, ressalte-se que o percurso investigativo adotado assumirá um contorno descolonizatório, visando desestruturar o imaginário formado a partir de conhecimentos universalizantes, racializados, generificados e extremamente excludentes. Para tanto, desvincula-se dos "fundamentos genuínos dos conceitos ocidentais e da acumulação do conhecimento" (MIGNOLO, 2008, p. 290). Trata-se, pois, de uma pesquisa de natureza teórica e abordagem qualitativa, consubstanciada em objetivos descritivos e explicativos a serem perseguidos por meio de levantamento bibliográfico e documental, na qual dedica-se ao emprego de uma análise decolonial e desprendida dos paradigmas eurocêntricos de produção e legitimação de saberes.

O texto está organizado de modo a (i) discorrer brevemente sobre o tema, sua delimitação e o problema de pesquisa; (ii) tratar sobre possíveis conceituações do litígio estratégico, suas modalidades e sua importância para o Direito; (iii) situar a realidade legislativa atual sobre o abortamento nos países colocados em comparação – Brasil e Argentina; (iv) abordar o impacto do litígio estratégico com relação à constitucionalização do abortamento nos citados países, perquirindo sua capacidade de consolidar protagonismos *outros;* e (v) tecer considerações finais.

1. LITÍGIO ESTRATÉGICO EM DIREITOS HUMANOS: UMA TECNOLOGIA JURÍDICO-SOCIAL DE E PARA A CONCRETIZAÇÃO DE DIREITOS

A realidade de que os debates sobre o potencial do litígio estratégico em Direitos Humanos tenham se acirrado nas últimas décadas não afasta o fato de que seu entendimento e seus significados oscilam mediante o contexto em estudo. Isso pode ser explicado, dentre outros fatores, pela percepção de que a própria utilização de "ferramentas constitucionais e políticas em defesa dos Direitos Humanos ambientais, étnicos e de gênero na América Latina" – bem como de outros grupos subalternizados – é capaz de auxiliar na construção e na evolução do conceito de litígio estratégico. Desta forma, a atuação de organizações da sociedade civil e das clínicas de interesse público oferecem aprendizados para o desenvolvimento deste campo (CORAL-DÍAZ; LONDOÑO-TORO; MUÑOZ-ÁVILA, 2010, p. 52), fazendo com que sua moldura teórico-conceitual esteja mais maleável às movimentações dos atores político-sociais envolvidos.

Consequentemente, o litígio estratégico pode ser abordado mediante a utilização de termos correlatos, como, exemplificativamente, (i) litígio de impacto, (ii) litígio paradigmático, (iii) litígio de caso-teste, (iv) advocacia de impacto, (v) litígio de interesse público, (vi) litígio das causas justas e (vii) litígio de *prueba* (CARDOSO, 2012, p. 42; VILLARREAL, 2007, p. 18). A despeito desta pluralidade nominativa, importa destacar que o litígio estratégico pode ser compreendido como um "discurso-prática", pelo qual as experiências que atravessam este instrumento são sistematizadas partindo-se dos próprios relatos das entidades que o promovem (CARDOSO, 2012, p. 56).

Assim, uma possível conceituação vista na literatura sobre o tema é aquela encontrada no *Litigation Report,* confeccionado pela *Justice Initiative.* O documento preconiza que o litígio estratégico busca, "por meio do uso da autoridade da lei, promover mudanças sociais em prol dos indivíduos cujas vozes não seriam ouvidas" (CARVALHO; BAKER, 2014, p. 467). Em semelhante sentido, para Coral-Díaz, Londoño-Toro e Muñoz-Ávila (2010, p. 52), o litígio estratégico consigna uma chave de visibilidade para grupos subalternizados na busca pela realização de seus direitos. Por esta razão, entendem as autoras que estas mobilizações são exitosas por acessarem o plano público munidas de "casos emblemáticos que permitem fixar posições, romper paradigmas e alcançar soluções para coletivos que se encontrem em situação de vulnerabilidade".

Logo, patente que o litígio estratégico em matéria de Direitos Humanos possui um substrato de medida *policy-oriented,* isto é, voltada a mudanças sociais e estruturais e não à lógica de interesse do cliente – *client-oriented* (CARDOSO, 2008). Conforme aduz Osório (2019, p. 574), "litígios que são 'estratégicos' estão enraizados em um processo consciente de advogar por objetivos de transformação, e pelos meios para realiza-los, dos quais o litígio é frequentemente apenas um deles". Deve considerar, portanto, o contexto político-social e compreender múltiplos atores, podendo, inclusive, desdobrar-se na decisão de não litigar por entender que não atende ao interesse em questão ou que desvirtua a trajetória de justiça social almejada.

Além disso, para Maneiro e Cruz (2016, p. 306) este instrumento contribui para a promoção da legitimidade democrática de sentenças, seja pela sua capacidade tematizar o assunto, seja pela competência de devolver o debate à sociedade. Na opinião dos autores, consiste em uma ferramenta apta a produzir o diálogo social, podendo firmar novos consensos durante ou após o julgamento, mantendo-se coerente ao seu "fundamento de validade [ancorado] no próprio regime democrático".

Em que pese polissemia conceitual do instrumento em análise, importa destacar que, em linhas gerais, a litigância estratégica, por mobilizar distintas causas judiciais, desvela e expõe os autores de condutas ilegais e/ou estruturas que sistematicamente violam Direitos Humanos, conforme elucida o *Centro de Estudios Legales y Sociales* – CELS (2008, p. 17). Trata-se, então, de recurso que não só coíbe abusos de poder, como também enseja a criação de programas de ações positivas para a resolução de problemas estatais estruturais (CELS, 2008, p. 20).

Nos dizeres de Montoya (2008, p. 160), o litígio estratégico "é um processo de identificação, socialização, discussão e estruturação de problemas sociais, dos quais é viável promover casos concretos para alcançar mudanças sociais". Exemplificativamente, cita-se o litígio estratégico promovido nos Estados Unidos visando ao reconhecimento da igualdade de gênero em que houve um profundo impacto judicial, ficando conhecido por *"de facto ERA"*, conforme aponta Siegel (2006, P. 1.322-1420 *apud* MANEIRO; CRUZ, 2016, p. 298). Nesta mobilização, objetivou-se ou a alteração formal da Constituição estadunidense por emenda ou a "modificação do sentido constitucional por intermédio da interpretação judicial", de sorte que embora a primeira pretensão não tenha sido alcançada, a segunda foi gradativamente ganhando espaço na ordem jurídica (MANEIRO; CRUZ, 2016, p. 298-299).

Segundo aduzem Maneiro e Cruz,

> [...] o *"de fato ERA"* pode ser identificado como um efeito material direto de modificação da interpretação do texto constitucional; efeito material indireto de aceitação pela sociedade da cláusula da *Equal Protection* também como um comando de vedação à discriminação em função do sexo; assim como, o efeito simbólico de criar ambiente propício ao incremento do debate público sobre questões de aborto e uniões homoafetivas (MANEIRO; CRUZ, 2016, p. 299).

Observa-se à luz deste excerto que a utilização estratégica do litígio pode integrar processos de ação coletiva, pelo que seu sentido extrapola o meramente jurídico. Isso se faz sentir pois na medida em que vislumbra-se uma "gama de interações entre operadores do direito e demandantes que criam sentidos", as leis e as instituições de Justiça revelam-se importantes arenas para a "realização dos confrontos nas democracias contemporâneas", englobando as agendas e discussões teóricas aptas a aproximar o Direito da realidade social (LOSEKANN; BISSOLI, 2017, p. 18-19).

O litígio estratégico pode, então, ser de interesse público ou de ação social, caso ressaltem "os valores que o movem e para os quais se volta a sua utilização". Já no que tange à dimensão de suas consequências, pode ser um litígio de impacto ou um litígio estrutural (GOMES, 2019,

p. 393). Além disso, elencam Coral-Díaz, Londoño-Toro e Muñoz-Ávila (2010, p. 53-54) que o seu conceito pode basear-se, também, no momento de intervenção, que seriam o litígio estratégico preventivo e o litígio estratégico corretivo. Por fim, as autoras também aduzem a possibilidade de que este instrumento seja conceituado desde a natureza de Direitos Humanos a que protegem, como, exemplificativamente, litígio estratégico em defesa de pessoas com deficiência, litígio estratégico em prol de povos indígenas, dentre outros.

Frente ao exposto, possível considerar que o litígio estratégico é, em sua essência, uma ação de proteção social (CORAL-DÍAZ; LONDOÑO-TORO; MUÑOZ-ÁVILA, 2010, p. 54), ancorada no pressuposto de existência de um mosaico de ferramentas e articulações possíveis para a persecução dos Direitos Humanos. Consiste, ainda, em manifestações de natureza potencialmente contra-hegemônicas e transformadoras, dada sua circunscrição a uma epistemologia jurídica emancipatória, configurando-se enquanto uma tecnologia jurídico-social *de* e *para* a concretização de direitos.

2. ENTRE O BRASIL E A ARGENTINA: (DES)ENCONTROS NORMATIVOS EM MATÉRIA DE ABORTO LEGAL

Para que se torne possível aferir a importância do litígio estratégico para a constitucionalização do aborto no Brasil e na Argentina, faz-se imprescindível identificar como a matéria está regulada em cada um de seus ordenamentos jurídicos, bem como se existem (des)encontros entre as legislações. Visando alcançar este objetivo, utiliza-se de métodos de direito comparado, a saber o (i) estrutural – marcado pela análise da "estrutura e [das] relações entre diferentes sistemas jurídicos" (DUTRA, 2016, p. 201), articulando institutos, categorias ou conceitos dotados de permanência que informam ou constituem os sistemas normativos (DUARTE, 2006, p. 778) – e (ii) o de comparação contextualizado – consubstanciado na investigação e na crítica da estrutura de um quadro legal específico, interrogando-se como as decisões correlatas à sua formação e ao seu funcionamento são tomadas (DUTRA, 2016, p. 202).

De início, importa ressaltar que, até dezembro de 2020, o aborto era tipificado como um "crime contra as pessoas" pelo Código Penal Argentino – Lei n. 11.179 de 1921. O instrumento preceituava a pena de prisão a quem infringisse a normativa, excetuando-se duas hipóteses, a saber (i) se com o objetivo de evitar risco ou perigo à vida ou à saúde da gestante, desde que estes não possam ser evitados por outros meios e (ii) se a gravidez decorresse de violência sexual ou de um atentado ao pudor cometido contra mulher portadora de deficiência de ordem cognitiva, caso em que o representante legal da gestante deveria requerer a autorização judicial para o abortamento (AGUIAR *et. al.,* 2018, p. 41).

Entretanto, no final de 2020 fora sancionada pelo Congresso da Nação a Lei n. 27.610, que regula o acesso à interrupção voluntária da gravidez e à atenção pós-abortamento. Assim, a normativa estabelece, em seu art. 2º, que as pessoas com capacidade de gestar possuem o direito (i) a decidir acerca da interrupção da gravidez; (ii) a requerer e acessar a atenção necessária ao abortamento via serviços do sistema de saúde; (iii) a requerer e receber atenção pós-aborto nos serviços do sistema de saúde, independentemente se a decisão de abortar contrarie os casos legalmente autorizados; e (iv) prevenir gravidezes indesejadas mediante o acesso à informação, à educação sexual integral e aos métodos contraceptivos eficazes. Ademais, o instrumento estabelece o direito ao abortamento voluntário até a 14ª semana de gestação, de modo que, ultrapassado este prazo, os permissivos legais supramencionados permanecem vigentes – art. 4º (ARGENTINA, 2021).

Conforme aponta o Ministério da Saúde da Província de Buenos Aires (2021, p. 4), a nova lei inscreve-se no bloco de constitucionalidade e convencionalidade do ordenamento jurídico em comento, haja vista que atende aos incisos 22 e 23 do art. 75 da Constituição Argentina. Dentre outros direitos, os dispositivos citados reconhecem os direitos sexuais e reprodutivos, bem como a dignidade, a vida, a autonomia, a identidade de gênero, a diversidade corporal, o gozo dos benefícios dos avanços científicos, a igualdade real de oportunidades, a não discriminação e a vida livre de violências.

Para tanto, os seguintes *standards* de atenção devem ser seguidos: (i) o tratamento digno na relação de saúde, expressa no respeito à pessoa, suas crenças e convicções ao longo do processo de cuidar, garantindo seus direitos e o cuidado sem violência; (ii) o respeito à privacidade, consistente na criação e na preservação de um ambiente de confiança e intimidade durante todo o procedimento; (iii) a garantia da confidencialidade, pelo que o profissional da saúde deve não só assegurar a privacidade da informação solicitada e toda aquele consignada no histórico clínico do paciente, mas também observar o segredo médico mesmo após o abortamento; (iv) a atenção e o respeito à autonomia da vontade da pessoa com capacidade de gestar; (v) o acesso à informação de forma dinâmica, bem como a sua garantia como uma exigência para a livre tomada de decisão pelo paciente; e (vi) a prestação de um serviço de qualidade, alinhado aos parâmetros da Organização Mundial da Saúde (OMS) e realizado no marco dos Direitos Humanos, segundo esclarece o Ministério da Saúde em nota técnica (2021, p. 5).

Já no pertinente ao Brasil, observa-se a interdição da interrupção voluntária da gravidez pelo art. 124 e seguintes do Código Penal – Decreto-Lei n. 2.848 de 1940. De forma semelhante ao caso argentino, a literatura normativa dita que "quando não há outro meio de salvar a vida da gestante ou quando a gravidez resulta de estupro ou […] de outra forma de violência sexual" recai o permissivo legal para o procedimento abortivo (AGUIAR *et. al.*, 2018, p. 41). Entretanto, contrariamente ao país em comparação, o debate no Brasil esbarra recorrentemente em grandes entraves, haja vista a emergência de narrativas que, embora busquem suas "credenciais laicas" ao se revestirem de argumentos – supostamente – científicos, apenas reforçam a proeminência da valoração cristã na análise sobre o tema, reiterando o controle da reprodução e da sexualidade feminina (LOUZADA, 2020).

Machado (2017) ilustra este fato destacando a crescente movimentação pró-vida no Congresso Nacional, o que convencionou chamar de retrocesso neoconservador. Investigando variados discursos parlamentares, a autora identificou não só a persistência de argumentos amparados em valores cristãos – o que se avoluma com as contribuições neopentecostais (RUIBAL, 2014) –, mas, também, as tentativas de (re)inserção da sinonímia aborto e pecado como mecanismo de desmantelamento dos permissivos legais, visando a interdição absoluta do aborto.

Há que se ressaltar, contudo, que em 2012, fora julgada a ADPF n. 54 pelo Supremo Tribunal Federal (STF) pela qual declarou-se a inconstitucionalidade da interpretação segundo a qual a interrupção da gravidez de feto anencefálico é conduta tipificada pelo Código Penal. Conforme asseveram Peixoto e Pereira (2020, p. 362), a ação foi importante pois introduziu o debate de que o ato de obrigar legalmente a manutenção da "gravidez de feto sem viabilidade extrauterina [pela gestante] seria equiparável à tortura". Ademais, sustentou-se que o procedimento não equivaleria ao aborto, dado que se trataria de uma antecipação terapêutica do parto apto a evitar o excessivo e desnecessário sofrimento da mulher.

A despeito da importância desta ação, Diniz e Vélez (2008, p. 648-650) apontam a preponderância e a responsabilidade da atuação do STF no que diz respeito à secularização do Estado e à garantia de bases retóricas lastreadas em uma "razão pública laica". A problemática desta realidade é que, conforme diagnosticado na pesquisa, existe uma "cacofonia moral" no conceito de representação atribuído ao Congresso Nacional, o que se dá em virtude de seu descomprometimento com a promoção da pluralidade argumentativa alinhada aos interesses da vida pública de um Estado laico. Assim, identificaram uma fissura na premissa de expressão democrática dos parlamentares, o que, por conseguinte, reforça a atuação da Suprema Corte quando do julgamento de questões controvertidas na sociedade e que não necessariamente melhor resguardará os direitos que compõem o núcleo da dignidade da mulher.

Rondon (2020) aquiesce esta ideia ao expor que o julgamento da citada ADPF – n. 54 – foi permeado por discursos estreitamente vinculados aos valores católicos, em uma flagrante violação à laicidade estatal. Contrastando as manifestações do Ministro Antônio Cezar Peluso e do Procurador-Geral da República Claudio Fonteles com a encíclica *Evangelium Vitae*, publicada pelo Papa João Paulo II em 1995, a autora concluiu que a estruturação da retórica católica tem por substrato uma suposta "verdade moral objetiva". Esta, por sua vez, se transporta aos não-fiéis por meio do fio condutor da "racionalidade", o qual lhe assegura independência em relação à crença religiosa, fazendo com que sobreviva mesmo não existindo explícita menção à doutrina católica.

Desta forma, diferentemente do cenário argentino onde os permissivos legais para o abortamento legal foram ampliados e celebrados como um importante avanço nos direitos das mulheres, no Brasil a questão torna-se cada vez mais disputada. Tal fato pode ser ilustrado não só pela "descontinuidade de variados serviços voltados à saúde sexual e reprodutiva", como também pela edição das Portarias n. 2.282/20 e 2.561/20 pelo Ministério da Saúde que burocratizam e dificultam o acesso ao abortamento legal e, ainda, da assinatura da Declaração do Consenso de Genebra (2020) que exclui o aborto legal, seguro e gratuito com um método de planejamento familiar (SANTANA, 2021, p. 3151-3152).

Infere-se, portanto, que urge a necessidade de que as movimentações para a constitucionalização do direito ao abortamento no Brasil sejam intensificadas, a exemplo do caso argentino. Para tanto, há que se observar que se trata de uma mobilização continuada, organizada e inspirada em estratégias capazes de lograr êxito. Isso porque, conforme discorrem Machado e Cook,

> A constitucionalização do aborto pode ser entendida como um processo multidimensional e dinâmico que ocorre na interação discursiva de atores com diferentes visões por meio do compartilhamento de valores constitucionais como uma linguagem legitimadora. Esse processo começou no Brasil com debates na Assembleia Constituinte sobre como a Constituição deveria ser elaborada para proteger a vida pré-natal de forma consistente com os direitos das mulheres de exercer autonomia decisória em relação à própria gestação (MACHADO; COOK, 2019, p. 2243).

Ante ao exposto, torna-se nítido que as legislações sobre o abortamento legal no Brasil e na Argentina possuem (des)encontros que colocam ambos os países em posições distintas quanto ao nível de proteção da mulher e à garantia dos direitos que compõem o núcleo de sua dignidade humana. Isso se deve, dentre outros fatores, a diferentes níveis de incorporação da plataforma reivindicatória deste debate no campo jurídico e também às dissonâncias quanto à atuação do litígio estratégico em matéria de Direitos Humanos em cada um dos países, o que se passa a discutir no próximo item deste estudo.

3. ENTRE O BRASIL E A ARGENTINA: LITÍGIO ESTRATÉGICO EM MATÉRIA DE ABORTO E A CONSOLIDAÇÃO DE PROTAGONISMOS OUTROS

Embora os Direitos Humanos tenham servido de lastro mínimo para a pactuação de variados instrumentos internacionais voltados à garantia e à promoção do estatuto humano e das condições basilares de concretização de uma vida digna, estes são predominantemente vislumbrados "como um desdobramento natural do pensamento liberal e das lutas políticas europeias da Modernidade", as quais possuem como núcleo duro as ideias de liberdade individual e igualdade formal circunscritas ao liberalismo clássico (BRAGATO, 2014, p. 204). Consequentemente, na retórica ocidental dos Direitos Humanos, expressa-se o protagonismo de um sujeito abstrato que performa não só como elaborador de um direito supostamente universal, mas também como seu legítimo destinatário.

A principal problemática decorrente deste cenário diz respeito à mensuração da noção de humanidade que fundamenta estes direitos. Consoante elucida Bragato (2016, p. 1811), subsiste um discurso eurocentrado que "define humanidade e, ao mesmo tempo, exclui desta categoria a maioria dos seres humanos, criando hierarquias" aptas a encetar a negação de direitos aos considerados menos que humanos ou não humanos – isto é, qualquer sujeito destoante do homem médio abstrato universal que é marcadamente branco, europeu, burguês, cristão, moderno e cisheterossexual (LUGONES, 2020).

Esta narrativa hegemônica cada vez mais vem sendo questionada por pensamentos críticos, especialmente, à vista da constatação de que estes direitos acabaram por representar somente "os interesses e os privilégios de segmentos sociais ascendentes economicamente" (WOLKMER, 2015, p. 259), consignando os excluídos da modernidade ocidental, a quem fora negada a titularidade de direitos. A despeito do tensionamento deste debate, os reflexos desta narrativa hegemônica persistem enquanto uma faceta da colonialidade (QUIJANO, 2007), desdobrando-se em graves violações aos Direitos Humanos destes sujeitos historicamente subalternizados, fazendo emergir a necessidade de desenvolvimento de novos instrumentos aptos a subverter as relações de poder cristalizadas na arena internacional.

Um destes mecanismos que têm ascendido enfaticamente nas últimas décadas é a utilização do litígio estratégico em Direitos Humanos. A articulação desta ferramenta perpassa a mobilização de uma série de recursos, instrumentos e capital humano, vez que, para além da necessidade de desenhar-se a conveniência, a adequação, o formato e a plausibilidade da demanda, faz-se também imprescindível esclarecer as finalidades perseguidas com o litígio, bem como antever seus possíveis efeitos colaterais (GOMES, 2019). Por esta razão, a análise e o reconhecimento de oportunidades institucionais para a colocação de pautas político-jurídicas altamente controvertidas e disputadas figura-se como um fator imprescindível para o desenvolvimento de estruturas organizativas capazes de atuar nestes contextos visando um impacto que transcenda as partes do caso concreto e mirem a promoção dos Direitos Humanos e da justiça social e reprodutiva (RUIBAL, 2015, p. 186; GOMES, 2019, p. 393).

Na América Latina, Ruibal (2014, p. 125) discorre que este processo de reconhecimento levou as organizações feministas a concluírem pela dificuldade da garantia do direito ao aborto via órgãos políticos. Contrariamente, estas organizações visualizaram a abertura das Cortes nacionais – sobretudo as constitucionais –, que acabaram por firmar-se como um terreno fértil para o florescimento de demandas pela legalidade do aborto. Desta forma, em diversos países latino-americanos – como na Colômbia, no México, no Brasil e na Argentina – o litígio estratégico fora empreendido e resultou na ampliação do acesso ao aborto legal, seguro e gratuito (RUIBAL, 2014).

No cenário argentino, destaca-se a movimentação para introduzir este debate na agenda política por meio da criação de argumentos jurídicos e pela produção de informes que esclarecessem os riscos do aborto clandestino. Este conjunto de iniciativas deu-se, dentre outros exemplos, por organismos de Direitos Humanos como (i) a Associação pelos Direitos Civis – ADC –, (ii) o Centro de Estudos Legais e Sociais – CELS –, (iii) a Equipe Latino-americana de Justiça e Gênero – ELA – (iv) a Fundação para o Estudo da Mulher – FEIM – e (v) a Anistia Internacional Argentina, recebendo também a colaboração da Campanha pelo Direito ao Aborto Legal, Seguro e Gratuito atuante desde 2005 no país (MEDICI, 2020, p. 76-77).

Conforme defende Monte (2018, p. 727-728), um importante momento para este debate fora a ação movida pelas advogadas da Fundação *Unos com Otros* ante a um caso de interrupção de gravidez de feto anencefálico que fora negado em Buenos Aires – processo judicial *T.S,* de 2000. No entendimento da autora, a intervenção em instâncias institucionalizadas formalmente nos tribunais contenciosos administrativos da citada cidade, bem como na Corte Suprema de Justiça da Nação, materializou uma forma de resistência aos mecanismos de poder do Direito que produzem discursos situados sobre gênero, sexualidade e reprodução, constituindo-se como uma forma de litígio estratégico oriundo da advocacia feminista.

Outro exemplo argentino é o vivenciado na província de Salta, onde somava-se um precário desenvolvimento institucional do movimento em favor do direito ao aborto à ausência de recursos financeiros para a sua efetiva mobilização legal. Neste cenário, houve, pois, o litígio a partir da presença de advogadas/os alinhados à causa do movimento que se dispuseram a trabalhar *pro bono* em uma demanda constitucional mesmo face à falta de estrutura de apoio para tanto (RUIBAL, 2015, p. 187).

Patente, pois, que o litígio estratégico tem sido um recurso utilizado no cenário argentino em matéria de aborto. Consoante aponta Brown (2020, p. 12), a judicialização de questões correlatas ao tema além de crescente, tem sido incrementada por organizações e instituições capazes de arcar com os custos econômicos e com os recursos humanos indispensáveis a ação. Toda esta arquitetura, somada à pressão política das intensas mobilizações conhecidas por Maré Verde, foram imprescindíveis para a consolidação do cenário de despenalização do aborto até a 14ª semana de gestação na Argentina[2], evento este alinhado à promoção dos Direitos Humanos das mulheres e à emergência de protagonismos *outros* no campo jurídico-social.

Já no que compete ao Brasil, Peixoto e Pereira (2020, p. 360-361) revelam a atuação dos movimentos de mulheres e dos femininos como articulações estratégicas junto às três funções do Estado – Legislativa, Executiva e Judiciária. Consoante aduzem, o período da (re)democratização pós ditadura civil-militar tornou-se propício para a ampliação da agenda de defesa dos direitos das mulheres. Neste momento, as articulações se intensificaram rumo à aquisição de maior receptividade do debate acerca da descriminalização e da legalização do aborto ante ao Poder Legislativo e ao Judiciário, o que se agudizou com a utilização do tema como questão de saúde pública, aproveitando-se dos debates aviltados no Ciclo de Conferências Mundiais das Nações Unidas – composto pela Conferência Internacional de População e Desenvolvimento do Cairo (1994) e pela IV Conferência Mundial Sobre a Mulher de Pequim (1995).

Não obstante este fato, as articulações lograram pouco êxito junto ao legislativo, sobretudo, em razão do posicionamento contrário de parlamentares alinhados a grupos religiosos. Já no que tange ao executivo, destaca-se um progresso substancial desta pauta durante parte do Governo Lula, o que, todavia, não prosperou (PEIXOTO; PEREIRA, 2020, p. 361). Em virtude deste cenário, as articulações migraram sua perspectiva para a Função Judiciária, dada a percepção de que, quiçá, este espaço apresentasse maior abertura ao debate sobre o abortamento, o que se expressou, especialmente, pela instrumentalização do litígio estratégico.

Segundo elucida Ruibal (2020, p. 1171), o litígio estratégico em matéria de acesso ao aborto no Brasil tornou-se mais pronunciado a partir de meados de 2004, com a apresentação da Arguição de Descumprimento de Preceito Fundamental (ADPF) n. 54 perante o Supremo Tribunal Federal (STF). A ação foi singular não só porque discorreu sobre a incidência da norma penal em casos de interrupção da gravidez de-

---

2 Cf. https://www.nexojornal.com.br/expresso/2020/12/30/A-descriminaliza%C3%A7%C3%A3o-do-aborto-na-Argentina.-E-a-situa%C3%A7-C3%A3o-no-Brasil.

corrente de anencefalia fetal, mas porque inseriu no debate jurídico o verdadeiro significado da decisão tomada pela mulher em estado gravídico, isto é, demonstrou que, na realidade, a situação de profunda dor e sofrimento enfrentada por estas mulheres consigna o procedimento não como abortivo, mas sim como uma antecipação terapêutica do parto (DINIZ; VÉLEZ, 2008).

Além disso, a ação, ajuizada pelo ANIS – Instituto de Bioética, Direitos Humanos e Gênero[3] – configurou-se como o "primeiro caso no campo do direito ao aborto realizado por uma organização feminista perante um tribunal constitucional na América Latina", que, por tratar-se de uma nova estratégia, "implicou uma série de mudanças, procuras e experimentações por parte das demandantes, orientadas a construir e fortalecer a ação judicial" (RUIBAL, 2020, p. 1172). Assim, verifica-se que a aludida ADPF foi capaz de alcançar objetivos intrínsecos ao litígio estratégico em Direitos Humanos, a saber o de questionamento e clarificação de normas jurídicas, o de modificação do uso de instrumentos jurídicos, o de documentar injustiças e o de ampliar a consciência pública (GOMES, 2019, p. 398-399) sobre a interrupção voluntária da gravidez em casos de fetos anencefálicos. A atuação citada consigna-se, neste sentido, como uma articulação de litígio estratégico de interesse público.

Destaca-se, ainda, a Ação Direta de Inconstitucionalidade n. 5581, ajuizada em 2016 pela ANIS em parceria com a Associação Nacional dos Defensores Públicos (ANADEP), a qual discutiu a conexão entre aborto e zika vírus na agenda pública no país. Inicialmente, a ação tinha por fundamento principal o estado de emergência de saúde pública, entretanto, em articulação com a ANADEP, entendeu-se que o melhor caminho argumentativo seria a preservação da saúde mental da mulher, já que diante do desconhecimento das consequências da enfermidade fazia-se imprescindível optar por uma base sólida de respaldo jurídico (RUIBAL, 2020, p. 1179).

Embora a ação não tenha sido julgada, ela foi relevante pois pavimentou o caminho para o ajuizamento da ADPF 442, que não só conseguiu envolver um partido político em uma ação constitucional sobre aborto, mas também

---

3 Segundo esclarece Ruibal (2020, p. 1171), trata-se de "organização não-governamental feminista fundada em Brasília em 1999, especializada em pesquisa acadêmica, educação, informação e advocacy em temas bioéticos, principalmente vinculados à reprodução humana, que desde então conduz as ações de litígio estratégico no campo do direito ao aborto no Brasil".

[...] promoveu o maior debate sob o direito ao aborto perante uma instituição governamental no pais. Além disso, um aspecto notável no desenvolvimento do litígio estratégico neste caso foi a coordenação alcançada entre 2017 e 2018 entre diversas organizações do movimento feminista brasileiro, que, embora num contexto político crítico, e a persistência de alguma resistência à judicialização em setores importantes do feminismo, conseguiram articular-se para apresentar, nos autos da ADPF 442, pedidos de ingresso como *amici curiae* (RONDON, entrevista 2019 *apud* RUIBAL, 2020, p. 1180, grifo da autora).

Face ao exposto, possível depreender-se que as movimentações ocorridas nos cenários brasileiro e argentino consistem em "processos de lutas sociais de minorias coletivas que buscam o reconhecimento de seus direitos a uma vida com dignidade, com respeito [...] a sua diversidade e a sua identidade" (WOLKMER, 2015, p. 258). Esta realidade esboça não só um aporte crítico aos Direitos Humanos, mas enuncia o litígio estratégico como uma via de consolidação de protagonismos *outros,* haja vista a sua capacidade de centralizar as mulheres e as mobilizações sociais na trajetória da constituição de si e de suas narrativas (CURIEL, 2014, p. 326).

Neste sentido, possível inferir que o litígio estratégico em matéria de aborto é capaz de consolidar múltiplos protagonismos na confecção do Direito, além de viabilizar que as mulheres tenham, de fato, um horizonte de justiça reprodutiva para além das fissuras jurídicas coloniais-modernas. Conforme salienta Fajardo (2007, p. 4), "o litígio estratégico em Direitos Humanos é parte do exercício do direito ao acesso à justiça e tem como objetivo final o cumprimento efetivo dos direitos humanos ordenados por instancias de justiças nacionais ou internacionais", pelo que, devido ao seu modo de atuação e ao seu potencial de mobilizar variados atores político-sociais, acaba por deslocar os parâmetros eurocentrado de graduação da humanidade, trazendo ao centro do debate e da tutela jurídica aqueles sujeitos antes invisibilizados pelos reflexos da colonialidade.

4. CONSIDERAÇÕES FINAIS

Em um cenário global complexo, atravessado pela multiplicidade de culturas, povos, relações e posicionamentos políticos, assiste-se também à agudização das contradições estruturais de variados ordenamentos jurídicos. Este fenômeno, ao tempo que alerta para a perpetuação de relações político-sociais mediadas pelo exercício de poder por grupos hegemônicos em detrimento de sujeitos historicamente subalternizados, aponta também a necessidade de adaptação do Direito como um requisito de sua manutenção enquanto promotor do estatuto humano, evitando-se, assim, a acomodação das vulnerabilidades decorrentes da redução de direito a normas positivadas.

À vista da realidade de que as discussões sobre o aborto são tecidas na encruzilhada entre (o)posições políticas, juízos morais, valores religiosos, movimentos sociais e também nos espaços formais de produção academicamente situados, trata-se de uma temática mais suscetível a retrocessos face a processos de erosão democrática e contaminação do campo jurídico por retóricas que esvaziam a autonomia reprodutiva da mulher. Neste sentido, investigar a ressonância política e jurídica do litígio estratégico nesta temática faz-se imprescindível para a abertura do Direito à visualização das complexidades sociais ocultadas por padrões de poder e hierarquia social pautados em relações étnico-raciais, de classe e de gênero.

Neste sentido, os protagonismos *outros* concretizados via litígio estratégico em matéria de aborto no Brasil e na Argentina deslocam a perspectiva dos Direitos Humanos enquanto um construto retórico eurocentrado para vislumbrá-los como um processo histórico – fruto de contradições, lutas e descontinuidades – cujo futuro é incerto e está em constante (des)construção por (novos) atores jurídico-sociais. Estes cenários destacam-se no panorama regional, portanto, vez que seus processos políticos pelo reconhecimento dos direitos sexuais e reprodutivos têm resistido às disputas entre setores antagônicos, abrindo-se a opções decoloniais de garantia de direitos desde dentro das fronteiras do poder colonial.

O litígio estratégico na Argentina parece ser mais incipiente, ou, ao mesmo, é pouco noticiado e visualizado. Embora o país tenha conseguido de fato descriminalizar o abortamento, observa-se que foi um movimento ocorrido via legislativa – Congresso da Nação – e que o litígio estratégico apenas pavimentou a aceitação deste debate na sociedade de forma pontual e não generalizada. Neste caso, observa-se uma preponderância da mobilização social – Maré Verde. No Brasil, diferentemente do ocorrido na Argentina, não houve a descriminalização do aborto, embora a articulação do litígio estratégico nesta matéria seja maior. A despeito disso, restou claro que esta ferramenta foi capaz de inserir argumentos importantes desenvolvidos no âmbito da pesquisa acadêmica, dos movimentos sociais e dos femininos, ampliando o debate e impactando na ordem jurídica, como no caso da anencefalia fetal e sua equivalência à tortura.

Assim, as experiências brasileira e argentina não só visibilizam o debate sobre o abortamento na América Latina, expondo a gravidade de sua clandestinidade em diversos países, como também promovem o diálogo entre sociedade e instituições, visando transformar marcos regulatórios, argumentos jurídicos e vincular atores, manifestando a capacidade de utilização do litígio estratégico a partir de uma perspectiva contra-hegemônica e em seu potencial transformador, ressaltando-se uma epistemologia jurídica emancipatória e também descolonizatória.

Conclui-se, por conseguinte, que as experiências verificadas reforçam a necessidade de buscar-se pela concretização da justiça reprodutiva mediante a constitucionalização da interrupção voluntária da gravidez. Em um cenário profundamente marcado pelas desigualdades sociais, há que se sobrelevar a importância do campo jurídico na concretização do núcleo de direitos que integram a dignidade humana, sobretudo, daqueles que resistem a um processo histórico e estrutural de subalternização e que, em razão disso, suportam as mais severas consequências de um ordenamento jurídico pensado *desde, por* e *para* o centro.

REFERÊNCIAS

AGUIAR, Brunno *et. al.* A legislação sobre o Aborto nos Países da América Latina: uma revisão narrativa. *CCS – Comunicação em ciências da saúde,* v. 29, n. 1, 2018. Disponível em:http://www.escs.edu.br/revistaccs/index.php/comunicacaoemciencias dasaude/article/view/133. Acesso em: 19 nov. 2021.

ARGENTINA. *Ley 27610 de 15 de enero de 2021.* Acceso a la interrupción voluntaria del embarazo. Disponível em: https://www.boletinoficial.gob.ar/detalleAviso/primera/239807/20210115. Acesso em: 20 nov. 2021.

BRAGATO, Fernanda Frizzo. Para além do discurso eurocêntrico dos Direitos Humanos: contribuições da descolonialidade. *Revista Novos Estudos Jurídicos,* v. 19, n. 1, 2014. Disponível em: https://siaiap32.univali.br/seer/index.php/nej/article/view/5548. Acesso em: 19 out. 2021.

BROWN, Josefina. Del margen al centro. De la construcción del aborto como um problema social al aborto como um derecho (1983-2018). *Custiones de Sociologia,* Universidad Nacional de La Plata, n. 22, 2020. Disponível em: http://sedici.unlp.edu.ar/handle/10915/108053. Acesso em: 11 out. 2021.

CARDOSO, Evorah Lusci Costa. Litígio estratégico e Sistema Interamericano de Direitos Humanos. Belo Horizonte: Fórum, 2012.

CARDOSO, Evorah Lusci Costa. Litígio estratégico e Sistema Interamericano de Direitos Humanos: análise de casos da Corte Interamericana. *Dissertação. (Mestrado em Filosofia e Teoria Geral do Direito)* – Universidade de São Paulo, São Paulo, 2008.

CARVALHO, Sandra; BAKER, Eduardo. Experiências de litígio estratégico no sistema interamericano de proteção dos direitos humanos. *SUR, Revista Internacional de Direitos Humanos*, 2014. Disponível em: http://sur.conectas.org/experiencias-de-litigio-estrategico-no-sistema-interamericanode-protecao-dos-direitos-humanos/. Acesso em: 2 out. 2021.

CENTRO DE ESTUDIOS LEGALES Y SOCIALES (CELS). *Litigio estratégico y derechos humanos:* la lucha por el derecho. Buenos Aires: Siglo XXI, Editores Argentina, 2008.

CORAL-DÍAZ, Ana Milena; LONDOÑO-TORO, Beatriz; MUÑOZ-ÁVILA, Lina Marcela. El concepto de litigio estratégico en América Latina: 1990-2010.

Vniversitas, Bogotá, Colombia, n. 121, 2010. Disponível em: http://www.scielo.org.co/pdf/vniv/n121/n121a03.pdf. Acesso em: 11 nov. 2021.

CURIEL, Ochy. Hacia la construcción de um feminismo descolonizado. In: MÑOSO, Yuderkys Espinosa; CORREAL, Diana Gómez; MUÑOS, Karina Ochoa. *Tejiendo de otro modo:* Feminismo, epistemologia y apuestas descoloniales em Abya Yala. Popayán: Editorial Universidad del Cauca, 2014.

DINIZ, Débora; MEDEIROS, Marcelo; MADEIRO, Alberto. Pesquisa Nacional de Aborto 2016. *Ciência & Saúde Coletiva*, [online], v. 22, n. 2, 2017. Disponível em: https://www.scielo.br/scielo.php?pid=S1413-81232017000200653&script=sci_abstract&tlng=pt. Acesso em: 18 set. 2021.

DINIZ, Débora; VÉLEZ, Ana Cristina. Aborto na Suprema Corte: o caso da anencefalia no Brasil. *Revista Estudos Feministas,* Florianópolis, v. 16, n. 2, 2008. Disponível em: https://www.scielo.br/scielo.php?pid=S0104-026X2008000200019&script=sci_abstract&tlng=pt. Acesso em: 16 out. 2021.

DUARTE, Rui Pinto. *Uma Introdução ao Direito Comparado*. Coimbra: Edições Almedina, 2006.

DUTRA, Deo Campos. Método(s) em Direito Comparado. *Revista da Faculdade de Direito da UFPR,* v. 61, n. 3, 2016. Disponível em: https://revistas.ufpr.br/direito/article/view/46620. Acesso em: 15 set. 2021.

FAJARDO, Raquel Yrigoyen. *Hacia un litigio estratégico en derechos humanos*. Guatemala: Fundación Soros, 2007.

GALLI, Beatriz. Desafios e oportunidades para o acesso ao aborto legal e seguro na América Latina a partir dos cenários do Brasil, da Argentina e do Uruguai. *Cadernos de Saúde Pública,* n. 36, 2020. Disponível em: https://www.scielo.br/j/csp/a/N9MnGX8cfgmzb6NVNm4BWyR/?lang=pt&format=html. Acesso em: 23 set. 2021.

GOMES, Juliana. Nas encruzilhadas: limites e possibilidades do uso do litígio estratégico para o avanço dos direitos humanos e para a transformação social. *Revista Direito e Práxis,* v. 10, n. 1, 2019. Disponível em: https://www.e-publicacoes.uerj.br/index.php/revistaceaju/article/view/39381. Acesso em: 24 set. 2021.

GUTTMACHER INSTITUTE. *Aborto em América Latina y el Caribe*. Disponível em: https://www.guttmacher.org/sites/default/files/factsheet/fs-aww-lac-es.pdf. Acesso em: 24 set. 2021.

IGREJA, Rebecca. O Direito como objeto de estudo empírico: o uso de métodos qualitativos no âmbito da pesquisa empírica em Direito. In: MACHADO, Maíra Rocha (org.) *Pesquisar empiricamente o direito*. São Paulo: Rede de Estudos Empíricos em Direito, 2017.

LAMAS, Marta. El aborto em la agenda del desarrollo em América Latina. *Perfiles Latinoamericanos,* v. 16, n. 31, 2008. Disponível em: http://www.scielo.org.mx/scielo.php?script=sci_arttext&pid=S0188-76532008000100004. Acesso em: 23 set. 2021.

LOSEKANN, Cristiana; BISSOLI, Luiza Duarte. Direito, mobilização social e mudança institucional. *Revista Brasileira de Ciências Sociais,* v. 32, n. 94. Disponível em: https://www.scielo.br/j/rbcsoc/a/nRsJGjbdZkxM3tJmL4DdGYs/abstract/?lang=pt. Acesso em: 20 nov. 2021.

LOUZADA, Gabriela Rondon Rossi. Constitucionalismo agonístico: a questão do aborto no Brasil. *Tese (Doutorado em Direito).* 2020. 127 f. Universidade de Brasília, Brasília, 2020. Disponível em: https://repositorio.unb.br/handle/10482/38629. Acesso em: 15 out. 2021.

LUGONES, María. Colonialidade e gênero. In: HOLLANDA, Heloísa Buarque de. *Pensamento feminista hoje:* perspectivas decoloniais. Rio de Janeiro: Bazar do Tempo, 2020.

MACHADO, Lia Zanotta. O aborto como direito e o aborto como crime: o retrocesso neoconservador. *Cadernos Pagu,* Campinas, n. 50, 2017. Disponível em: https://www.scielo.br/scielo.php?pid=S0104-83332017000200305&script=sci_abstract&tlng=pt. Acesso em: 15 out. 2021.

MACHADO, Marta; COOK, Rebecca. Constitucionalização do aborto no Brasil: uma análise a partir do caso da gravidez anencefálica. *Revista Direito e Práxis,* Rio de Janeiro, v. 5, n. 3, 2019. Disponível em: https://www.e-publicacoes.uerj.br/index.php/revistaceaju/article/download/43406/29875. Acesso em: 11 nov. 2021.

MANEIRO, Renata de Marins Jaber; CRUZ, Eugeniusz Costa Lopes da. Constitucionalismo democrático e litígio estratégico: o caso do mandado de injunção n. 4.733. *Revista Brasileira de Direitos e Garantias Fundamentais,* v. 2, n. 2, 2016. Disponível em: https://www.indexlaw.org/index.php/garantiasfundamentais/article/view/1644. Acesso em: 22 nov. 2021.

MEDICI, Chantal. Estrategias para el aborto legal: la incidencia internacional. Argentina (2000-2017). *Derecho y Ciencias Sociales.* Instituto de Cultura Jurídica y Maestría en Sociología Jurídica. FCJ y S. UNLP. Disponível em: https://revistas.unlp.edu.ar/dcs/article/view/10605. Acesso em: 17 out. 2021.

MIGNOLO, Walter D. Desobediência Epistêmica: a opção descolonial e o significado de identidade em política. *Cadernos de Letras da UFF.* Dossiê: Literatura, língua e identidade, n. 34, 2008. Disponível em: http://professor.ufop.br/sites/default/files/tatiana/files/desobediencia_epistemica_mignolo.pdf. Acesso em: 25 ago. 2021.

MINISTERIO DE SALUD ARGENTINA. *Nota Técnica 3.* Ley 27.610: estándares legales para la atención de la interrupción del embarazo. Buenos Aires, 2021. Disponível em: https://bancos.salud.gob.ar/recurso/nota-tecnica-3-ley-27610-estandares-legales-para-la-atencion-de-la-interrupcion-del. Acesso em: 24 nov. 2021.

MINISTERIO DE SALUD DE LA PROVINCIA DE BUENOS AIRES. *Guía de implementación de la IVE en PBA, en el marco de la Ley N 27.610.* Buenos Aires, 2021. Disponível em: https://ministeriodelasmujeres.gba.gob.ar/drive/archivos/guiaimplementacionive.pdf. Acesso em: 23 nov. 2021.

MONTE, María Eugenia. Disputas sobre la regulación jurídica del aborto en Argentina. La abogacía feminista frente a resistencias conservadoras em el proceso judicial T.S. (2000): ecografía, visualización fetal y producción del discurso jurídico. *Oñati Socio-legal Series,* v. 8, n. 5, 2018. Disponível em: https://papers.ssrn.com/sol3/papers.cfm?abstract_id=3272137. Acesso em: 15 out. 2021.

MONTOYA, Lucas Correa. Litigio de alto impacto: Estrategias alternativas para enseñar y ejercer el Derecho. *Opin. Jurid,* v. 7, n. 14, 2008. Disponível em: https://revistas.udem.edu.co/index.php/opinion/article/view/161/145. Acesso em: 14 nov. 2021.

OSÓRIO, Letícia. Litígio Estratégico em Direitos Humanos: desafios e oportunidades para organizações litigantes. *Revista Direito e Práxis,* v. 10, n. 1, 2019. Disponível em: https://www.e-publicacoes.uerj.br/index.php/revistaceaju/article/view/39377. Acesso em: 24 set. 2021.

PEIXOTO, Fabiano; PEREIRA, Thales. Mobilização jurídica e o direito ao aborto no Brasil: a evolução argumentativa nas respectivas ações de controle concentrado de constitucionalidade. *Revista Brasileira de Políticas Públicas,* v. 10, n. 1, 2020. Disponível em: https://www.publicacoes.uniceub.br/RBPP/article/view/6503. Acesso em: 6 nov. 2021.

QUIJANO, Aníbal. Colonialidad del poder y clasificación social. In: CASTRO-GÓMEZ, Santiago; GROSFOGUEL, Ramón (orgs.). *El giro decolonial:* reflexiones para una diversidade epistémica más allá del capitalismo global. Bogotá: Siglo del Hombre Editores, Universidad Central, Instituto de Estudios Sociales Contemporáneos y Pontificia Universidad Javeriana, Instituto Pensar, 2007.

RONDON, Gabriela. O gênero da dignidade: humanismo secular e proibição de tortura para a questão do aborto na ADPF 54. *Revista Direito e Práxis*, Rio de Janeiro, v. 11, n. 2, 2020. Disponível em: https://www.scielo.br/scielo.php?pid=S2179-89662020000201137&script=sci_abstract&tlng=pt. Acesso em: 18 out. 2021.

RUIBAL, Alba. A controvérsia constitucional do aborto no Brasil: inovação na interação entre movimento social e Supremo Tribunal Federal. *Revista Direito e Práxis,* Rio de Janeiro, v. 11, n. 2, 2020. Disponível em: https://www.scielo.br/j/rdp/a/bYnPL-7nMpYNmzL5wBRnNVpC/abstract/?lang=pt. Acesso em: 19 out. 2021.

RUIBAL, Alba. Feminismo frente a fundamentalismos religiosos: mobilização e contramobilização em torno dos direitos reprodutivos na América Latina. *Revista Brasileira de Ciência Política,* Brasília, n. 14, 2014. Disponível em: https://www.scielo.br/scielo.php?pid=S0103-33522014000200111&script=sci_abstract&tlng=pt. Acesso em: 19 out. 2021.

RUIBAL, Alba. Movilización y contra-movilización legal: propuesta para su análisis en América Latina. *Política y gobierno,* Ciudad de México, v. 22, n. 1, 2015. Disponível em: http://www.scielo.org.mx/scielo.php?script=sci_arttext&pid=S1665-20372015000100006. Acesso em: 14 out. 2021.

SANTANA, Jackeline Caixeta. Corpo-território em disputa: agenda governamental contra os direitos sexuais e reprodutivos enquanto *pedagogia da crueldade*. In: IRINEU, Bruna Andrade *et. al.* (orgs.) *Diversidade sexual, étnico-racial e de gênero:* saberes plurais e resistências. Vol. 1. Campina Grande, Realize Editora, 2021. Disponível em: https://www.academia.edu/55676180/E_BOOK_CINABEH_Diversidade_sexual_%C3%A9tnico_racial_e_de_g%C3%AAnero_saberes_plurais_e_resist%-C3%AAncias. Acesso em: 26 nov. 2021.

VILLARREAL, Marta. El litigio estratégico como herramienta del Derecho de Interés Público In: MATUS, Fabián Sanchez. *El litigio estratégico em México*: la aplicación de los derechos humanos a nível práctico, experiencias de la sociedade civil. México: Alto Comissionado de las Naciones Unidas, 2007. Disponível em: https://www.hchr.org.mx/images/doc_pub/litigioestrategico.pdf. Acesso em: 15 nov. 2021.

WOLKMER, Antonio Carlos. *Introdução ao pensamento jurídico crítico*. São Paulo: Saraiva, 2015.

"NÃO POSSO PASSAR ESSA INFORMAÇÃO": O DIREITO AO ABORTO LEGAL NO BRASIL[12]

Eliane Vieira Lacerda Almeida[3]
Lara Ribeiro Pereira Carneiro[4]
Lorenna Medeiros Toscano de Brito[5]
Maria Inês Lopa Ruivo[6]

---

1 Artigo escrito sob a orientação da Profa. Dra. Érica Maia C. Arruda. Doutora em Direito e Evolução Social pelo PPGD\UNESA. Professora da Universidade Estácio de Sá (UNESA) e Pesquisadora da Escola de Ciências Jurídicas da Universidade Federal do Estado do Rio de Janeiro (ECJ\UNIRIO). E-mail: ericamaiaarruda@yahoo.com.br

2 Artigo publicado em: ALMEIDA, Eliane Vieira Lacerda; CARNEIRO, Lara Ribeiro Pereira; BRITO, Lorenna Medeiros Toscano de; RUIVO, Maria Inês Lopa. "Não posso passar essa informação": o direito ao aborto legal no Brasil. X Congresso Virtual de Gestão, Educação e Promoção da Saúde, 2021. Disponível em: https://convibra.org/congresso/res/uploads/pdf/artigo_pdfHMETE006.08.2021_23.50.39.pdf . Acesso em: 10 mar. 2022.

3 Mestra em Direito pela Universidade Federal do Estado do Rio de Janeiro. Pesquisadora da Escola de Ciências Jurídicas da Universidade Federal do Estado do Rio de Janeiro (ECJ\UNIRIO). elianealmeida@edu.unirio.br

4 Graduada em História pela Universidade Federal Fluminense. Graduanda em Direito pela Universidade Federal do Estado do Rio de Janeiro Pesquisadora da Escola de Ciências Jurídicas da Universidade Federal do Estado do Rio de Janeiro (ECJ\UNIRIO). lara.rpc@gmail.com

5 Graduada em Direito pelo Centro Universitário do Rio Grande do Norte. Pós-graduanda em Direito Constitucional pelo Centro Universitário do Rio Grande do Norte. Pesquisadora da Escola de Ciências Jurídicas da Universidade Federal do Estado do Rio de Janeiro (ECJ\UNIRIO). toscanolorenna@gmail.com

6 Graduanda em Direito pela Universidade Federal do Estado do Rio de Janeiro Pesquisadora da Escola de Ciências Jurídicas da Universidade Federal do Estado do Rio de Janeiro (ECJ\UNIRIO). inesruivocp2@gmail.com

INTRODUÇÃO

Deus, pai, marido, Estado? Quem decide sobre o corpo que gestacional? Os direitos reprodutivos foram histórica e mundialmente tratados sob a perspectiva de desenvolvimento econômico, somente na década de 90 passaram a fazer parte da esfera pública internacional sob a ótica dos direitos humanos. A mudança de paradigma veio com a Conferência Internacional sobre População e Desenvolvimento, ocorrida no Cairo em 1994, e a IV Conferência Mundial sobre a Mulher realizada em Beijing no ano de 1995.

O novo regime legal internacional apontou para a caracterização de elementos desses direitos, indicando dentre eles as situações para a realização do aborto. Em relação ao aborto, as primeiras orientações legais acerca do tema no Brasil estavam no Código Penal Brasileiro de 1940 como conduta punível penalmente, mas o mesmo diploma legal trazia duas hipóteses descriminalizadoras: (i) o aborto necessário (quando não há outro meio de salvar a vida da gestante); e, (ii) aborto cuja gravidez é decorrente de estupro. Com a constitucionalização o dispositivo legal se manteve em vigor, e o Supremo Tribunal Federal através do julgamento da Arguição de Descumprimento de Preceito Fundamental (ADPF) 54 (STF, 2012)[7], determinou mais uma causa, a realização do procedimento em casos de fetos com anencefalia. Portanto, a realização do procedimento de abortamento em qualquer desses três casos é considerado aborto legal.

Então fica o questionamento - caracterizada a ocorrência das hipóteses descriminalizadoras, a quem uma mulher deve recorrer para realizar em condições de segurança e amparadas pela lei um aborto legal? No ordenamento jurídico brasileiro a Constituição Federal de 1988 trouxe a previsão do direito à saúde, que deveria ser prestado como serviços público e universal, a partir do marco constitucional e democrático, o aborto deixou de ser uma pauta exclusivamente punitivista – normatizada apenas pelo Código Penal para entrar no âmbito da saúde pública. E no ano seguinte à promulgação da Carta Constitucional, surgiu a primeira

---

7 Por maioria de votos, o Plenário do Supremo Tribunal Federal (STF) julgou procedente o pedido contido na Arguição de Descumprimento de Preceito Fundamental (ADPF) 54, ajuizada na Corte pela Confederação Nacional dos Trabalhadores na Saúde (CNTS), para declarar a inconstitucionalidade de interpretação segundo a qual a interrupção da gravidez de feto anencéfalo é conduta tipificada nos artigos 124, 126 e 128, incisos I e II, todos do Código Penal. Notícia STF: Gestantes de anencéfalos têm direito de interromper gravidez. Disponível em: http://www. stf.jus.br/portal/cms/verNoticiaDetalhe.asp?idConteudo=204878 Acesso em: 15 nov. 2020.

normativa de uma unidade da federação que autorizava a execução do serviço e o atendimento às mulheres que buscavam auxílio para a realização do procedimento no estado de São Paulo.

A motivação para a escolha do objeto de pesquisa foi impulsionada pelas notícias veiculadas na mídia nacional relatando a privação ao direito de abortar que uma criança de 10 anos sofreu, ocorrida no do Espírito Santo em agosto de 2020, e que trouxe para a discussão pública a pauta do aborto legal, especialmente por meio da sociedade civil organizada e de manifestações de coletivos feministas por todas as partes do Brasil[8]. O debate não é novo, pois tramita no STF[9] ação com o fito de descriminalizar o aborto, e na contramão dessa iniciativa, estão em andamento projetos de lei em âmbito federal que tratam de medidas para o endurecimento das regras para a sua realização.

O recorte geográfico da pesquisa é o território nacional, e o corte temporal é o período de crise sanitária causada pela Covid-19, a qual o pais encontras-se com a decretação da situação de emergência de saúde pública de importância nacional decretada com a publicação da Lei nº 13.979, de 06 de fevereiro de 2020 (BRASIL, 2020). A investigação pretendeu analisar os impactos da pandemia do Covid-19 na área da saúde e das políticas públicas, inclusive no que tange aos direitos reprodutivos, tendo sido almejado inicialmente como escopo se houve deslocamento de profissionais da saúde para o combate à pandemia, com consequente ausência na área da saúde reprodutiva e aumento no

---

8 Em relação ao caso, a menina de 10 anos tinha sido estuprada pelo próprio tio e recorreu ao Poder Judiciário requerendo autorização para realizar o procedimento, mesmo que não se exija a judicialização para o acesso ao serviço por se tratar de caso de aborto legal com autorização expressa em lei. Sobre ver notícia: Menina de 11 anos que engravidou após estupro no ES tem gestação interrompida. **Site G1.** 2017. Disponível em <https://g1.globo.com/es/espirito-santo/noticia/2020/09/04/menina-de-11-anos-que-engravidou-apos-estupro-no-es-tem-gestacao-interrompida.ghtml> Acesso em: 15 nov. de 2020.

9 O Partido Socialismo e Liberdade (PSOL) ajuizou no Supremo Tribunal Federal a Arguição de Descumprimento de Preceito Fundamental (ADPF) 442, na qual pede que a Corte declare a não recepção parcial dos artigos 124 e 126 do Código Penal pela Constituição da República. O partido alega que os dispositivos, que criminalizam o aborto provocado pela gestante ou realizado com sua autorização, violam os princípios e direitos fundamentais garantidos na Constituição Federal, sobre ver notícia, sobre ver notícia: Partido questiona no STF artigos do Código Penal que criminalizam aborto. **Site STF**. 2017. Disponível em: http://www.stf.jus.br/portal/cms/verNoticiaDetalhe.asp?idConteudo=337860 Acesso em 15 nov. 2020.

tempo de espera para procedimentos específicos como o aborto legal. Isto porque, conforme se demonstrará no desenvolvimento da pesquisa, há falta de transparência ativa sobre os dados de realização do procedimento, bem como recusa por parte das unidades hospitalares em responder se prestam o serviço.

Assim, o acesso aos dados ocorreu por meio de contato digital e telefônico com hospitais, e o objetivo da pesquisa passou a ser a verificação sobre a realização de aborto legal e se essa informação é transparente e de fácil acesso, a hipótese construída a partir dessa questão foi a de que o aborto legal está sendo institucionalmente desencorajado.

Adotou-se como metodologia uma abordagem quali-quantitativa de natureza aplicada, e quanto aos objetivos metodológicos pretende ser descritiva, à medida que apresentará os fundamentos legais e locais autorizados para a realização do procedimento de aborto legal. A coleta de dados foi realizada também por meio de levantamento bibliográfico, pertinente à temática de direito, bioética e políticas públicas; além de pesquisa documental, especialmente os marcos legais acerca do aborto legal e direito à informação na área da saúde no Brasil. Contudo, a pesquisa desenvolvida foi majoritariamente de campo junto aos hospitais listados no Mapa do Aborto Legal, a partir dos indicadores "seguem realizando aborto legal" e "deixaram de realizar" o procedimento de aborto legal, conforme será aprofundado a seguir.

Cabe ressaltar que por conta das condições em que a pesquisa ocorreu, os questionários aplicados não foram integralmente respondidos, sendo a causa principal a dificuldade de contato com os hospitais, e quando esse era realizado pelas pesquisadoras, poucos aceitaram responder, e\ou os que aceitaram participar não sabiam ou não quiseram fazê-lo, por esse motivo as informações coletadas corresponderam a uma amostragem muito pequena considerando a quantidade de perguntas efetivamente respondidas.

Destaca-se também que foi dispensada a submissão ao Conselho de Ética dos hospitais para divulgação dos resultados colhidos, uma vez que se tratam de informações institucionais. Por fim a pesquisa apontará que o aborto legal no Brasil é um tema que traz como pano de fundo questões culturais e morais, sobretudo quanto ao acesso à política pública de saúde e as dificuldades impostas pelo momento político atual de retrocesso à efetivação dos direitos humanos.

1. A NECESSÁRIA RELAÇÃO ENTRE ABORTO LEGAL E DIREITO À INFORMAÇÃO NO BRASIL

No campo da Bioética, Diniz e Almeida (1998) classificam a pauta de aborto como uma questão paradigmática, notadamente pelo debate (perpassado por aspectos morais) em torno do reconhecimento da fecundação como marco inicial da vida e, em contraponto, o respeito à autonomia reprodutiva. Já no âmbito jurídico, e como já fora mencionado anteriormente, provocar aborto em si ou autorizar consentir que pratiquem tal conduta é crime, previsto nos arts. 124 a 126 do Código Penal Brasileiro (CP). Contudo, é também o CP que prevê as hipóteses de descriminalização no seu art. 128 que, acrescido da ADPF 54 emanada pelo Supremo Tribunal Federal (STF), configura, hoje, três casos possíveis de realização do procedimento do aborto legal: (i) aborto necessário; (ii) gravidez decorrente de estupro; e (iii) em casos de fetos com anencefalia.

Em que pese as hipóteses de descriminalização, seu âmbito de aplicação é exclusivamente penal, não sendo a questão tratada como elemento das políticas públicas de direitos reprodutivos. É com o advento da Constituição Federal de 1988 que a saúde passou a ser universal e a realização da interrupção da gravidez pela rede pública de saúde entrou na agenda pública. Dessa forma, no ano seguinte, a Coordenação de Saúde da Mulher da Prefeitura de São Paulo assinou portaria dando assistência a essas duas hipóteses de aborto legal, no Hospital Jabaquara (PORTO, 2009).

No âmbito internacional, somente com a Conferência Internacional sobre População e Desenvolvimento, ocorrida no Cairo em 1994, e a IV Conferência Mundial sobre a Mulher, realizada em Beijing em 1995 que os direitos reprodutivos passaram a integrar a pauta de direitos humanos, assim definidos: "Direitos humanos são uma combinação de conquistas históricas, valores morais e razão pública, fundados na dignidade humana, que visam à proteção da vida, da liberdade, da igualdade e da justiça. E – por que não – também a busca da felicidade?" (BARROSO, 2018, p. 44).

A autonomia reprodutiva é um dos elementos constitutivos da dignidade humana, a qual é comumente utilizada na estruturação do raciocínio jurídico em casos difíceis onde há lacunas no ordenamento, princípios fundamentais conflitantes ou quando uma gama de conceitos entra em desacordo entre si (BARROSO, 2014). Para Barroso (2010) a dignidade humana anda de mãos dadas com os direitos fundamentais e funciona como um fundamento jurídico e interpretativo que corrobora para a produção de uma solução considerada mais justa. Portanto, fornecer condições para a prática do aborto legal, bem como o acesso correto às informações a seu respeito, são formas de exercer a garantia dos direitos fundamentais das mulheres.

Havendo a previsão da prestação do serviço de forma segura pelo Estado, surge a necessidade de refletir sobre os motivos que fazem com que mulheres não o exerçam. Bedone e Faúndes (2007) destacam a questão da desinformação, fundamental tanto sobre a pessoa que gesta e que desconhece seus direitos reprodutivos, quando dos próprios profissionais de saúde que não sabem corretamente orientar essas mulheres. Assim, ainda que o art. 7° da Portaria 1.583/2012 do Ministério da Saúde (BRASIL, 2012) preveja o dever de transparência ativa dos entes públicos no que consiste na disponibilidade dos dados nos seus respectivos sítios eletrônicos, não há sequer uma lista unificada pelo Ministério da Saúde apontando quais hospitais realizam o procedimento no Brasil, evidenciando a falta de informação acessível sobre o tema.

No tocante ao direito à informação, necessário se faz um resgate histórico, isto porque, a Constituição Federal promulgada em 1988 não é levianamente chamada de Constituição Cidadã. A referida Constituição foi elaborada após um período de ditadura militar, cuja "(...) perspectiva autoritária, onisciente e não pluralista do exercício do poder" (BARROSO, 2001, p. 35) adotada pelo Estado, de forma que ele detinha para si o monopólio da informação. A ruptura com esse modelo de falta de transparência é um elemento que transversa diversos dispositivos da CF de 1988, sendo o direito à informação reconhecido como uma cláusula pétrea por força do seu art. 60, § 4°. Cabe salientar que, para fins desta pesquisa, não foi ignorada a dimensão da liberdade individual de acesso à informação, contudo, o estudo delimitou os dispositivos relacionados mais diretamente ao direito de acesso aos dados institucionais, excluindo, assim, aqueles que versam sobre o direito ao acesso às informações pessoais.

Especialmente no art. 5°, incisos XIV e XXXIII da CF\88, há a previsão do acesso à informação como direito fundamental, e que é obrigação dos órgãos públicos prestar as informações solicitadas/necessárias aos cidadãos. O princípio da publicidade da Administração Pública, previsto no art. 37 da CF\88, reforça o direito ao acesso à informação, especialmente no § 3°, II, do mesmo artigo. Também na Constituição

Federal há a previsão do acesso ao acervo da documentação governamental, positivado no art. 216, § 2°. Contudo, o acesso a esse acervo foi regulamentado apenas em 2011, com a Lei de Acesso à Informação, Lei n. 12.527, de 18 de novembro de 2011 (BRASIL, 2011) que dentre outras providências, estabeleceu no art. 11, § 1° o prazo de 20 dias para que o órgão ou entidade pública conceda o acesso à informação solicitada, quando não há a possibilidade de fazê-lo imediatamente, podendo tal prazo ser prorrogado por mais 10 dias.

Cavalcante *et al* (2014) defende que o direito à informação não se restringe ao ato de garantir o acesso ao que deve ser informado, de forma que esse direito deve englobar, também, os meios e condições que garantam o efetivo acesso à informação pelo cidadão. No âmbito da Saúde, a chamada Lei Orgânica da Saúde, Lei n° 8.080, de 19 de setembro de 1990 (BRASIL, 1990), que determina a divulgação de informação sobre os serviços de saúde e a sua utilização pelo usuário como um princípio (art. 7°, V), e no seu art. 47 determina que é atribuição do Ministério da Saúde a criação de um sistema nacional para disponibilizar informações de forma integrada. Mesmo com todos os dispositivos legais garantidores do acesso à informação visando a transparência dos órgãos públicos, é perceptível que, mesmo em uma sociedade com acesso às redes ainda não há uma "incorporação na práxis histórico-social" (CAVALCANTE *et al*, 2014, p. 1008). Tendo como norte o direito constitucional do acesso à informação também na área da saúde, a seguir será feito um cotejamento acerca da efetivação desse direito a partir dos dados coletados em sede da pesquisa empírica realizada.

2. O DIREITO NA PRÁTICA - O QUE OS HOSPITAIS DIZEM SOBRE ABORTO LEGAL

O não acesso à informação começa pela ausência de uma lista unificada pelo Ministério da Saúde sobre os hospitais que realizam aborto legal. Enquanto se trata de um direito de acesso à saúde, tendo em vista o disposto pela Lei n° 8.080/1990 em seus arts. 7° e 47, baseada no direito à informação, o fato de não haver uma listagem dos hospitais que prestam o serviço do aborto legal, por si só, impossibilita o acesso ao procedimento por parte das gestantes. Tal lacuna precisou ser suprimida, de forma que o ponto de partida para a coleta de dados deste trabalho foi o Mapa do Aborto Legal, realizado pela ONG Artigo 19 (2018). Para a elaboração do mapa a organização fez um levantamento junto ao Ministério da Saúde sobre os hospitais autorizados a realizar o procedimento. Inicialmente foram selecionados apenas os hospitais que estavam classificados a partir dos indicadores "seguem realizando aborto legal" (42 hospitais) e "deixaram de realizar" (20 hospitais).

Após, as pesquisadoras identificaram se esses 62 hospitais possuíam e-mails para contato com o público. Dentre os hospitais analisados, constatou-se que 03 não possuíam nenhuma forma de contato (seja por telefone ou e-mail), enquanto 11 não possuíam e-mail mas tinham telefone. A primeira via de contato utilizada foi o correio eletrônico, com mensagens enviados entre os dias 20 e 21 de agosto de 2020. No e-mail, as autoras se apresentaram como pesquisadoras da Universidade Federal do Estado do Rio de Janeiro (UNIRIO) e enviaram um questionário com 10 perguntas estruturadas[10]. Contudo, foi constatado que muitos dos e-mails disponibilizados na rede mundial de computadores estavam errados ou eram inexistentes, o que configurou um segundo obstáculo enfrentado para a realização da coleta de dados. Ademais, dentre as instituições as quais foi possível realizar algum tipo de contato via e-mail, nenhuma delas respondeu ao questionário enviado. Isto porque, as respostas (quando houveram), consistiram em comunicar recebimento ou informar que estavam encaminhando para outro setor – que nunca retornou o contato. As exceções foram 07 hospitais que responderam avisando que apenas responderia após permissão do Comitê de Ética do hospital, um desses, inclusive, disse que só aprovava a realização de pesquisas se fosse co-autor.

---

10 As perguntas do questionário não foram integralmente respondidas, por esse motivo o mesmo não consta como anexo deste artigo, sendo apresentadas a seguir: 1) O hospital oferecia o serviço de aborto (dentro das previsões legais de estupro, risco para a gestante e casos de anencefalia) antes da pandemia?; 2) Quando o hospital começou a realizar o procedimento do aborto?; 3) Quantos casos já foram atendidos no hospital?; 4) Durante a pandemia, o hospital interrompeu, em algum momento, o serviço do aborto dentro das previsões legais?; 5) Como você considera que está a procura pelo procedimento do aborto desde que começou o isolamento social?; 6) O aborto é permitido em 03 casos pelo Código Penal Brasileiro, sendo eles: risco à vida da gestante, resultante de estupro e casos de anencefalia fetal. Quais casos apareceram que continham essas características?; 7) Em casos que o aborto foi solicitado porque a gravidez era resultante de estupro, foi cobrado o Boletim de Ocorrência (B.O.) para que o procedimento fosse realizado?; 8) Foram atendidos casos de gravidez resultante de estupro de vulnerável (art. 217-A, Código Penal)?; 9) Caso tenham atendido, a equipe considera que o número de casos de gravidez por estupro de vulnerável aumentou, diminuiu ou permaneceu estável durante o isolamento social?; 10) Qual o nome do hospital?

Por conta do baixo número de respostas via e-mail, as pesquisadores partiram para uma segunda etapa, ligações telefônicas realizadas entre os dias 26 a 28 de agosto de 2020 para os 62 hospitais constantes do Mapa do Aborto Legal, inclusive para aqueles que responderam o e-mail, como forma de verificar se a negativa na resposta era um posicionamento do setor que recebeu a comunicação ou se, de fato, era uma política institucional. A estratégia adotada foi a seguinte: assim que a ligação era atendidas era perguntado diretamente - "esse hospital faz aborto legal? ". Dentre os 59 hospitais que disponibilizam seus telefones na internet, 17 não atenderam às ligações realizadas pelas pesquisadoras.

A pesquisa foi feita a partir da divisão entre as regiões do Brasil, quais sejam: Sul (Santa Catarina, Rio Grande do Sul e Paraná), Norte (Acre, Amapá, Amazonas, Pará, Rondônia, Roraima e Tocantins), Centro-Oeste (Goiás, Mato Grosso do Sul e Brasília), Sudeste (Rio de Janeiro, São Paulo, Minas Gerais e Espírito Santo) e Nordeste (Alagoas, Bahia, Ceará, Maranhão, Pernambuco, Piauí, Paraíba, Rio Grande do Norte e Sergipe). Objetivando relacionar o oferecimento do serviço com a ocorrência de crimes sexuais, foi feito um cotejamento entre os dados coletados e os índices de violência sexual em cada unidade federativa, de acordo com o Mapa do Estupro divulgado pela Câmara dos Deputados (2018). A relevância dessa ferramenta reside na previsão legal de descriminalização do aborto para gravidez decorrente de estupro, assim, se ocorrem muitos casos dessa violência, é de se esperar que ele precise ter mais instrumentos para efetivar o direito das mulheres, até mesmo para não revitimizar a mulher violada. Com os dados levantados, as autoras adaptaram o Mapa do Estupro, com as informações prestadas pelos hospitais que deveriam executar o serviço de aborto legal, acrescentando a ele indicadores do quantitativo de hospitais que realizam o procedimento por estado, esses indicadores foram separados ainda em três conforme legenda do mapa abaixo e que também consta do Anexo. Para uma melhor análise, optou-se por desmembrar por região os dados e sua análise.

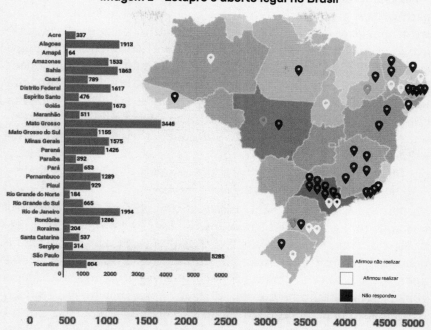

Imagem 1 - Estupro e aborto legal no Brasil

Fonte: Mapa do Estupro (BRASIL, 2018) acrescido do mapeamento próprio sobre os hospitais que realizam aborto legal

3. REGIÃO SUL

Na região Sul, registram-se 06 hospitais que realizam o procedimento de aborto legal: 04 em Santa Catarina e 02 no Rio Grande do Sul. A ausência de indicativo da prestação do serviço de aborto legal no estado do Paraná é um fator que causa estranheza. Dos 2.628 casos de estupro na região Sul, 1.428 aconteceram no Paraná, configurando-se como o estado com maior índice de violência sexual da região e que, ainda assim, não conta com o serviço que realize aborto legal. No Rio Grande do Sul apenas 01 hospital afirmou realizar o procedimento e aceitou responder o questionário, ao passo que o segundo hospital da região foi o que deu origem ao título desse trabalho, tendo em vista que a atendente respondeu à pergunta com a afirmação que segue *in verbis*: "não posso passar essa informação". A pesquisadora, por sua vez, solicitou ser encaminhada para o setor que poderia responder. A ligação foi transferida e 06 minutos depois ela caiu.

No estado de Santa Catarina a desinformação foi alarmante, ainda que no mapa pareça ter sido frutífera a pesquisa. Do total, 02 hospitais afirmaram fazer aborto legal, porém, no primeiro deles, mesmo por telefone foi exigida a submissão da pesquisa ao Comitê de Ética da unidade de saúde, porque segundo a atendente "nem mesmo para pacientes" eles passam as informações por telefone. No segundo, a primeira resposta foi negativa, mas, ao ser perguntada se em algum momento chegaram a fazer o procedimento, a funcionária pediu para ligar em outro horário, porque a pergunta tinha que ser feita a outro profissional que ela não quis identificar. Somente após retomado o contato é que foi obtida a resposta positiva sobre a realização do procedimento e colhida respostas para o questionário.

Quanto ao hospital de Santa Catarina que se recusou a passar a informação, em um primeiro momento a pesquisadora teve como resposta, *in verbis*: "Não tenho como te falar, porque é crime, né?". Após a pesquisadora explicar sobre as hipóteses de aborto legal, a funcionária disse que não sabia e também não sabia quem poderia responder à pergunta. Por fim, o último hospital afirmou expressamente não realizar. A pesquisadora perguntou, então, se em algum momento eles chegaram a fazer e a atendente pediu para ligar depois. Retomada a ligação, a atendente passou para um setor em que a pesquisadora foi atendida por um homem que a chamou de "puta" e desligou o telefone.

4. REGIÃO SUDESTE

A região Sudeste possui 19 hospitais habilitados ao aborto legal e, em 2018, registrou 9.330 casos de estupro, representando-se como a região mais violenta do Brasil. O estado com maior número de casos foi São Paulo, que conta com 10 hospitais habilitados - ou seja, é o estado que possui maior violência, mas, em contrapartida, maiores possibilidades de se realizar um aborto legal. Contudo, cabe destaque para o fato de que a região foi uma das mais precárias na pesquisa empírica, haja vista que as formas de contato dos hospitais não foram eficientes a repassar informações sobre o aborto. Na região, nenhum dos hospitais respondeu ao questionário e, além disso, os seus telefones não nos atenderam ou simplesmente desligaram quando tomaram ciência do assunto sobre aborto.

5. REGIÃO CENTRO-OESTE

Os estados de Goiás e Brasília não tinham hospital listado como apto a realizar aborto legal. No estado do Mato Grosso do Sul apenas 02 hospitais foram apontados, 01 respondeu com veemência que não faz o procedimento e o segundo sequer entendeu do que se tratava, Os resultados causam preocupação pois o estado fica atrás apenas de São Paulo nos índices de estupro. O Centro-Oeste é a 3ª região mais violenta do Brasil, registrando 7.893 casos de estupro em 2018 e, pelo resultado da pesquisa, não tem nenhum hospital capacitado para fornecer informações e acolher mulheres que precisem fazer o aborto.

6. REGIÃO NORDESTE

A região Nordeste possui 16 hospitais que realizam o procedimento de aborto e, em 2018, registrou 8.184 casos de estupro e sendo, portanto, a 2ª região mais violenta do país. A maior parte dos seus estados possui o serviço de aborto legal, exceto Alagoas e Maranhão que contavam, respectivamente, com 337 e 511 casos de estupro em 2018. Demonstra-se, desse modo, a necessidade do direcionamento das políticas públicas voltadas à saúde reprodutiva aos locais mais afetados por violência sexual, haja vista ser esse um dos requisitos para que a gestante possa realizar o aborto legal.

Na Bahia e no Ceará foi apurado um fato que merece destaque: alguns telefones das unidades hospitalares estavam programados para não receber ligações realizadas de fora do território de abrangência daquele hospital. Uma vez que não são todos os estados do Nordeste que possuem rede de atendimento para a realização do aborto legal, aponta-se que a restrição de acesso ao contato de outras regiões é uma flagrante violação ao direito ao acesso à saúde das mulheres que precisam realizar o abortamento.

Vale destacar que o deslocamento para outro estado do país, ainda que na mesma região, pode não ser possibilitado a todas as mulheres e, por isso, a imposição de que o serviço seja prestado de forma regular em todos os estados.

7. REGIÃO NORTE

A região Norte possui 04 hospitais que realizam o procedimento, enquanto registraram-se em 2018 cerca de 4.881 casos de estupro. O 2º estado mais violento da região, Rondônia, contava com 1.286 casos e não possui hospital habilitado para o aborto legal. Portanto, demonstra-se que, embora as mulheres nesse estado tenham altas chances de serem violentadas, a saúde pública não lhes assegura o procedimento seguro de acordo com a lei. Roraima e Amapá também são estados que não possuem hospitais listados.

No caso do Acre, só havia um profissional capacitado para responder, mas ele não foi localizado durante o desenvolvimento da pesquisa. Não foi possível contato com o hospital do Pará em razão do telefone estar ocupado todas as vezes em que as tentativas foram realizada. Já no Amazonas a resposta foi positiva, tendo sido respondido o questionário.

O estado do Tocantins, no entanto, é o que merece destaque, pois ao ser perguntada sobre a realização de aborto legal na unidade hospitalar, a atendente respondeu, *in verbis*: "Não, minha filha, aqui é um hospital, a gente faz parto humanizado. É um hospital do SUS". A tratativa foi bastante complicada, porque notoriamente a interlocutora não queria falar sobre o tema. A pesquisadora então solicitou ser encaminhada para outro setor que pudesse responder e, após ser transferida 05 vezes conseguiu ser atendida. Porém, a única resposta obtida é que ali as mulheres só conseguiam abortar mediante liminar dada pelo juiz e quaisquer outras informações deveriam ser submetidas ao Comitê de Ética.

8. RESULTADOS (NÃO) APURADOS ATRAVÉS DO QUESTIONÁRIO

Dos 62 hospitais que foram analisados, apenas 10 responderam ao questionário, logrando êxito em repassar a informação, ainda que parcial, uma vez que nem todas as perguntas foram devidamente preenchidas, especialmente aquela sobre o número de procedimentos realizados. Demonstra-se, portanto, que somente 16,1% dos hospitais correspondem às expectativas legais de acesso à informação sobre o procedimento de aborto legal no Brasil.

Alinhado à postura do Estado Brasileiro de criminalizar o aborto, prática que ocasiona a morte de milhares de mulheres no Brasil que optam por procedimentos clandestinos, sendo essa uma das principais causas de mortalidade de mulheres no país (SARMENTO, 2005), tem-se a desinformação institucionalizada sobre o tema nas unidades hospitalares. Pelo levantamento feito, é possível argumentar que, além de não fornecer o mínimo para a prática do aborto legal, ainda não há transparência, sequer, sobre a realização do procedimento nas hipóteses legais. Nesse sentido, defende-se que a utilização de um sistema repressivo, posto que legislado pelo Código Penal, fragiliza a proteção do bem jurídico compreendido pela vida das mulheres, sendo a sua imposição um dos responsáveis pela sua morte.

A desinformação enquanto elemento institucionalizado é uma ideia que se fortalece quando analisadas as portarias expedidas pelo Ministério da Saúde sobre a temática. Especificamente sobre o tema, sob a desculpa de resguardar o médico, o Ministério da Saúde publicou a Portaria 2.282 em agosto de 2020, exigindo que para a realização do aborto legal fosse exigido o boletim de ocorrência. Entendendo que tal disposição é inconstitucional, foram movidas duas ações junto ao STF, a ADPF 737 e Ação Direta de Inconstitucionalidade 6.552. Em setembro de 2020 o Ministério da Saúde expediu a Portaria 2.561 (BRASIL, 2020), que trazia as mesmas disposições, mas trocava a ordem dos artigos, o STF percebendo que materialmente as portarias são iguais, manteve as ações em curso, estando elas ainda pendentes de julgamento.

Cumpre questionar, por fim, a que serviria essa dispersão de dados para que a população se comunique com os hospitais que realizam o procedimento do aborto legal. De certo, conforme restou demonstrado no contudo das portarias, o Governo Federal parece desencorajar o acesso a esse direito, impondo barreiras para a realização do procedimento por meio das portarias expedidas. A partir dos dados apresentados e da regulamentação específica por parte da União, argumenta-se que as normas afetam o acesso ao aborto legal e também a ausência de cumprimento de leis já existentes, desvelando-se, novamente, o caráter ilegal da falta de amparo comunicativo às gestantes.

9. CONCLUSÃO

Trabalhar a temática do aborto é lidar com permanentes controvérsias, uma vez que há um distanciamento científico e jurídico dos argumentos retóricos baseados em elementos culturais e religiosos. Ainda que o Brasil seja um estado não confessional, certo é que a influência religiosa impacta na atenção à saúde da mulher, especialmente quanto os direitos reprodutivos e a liberdades sobre seus corpos. Como conclusão parcial da pesquisa aponta-se que o acesso aos serviços de saúde e à informação de qualidade não atinge igualmente a todas as mulheres. Aponta-se que aquela gestante em situação de maior vulnerabilidade terá maior propensão a passar por imposição institucional, que pode, muitas das vezes, ser contrária à preservação da sua saúde, sobretudo sobre a realização de aborto. Além disso, também coloca-se em evidência a evolução dos direitos e garantias inalienáveis à mulher, tais como o seu reconhecimento enquanto pessoa humana, digna de direitos e deveres e que deve ser amparada legalmente.

Em um primeiro momento a pesquisa apresentou dados que demonstram que o oferecimento de serviço de aborto legal no Brasil não parece ser suficiente ou mesmo proporcional ao quantitativo de mulheres que podem se enquadrar nas hipóteses descriminalizadas. Contatou-se da mesma forma que há uma barreira ao acesso de informações indispensáveis àquelas que necessitam do procedimento de aborto legal, que, como fruto, deixam-lhes a permanente desinformação, a qual vem a prolongar os seus sofrimentos em busca de, apenas, o exercício dos seus direitos. Como se trata de um procedimento realizado em locais específicos, uma medida que se colocou urgente foi a disponibilização, pelos órgãos públicos, de informações básicas de onde e como acessar ao direito à realização do aborto previsto legalmente e de forma segura. Outro ponto identificado pelas pesquisadoras foi a deficiência no atendimento telefônico das unidades de saúde disponibilizadas no mapeamento nacional como um local para o primeiro apoio e direcionamento àquelas que precisassem. Também a postura dos profissionais que atendiam as chamadas foi classificada como não acolhedora, demonstrando muitos deles desconhecimento e receio em passar as informações quanto à realização do procedimento. Como consequência dessas dúvidas, argumenta-se que a Portaria de 2020 do Ministério da Saúde é um reflexo, pois a norma trouxe para as unidades hospitalares a inquisição policial, exigindo a apresentação do boletim de ocorrência como requisito para acesso ao direito do aborto legal, criando assim, mais uma barreira de acesso ao serviço.

De acordo com o levantamento realizado, a conclusão a que se chega é que o Estado Brasileiro apresenta uma postura omissa e desmotivadora ao alcance dos direitos reprodutivos da gestante que busca o aborto legal, especialmente pela falta de capacidade de repassar informações e efetivar direitos assegurados em lei, pois uma lei sem aplicabilidade não possui fundamento e, conforme previsto na Constituição Federal de 1988, é passível de litígios que tratem da omissão estatal frente à inércia de seus órgãos.

REFERÊNCIAS

ARTIGO 19. *Mapa Do Aborto Legal*. 2018. Disponível em: <https://mapaabortolegal.org/> . Acesso em: 29 ago. 2020.

BARROSO, Luís Roberto. Liberdade de expressão, direito à informação e banimento da publicidade de cigarro. *Revista Direito Administrativo*: Rio de Janeiro, 224, p: 31-50. Abr/jun, 2001.

BARROSO, Luís Roberto. *A Dignidade da Pessoa Humana no Direito Constitucional Contemporâneo: Natureza Jurídica, Conteúdos Mínimos e Critérios de Aplicação*. Versão provisória para debate público. Mimeografado, dezembro de 2010.

BARROSO, Luís Roberto. *A dignidade da pessoa humana no direito constitucional contemporâneo: a construção de um conceito jurídico à luz da jurisprudência mundial*. Tradução Humberto Laport de Mello. 3. reimpr. Belo Horizonte: Fórum, 2014.

BARROSO, Luís Roberto. Trinta anos da Constituição: a república que ainda não foi. *In*: BARROSO, Luís Roberto. MELLO, Patrícia Perrone Campos (coords.). *A República que ainda não foi. Trinta anos da Constituição de 1988 na visão da Escola de Direito Constitucional da UERJ*. Belo Horizonte: Fórum, 2018.

BEDONE, Aloisio José. FAÚNDES, Anibal. Atendimento integral às mulheres vítimas de violência sexual: Centro de Assistência Integral à Saúde da Mulher, Universidade Estadual de Campinas. *Caderno de Saúde Pública*, Rio de Janeiro, 23(2):465-469, fev, 2007. Disponível em: <https://www.scielo.br/pdf/csp/v23n2/24.pdf .> Acesso em: 02 nov. 2020.

BRASIL. Câmara dos Deputados. *Mapa da Violência contra a Mulher*. Brasília: 2018.

BRASIL, Lei nº 8.080, de 19 de setembro de 1990, que dispõe sobre as condições para a promoção, proteção e recuperação da saúde, a organização e o funcionamento dos serviços correspondentes e dá outras providências. *Diário Oficial da União*, Brasília, DF, 09\1990.

BRSIL, Lei nº 12.527, de 18 de novembro de 2011, que regula o acesso a informações previsto no inciso XXXIII do art. 5º, no inciso II do §3º do art. 37 e no §2º do art. 216 da Constituição Federal de 1988. *Diário Oficial da União*, Brasília, DF, 11\2011.

BRASIL, Lei nº 13.979, de 06 de fevereiro de 2020. Dispõe sobre as medidas para enfrentamento da emergência de saúde pública de importância internacional decorrente do coronavírus responsável pelo surto de 2019. *Diário Oficial da União*, Brasília, DF, 02/2020.

BRASIL. Ministério da Saúde. Portaria nº 1.583, de 19 de julho de 2012. Dispõe, no âmbito do Ministério da Saúde e entidades a ele vinculadas, sobre a execução da Lei nº 12.527, de 18 de novembro de 2011, que versa sobre a Lei de Acesso à Informação, e do Decreto nº 7.724, de 16 de maio de 2012, que a regulamenta. *Diário Oficial da União*, Brasília, DF, 07/2012.

BRASIL. Ministério da Saúde. Portaria nº 2.282, de 27 de agosto de 2020. Dispõe sobre o Procedimento de Justificação e Autorização da Interrupção da Gravidez nos casos previstos em lei, no âmbito do Sistema Único de Saúde-SUS. *Diário Oficial da União*, Brasília, DF, 28/08/2020, Edição: 166, Seção: 1, Página: 35.

BRASIL. Ministério da Saúde. Portaria nº 2.561, de 23 de setembro de 2020. Dispõe sobre o Procedimento de Justificação e Autorização da Interrupção da Gravidez nos casos previstos em lei, no âmbito do Sistema Único de Saúde-SUS. *Diário Oficial da União*, Brasília, DF, 24/09/2020, Edição: 184, Seção: 1, Página: 89

CAVALCANTE, Ricardo Bezerra. PESSALACIA, Juliana Dias Reis. PINHEIRO, Marta Macedo Kerr. WATANABE, Yoshimi José Ávila. SILVA, Talita Ingrid Magalhães. SILVA, Cristiano José da. Direito a informação em saúde no brasil: em busca da legitimação. *Revista de Enfermagem do Centro Oeste Mineiro*: Minas Gerais, 2014 jan/abr; 4(1): p 1004-1018. Disponível em: <http://www.seer.ufsj.edu.br/index.php/recom/article/view/598/575 . Acesso em 01/11/2020>. Acesso em 01 nov. 2020.

DINIZ, Débora. ALMEIDA, Marcos de. Bioética e aborto. In: COSTA, Sergio Ibiapina Ferreira. OSELKA, Gabriel. GARRAFA, Volnei (coord.) – *Iniciação à bioética*. Brasília : Conselho Federal de Medicina, p. 125-137. 1998.

FAÚNDES, Anibal. DUARTE, Graciana Alves. OSIS, Maria José Duarte. NETO, Jorge Andalaft. Variações no conhecimento e nas opiniões dos ginecologistas e obstetras brasileiros sobre o aborto legal, entre 2003 e 2005. *Revista Brasileira de Ginecologia e Obstetrícia*. 2007; 29(4):192-9. Disponível em: <https://www.scielo.br/pdf/rbgo/v29n4/a05v29n4.pdf. Acesso em: 02 nov. 2020.

MENINA de 11 anos que engravidou após estupro no ES tem gestação interrompida. *Site G1*. Disponível em <https://g1.globo.com/es/espirito-santo/noticia/2020/09/04/menina-de-11-anos-que-engravidou-apos-estupro-no-es-tem-gestacao-interrompida.ghtml> Acesso em: 15 nov. de 2020.

GESTANTES de anencéfalos têm direito de interromper gravidez. *Site STF*. Disponível em <: http://www.stf.jus.br/portal/cms/verNoticiaDetalhe.asp?idConteudo=204878> Acesso em: 15 nov. 2020.

PARTIDO questiona no STF artigos do Código Penal que criminalizam aborto. *Site STF*. 2017. Disponível em: <http://www.stf.jus.br/portal/cms/verNoticiaDetalhe.asp?idConteudo=337860> Acesso em 15 nov. 2020.

PORTO, Rozeli M. *Aborto legal e o cultivo ao segredo: [tese] : dramas, práticas e representações de profissionais de saúde, feministas e agentes sociais no Brasil e em Portugal*; orientadora, Miriam Pillar Grossi. - Florianópolis, SC, 2009.

SARMENTO, Daniel. Legalização do aborto e Constituição. *R. Dir. Adm.*, Rio de Janeiro, v. 240, pp- 43-82. 2005.

¿NEGOCIACIÓN PATRIARCAL? EL IMPASSE POR LA DESPENALIZACIÓN DEL ABORTO POR VIOLACIÓN EN ECUADOR[1]

Mónica Patricia Mancero Acosta[2]

INTRODUCCIÓN[3]

Vivimos una feminización de la democracia en América Latina. Los estudios acerca de la participación política de las mujeres en la región sostienen que hay un incremento significativo en esta participación y que está relacionado con el capital humano que ellas aportan, las normas culturales y la consolidación de la democracia, así como con la legislación y las cuotas de género. La tendencia a la feminización de la democracia latinoamericana pareciera ser permanente debido a cuatro factores: las preferencias de los votantes, la transición demográfica, el compromiso de la comunidad internacional y la crisis política en la región, que abrió espacio para las mujeres (Buvinik y Roza, 2004).

Esta presencia de las mujeres en la política ha sido valorada como positiva puesto que coincide con una mayor atención a temas como violencia doméstica o derechos sexuales y reproductivos. Es improbable

---

1 Artigo publicado em: Mancero Acosta, M. (2019, febrero 4). ¿Negociación patriarcal? El impasse por la despenalización del aborto por violación en Ecuador. Debate Feminista, 57. https://doi.org/https://doi.org/10.22201/cieg.2594066xe.2019.57.05

2 Facultad de Ciencias Sociales, Universidad Central del Ecuador, Quito, Ecuador. E-mail: mpmancero@uce.edu.ec

3 Agradezco a quienes leyeron de manera anónima, por parte de *Debate Feminista,* por comentarios que mejoraron mi texto, así como a María José Jácome, estudiante de la Facultad de Ciencias Sociales de la Universidad Central del Ecuador, quien durante su pasantía académica me apoyó en el levantamiento de información para esta investigación.

que, en varios ámbitos, se hubiera legislado a favor de los derechos de las mujeres sin que ellas estuvieran en los parlamentos (Htun, 2001).

Más específicamente, investigaciones recientes sostienen que las parlamentarias en general acusan mayores niveles educativos que sus colegas varones y tienen las mismas motivaciones para entrar en política, así como el mismo nivel de ambición política, aunque cuentan con menos experiencia que ellos. No obstante, la conciliación entre el trabajo y la familia es más difícil para las mujeres (Martínez, 2014). Estos estudios tienen implícita una idea algo simplista: "La idea subyacente es que una vez alcanzado cierto porcentaje numérico de mujeres, su presencia cuantitativa haría posible introducir en la agenda temas de mujeres y lograr cambios a favor de los intereses de las mujeres" (Martínez, 2014, p. 163). El presente artículo pretende problematizar esta idea subyacente, en la medida que muestra que un número mayor de mujeres como el que se dio en la Asamblea en Ecuador no necesariamente contribuye a superar prácticas de subordinación si estas se despliegan en el contexto de una cultura patriarcal. Además, estas prácticas frecuentemente no hacen una distinción de género y pueden ser ejecutadas tanto por hombres como por las propias mujeres.

En Ecuador, en el periodo denominado Revolución ciudadana, la participación de las mujeres en la política se incrementó significativamente. En el parlamento, para el año 2016, la representación de mujeres se acercó a 40 por ciento, cifra nunca antes registrada en el país y la más alta en América Latina. Además, tres mujeres presidieron la Asamblea: su presidenta y dos vicepresidentas. No obstante, de forma paradójica, algunas activistas afirman que durante el régimen de Rafael Correa se retrocedió en el ámbito de los derechos sexuales y reproductivos.

En este artículo pongo en contexto la transición entre lo que se vivía en el parlamento anterior – llamado Congreso Nacional – frente al nuevo, denominado Asamblea Nacional. Posteriormente, describo el *impasse* que ocurrió en el vano intento que las asambleístas oficialistas y el presidente Correa, respaldado por su movimiento político, hicieron por despenalizar el aborto. Examino las reacciones de los movimientos de mujeres y la prensa y, finalmente, planteo algunas reflexiones que interpretan este suceso.

Para este trabajo, utilizo las actas de las sesiones de la Asamblea en que se registran los dos debates que exige el procedimiento legislativo. También he recurrido a noticias de diarios, videos y material en internet sobre el tema. Estos abundantes textos han sido procesados a través de una metodología cualitativa, siguiendo una técnica de análisis de texto libre por códigos, según la cual se obtiene y ordena la información para luego codificarla en categorías que concentran unidades de significado e identifican y marcan temas específicos (Fernández, 2006). El sistema de codificación se hizo a medio camino entre una aproximación *a priori* y una inductiva, que es más flexible, pues en el análisis mismo de los datos surgen códigos «en vivo". Las categorías utilizadas fueron: aborto, despenalización del aborto, debate parlamentario, código penal, patriarcado, movimiento de mujeres, mujeres en política, feminismo estatal y negociación patriarcal. Finalmente, se integró la información bajo un esquema conceptual guiado por los estudios de género.

EL CONTEXTO: DE UN CONGRESO DE HOMBRES A UNA ASAMBLEA DE MUJERES

La Asamblea constituía un espacio mayoritariamente masculino y con frecuentes prácticas de violencia que llegaban hasta la opinión pública. Las mujeres accedían al mundo de la política y, particularmente, a la esfera de representación en el parlamento ecuatoriano, solo de forma excepcional. Su acción era marginal y profundamente marcada por el mundo masculino. El estudio más sistemático sobre las mujeres en el parlamento de Ecuador es el de Violeta Mosquera (2006), quien analiza el periodo inmediatamente anterior a la Revolución ciudadana, de 2003 a 2005. La autora, al examinar la modalidad de ingreso de las mujeres asambleístas, descubre que ellas acceden al mundo de la política de forma marginal, accesoria y por mediación masculina, pues son reclutadas básicamente como personal de apoyo para promocionar electoralmente a los candidatos varones, organizar eventos o recaudar fondos. El Congreso estaba integrado de forma minoritaria por mujeres: en las elecciones de 2002, apenas llegaron 18 mujeres a las diputaciones, contra 82 varones, en un Congreso Nacional integrado por 100 miembros.

Cuando ocurre el *impasse* que examinaré —2013—, el número de mujeres en la Asamblea había aumentado significativamente: de 137 asambleístas, 53 eran mujeres y 84 varones, es decir, cerca de 40% de las curules correspondió a mujeres. El número de hombres, en cambio, es el mismo que en las elecciones de 2009 (Consejo Nacional Electoral, 2014).

A este hecho, que profundizaba la tendencia a elegir mujeres gracias a la ley de cuotas, así como la paridad y secuencialidad establecida en la propia Constitución, debemos sumar un acontecimiento inédito:

tres mujeres fueron designadas dentro de la Asamblea para presidirla, por la propia iniciativa del movimiento de gobierno y del presidente Correa. Tal elección se repitió en 2015.

En efecto, en la sesión de instalación del nuevo periodo legislativo el 14 de mayo de 2013, fueron designadas Gabriela Rivadeneira como presidenta,[4] Rosana Alvarado como primera vicepresidenta[5] y Marcela Aguiñaga como segunda vicepresidenta,[6] con 107 votos para la presidenta y 108 a favor las vicepresidentas (MDZ *Mundo,* 2013).

La Asamblea 2013-2017 se distinguió por tres características: primera, fue el parlamento con mayor número de mujeres en la historia del país; segunda, el oficialismo tuvo un bloque sólido con 100 escaños y, tercera, se suscitó un cambio generacional en su integración: 61 asambleístas tenían entre 30 y 45 años.

---

4 Gabriela Rivadeneira nació em Quito em 1983, creció em Otavalo. Militó em Fundación Mirarte, es casada, tiene dos hijos. A los 17 años fue reina en las Fiestas del Yamor. Fue elegida concejala por el partido Pachakutik (2004), luego se desempeñó como vicealcaldesa (2006/2008), cargo a través del cual conoció a Rafael Correa. En 2009, se convirtió en viceprefecta de Imbabura ("Rivadeneira: ex reina, gobernadora y ahora candidata a la Asamblea", *El Telégrafo,* 10/02/2013). Desde 2010, forma parte de la Dirección Nacional de Alianza País. En 2011 asumió la gobernación y en 2012 renunció para ser candidata a asambleísta ("Gabriela Rivadeneira, de beldad a política influyente", *El Comercio,* 07/11/2012). En 2015 se graduó de licenciada en Gestión para el Desarrollo Local ("Gabriela Riva deneira se licenció en una carrera vinculada a los movimientos sociales", *El Comercio* 18/05/2015).

5 Rosana Alvarado nació en Cuenca en 1977. Tiene dos hijos y está divorciada. Se considera feminista y socialista (Canal LOYD, 2013). Es doctora en Jurisprudencia y licenciada en Comunicación Social. Antes de vincularse a Alianza País, fue coordinadora regional de la Corporación Latinoame ricana de Desarrollo, mediadora del Programa ACUERDO de Projusticia. También fue coordinadora del programa Escuela de Gobierno y Liderazgo (Usal, s.f.). En 2007 fue electa por el partido de go bierno como asambleísta constituyente por la provincia del Azuay. En 2009 fue electa asambleísta y se desempeñó como presidenta de la Comisión de Biodiversidad y Recursos Naturales (Asamblea Nacional del Ecuador, s.f.-b).

6 Marcela Aguiñaga nació en 1973 en Guayaquil. Está divorciada. Su padre la motivó a optar por una carrera profesional antes que como candidata a reina de Guayaquil ("Marcela Aguiñaga, No soy la Diosa del Olimpo", *Extra, 8*/01/2013). Obtuvo el título de abogada. Realizó una especia lización en Derecho Ambiental (Asamblea Nacional del Ecuador, s.f.-a). Se vinculó a Alianza País por su amistad con el exministro oficialista Carlos Vallejo. Inicialmente fue subsecretaria de Pesca y Acuicultura. El 17 de noviembre de 2007 fue nombrada ministra de Ambiente, cargo que ocupó hasta 2012 (Ecuavisa, 2013). En 2013 fue electa asambleísta Nacional (Palabra Verde, s.f.).

Las reacciones tanto del oficialismo como de la oposición ante la elección de las tres mujeres fueron positivas. El presidente Correa manifestó: "La Revolución tiene rostro de mujer" (*Cuba Debate*, 2013). Galo Mora, secretario ejecutivo del Movimiento Alianza País, afirmó que con voluntad unánime del bloque oficialista fue adoptada la decisión de designar a tres mujeres ("Tres mujeres dirigirán la Asamblea Nacional de Ecuador", MDZ *Mundo*, 13/05/2013).

A pesar de que la asambleísta Lourdes Tibán, del ala de izquierda, había propuesto a un copartidario para la presidencia de la Asamblea, más tarde expresó que "como mujer nunca estaría en contra de una similar a dirigir la Asamblea" ("Con cambio generacional se inicia hoy el nuevo periodo legislativo", *El Universo*, 14/05/2013). Diego Salgado, de CREO (Creando Oportunidades), movimiento de derecha, afirmó la importancia de que, por primera vez, las titulares de la Asamblea sean mujeres ("Con cambio genera cional se inicia hoy el nuevo periodo legislativo", *El Universo,* 14/05/2013).

La cuestión de género fue bien acogida por los actores políticos y fue el aspecto más destacado por los medios de comunicación. No obstante, la oposición cuestionó el hecho de que Rivadeneira solo tuviera 29 años ("Nueva Asamblea se instala hoy", *El Tiempo*, 14/05/2013). En relación con sus homólogos latinoamericanos, Rivadeneira fue la más joven en ocupar el cargo.

El hecho de que tres asambleístas mujeres dirigieran la Asamblea generó expectativas en todo el país, y particularmente en los movimientos feministas, que veían una apertura de oportunidades políticas para introducir las demandas del feminismo en la agenda legislativa.

Uno de los temas incluidos en esta agenda fue la aprobación de un nuevo Código Penal. Este debate era complejo debido a que incluía diversidad de aspectos polémicos para la sociedad ecuatoriana. Uno de los temas más álgidos era el debate acerca de la despenalización del aborto por violación. En la ley que regía en ese momento, y que había estado vigente durante 76 años, se especificaba que el aborto por violación estaba penalizado con entre uno y cinco años de privación de la libertad y que únicamente las mujeres "idiotas" y aquellas que corrían el riesgo de perder la vida con el embarazo podían abortar sin penalización.

La sociedad ecuatoriana, aunque adjetivada como conservadora, apoyaba un cambio en el tema del aborto por violación: de acuerdo con las encuestas de opinión, 66% aprobaba despenalizarlo en este caso.[7] En la Asamblea, algunas asambleístas oficialistas compartían este espíritu de cambio y de inclusión de nuevos derechos.

Por otro lado, se conocía que Correa, por sus posiciones apegadas a la doctrina social de la iglesia, tenía cuestionamientos al tema del aborto. Por ello las asambleístas nunca llegaron a plantear la introducción de un debate sobre la despenalización del aborto en general. No obstante, era casi un consenso que la despenalización del aborto por violación podía y debía ser introducida en el nuevo Código Penal. En este ambiente de efervescencia, un grupo de asambleístas del movimiento político del gobierno Alianza País se "atrevió" a plantear el tema en la Asamblea.

"SI ESTO ES LO POSIBLE": EL *IMPASSE* EN LA ASAMBLEA POR EL INTENTO DE DESPENALIZACIÓN DEL ABORTO POR VIOLACIÓN

Del 9 al 13 de octubre de 2013 se llevó a cabo la sesión 257 en la Asamblea Nacional que dio como resultado la aprobación de los libros preliminar, primero y segundo del Código Integral Penal (Observatorio Legislativo, 2013, s.p.). Rosana Alvarado, primera vicepresidenta, se estrenó en la presidencia durante esta sesión, ya que Rivadeneira asistió a una representación parlamentaria en Ginebra. Alvarado y Mauro Andino – presidente de la Mesa de Justicia y estructuración del Estado, quien actuara en calidad de ponente en esta sesión – fueron los encargados de poner el sistema de trabajo en el pleno ("Polémica por los tiempos del Código Penal", *El Comercio, 8/11/2013*).

El 9 de octubre, la asambleísta Alvarado instaló la sesión y se declaró el pleno de la Asamblea en comisión general "para recibir a organizaciones ciudadanas o personas que quieran presentar o exponer temas de interés o de competencia de la Asamblea Nacional" (Ley Orgánica de la Función Legislativa, 2009, p. 45). Intervino Natalia Correa, representante de la Asamblea de Mujeres Populares y Diversas del Ecuador, manifestando: "exigimos el aborto total, legal, libre y decidido por las mujeres, ninguna mujer debe morir por ejercer su derecho a decidir" (Asamblea Nacional del Ecuador, 2013a, p. 42). Mientras las representantes de las organizaciones de mujeres hablaban, siete mu-

---

7 En la Asamblea presentaron la última encuesta de CEDATOS en la que se establece que 66% de la población está de acuerdo en despenalizar el aborto por violación (*La República Ec*, 2013b).

jeres se desnudaron de la cintura para arriba y gritaron: "Aborto legal en el Código Penal», en señal de rechazo a la nueva normativa. Sin autorización de la presidenta, la escolta legislativa trató de sacarlas. Alvarado intervino: "a los integrantes de la fuerza pública, no hay ningún incidente, no hay que escandalizarse con ningún desnudo. Les pedimos, por favor, respetar las intervenciones de cada una de las organizaciones" (Asamblea Nacional del Ecuador, 2013a, p. 43).

Después de la Comisión General, Alvarado suspendió la sesión (Asamblea Nacional del Ecuador, 2013a, p. 57). Las observaciones realizadas por las organizaciones de mujeres en favor de la despenalización del aborto en caso de violación no fueron tomadas en cuenta para la redacción del informe para el segundo debate que realizó la Comisión de Justicia. Durante toda la sesión, Marcela Aguiñaga, segunda vicepresidenta de la Asamblea, sostuvo firmemente que el articulado debe quedar como está propuesto" ("El aborto marca el debate en la Asamblea", *La Hora,* 11/10/2013).

Apenas instalada la sesión, el jueves a las 10 horas, "bajo la presidencia de Alvarado, se dio lectura a una carta enviada por la presidenta de la Cámara de Senadores de Bolivia, Gabriela Montaño, quien destacó los últimos cambios dados en el Código Penal boliviano que permitió el aborto consentido en caso de una violación sexual" ("El tema del aborto domina la sesión del Pleno sobre el nuevo Código Penal», *El Universo*, 10/10/2013).

El asambleísta Ramiro Aguilar, independiente, fue quien introdujo el tema del aborto en el debate. Afirmó que, en la propuesta de nuevo Código Penal, se debía eliminar el artículo 148 que estipulaba que "la mujer que cause su aborto o permita que otro se lo cause será sancionada con pena privativa de libertad de seis meses a dos años" (Asamblea Nacional del Ecuador, 2013b). Aguilar también solicitó que se modificara el artículo 149 que establece que "el aborto practicado por un profesional no será punible en los siguientes casos: si se ha practicado para evitar un peligro para la vida o salud de la mujer embarazada o si el embarazo es consecuencia de una violación a una mujer con discapacidad mental" (*El Comercio,* 10/12/2013).

Soledad Buendía, Blanca Arguello, Rita Pozo, Soledad Vela, todas ellas asambleístas de Alianza País, se sumaron a la propuesta de Aguilar. Por su parte, Marisol Peñafiel, María Augusta Calle y Paola Pabón, también pertenecientes a Alianza País, manifestaron la importancia de defender los derechos de las mujeres y su derecho a decidir. Algunos asambleístas de oposición se alinearon a esta postura (Asamblea Nacional del Ecuador, 2013b).

La intervención de Paola Pabón fue la última de este día.[8] Pabón propuso que el artículo 149, referente al aborto no punible, se votara por separado. Pidió al pleno que el artículo fuera votado con el siguiente texto:

> Artículo 149.- Aborto no punible. El aborto practicado por un médico u otro profesional de la salud capacitado, que cuente con el consentimiento de la mujer o de su cónyuge, pareja, familiares íntimos o su representante legal, cuando ella no se encuentre en posibilidad de prestarlo, no será punible si se ha practicado para evitar peligro para la vida o salud de la mujer embarazada, y si este peligro no puede ser evitado por otros medios; si el embarazo es consecuencia de una violación sexual, interrupción que podrá realizarse hasta la semana 12 de gestación (El Telégrafo, 10/11/2013).

Anteriormente, Marisol Peñafiel, asambleísta del oficialismo, había manifestado que quienes como ella estuvieran a favor de despenalizar el aborto por violación sin condiciones, pudieran adherirse a la objeción de conciencia, sin que esto implicase oponerse al proyecto del bloque. Su coidearia Mayerli Vásconez expresó que sería apropiado que se votara ese artículo de forma individual (El Universo, 10/10/2013). La propuesta de Pabón sorprendió a gran parte de sus compañeros de bancada, porque Mauro Andino, como presidente de la comisión especializada y ponente, era el único que podía modificar el texto final (El Comercio, 12/10/2013).

A pesar de que algunos asambleístas coincidían con Pabón, no se procedió a la votación ese día. Alvarado suspendió la sesión; según el artículo 137 de la Ley legislativa "las mociones previas suspenderán el debate hasta que haya un pronunciamiento sobre ellas" (Ley Orgánica de la Función Legislativa, 2009, p. 42).

---

8 Paola Pabón nació en Quito en 1978. Estudió en el colegio Espejo. Obtuvo su título de abogada en la Universidad Central. Luego se especializó en Ciencias Políticas y Sociales en la Universidad Landívar de Guatemala. Ha consolidado procesos participativos con la comunidad de la provincia de Pichincha. Antes de formar parte de Alianza País, militó por siete años en el partido Izquierda Democrática (Atento Ecuador, s.f.). Fue asambleísta por Alianza País desde 2009, representando a la Provincia de Pichincha. El 21 de julio de 2013, por pedido del presidente Correa, renunció a su curul en la Asamblea y asumió la Subsecretaría de Gestión de la Política (El Universo, 21/06/2015).

Las expresiones de la asambleísta Pabón, emitidas en el debate parla mentario, muestran que había plena conciencia sobre el símbolo de un par lamento formado y dirigido por mujeres, en un país en que la violencia de género se encuentra plenamente instaurada y que era un tema respaldado por la ciudadanía:[9]

> Hay unidad en Alianza País. No son novelerías sino demandas de la ciudadanía. No podemos plantear una norma penal desde el patriarcado, desde el adulto centrismo y machismo. Esta asamblea, que por primera vez tiene el 40 por ciento de parlamentarias mujeres, 4 mujeres de los 7 de la mesa directiva, no puede aprobar una norma de espaldas a las mujeres. La encuesta nos dice que 6 de cada 10 mujeres son violentadas (Asamblea Nacional del Ecuador, 2013b, pp. 169-170).

Finalmente, la asambleísta planteó la moción previa:

> Exceptuar la votación que tiene 5 títulos, el artículo 149 sobre aborto no punible que sea votado de manera individual. Este no es un tema de mayorías o de minorías, este es un tema de fueros propios [...] Planteamos, en base a objeción de conciencia que permite la Constitución, que se nos permita votar por separado este artículo (Asamblea Nacional del Ecuador, 2013b, p. 173).

La asambleísta Pabón habló de superar el debate tradicional de minorías y mayorías, y legislar por fueros propios. De esta forma, trasladó a un plano personal el debate sobre la despenalización. Seguramente lo hizo para facilitar una votación favorable, y no dentro de todo "el paquete", lo cual implicaba aprobar el Código Integral Penal, puesto que se había decidido hacerlo en conjunto.

En efecto, el tema de las mayorías es propio de una modernidad temprana, y se puede afirmar que hoy no es un indicador suficiente para sostener un sistema democrático. En sociedades como las nuestras, ya no se puede apelar a la legitimidad de la mayoría; esta se encuentra erosionada, puesto que se puede decir que el pueblo mismo es un cúmulo de minorías (Rosanvallon, 2009). Las mujeres, además, si bien somos un grupo mayoritario, siempre hemos sido tratadas como minoría.

Es decir, la estrategia de separar la votación de este artículo aparte del resto del Código y de apelar a la objeción de conciencia pretendía blindar una votación riesgosa para las asambleístas del movimiento oficialista. Sin embargo, la estrategia no funcionó como se pretendía; luego de que esto ocurriera en la Asamblea, inmediatamente Correa reaccionó y calificó esta

---

9 Según la Primera Encuesta de Violencia de Género, realizada por el Instituto Nacional de Estadís tica y Censos, en Ecuador seis de cada diez mujeres han sido víctimas de violencia de género (INEC, s.f.).

propuesta de traición, y amenazó con renunciar a su cargo si sus propias asambleístas aprobaban la despenalización del aborto por violación:

> [Estas] no son las agendas del movimiento ¿dónde propusimos el aborto? El tema más dis cutido ha sido el aborto. Mis creencias no creo que son mejores que las demás. Acordamos ceder en la palabra idiota o demente, acordamos cambiar a mujer con discapacidad mental [...] ¿Quién no conoce la postura del presidente? [...] Pediré sanciones para las asambleístas que han demostrado deslealtad total [...] ¿Por qué se tomaron tantas fotos conmigo? (*Ecuador en vivo*, 2013).

Esta reacción causó un escándalo nacional y una crisis al interior del movimiento oficialista. Inmediatamente se desplegaron los dispositivos dentro del movimiento político en el poder para recibir la denuncia y reunir al "comité de ética" de Alianza País con el objetivo de conocer el caso y proceder a las sanciones correspondientes.

Podemos analizar este discurso del presidente desde varias aristas; una es aquella en la cual el líder exige lealtad, pero esa lealtad no es política, no es de principios ideológicos, es una lealtad personal. Exige que sus asambleístas sean leales a él, porque él y su movimiento son la misma cosa; de esta manera, se personaliza el poder.

El tema de la despenalización del aborto por violación no fue debatido; a pesar de que el presidente señaló que había sido un tema discutido, realmente nunca lo fue. Correa sintió, según lo expresa en sus declaraciones, que no podía traicionar sus principios inspirados en la doctrina de la iglesia. Para Correa, el aborto por ningún motivo puede ser aceptado, y tampoco puede ser debatido, porque toda religión asienta sus principios en dogmas de fe.

Lo curioso es que el presidente, en su intervención, personaliza la disputa y la hace aparecer como el reclamo de un "macho herido" que exige venganza frente a la traición de su mujer: reclama que las asambleístas lo hubieran utilizado, puesto que en la campaña se aprovecharon de su imagen para obtener votos, llegar al poder y luego desplegar una agenda propia.

Además, amenaza con renunciar si la moción no es retirada. Intimida a las asambleístas y finalmente logra su cometido – no aprobar esta reforma –, pero además exige sanciones disciplinarias. La dinámica que tomó este *impasse* en la Asamblea nos permite analizar de cuerpo entero el sistema patriarcal imperante y su aberrante relación con la política. Al desplazar el argumento hacia la deslealtad, Correa pretendía encubrir el debate de fondo acerca de la violencia sexual que ejercen los hombres sobre niñas, adolescentes y mujeres en el país, y así el propio Estado las termina revictimizando.

Este desplazamiento también muestra el carácter patriarcal del régimen de Correa, pues se demostró que la disidencia puede tener consecuencias catastróficas. Así como la traición de una mujer a un hombre puede significar el fin del matrimonio, una deslealtad política podía ocasionar la ruptura de todo el proyecto político del correísmo. El chantaje que hizo el presidente, y en el cual cayeron las asambleístas, no es sino la reproducción de la espiral de la violencia de género, que adquiere un carácter especular en la violencia política. Examinemos los argumentos de Correa:

> Sabíamos que había compañeras, en las elecciones pasadas, con posturas radicales en cuanto al aborto, se cuestionaron sus candidaturas, nos juraron amor eterno, nos dijeron que iban a ser orgánicas. El día jueves que se trata de hacer esa jugarreta-porque ese es el nombre de votar aparte el artículo del aborto, cambiándolo, y despenalizando el aborto por violación [...] Dos días antes, nos reunimos en el Palacio de Gobierno, con Mauro Andino, la presidenta de la Asamblea, y una representante de este grupo pro-aborto, ahí consensuamos el artículo sobre el aborto. [...]
> Ya el miércoles estaba la maniobra de los mismos de siempre, aquí no ha sido pensar diferente como lo trató de posicionar una prensa mala fe de siempre, el problema es la deslealtad política y eso no lo podemos permitir (*Ecuador en vivo*, 18/10/2013).

Estas expresiones que se refieren a "este grupo proaborto", "los mismos de siempre", evidencian que las mujeres son vistas como un problema: las mujeres que reivindican sus derechos, que no se someten, causan conflictos.

El estudio realizado por Mosquera (2006) acerca de las prácticas de mujeres congresistas en el periodo previo nos da interpretaciones que nos permitirían extrapolar a la Asamblea actual: "En general, las diputadas expresan tener un gran apego a la disciplina partidista, esto sugiere que el ser hombre o mujer no es decisivo en el trabajo parlamentario, importa más el compromiso con los principios doctrinarios, la lealtad a los líderes y afianzar la agenda del partido" (Mosquera, 2006, p. 66).

Algunas de las asambleístas oficialistas pretendieron vulnerar esta dinámica, sin lograrlo. Quisieron anteponer sus intereses en cuanto mujeres, y feministas declaradas (al menos las voces más representativas). Finalmente, terminaron replegándose en la lógica señalada por Mosquera: lealtad al líder y apego a los principios partidistas.

Correa apeló otra vez a que había sido su intermediación lo que había permitido que estas asambleístas llegaran a las posiciones en que se encuentran; por ello reclamó que se hubieran tomado "la foto" con él, o que le hubieran jurado "amor eterno". Probablemente esta mediación masculina no cambió desde el anterior Congreso hasta la actual Asamblea, y peor aún con el efecto de arrastre que ha tenido Correa en las elecciones, que ha asegurado una composición mayoritaria del bloque de Alianza País.

Luego de esta reacción del presidente, las asambleístas de Alianza País, encabezadas por la propia Paola Pabón, retiraron la moción con el siguiente discurso:

> Con el inmenso cariño que te tenemos, decimos que esta vez te estás equivocando. Pero por la unidad de esta bancada, por la unidad de mis cien compañeros asambleístas [...] retiro la moción para que este bloque no tenga la posibilidad de evidenciar una ruptura [...]; me lastima haber decepcionado a compañeros que tienen el legítimo derecho de reclamar una posición distinta [...] Si esto es lo posible, si esto va a cambiar a los ecuatorianos, hay que estar ahí, por lo tanto, retiro la moción señora presidenta (Asamblea Nacional del Ecuador, 2013).

El discurso de la asambleísta Pabón evidencia un rol que siempre le ha correspondido a las mujeres en el sistema patriarcal latinoamericano: el de ser las que ceden en aras de la unidad familiar, las que se sacrifican, sin importar que ellas sepan que la afrenta es injusta. Siempre están dispuestas al sacrificio a cambio de la unidad de la familia y, en este caso, del partido político.

Pero hay un sentido aún más trascendente en el discurso de Pabón, y es el relacionado con la comunidad nacional en su conjunto. La asambleísta Pabón carga sobre sus hombros, como solo las abnegadas mujeres sabemos hacerlo, nada menos que el gran cambio que los ecuatorianos necesitamos. Trasluce en su discurso que "si esto va a cambiar a los ecuatorianos" hay que estar ahí. A pesar de que "esto" tenga un costo altísimo, relacionado con un retroceso en derechos sexuales y reproductivos, relacionado con defraudar a las mujeres en el cambio que esperaban en el país.

El retiro de la moción fue la aceptación de la derrota. Las asambleístas sabían que iban a causar una decepción a quienes habían luchado por esos derechos, y que esto iba a causar más muertes y serias consecuencias en las mujeres violadas; sin embargo, aceptaron retroceder. El bien de la nación ecuatoriana, extrañamente, parece contraponerse a los intereses específicos de las mujeres, según lo revela este *impasse*.

Cabe destacar que los asambleístas hombres, pero también las propias mujeres de la bancada, dejaron solas a las tres sancionadas, las figuras más visibles de lo que fue interpretado por Correa como una traición. La Asamblea aisló a sus colegas y esto le permitió al presidente, fácilmente, obtener el retiro de la moción y posteriormente la sanción.

Paola Pabón, Gina Godoy y Soledad Buendía fueron citadas a comparecer ante el Comité de Ética y Disciplina del Movimiento Alianza País el 25 de octubre de 2013. Se mantuvo total discreción ante los medios de comunica ción; el asunto se resolvió internamente en Alianza País.

El 29 de octubre, un miembro del comité sostuvo que "la sanción de un mes de suspensión para las asambleístas que plantearon la moción para despenalizar el aborto en caso de violación no es por pensar de una manera diferente. La sanción es en función de no haber respetado expresos acuerdos a los que se llegó con los compañeros de la Asamblea" (*CRE Satelital*, 2013). Por la sanción, las asambleístas pierden sus derechos políticos; por su voluntad, van a dejar de participar en la Asamblea y serán reemplazadas por su alterno durante un mes, explicó Borja (Agencia Andes, 29/10/2013).

DE TRAIDORAS Y SUMISAS: LAS REACCIONES DEL MOVIMIENTO DE MUJERES Y LA PRENSA

Las reacciones ante este *impasse* de los distintos colectivos que podríamos denominar el movimiento de mujeres en el país fueron distintas y dependen de las posiciones en las que se encuentra cada uno de estos grupos. Unos expresan indignación; otros, solidaridad, y otros, conformidad con lo ocurrido.

En el momento en que Pabón retiró la moción, "los abucheos no se hicieron esperar y los gritos de traidores y asesinos desde las barras, se escucharon con claridad [...] con correas en las manos gritaban: ¡No más correas! Lágrimas salían de sus ojos que demostraban indignación y decepción" (*La Hora*, 12/10/2013).

Para María Belén Moncayo, vocera de la Marcha de las Putas Ecuador, el retroceso "es lo típico de la bancada de Alianza País". "Las órdenes superiores son más que la vida de las mujeres" manifestó con gran indignación Wendy Loor de la Asamblea de Mujeres populares y diversas (*La Hora*, 12/10/2013).

No obstante, antes de que la discusión por el aborto no punible en caso de violación llegara a su fin, las organizaciones de mujeres se habían anticipado al desenlace. Saraí Maldonado, de la Asamblea de Mujeres Populares y Diversas, en Comisión General en la propia Asamblea, advirtió: "Queremos recordarles y decirles por qué estamos dolidas, estamos molestas, estamos preocupadas... Que cada muerte, cada suicidio de adolescentes por embarazos no deseados de este país, a partir de la aprobación del Código Penal, será responsabilidad suya" (Asamblea Nacional del Ecuador, 2013a, pp. 41-42).

Isabel María Salazar, de la Iniciativa 14 millones, un movimiento conservador respecto de los derechos sexuales y reproductivos, manifestó "El aborto no es la solución a la violencia que afecta a las mujeres ni a los embarazos no deseados [...] Es muy difícil demostrar que un embarazo es por violación". Por ello evaluó positivamente la decisión del presidente de no dar paso a la legalización del aborto en caso de violación (La República Ec, 2013a).

En contraste, para Saraí Maldonado y Virginia Gómez, el Estado obliga a las mujeres a ser madres; tal como están las leyes, las obligan a parir al hijo de un violador. "Deberían decidir si quieren o no, porque no estamos diciendo que sean mujeres obligadas a abortar, no hay ninguna ley que obligue a abortar". Gómez puso el énfasis en que, en ese momento específico, la reivindicación era la despenalización del aborto en caso de violación únicamente, y en que fue una estrategia de Correa decir que buscaban la legalización del aborto sin condiciones (La República Ec, 2013b).

Algunas militantes del movimiento de mujeres manifestaron su solidaridad con las asambleístas: "El trabajo que en la Asamblea usted vio es un trabajo conjunto del Frente, del movimiento de mujeres con las compañeras asambleístas. Mi solidaridad completa [...]; esa es una expresión de la violencia política que en este caso viven las mujeres asambleístas", manifestó Virginia Gómez de la Torre, del Frente de Defensa de los Derechos Sexuales y Reproductivos (La República Ec, 2013a).

Saraí Maldonado, de la Coordinadora Juvenil por la Equidad de Género, dijo: "lo de hoy es la muestra más clara de la violencia política e institucional que no nos reconoce como sujetas de derecho y que genera una práctica política basada en el chantaje, la presión y la manipulación" (El País, 11/10/2013).

Este incidente fue captado por los medios de comunicación como una afirmación del autoritarismo del presidente Correa. Pero, al mismo tiempo, rescataron el valor de algunas mujeres asambleístas (La República Ec, 2013b). En la opinión pública, el debate también fue abordado desde la perspectiva de los grupos provida y de los grupos proaborto. Prevalecieron las historias personales de adolescentes embarazadas como consecuencia de una violación y que siguieron adelante con el acompañamiento de los llamados grupos provida, así como testimonios de mujeres que han abortado y se arrepienten de haberlo hecho y que han vivido el supuesto síndrome posaborto (*Univisión Noticias*, 2013).

REFLEXIONES FINALES

La bibliografía que analiza la participación de las mujeres en la política ha examinado la manera en que las mujeres pueden ser instrumentalizadas por los hombres en el poder. Ha mostrado que se elige a mujeres con poca autonomía política, que privilegian lealtades personales de parentesco o de partido (Archenti y Tula, 2012). También se ha debatido largamente no solo acerca de si las mujeres son utilizadas, sino acerca de si, en el ejercicio de representaciones o cargos políticos, las mujeres muestran características diferenciales respecto de los varones (Buvinik y Roza, 2004). Las conclusiones de los estudios son contradictorias, puesto que en algunos de ellos se determina que las mujeres son colaborativas, consensuales, inclusivas, mientras que los hombres tienen perfiles más directivos y de mando. Pero no todos están de acuerdo, porque al final estos argumentos tienden a reproducir estereotipos. Además, destacar que ellas son las que van a "purificar la política" puede ocasionar problemas; si ellas cargan sobre sus espaldas la reforma política y social, pueden generarse expectativas y luego frustraciones (Buvinik y Roza, 2004).

Asimismo, en la bibliografía se advierte una tensión no resuelta entre quienes sostienen que no es necesario focalizarse en los resultados de tener más mujeres en el poder, o en si ellas promueven los intereses de las mujeres, y quienes sostienen que su acceso a la política simplemente es una cuestión de justicia (Htun, 2001). Otras investigaciones afirman que se requiere una representación sustantiva, referida a su estilo de liderazgo, a la forma en que ellas entienden la tarea de representación política y en que defienden o no los temas de mujeres.

Por otro lado, se ha iniciado el análisis del contradictorio tema del feminismo en los gobiernos progresistas de América Latina. Así, Fernández (2016) se concentra en los encuentros y desencuentros entre los feminismos y las izquierdas, rastreando algunos hitos importantes. Uno de los hitos que analiza es el de la Revolución Ciudadana en

Ecuador. Para la autora, este caso ejemplifica un verdadero "divorcio" entre el feminismo y la izquierda.

En un trabajo reciente sobre el tema más amplio de la representación política femenina, planteo que en Ecuador, y específicamente en el proceso de la Revolución ciudadana, la política de la presencia cobró una importancia inusitada. Se designó una cantidad numerosa de mujeres en cargos públicos no tradicionales y se las promovió en cargos de elección popular. No obstante, el "feminismo estatal" mostró sus límites dando paso más bien a un "feminismo instrumental" (Mancero, 2017). Mientras que el feminismo estatal ha sido definido como el grado en el cual las agencias políticas de las mujeres forjan alianzas con los movimientos de mujeres desde una perspectiva transformadora (Mazur y Mcbride, 2010), el feminismo instrumental ha sido analizado como la utilización que se da a mujeres dirigentes, partidos y mecanismos de género con la finalidad de obstaculizar sus derechos (Htun, 2001).

Esta aparente contradicción entre una numerosa representación de mujeres, pero a la vez una escasa participación en la toma real de decisiones, desde mi perspectiva, tiene que ver con una estrategia, más o menos consciente en el régimen de la Revolución ciudadana, por desactivar las agendas de lo que se ha denominado una "ideología de género" y reinsertar una ideología conservadora y religiosa, asociada con los grupos conservadores que rodean al propio mandatario.

Es un juego claramente político, porque acarrea un tema de poder, y su intención es la desmovilización de la agenda de género. Pero ¿cómo lo han hecho? Hay innumerables signos de que esto ha ocurrido, uno de ellos es la forma en que se posiciona a mujeres en los cargos directivos de la propia Asamblea. Luego, la principal asambleísta sancionada por el *impasse* de la despenalización, Paola Pabón, es retirada de la Asamblea a cambio de su nombramiento en el Ministerio Coordinador de la Política. Asimismo, se designó a una feminista para que dirigiera el movimiento oficialista Alianza País. Además, se nombró a asesoras del presidente de esta vertiente conservadora, identificadas con el Opus Dei, para que se hicieran cargo de la estrategia para controlar el embarazo adolescente. Todas estas son maniobras de cooptación tendientes a acallar las voces que, en temas de género, podrían ser o ya han sido incómodas.

Esto guarda relación, además, con los discursos de género suficientemente neutrales e inofensivos que han sido instalados en las distintas dependencias del Estado. Esta estrategia se ha conjuntado con otra de carácter táctico: se trata de utilizar el aparato del Estado para llevar a cabo este programa. Este feminismo estatal ha terminado neutralizando cualquier carácter subversivo que atente en contra del orden sexista prevalente.

Al inicio del régimen hubo una actitud permisiva a propuestas novedosas, como campañas contra la violencia, incorporación de presupuestos con perspectiva de género, enfoque integral para controlar el embarazo adolescente, reconocimiento del seguro social para mujeres en labores de cuidado, salario básico para mujeres empleadas domésticas, entre otros. Sin embargo, una vez consolidado el poder del correísmo, no dudó en expresar esta instrumentalización del feminismo tanto en sus discursos como en las propias políticas públicas.

Ahora bien, ¿qué papel juegan las feministas en esta estrategia de instrumentalización del feminismo? No podemos afirmar que sea un camino unidireccional de traición y sumisión, tal como hemos examinado en los hechos relacionados con el intento de despenalizar el aborto en casos de violación. En buena parte de la opinión pública en el Ecuador se ha posicionado la idea de que las asambleístas mujeres de Alianza País son sumisas y que, con su sumisión reconocida, han terminado haciendo un daño irreparable al movimiento de mujeres.

Al dar un seguimiento más pormenorizado a los discursos de las asambleístas, sobre todo de Paola Pabón, he podido constatar que se pretendió hacer lo que se ha denominado una "negociación patriarcal" (Molyneux, 2001), es decir, una concertación estratégica con el sistema patriarcal con la finalidad de que las mujeres sean incluidas en las políticas y en el poder. Ellas sabían que este era un escenario probable y quisieron forzarlo al máximo mediante la estrategia de irrespetar el acuerdo al que llegaron con la bancada y con Correa. Introducir en la agenda la despenalización del aborto por violación fue una estrategia audaz. En ese momento, ellas se jugaron todo, pero ante la reacción presidencial, se replegaron inmediatamente.

Frente a esto, nos preguntamos: ¿por qué las asambleístas no abandonaron el movimiento y aceptaron el silencio de la sanción impuesta? Para ellas la razón, según lo dijo la asambleísta Pabón en su propio discurso, es que "si esto es lo que tenemos, si esto es lo que va a cambiar la vida de los ecuatorianos...". Es decir, las asambleístas se "sacrificaron" porque por un lado intuían que no podían pedir más de lo que ya tenemos; el correísmo es "lo que tenemos", es lo posible y viable. Pero a la vez, este régimen era visto como algo que "va a cambiar la vida de los ecuatorianos". De esta forma contradictoria, el correísmo es visto por las asambleístas feministas de Alianza País como un proyecto de cambio que excluye planteamientos de justicia feminista.

En el gesto de las asambleístas de Alianza País hay un doble renunciamiento: por un lado, renuncian como asambleístas a su agenda feminista de despenalizar el aborto por violación; pero, por otro lado, simbólicamente, piden un sacrificio a las mujeres ecuatorianas violadas que están obligadas a tener ese hijo bajo la amenaza de la prisión. Según datos de la Fiscalía General del Estado, en 2013 hubo 32 procesos penales por aborto; en 2014, hasta el mes de julio, 19 casos, y desde agosto de 2014 hasta 2015, con la vigencia del nuevo Código Penal, aumentan a 106 los casos (Vera, 2016).

Más aún, si hay un reconocimiento explícito de que "esto es lo que tenemos", significa que las mujeres – sobre todo las asambleístas de Alianza País – deben ser estratégicas. Implica que deben ajustarse a esa circunstancia para negociar qué beneficios podrían obtener para no quedar totalmente fuera del juego político, con el riesgo de que sus demandas queden liquidadas o no sean consideradas en ninguna agenda. Si antes las feministas en Ecuador y en América Latina apelaban al maternalismo, por ejemplo, lo hacían porque estratégicamente era una vía válida y posible para disputar en la arena social y cultural.

La negociación patriarcal se establece en los escenarios más complejos para las mujeres, como lo ha documentado Molyneux (2001). Las mujeres no son simples sumisas que se alinean al poder de turno y que participan de sus bondades, sino que son capaces de establecer estrategias y negociaciones.

Mi argumento, en este contexto, es que las asambleístas de Alianza País no constituyeron un bloque homogéneo ni tuvieron todas el mismo nivel de compromiso. Algunas asambleístas sin trayectoria de lucha social o feminista fueron un comodín para el correísmo. Mientras que otras, con trayectoria y compromiso, han querido negociar su rol, y el poder patriarcal les ha caído con todo su peso. No obstante, es discutible si esta jugada estratégica ter minó siendo favorable a la consolidación de un régimen de dominio sexista o si logró, en efecto, negociar algunas leyes con enfoque de género a favor de las mujeres.

Según la bancada oficialista, el periodo legislativo 2013-2017 estuvo marcado por el enfoque de género. En mayo de 2014 se aprueba la Ley de Consejos de Igualdad para "transversalizar el enfoque de género en las políticas públicas y promover la no discriminación". De acuerdo con la Asamblea Nacional, se han promulgado múltiples leyes que transversalizan la perspectiva de género.[10]

Podemos advertir que hay varias leyes en las cuales, en efecto, se prevén articulados a favor de la equidad. No obstante, es necesario hacer un balance entre las leyes aprobadas, las políticas implementadas, el incremento de la representación femenina, por un lado; y por otro, la instalación de un discurso sexista, el retroceso en ciertos derechos sexuales y reproductivos, la manipulación de las estrategias y agendas feministas. En mi análisis, la balanza se inclina hacia el segundo componente.

Sin embargo, no se trata simplemente de un balance; más allá de eso, hay que interpretar esta política como un proceso de negociación permanente entre las feministas y la cúpula del correísmo. En medio del más polémico debate, de la presión interna en la Asamblea y de la presión ciudadana, la asambleísta Pabón intentaba posicionar un discurso de dignidad y de confrontación con Correa, aunque matizado con frases conciliatorias y afectuosas.

Este discurso es elocuente en señalar varias de las tensiones en las que se encontraban las asambleístas: una lealtad al presidente que fue puesta en duda por él, un intento de posicionar de dónde vienen las verdaderas traiciones hacia el proceso político y una tentativa de mantenerse firmes y no aceptar que las expulsen del movimiento, puesto que son portadoras de los más altos ideales del proyecto político: el feminismo y la defensa de la naturaleza.

Por otro lado, el Estado no debe verse aquí como una instancia homogénea y consolidada; al contrario, a través de este estudio vemos

---

10 Leyes como el propio Código Penal que incorporó el femicidio, y otras como la Ley Reforma toria al Código Civil, Código Orgánico General de Procesos, Ley para la Reparación de las Víctimas y la Judicialización de Graves Violaciones de Derechos Humanos y Delitos de Lesa Humanidad, Ley para la Justicia Laboral y Reconocimiento del Trabajo en el Hogar, Ley Orgánica Reformatoria a la Ley Orgánica de Transporte Terrestre, Tránsito y Seguridad Vial, Ley Orgánica para el Cierre de la Crisis Bancaria, Código Orgánico Monetario y Financiero, Ley Orgánica de Gestión de Iden tidad y Datos Civiles, Ley Orgánica de Recursos Hídricos (Asamblea Nacional del Ecuador, 2015).

cómo el Estado, a través del *impasse* surgido entre actores de alto nivel político, se dice y se contradice, adelanta y retrocede, afirma y niega. Los debates sobre temas de género son un terreno propicio para visualizar el carácter contradictorio no solo de este feminismo estatal, sino también del propio Estado.

Las asambleístas no tienen una trayectoria lineal o definida de antemano; se han ido adaptando y cambiando de estrategia, de acuerdo a sus interacciones con el propio poder que ha tratado de inmovilizarlas y que, en la mayoría de los casos, lo ha logrado.

Del análisis de la Asamblea en el Ecuador, con una representación de alrededor de 40% de mujeres y que fue dirigida por tres mujeres del movimiento oficialista, se puede concluir que la mayor representación femenina no asegura, *per se*, una agenda legislativa feminista. En un contexto de fuertes restricciones conservadoras a la autonomía del cuerpo de las mujeres, al aborto y, en general, a los derechos sexuales y reproductivos, las asambleístas feministas del oficialismo trataron de entablar una "negociación patriarcal" que no tuvo lugar, por el carácter del propio régimen correísta, el cual operó como un patriarcado consolidado y asfixió las voces disidentes, que finalmente se terminaron plegando a las imposiciones de Correa.

Por ello, la premisa de Htun (2001) acerca de que la inserción de mujeres es cuestión de justicia, en este contexto, se muestra más plausible que la exigencia de que las mujeres legislen a favor de sus intereses. Sin embargo, en contextos de persistencia de prácticas patriarcales constituye una demanda social la sensibilización y la representación sustantiva que puedan hacer las mujeres a favor de sus propios intereses. En el país, ha constituido una para doja el hecho de que, cuando más mujeres hubo en la Asamblea y su dirección, precisamente, los denominados "intereses de género" hayan sido pospuestos.

REFERENCIAS

Agencia Andes (Agencia Pública de Noticias del Ecuador y Suramérica). (2013). Tres asambleístas de PAIS no podrán realizar actuaciones políticas durante un mes. Recuperado el 24 de abril de 2016 de <http://www.andes.info.ec/*es*/noticias/tresa-sambleistas-pais-no-podran-realizar-actuaciones-politicas-durante-mes.html.arc>.

Archenti, Nélida, y Tula, María Inés. (2012). Algunas cuestiones iniciales sobre las leyes de cuotas. En Nélida Archenti y María Inés Tula (comps.), *Mujeres y política en América Latina* (pp. 9-29). Buenos Aires: Claridad.

Asamblea Nacional del Ecuador. (s.f.-a). Biografía de Marcela Aguiñaga. Recuperado el 17 de marzo de 2016 de <http://www.asambleanacional.gob.ec/es/blogs/marcelaaguinaga>.

Asamblea Nacional del Ecuador. (s.f.-b). Biografía de Rosana Alvarado. Recuperado el 18 de marzo de 2016 de http://www.asambleanacional.gob.ec/es/blogs/rosanaalvarado.

Asamblea Nacional del Ecuador. (2013a). A. Acta 257, 9 de octubre de 2013 [CD].

Asamblea Nacional del Ecuador. (2013b). B. Acta 257-A, 10 de octubre de 2013 [CD].

Asamblea Nacional del Ecuador. (2013c). C. Acta 257-B, 11 de octubre de 2013 [CD].

Asamblea Nacional del Ecuador. (2015). Asamblea destaca leyes en favor de la mujer y lucha contra la violencia de género. Recuperado el 4 de mayo de 2016 de http://www.asambleanacional.gob.ec/es/noticia/40382/asamblea/destaca/leyes/en/favor/de/la/mujer/y/la/lucha>.

Atento Ecuador. (s.f.). Paola Berenice Pabón Caranqui. Recuperado el 18 de marzo de 2016 de <http://atentoecuador.blogspot.com/p/paola-berenice-pabon-caranqui.html>.

Buvinik, Mayra, y Roza, Vivian. (2004). *La mujer, la política y el futuro democrático de América Latina* (Informe del Banco Interamericano de Desarrollo). Washington DC: Banco Interamericano de Desarrollo.

Canal LOYD. (2013, 16 de enero). Entrevista - Rosana Alvarado, asambleísta candidata. [Archivo de video] Recuperado el 18 de marzo de 2016 de https://www.youtube.com/watch?v=IyvVqpaz2oQ&feature=youtu.be.

Consejo Nacional Electoral. (2014). Elecciones generales 17 de febrero de 2013. Recuperado el 4 de mayo de 2016 de <http://cne.gob.ec/documents/publicaciones/2014/ libro_resultados electorales_2013-r.pdf>.

CRE Satelital. (2013). Asambleístas de Alianza País sancionadas un mes. Recuperado el 21 de marzo de 2016 de <http://www.cre.com.ec/noticias/2013/10/29/38288/asambleistas-de-alianza-paissancionadas-un-mes/ei>.

Cuba Debate. (2013). Ecuador: Tres mujeres al frente de la Asamblea Nacional. Recuperado el 21 de marzo de 2016 de <http://www.cubadebate.cu/noticias/2013/05/13/ecuador-tres-mujeres-al-frente-de-la-asamblea-nacional/ #.VuCYe1LUJIU>.

Ecuador en vivo. (2013). Ecuador en vivo - Rafael Correa - Sanción - Aborto. [Archivo de video] Recuperado el 6 de diciembre de 2016 de <https://www.youtube.com/watch?v=LeEyC5aMK1Y>.

Ecuavisa. (2013). Perfil de Marcela Aguiñaga, la nueva asambleísta de Alianza País. Recuperado el 17 de marzo de 2016 de <http://www.ecuavisa.com/articulo/ noticias/actualidad/30396-perfil-de-marcela-aguinaga-la-nueva-asambleista-de alianza-pais>

El Comercio. (2012, 7 de noviembre). Gabriela Rivadeneira, de beldad a política influyente. Recuperado el 4 de marzo de 2016 de <http://www.elcomercio.com/actualidad/politica/gabriela-rivadeneira-de-beldad-a.html>.

El Comercio. (2013, 8 de noviembre). Polémica por los tiempos del Código Penal, p. 4.

El Comercio. (2013, 10 de diciembre). La presión del presidente tuvo efecto en el oficialismo, p. 4.

El Comercio. (2015, 18 de mayo). Gabriela Rivadeneira se licenció en una carrera vinculada a los movimientos sociales. Recuperado el 21 de abril de 2016 de <http://

www.elcomercio.com/actualidad/gabrielarivadeneira-licenciada- asambleanacional--educacion-movimientossociales.html>.

El Extra. (2013, 8 de octubre). Marcela Aguiñaga, No soy la Diosa del Olimpo. Recuperado el 4 de marzo de 2016 de <http://www.extra.ec/ediciones/2013/01/08/especial/marcela-aguinaga-no-soy-la-diosa--del-olimpo>.

El País. (2013, 11 de octubre). Correa presiona al legislativo para que no legalice el aborto. Recuperado el 26 de abril de 2016 de <http://internacional.elpais.com/internacional/2013/10/11/actualidad/1381520124_910475.html>.

El Telégrafo. (2013, 10 de febrero). Rivadeneira: ex reina, gobernadora y ahora candidata a la Asamblea. Recuperado el 11 de abril de 2016 de <http://www.eltelegrafo.com.ec/noticias/informacion-general/1/rivadeneira-ex-reina-gobernadora-y-ahoracandidata-a-la-asamblea>.

El Telégrafo. (2013, 10 de octubre). El Aborto no punible paraliza el debate en el COIP. Recuperado el 11 de abril de 2016 de <http://www.eltelegrafo.com.ec/noticias/judicial/13/el-aborto-no-punible paraliza-el-debate-del-coip>.

El Tiempo. (2013, 14 de mayo). Nueva Asamblea se instala hoy. Recuperado el 19 de marzo de 2016 de http://www.eltiempo.com.ec/noticias-cuenca/121524-nueva--asamblea se-instala-hoy/>.

El Universo. (2013, 14 de mayo). Con cambio generacional se inicia hoy el nuevo período legislativo . Recuperado el 21 de marzo de 2016 de http://www.confirmado.net/el-universo-con-cambio-generacional-se-inicia-hoy-el-nuevo-periodo-legislativo/

El Universo. (2013, 10 de octubre). El tema del aborto domina la sesión del Pleno sobre el nuevo Código Penal. Recuperado el 15 de marzo de 2016 de <http://www.eluniverso.com/noticias/2013/10/10/nota/1566996/tema-aborto-domina-sesion-pleno-sobrenuevo-codigo-penal».

El Universo. (2015, 21 de junio). Paola Pabón deja la Asamblea Nacional. Recuperado el 18 de marzo de 2016 de <http://www.eluniverso.com/noticias/2015/07/21/nota/5031100/paola-pabon-deja-asamblea-nacional.

Fernández, Laura. (2016). Izquierdas y feminismos, hitos contemporáneos. *Revista Nueva Sociedad, 261*, 116-127.

Fernández, Lissette. (2006). ¿Cómo analizar datos cualitativos? *Butlletí La Recerca, Universitat de Barcelona*, 1-13. Recuperado de <http://www.ub.edu/ice/ recerca/pdf/ficha7-cast.pdf>.

Htun, Mala. (2001). *Women in Political Power in America Latina*. Estocolmo: Women in Parlament. IDEA.

Instituto Nacional de Estadísticas y Censos (INEC). (s.f.). 6 de cada 10 mujeres sufren Violencia de Género en Ecuador. Recuperado el 12 de diciembre de 2016 de <http://www.inec.gob.ec/inec/index.php?option=com_content&view=article&id=490%3A6-de cada=10--mujeres-sufren-violencia-de-genero-en-ecuador&catid-68%3Aboletines&Itemid=51(=es>.

La Hora. (2013, 11 de octubre). El aborto marca el debate en la Asamblea. Recuperado el 19 de marzo de 2016 de <http://lahora.com.ec/index.php/noticias/show/1101575479#.VwoOXpzhB0s>.

La Hora. (2013, 12 de octubre). País no da paso al aborto por violación. Recuperado el 26 de marzo de 2016 de <http://lahora.com.ec/index.php/noticias/show/1101575873/-1/PA%C3%8DS_no_da_paso_al_aborto_por_violaci%-C3%B3n_en_el_C%C3%B3digo_Penal.html#.Vyaok9ThB0s>.

La República Ec. (2013a). El Aborto en el Código Penal - Isabel María Salazar. Recuperado el 24 de marzo de 2016 de <https://www.youtube.com/watch?v=CIU1sqmDujY>.

La República Ec. (2013b). El Aborto en el Ecuador, Virginia Gómez (11 de diciembre de 2013). Recuperado el 26 de abril de 2016 de <https://www.youtube.com/watch?v=XU4uVj7uw8Q>.

Ley Orgánica de la Función Legislativa. (2009). Recuperado el 9 de marzo de 2016 de<http://pdba.georgetown.edu/Legislative/Ecuador/Ecu_LeyOrg.pdf>.

Mancero, Mónica. (2017). ¿Feminismo estatal o feminismo instrumental? Mujer y política en la Revolución ciudadana en Ecuador. *Ciencias Sociales, 38* (extraordinario), 133-144.

Martínez, María. (2014). Mujeres y política en América Latina. *Iberoamericana, 14*(54), 160-163.

Mazur, Amy, y Mcbride, Dorothy. (2010). *The Politics of State Feminism: Innovation and Comparative Research.* Filadelfia: Temple University.

MDZ mundo. (2013). Tres mujeres dirigirán la Asamblea Nacional de Ecuador. Recuperado el 09 de marzo 2016 de <http://www.mdzol.com/nota/464663-tres-mujeresdirigiran-la-asamblea-nacional-de-ecuador/>.

Molyneux, Maxine. (2001). Género y ciudadanía en América Latina: Cuestiones históricas y contemporáneas. *Debate Feminista, 12*(23), 3-66.

Mosquera, Violeta. (2006). *Mujeres congresistas: estereotipos sexistas e identidades estratégicas / Ecuador 2003-2005.* Quito: FLACSO / Abya-Yala.

Observatorio Legislativo. (2013). Seguimiento a la sesión No. 257 del Pleno de la Asamblea Nacional del Ecuador. Recuperado el 10 de abril de 2016 de <http://observatoriolegislativo.ec/media/seguimiento_sesiones /Seguimiento_sesion_257.pdf>.

Palabra Verde. (s.f.). Biografía: Marcela Aguiñaga Vallejo. Recuperado el 17 de marzo de 2016 de <http://www.palabraverde.com/biografia/>.

Rosanvallon, Pierre. (2009). *La legitimidad democrática. Imparcialidad, reflexividad, proximidad.* Buenos Aires: Manantial.

Univisión Noticias. (2013). Controversial ley contra el aborto en Ecuador – Primer Impacto. Recuperado el 26 de abril de 2016 de <https://www.youtube.com/watch?v=xcUb1FZUUZA>.

Usal. (s.f). Rosana Alvarado Carrión Asambleísta por Azuay. Recuperado el 18 de marzo de 2016 de http://americo.usal.es/oir/Elites/curriculums/Ecuador/alvarado_carrion.pdf

Vera, Ana. (2016). Códigos patriarcales construyendo desigualdades. En Flacso--Ecuador (Presidencia), *Conversatorio realizado por el Día por la Despenalización del Aborto em América Latina y el Caribe.* Quito.

NEGOCIAÇÃO PATRIARCAL? O IMPASSE NA DESPENALIZAÇÃO DO ABORTO POR ESTUPRO NO EQUADOR

Resumo: Este artigo tem como objetivo elucidar os significados das ações das par lamentárias da Alianza País, atualmente no governo do Equador. Para fazer isso, examinarei um evento que levou ao limite as tensões entre feminismo e posições conservadoras dentro do próprio movimento político no poder. Esse *impasse* foi o debate parlamentar sobre a despenalização do aborto por estupro, no marco da pro mulgação de um novo Código Penal. Não está claro se as parlamentárias feministas realizaram uma negociação patriarcal ou simplesmente submeteram-se às ordens do presidente Rafael Correa. Tento mostrar um paradoxo: as mulheres tem ganhado o acesso à representação política, mas não conseguiram impor seus argumentos dentro desse espaço legislativo.

Palavras-chave: Mulheres na política; Legislação sobre o aborto; Machismo; Agenda de gênero; Feminização

O PRINCÍPIO DA VEDAÇÃO DO RETROCESSO NO DEBATE SOBRE O ABORTO E A PEC 181/2015

Stella Rodrigues Oliveira[1]

INTRODUÇÃO

Dos direitos sexuais e reprodutivos das mulheres, o aborto é um dos pontos mais importantes e está em constante discussão. Interromper a gestação envolve uma diversidade cultural de entendimentos e de perfis de mulheres que o praticam, mas seu fenômeno é comum. Por ser tratado como um tabu e criminalizado, o aborto é realizado em condições inseguras e traz graves consequências, principalmente para mulheres vulneráveis, que não têm acesso a recursos médicos para a realização de um procedimento seguro; dessa forma, entende-se o aborto como uma questão de saúde pública.

Entretanto, diversas propostas legislativas se contrapõem aos movimentos que buscam a descriminalização e legalização do aborto, com pautas de retrocessos nos direitos e garantias fundamentais sobre o tema. Nesse sentido, a Proposta de Emenda à Constituição nº 181/2015 que inicialmente propunha alterar o inciso XVIII do art. 7º da Constituição Federal para dispor sobre a licença-maternidade em caso de parto prematuro, estendendo o tempo de licença maternidade de 120 dias até 240 dias de acordo com a período de internação do recém-nascido. Se mostrou uma clara tentativa de interferir nas hipóteses de aborto legal e tornar ainda mais distante a descriminalização da interrupção voluntaria da gestação no Brasil.

---

1 Advogada, formada em Direito pela Universidade Federal do Paraná, pós-graduanda em Direito Civil e Direito Processual Civil pela UNINTER.

Ao acrescentar substitutivo com a expressão "desde a concepção" no inciso III, artigo 1° da Constituição Federal, que trata dos princípios fundamentais da República e, no caput do artigo 5° também da Constituição Federal, que garante a igualdade de todos perante a lei e a inviolabilidade do direito à vida, a proposta altera toda interpretação infraconstitucional sobre o aborto, o que afetaria inclusive as hipóteses de aborto legal no Brasil. Assim, invoca-se o princípio da proibição do retrocesso social para questionar a legitimidade de projetos, como o referido, que acabam por retroceder nos direitos fundamentais das mulheres.

1. DIREITOS SEXUAIS E REPRODUTIVOS: A INTERRUPÇÃO VOLUNTÁRIA DA GESTAÇÃO

1.1. INTERRUPÇÃO VOLUNTÁRIA DA GESTAÇÃO: CONCEITOS INTRODUTÓRIOS

O conceito de aborto possui ampla variedade, conforme Débora Diniz - antropóloga, professora da Universidade de Brasília e pesquisadora da Anis: Instituto de Bioética, e Marcos de Almeida - médico e professor titular de Medicina Legal e Bioética da Universidade Federal de São Paulo, os conceitos mais aproximados do discurso médico podem-se reduzidos em quatro tipos:

1. Interrupção eugênica da gestação (IEG): são os casos de aborto ocorridos em nome de práticas eugênicas, isto é, situações em que se interrompe a gestação por valores racistas, sexistas, étnicos, etc. Comumente, sugere-se o praticado pela medicina nazista como exemplo de IEG quando mulheres foram obrigadas a abortar por serem judias, ciganas ou negras. Regra geral, a IEG processa-se contra a vontade da gestante, sendo esta obrigada a abortar;

2. Interrupção terapêutica da gestação (ITG): são os casos de aborto ocorridos em nome da saúde materna, isto é, situações em que se interrompe a gestação para salvar a vida da gestante. Hoje em dia, em face do avanço científico e tecnológico ocorrido na medicina, os casos de ITG são cada vez em menor número, sendo raras as situações terapêuticas que exigem tal procedimento;

3. Interrupção seletiva da gestação (ISG): são os casos de aborto ocorridos em nome de anomalias fetais, isto é, situações em que se interrompe a gestação pela constatação de lesões fetais. Em geral, os casos que justificam as solicitações de ISG são de patologias incompatíveis com a vida extrauterina, sendo o exemplo clássico o da anencefalia;

4. Interrupção voluntária da gestação (IVG): são os casos de aborto ocorridos em nome da autonomia reprodutiva da gestante ou do casal, isto é,

situações em que se interrompe a gestação porque a mulher ou o casal não mais deseja a gravidez, seja ela, fruto de um estupro ou de uma relação consensual. Muitas vezes, as legislações que permitem a IVG impõem limites gestacionais à prática. (DINIZ; ALMEIDA. 1998)

As três últimas formas de interrupção da gestação mostram a pluralidade que envolve a interrupção da gestação na prática, levando em consideração a autonomia da vontade da gestante — que é um dos pilares de tudo que diz respeito a saúde reprodutiva, inclusive do aborto. A interrupção da gestação encontra-se presente na efetivação dos princípios que são as bases éticas dos direitos sexuais e reprodutivos - integridade corporal, autonomia pessoal, igualdade e diversidade - como proposto pelas autoras Corrêa e Petchesky (1996).

Conforme referidas autoras, o princípio da integridade corporal ou segurança e controle sobre o próprio corpo, refere-se ao respeito ao corpo da mulher. Isso inclui os direitos a sua capacidade sexual e reprodutiva, a sua integridade física, como também o direito de usufruir de suas potencialidades corporais, na saúde, procriação e sexualidade. Isto é, o direito a saúde sexual e reprodutiva; a procriação; a contracepção, assim como a interrupção voluntária da gestação.

Por sua vez, a autonomia pessoal diz respeito ao direito de autodeterminação, de reconhecer as mulheres como sujeitos capazes de decidir e, respeitar tais decisões. Além disso, as autoras demonstram que também é importante a incorporação de condições e meios para as mulheres exercerem com autonomia seus direitos sexuais e reprodutivos.

Para Correa e Petchesky (1996), o princípio da igualdade se aplica tanto nas relações entre homens e mulheres quanto nas relações entre mulheres. Assim, o princípio da igualdade exigiria resolver problemas estruturais da desigualdade de gênero e, que os riscos e benefícios das responsabilidades reprodutivas fossem distribuídos em uma base justa entre homens e mulheres. Visto que, as mulheres que são responsabilizadas pelos métodos contraceptivos, pela gravidez indesejada, pelo cuidado e educação dos filhos - muitas vezes sem a contribuição dos parceiros. Ainda, o princípio da igualdade se aplica nas relações entre mulheres, em respeitar a autonomia e promover os direitos, sem discriminação de raça, classe, origem ética, idade, estado civil, orientação sexual, nacionalidade ou região.

Por fim, o princípio da diversidade requer respeito pelas diferenças entre as mulheres – de valores, cultura, religião, orientação sexual, condições médicas ou familiares, etc. Ou seja, conforme Correa e Petchesky (1996), para colocar em prática direitos sexuais e reprodutivos é necessário reconhecer que eles têm significados diferentes em contextos culturais e sociais diferentes. Ressaltando ainda, que o princípio da diversidade não deve ser instrumentalizado para negar a aplicação dos direitos humanos das mulheres, pois é condicionado ao princípio da autonomia pessoal.

Nesse mesmo sentido, a respeito do aborto, Débora Diniz sustenta que há uma diversidade cultural sobre a maneira de entende-lo e qualifica-lo e, *"reconhecer tal diversidade significa enfrentar os dogmas morais absolutos que se impõe em algumas comunidades e abrir espaço para a legitima expressão do pluralismo"* (DINIZ. 2012). Essa diversidade pode ser percebida inclusive em uma mesma pessoa, como demonstrado pela pesquisadora, uma mesma mulher pertencente a uma comunidade religiosa que condene o aborto como um ato de homicídio, pode ter realizado o aborto em algum momento de sua vida. E não há aqui uma contradição, mas sim uma maleabilidade dos dogmas morais, que são culturalmente diversos e individualmente negociáveis.

No entanto, conforme Diniz e Almeida (1998), fazendo uma redução sobre as diversas compreensões a respeito do aborto, pode-se delimitar os discursos em dois extremos morais, os defensores do princípio da heteronomia da vida, e os defensores do princípio da autonomia reprodutiva. E apesar da infinidade de variâncias entre os dois grandes discursos, a maior parte dos escritos sobre aborto frisa esses dois princípios.

Assim, o argumento principal dos defensores da legalização ou descriminalização do aborto está em torno do princípio do respeito à autonomia reprodutiva. Por sua vez, os oponentes do aborto defendem a ideia de que a vida humana é sagrada por princípio - o que não significa, na Bioética, que os oponentes do aborto são apenas aqueles vinculados a crenças religiosas, muitos são bioeticistas laicos.[2]

Para Diniz e Almeida (1998), dois desdobramentos clássicos do princípio da heteronomia são os argumentos de que, primeiro, o feto é pessoa humana desde a fecundação, portanto devem ser transferidos a eles os direitos e conquistas sociais dos seres humanos em detrimento dos outros animais. E segundo, a defesa de que o feto é pessoa humana em potencial, e para proteger essa futura transformação do feto em pessoa humana que o aborto não pode ser permitido.

---

2 "Esta aceitação da ideia da intocabilidade da vida humana entre os bioeticistas laicos fez com que Singer falasse em "especismo" do *Homo sapiens*, ou seja, um discurso religioso baseado nos pressupostos científicos da evolução da espécie e na superioridade humana. (Singer P. Ética prática. São Paulo: Martins Fontes, 1993)". (DINIZ; ALMEIDA. 1998)

Por sua vez, os proponentes à interrupção da gestação enfatizam a autonomia reprodutiva. Como exposto no artigo, na desconstrução dos argumentos contrários ao aborto acima, é contraposto que a ideia de "pessoa humana" é antes um conceito antropológico, e assim necessita da interação para fazer sentido. Ou mesmo que o feto possa ser considerado pessoa, a mãe ou casal são ainda mais, e que por isso seus interesses devem prevalecer.

A respeito da teoria da potencialidade a grande discussão está quanto aos limites gestacionais em que um aborto seria moralmente aceitável, da qual baseiam- se na possibilidade de o feto sentir dor, se mover ou de ter vida extrauterina. Em contraponto, autores argumentam que *"não são os dados evolutivos da fisiologia fetal que decidem quando se pode ou não abortar, mas sim os valores sociais concedidos a cada conquista orgânica do feto"* (DINIZ; ALMEIDA. 1998).

Assim, conclui os professores, para solucionar o problema da moralidade do aborto é preciso levar em consideração a diversidade moral e cultural das populações atingidas. Pois no aborto reside a essência dos dilemas morais, seja pela diversidade legal acerca da temática quanto pela multiplicidade argumentativa do debate bioético.

1.2. DADOS SOBRE A INTERRUPÇÃO VOLUNTÁRIA DA GESTAÇÃO NO BRASIL: PESQUISA NACIONAL DO ABORTO

Apesar de haver divergências acerca da temática, admite-se que o ponto de acordo entre os proponentes e oponentes não extremistas do aborto, estar em aceitar a possibilidade da interrupção da gestação quando fruto de estupro, de riscos à saúde materna ou de anomalias fetais incompatíveis com a vida.

No âmbito jurídico, o aborto está tipificado no Código Penal[3] como crime, passível de prisão, e só é autorizado por lei quando a gravidez

---

3 BRASIL. Decreto Lei n° 2.848, DE 7 DE DEZEMBRO DE 1940:

Art. 124 - Provocar aborto em si mesma ou consentir que outrem o provoque: (Vide ADPF 54)

Pena - detenção, de um a três anos.

(...)

Art. 126 - Provocar aborto com o consentimento da gestante: (Vide ADPF 54)

Pena - reclusão, de um a quatro anos.

é resultante de estupro ou quando há risco de vida para gestante sem outro meio de salvar sua vida . Em 2012, o STF incorporou a possibilidade de gestantes de anencéfalos também interromperem a gravidez, ao julgar procedente o pedido contido na ADPF 54, para declarar a inconstitucionalidade da interpretação segundo a qual a interrupção da gravidez de feto anencéfalo era conduta tipificada nos artigos do Código Penal.

Como exposto pelo jurista Paulo Busato, a justificação do aborto em gravidez tanto resultante de estupro, como na gestação de um anencéfalo, visa a preservação da sanidade psicológica da mulher, visto que, a gestação nesses casos produzem semelhante aflição psicológica na mulher. A primeira porque representa um sofrimento para a gestante que a cada instante estará sendo lembrada do crime que sofreu e, que produziu a gravidez. A segunda, porque estará gestando um ser que não terá condições de viver.

No que diz respeito a interrupção voluntária da gestação, não obstante sua criminalização, a Pesquisa Nacional de Aborto (PNA) de 2016 - a respeito do perfil das mulheres e a magnitude do aborto no Brasil - resultou que em termos aproximados, uma em cada cinco mulheres aos 40 anos já realizou, pelo menos, um aborto. Somente em 2015, foram, aproximadamente, 503 mil mulheres. A pesquisa realizada em dois momentos, 2010 e 2016, utilizou um questionário baseado na técnica de urna, combinada com entrevistas face-a-face, feitas por mulheres, com mulheres de 18 a 39 anos.

Os questionários foram aplicados apenas às mulheres residentes em áreas urbanas e alfabetizadas - pois exige leitura independente. Assim, pode-se inferir que o número total de abortos no país será maior do que o indicado se as áreas rurais e a população analfabeta, assim como

---

Parágrafo único. Aplica-se a pena do artigo anterior, se a gestante não é maior de quatorze anos, ou é alienada ou débil mental, ou se o consentimento é obtido mediante fraude, grave ameaça ou violência.

Art. 127 - As penas cominadas nos dois artigos anteriores são aumentadas de um terço, se, em consequência do aborto ou dos meios empregados para provocá-lo, a gestante sofre lesão corporal de natureza grave; e são duplicadas, se, por qualquer dessas causas, lhe sobrevém a morte.

Art. 128 - Não se pune o aborto praticado por médico: (Vide ADPF 54)

I - se não há outro meio de salvar a vida da gestante;

II - se a gravidez resulta de estupro e o aborto é precedido de consentimento da gestante ou, quando incapaz, de seu representante legal.

as adolescentes e as mulheres no final da sua idade reprodutiva fossem também contabilizadas.

Como evidenciado pela Pesquisa Nacional de Aborto, a mulher que aborta é uma mulher comum: são mães, esposas e trabalhadoras, de todas as regiões do Brasil, de todas as classes sociais, grupos raciais e níveis educacionais, são integrantes das grandes religiões do país. Evidentemente com índices de abordo diferentes, que merecem atenção, verificando-se maior frequência entre mulheres de menor escolaridade; pretas, pardas e indígenas; vivendo nas regiões Norte, Nordeste e Centro Oeste. Dessa maneira, conforme os autores, considerando que a interrupção voluntária da gestação é ilegal e, portanto, grande parte feito fora das condições plenas de atenção à saúde, a magnitude de mulheres que realizaram ao menos um aborto, colocam, indiscutivelmente, a questão com um dos maiores problemas de saúde pública do Brasil. Ainda, conclui os pesquisadores:

> As políticas brasileiras, inclusive as de saúde, tratam o aborto sob uma perspectiva religiosa e moral e respondem à questão com a criminalização e a repressão policial. A julgar pela persistência da alta magnitude, e pelo fato do aborto ser comum em mulheres de todos os grupos sociais, a resposta fundamentada na criminalização e repressão tem se mostrado não apenas inefetiva, mas nociva. Não reduz nem cuida: por um lado, não é capaz de diminuir o número de abortos e, por outro, impede que mulheres busquem o acompanhamento e a informação de saúde necessários para que seja realizado de forma segura ou para planejar sua vida reprodutiva a fim de evitar um segundo evento desse tipo. (DINIZ; MEDEIROS; MADEIRO. 2017)

2. O ABORTO NO CONGRESSO NACIONAL BRASILEIRO E A PROPOSTA DE EMENDA À CONSTITUIÇÃO Nº 181/15

2.1. O ABORTO EM DEBATE NO CONGRESSO NACIONAL BRASILEIRO

Considerando a magnitude da interrupção voluntária da gestação no Brasil, a alteração da legislação em relação ao aborto é uma pauta de grande importância e, encontra diferentes ideologias e atores políticos e sociais que participam e influenciam nas políticas governamentais e legislativas. Entre eles, como exposto por Ellen Hardy e Ivanise Rebello (1996), estão:

os parlamentares, o movimento feminista, a Igreja Católica, os setores da categoria médica e, nos últimos anos, as religiões evangélicas.

Conforme Herdy e Rebello, quando se discute possíveis mudanças no código penal, o movimento das mulheres desempenha um papel fundamental em ações que dão visibilidade à questão do aborto. A discussão se divide em relação ao uso de duas palavras: discriminação e legalização. Enquanto discriminação significa absolver um crime e inocentar, legalização significa tornar legal, legítimo e justificado. Em geral, o movimento das mulheres visa que o aborto seja regulamentado e que tenha disposição serviços de saúde acessíveis e adequados. No entanto, conforme as autoras, por uma questão estratégica dos movimentos, enfatizam-se a luta pela discriminação gradual. Retirando a abordagem criminosa ao aborto e destacando a saúde das mulheres e o bem-estar da família.

Embora a discussão sobre o aborto no Congresso Nacional, por grupos de mulheres e na sociedade em geral, sempre esteve em atividade, os progressos realizados foram mínimos. Assim, a posição dos políticos sobre o aborto é muito importante, não só porque representam a população brasileira, que em sua maioria é do sexo feminino, mas também porque há propostas de reforma do código penal.

Nesse sentido, a respeito das políticas brasileiras sobre a interrupção da gestação, a pesquisa sobre o direito ao aborto no debate legislativo brasileiro de Miguel, Biroli e Mariano (2017), concluiu que grande maioria dos argumentos utilizados na Câmara dos Deputados pautam-se em ideais religiosos ou morais. De acordo com os autores, foram analisados 915 discursos sobre o tema, identificando a presença das palavras-chave "aborto", "abortamento", "interrupção voluntária da gestação" ou "interrupção voluntária da gravidez", entre os anos 1991 e 2014.

Assim, conforme pesquisa, no *ranking* dos oradores que mais falaram sobre o aborto no período analisado, a maioria são homens e contrários ao aborto. De acordo com o artigo, o parlamentar que mais se pronunciou sobre o tema, com 65 discursos, foi Luiz Bassuma, um dos autores da proposta do Estatuto do Nascituro, que dispõe sobre a proteção integral ao nascituro, e é contrário ao aborto. O primeiro parlamentar, no *ranking*, favorável a legalização do aborto, José Genoíno, aparece na sétima posição, com 25 discursos.

A partir das amostras dos discursos, os autores elencaram os argumentos principais levantados nos debates legislativos, da qual destaca-se o "direito à vida" e os dogmas religiosos e/ou morais como argumentos contrários ao direito ao aborto e a saúde pública como principal argumento aos favoráveis ao direito ao aborto.

Entretanto, enquanto os projetos proponentes ao aborto legal são, geralmente, arquivados ou barrados em comissões legislativas. A atuação de parlamentares no Congresso contrários ao aborto se torna cada vez mais articulada, principalmente com a formação de frentes parlamentares religiosas focadas no tema. Como por exemplo, a Frente Parlamentar Evangélica e, as frentes focadas na articulação contrária ao direito ao aborto, como A Frente Parlamentar em Defesa da Vida - Contra o Aborto, que têm reunido parlamentares de diferentes denominações religiosas.

2.2. A PROPOSTA DE EMENDA À CONSTITUIÇÃO Nº 181/2015

Um dos projetos que reflete essa articulação contrária ao aborto, com participação de frentes religiosas é a PEC 181/2015. A Proposta de Emenda à Constituição nº 181 de 2015 foi apresentada pelo então Senador Federal Aécio Neves - PSDB/MG, com o propósito de alterar a redação do inciso XVIII do art. 7º da Constituição Federal para dispor sobre a licença-maternidade em caso de parto prematuro, podendo estender a licença da gestante de 120 dias até 240 dias de acordo com a período de internação do recém-nascido. A proposta foi apensada a Proposta de Emenda Constitucional 58/2011 que tratava do mesmo tema, e foi apresentada a Comissão de Constituição e Justiça e de Cidadania (CCJC) que emitiu juízo de admissibilidade.

Posteriormente, em Comissão Especial na Câmara, o relator Deputado Jorge Tadeu Mudalen propõe dois substitutivos, um no inciso III, artigo 1º da Constituição Federal, que trata dos princípios fundamentais da República e, no caput do artigo 5º também da Constituição Federal, que garante a igualdade de todos perante a lei e a inviolabilidade do direito à vida, acrescentado a expressão "desde a concepção" em ambas redações. Considerando a Supremacia da Constituição, a alteração, caso aprovada, afetaria necessariamente toda interpretação infraconstitucional e neste caso, consequentemente, as hipóteses de aborto legal no Brasil. Inviabilizando a interrupção da gestação inclusive nos casos de estrupo, de risco de vida para a gestante e de impossibilidade de vida extrauterina.

Ainda assim, o texto da PEC com o substitutivo, foi aprovado na primeira sessão da Comissão Especial da Câmara com dezoito votos contra um, da única mulher da comissão Erika Kokay. Cabe destacar que, quase todos dos 18 parlamentares, homens, que votaram a favor da proposta com o substitutivo, compõem a Frente Parlamentar Evangélica do Congresso Nacional e, apresentaram concepções religiosas, evidenciando a atuação dos grupos religiosos contrários ao aborto no Poder Legislativo para priorizar suas posições.

Analisando o relatório apresentado por Mudalen, da qual relata as audiências públicas realizadas, percebe-se que destacam-se os argumentos, como do Professor Elival da Silva Ramos, que manifestam desacordo ao ativismo judicial, *"sobretudo o realizado pelo Supremo Tribunal Federal, inclusive no que concerne ao direito à vida"*. Em mesmo sentido, o Professor José Levi Mello critica a atuação do Supremo Tribunal Federal sobre o aborto de feto anencéfalo, defendendo que a proteção a vida seja reservada ao Poder Legislativo.

Conforme relatório, em audiência com o tema: "Os riscos da realização do aborto e as suas consequências – tanto na esfera judicial quanto na emocional", a Professora Lília Nunes dos Santos *"observou não existir um direito absoluto à liberdade (da mulher) ao ponto de suprimir o direito à vida do nascituro"*. Destaca-se ainda, a participação da Professora Maristela Pezzini que *"enalteceu a licença maternidade para o bebê prematuro, além de considerar que se impunha evitar o uso de expedientes legislativos "importados", que buscam destruir a família e o feto, devendo este ser protegido desde a concepção"*. Entre outros palestrantes que defenderam a família e "o direito à vida do nascituro".

A partir disso o relator em seu voto defende brevemente a proteção ao prematuro, e ressalta a proteção ao que se encontra no âmbito uterino, desde a concepção. Defendendo ainda, que é Poder Legislativo que deve estabelecer, mediante a lei, os parâmetros normativos e manifestando mais uma vez o desarco com o ativismo judicial do STF a respeito do aborto e, afirmando que não se deve *"desconsiderar direta e veementemente a vontade do povo, que, quase à unanimidade, rechaça a prática do aborto, como demonstram as pesquisas feitas sobre o assunto"*.

A afirmação acima do relator, além de não apresentar base cientifica, é incompatível com realidade brasileira exposta pela Pesquisa Nacional do Aborto, que em 2012 recebeu o prêmio Fred L. Soper à Excelência em Literatura sobre Saúde Pública, da Organização Pan-Americana de Saúde (OPAS). Da qual, mostra o aborto como uma pratica comum e plural dentro do Brasil e, que sua criminalização traz graves consequências para mulheres, principalmente as mais fragilizadas, visto que realizam o aborto fora das condições plenas de atenção à saúde. Assim, como resta demonstrado, a Comissão criada para analisar sobre a licença maternidade, além de apresentar tema diverso do projeto inicial, desrespeitando o artigo 7º da LC n. 95/98, que dispõe sobre a elaboração, a redação, a alteração e a consolidação das leis, não promoveu pluralismo, dado que não foram apontados contrapontos aos argumentos contrários ao aborto, matéria que acabou sendo levantada na Comissão.

3. O ABORTO COMO QUESTÃO DE SAÚDE PÚBLICA E O PRINCÍPIO DA PROIBIÇÃO DO RETROCESSO SOCIAL

3.1. O ABORTO E O DIREITO À SAÚDE DA MULHER

Como bem demonstrou a PNA, o aborto é uma questão que está no âmbito da saúde pública, que é um direito previsto constitucionalmente. Posto isso, a PEC 181/15 que alteraria a interpretação atual sobre o aborto, no intuito de impossibilitar a pratica mesmo nos casos atualmente legais no Brasil, constituiria um retrocesso social ao direito à saúde da mulher.

Como enunciado, no Brasil há duas situações em lei que o aborto não é punido, de acordo com o artigo 128 do Código Penal o aborto pode ser realizado quando a gravidez é resultante de estupro ou quando há risco de vida para gestante sem outro meio de salvar sua vida. Ainda, nos casos de gestação de feto anencéfalos, possibilidade incorporada pelo STF.

Conforme artigo de Érica Silva, Rosamaria Carneiro e Silvia Marques (2017), nos casos de aborto legal a mulher tem direito de interromper a gestação no SUS, que deve acolher integralmente a mulher e fornecer o diagnóstico das patologias que permitem o aborto por anencefalia ou risco à saúde da mulher ou verificar as situações de violência sexual.

Além disso, mesmo em caso de objeção de consciência - que é um direito previsto no Código de Ética Médica que desobriga o médico a realizar procedimentos contrários as suas convicções pessoais, morais ou religiosas - esse profissional tem o dever de informar à mulher seus direitos e garantir a atenção à saúde por outro profissional da instituição ou de outro serviço. Devendo o Estado manter, nos hospitais públicos, profissionais que não manifestem objeção de consciência e realizem o aborto. Podendo inclusive ser responsabilizado criminalmente pela morte da mulher ou pelos danos físicos e mentais que ela sofrer, se houver omissão no atendimento, conforme artigo 13, § 2º do Código Penal.

Ainda, como exposto pelas autoras, o Decreto nº 7.177, de 12 de maio de 2010, sobre o Programa Nacional de Direitos Humanos (PNDH-3), afirma que o aborto deve ser considerado como tema de saúde pública[4]. E dessa forma, deve ser garantido o acesso aos serviços de saúde que viabilizem a sua realização. No entanto, ao mesmo tempo em que há avanços e perspectivas de melhoria na atenção à saúde da mulher, há igualmente tentativas de retroceder em relação a esse direito.

Assim, projetos legislativos que têm como escopo limitar ou retirar do nosso ordenamento jurídico o direito ao aborto seguro e legal pelo SUS, como a Proposta de Emenda à Constituição nº 181 que reduz as hipóteses legais já definidas para a realização do aborto, trata-se de uma tentativa de retrocesso ao direito à saúde da mulher. Por isso, é necessário questionar a legitimidade de iniciativas legislativas tendentes a limitar ou até mesmo a eliminar o exercício de direitos fundamentais sociais, como o direito ao aborto legal e seguro.

3.2. O PRINCÍPIO DA PROIBIÇÃO DO RETROCESSO SOCIAL NO DEBATE SOBRE O ABORTO

Conforme as autoras Silva, Carneiro e Marques (2017), a discussão que envolve a interrupção da gestação nos casos previstos em lei deve ser tratada no âmbito do direito à assistência à saúde. Visto que, é um dever do Estado e dos profissionais que atuam no sistema público de saúde, garantir o acesso a esses serviços e, é um direito de todas as mulheres, já que compõe, de forma indissociável, seu direito social à saúde.

Ainda, é razoável concluir que direito ao aborto legal e seguro consistiria numa densificação normativa do direito fundamental à saúde. *"Disso resulta a constitucionalização da legislação que prevê os casos de aborto legal, ou seja, a elevação dos dispositivos legais que admitem as*

---

4 BRASIL. DECRETO Nº 7.177, DE 12 DE MAIO DE 2010.

"Art. 1o A ação programática "g" do Objetivo Estratégico III - Garantia dos direitos das mulheres para o estabelecimento das condições necessárias para sua plena cidadania – da Diretriz 9: Combate às desigualdades estruturais, do Anexo do Decreto no 7.037, de 21 de dezembro de 2009, passa a vigorar com a seguinte redação:

"g) Considerar o aborto como tema de saúde pública, com a garantia do acesso aos serviços de saúde."

situações de aborto legal à *categoria de norma materialmente constitucional.*" (SILVA, CARNEIRO, MARQUES. 2017)

Dessa forma, após à efetivação dos direitos fundamentais sociais, o princípio da proibição do retrocesso social sugere que o legislador não pode afastar dispositivos necessários para o exercício dos direitos sociais, após serem elas legislativamente concretizadas, sem oferecer alternativas ou compensações. O autor Ingo Wolfgang Sarlet, a respeito do princípio da proibição do retrocesso, apresenta, aludindo a Gomes Canotilho, que:

> após sua concretização em nível infraconstitucional, os direitos fundamentais sociais assumem, simultaneamente, a condição de direitos subjetivos a determinadas prestações estatais e de uma garantia institucional, de tal sorte que não se encontram mais na (plena) esfera de disponibilidade do legislador, no sentido de que os direitos adquiridos não mais podem ser reduzidos ou suprimidos, sob pena de flagrante infração do princípio da proteção da confiança (por sua vez, diretamente deduzido do princípio do Estado de Direito), que, de sua parte, implica a inconstitucionalidade de todas as medidas que inequivocamente venham a ameaçar o padrão de prestações já alcançado. (SARLET. 2010)

Relacionando com saúde pública, conforme artigo de Kalini Braz (2006), o princípio da proibição do retrocesso social é um mecanismo de efetivação e aplicabilidade do direito, jurídico-constitucional, à saúde. Como também, de garantia da preservação das conquistas alcançadas pela sociedade, controlando as reduções ou supressões dos níveis de efetividade do direito à saúde.

Assim, como apresentado pela autora, o princípio da proibição de retrocesso decorre implicitamente do sistema constitucional e seus princípios, como o Princípio da Dignidade da Pessoa Humana; o Princípio do Estado Democrático e Social de Direito; o Princípio da máxima efetividade das normas definidoras de direitos fundamentais. Além das normas constitucionais dedicadas à proteção contra retroatividade, como a proteção dos direitos adquiridos, do ato jurídico perfeito e da coisa julgada. Como também, da vinculação às imposições constitucionais a que os órgãos estatais devem atender e, a auto vinculação em relação a atos praticados anteriormente.

Isto é, retomando a Sarlet, a nossa Constituição, impõe a proteção efetiva dos direitos fundamentais, e limites formais e materiais às emendas constitucionais. Dessa forma, os legisladores além de terem um dever permanente de desenvolvimento e efetivação dos direitos fundamentais, não podem simplesmente suprimir ou restringir de modo a invadir o núcleo essencial do direito fundamental ou desrespeitar de outro modo, contra as exigências da proporcionalidade.

Assim, conclui a autora Braz, o princípio pode ser um instrumento de garantia da efetivação do direito à saúde, ao impor ao legislador o dever de observar a concretização progressiva do direito à saúde, de forma a ampliar as condições fáticas, jurídicas e orçamentárias para sua efetivação:

> Portanto, com a aplicação do Princípio da Proibição do Retrocesso Social pretende-se que o legislador, ao elaborar os atos normativos, tenha como objetivo não suprimir ou restringir o direito à saúde, ou seja, impede que sejam desconstruídas as garantias já alcançadas pela sociedade. Com efeito, a aplicação do Princípio da Proibição do Retrocesso Social visa garantir a segurança jurídica que permite aos indivíduos confiar na efetivação do direito à saúde pelo Estado. (BRAZ. 2016)

Nesse sentido, retomando ao artigo de (SILVA, CARNEIRO, MARQUES. 2017), a aplicação do princípio da proibição do retrocesso social impede que projetos legislativos transgridam o direito social à saúde da mulher e as conquistas já alcançadas em nosso ordenamento jurídico no que diz respeito ao aborto legal. Além disso esse princípio estabelece que o legislador deve não só manter a aplicabilidade dos direitos fundamentais já consolidados, com também ampliar sua dimensão e concretude.

Dessa maneira, considerando um projeto legislativo, como a Proposta de Emenda à Constituição 181/2015, que acaba tendo como intuito retroceder em relação ao direito social à saúde da mulher, no que se refere ao acesso ao aborto legal seguro, humanizado e eficaz. O princípio da proibição do retrocesso social pode ser invocado para garantir a observância dos direitos fundamentais sociais das mulheres, assim como sua ampliação.

4. CONCLUSÃO

A análise de pesquisas cientificas evidenciou o necessário deslocamento do debate sobre a interrupção da gestação do campo moral ou religião para o da saúde pública, de abrir espaço para expressão efetiva do pluralismo das questões que envolvem o aborto. As pesquisas sobre o aborto no Brasil corroboram a tese de que a ilegalidade traz consequências para a saúde das mulheres. Visto que, não é capaz de diminuir o número de abortos e, ainda impede que mulheres busquem o acompanhamento e informação para que ele seja realizado de forma segura, assim, perde a oportunidade de prevenir um segundo. Nesse sentido, a Proposta de

Emenda à Constituição nº 181/15, que inicialmente pretendia ampliar a licença-maternidade, com a inserção da expressão "desde a concepção" em dispositivos constitucionais, acaba por inviabilizar a interrupção da gestação em qualquer hipótese, inclusive nas que, no presente momento, são legais no Brasil. Dessa forma, a PEC além de apresentar vícios formais ao conter matéria estranha ao objeto central, violaria o princípio da proibição do retrocesso social, reduzindo os níveis de efetividade do direito à saúde das mulheres, ao retroagir em questão de direitos sexuais e reprodutivos, abolindo um direito já consolidado.

REFERÊNCIAS

BRASIL. Decreto Lei nº 2.848, DE 7 DE DEZEMBRO DE 1940. Disponivel em <https://www2.camara.leg.br/legin/fed/declei/1940-1949/decreto-lei-2848-7-dezembro- 1940-412868-publicacaooriginal-1-pe.html>

BRASIL. Decreto nº 7.177, DE 12 DE MAIO DE 2010. Disponível em: <http://www.planalto.gov.br/ccivil_03/_Ato2007- 2010/2010/Decreto/D7177.htm>

BRASIL. Frente Parlamentar Evangélica do Congresso Nacional. Disponível em: < https://www.camara.leg.br/internet/deputado/frenteDetalhe.asp?id=53658>

BRASIL. Proposta de Emenda à Constituição nº 181-A, de 2015. Disponível em: <https://www.camara.leg.br/proposicoesWeb/fichadetramitacao?idProposicao=20754 49>

BRASIL. Supremo Tribunal Federal. ARGÜIÇÃO DE DESCUMPRIMENTO DE PRECEITO FUNDAMENTAL 54 DISTRITO FEDERAL. RELATOR: MINISTRO MARCO AURÉLIO. Brasília, 12 de abril de 2012. Acordão. Disponível em: < http://redir.stf.jus.br/paginadorpub/paginador.jsp?docTP=TP&docID=3707334>

BRAZ, Kalini Vasconcelos. A aplicabilidade do Princípio da Proibição do Retrocesso Social como meio de garantia constitucional ao direito à saúde. *Revista Cadernos Ibero-Americanos de Direito Sanitário*. 2016 jan./mar, 5(1):78-101. http://dx.doi.org/10.17566/ciads.v5i1.248

BUSATO, Paulo César. Tipicidade material, aborto e anencefalia. *Revista dos Tribunais,* São Paulo, v. 836, p. 386, 2005.

CORREA, Sonia; PETCHESKY, Rosalind. Direitos sexuais e reprodutivos: uma perspectiva feminista. *Revista de Saúde Coletiva [online]*. 1996, v. 6, n. 1-2, pp. 147-177. Disponível em: <https://doi.org/10.1590/S0103-73311996000100008>. Epub 11 Maio 2010. ISSN 1809-4481. https://doi.org/10.1590/S0103-73311996000100008.

DINIZ, Debora. Aborto e saúde pública no Brasil. *Cadernos de Saúde Pública [online]*. 2007, v. 23, n. 9, pp. 1992-1993. Disponível em: <https://doi.org/10.1590/S0102-311X2007000900001>. Epub 06 Ago 2007. ISSN 1678-4464. https://doi.org/10.1590/S0102-311X2007000900001.

DINIZ, Debora. Aborto. IN: LIMA, Antonio Carlos de Souza. *Antropologia e direito: temas antropológicos para estudos jurídicos*. Coordenação geral [de] Antônio Carlos de

Souza Lima. Brasília, Rio de Janeiro, Blumenau: Associação Brasileira de Antropologia, laced, Nova Letra. P. 405-409, 2012.

DINIZ, Débora; ALMEIDA, Marcos de. *Bioética e aborto*. Iniciação à Bioética. Brasília: Conselho Federal de Medicina, p 125-138, 1998. Disponível em: https://portal.cfm.org.br/images/stories/biblioteca/iniciao%20%20biotica.pdf

DINIZ, Debora, MEDEIROS, Marcelo e MADEIRO, Alberto. Pesquisa Nacional de Aborto 2016. *Ciência & Saúde Coletiva [online]*. 2017, v. 22, n. 2 [Acessado 26 Janeiro 2022] , pp. 653-660. Disponível em: <https://doi.org/10.1590/1413-81232017222.23812016>. ISSN 1678-4561. https://doi.org/10.1590/1413-81232017222.23812016.

HARDY, Ellen; REBELLO, Ivanise. La discusión sobre el aborto provocado en el Congreso Nacional Brasileño: el papel del movimiento de mujeres. *Cadernos de Saúde Pública [online]*. 1996, v. 12, n. 2 [Accedido 26 Enero 2022] , pp. 259-266. Disponible en: <https://doi.org/10.1590/S0102-311X1996000200015>. Epub 14 Ago 2001. ISSN 1678-4464. https://doi.org/10.1590/S0102-311X1996000200015.

MIGUEL, Luis Felipe; BIROLI, Flávia; MARIANO, Rayani. O direito ao aborto no debate legislativo brasileiro: a ofensiva conservadora na Câmara dos Deputados. *Opinião Pública [online]*. 2017, v. 23, n. 1 [Acessado 26 Janeiro 2022] , pp. 230-260. Disponível em: <https://doi.org/10.1590/1807-01912017231230>. Epub Jan-Apr 2017. ISSN 1807-0191. https://doi.org/10.1590/1807-01912017231230.

NAÇÕES UNIDAS. *Estudo sobre aborto no Brasil recebe prêmio da OPAS/OMS*. Nações Unidas. Publicado em 20/09/2012. Atualizado em 20/09/2012 <https://nacoesunidas.org/estudo-sobre-aborto-no-brasil-recebe-o-premio-da- opasoms/>

SARLET, Ingo Wolfang. A Eficácia do Direito Fundamental à Segurança Jurídica: Dignidade da Pessoa Humana, Direitos Fundamentais e Proibição de Retrocesso Social no Direito Constitucional Brasileiro. *Revista Eletrônica sobre a Reforma do Estado (RERE)*, Salvador, Instituto Brasileiro de Direito Público, nº. 21, março, abril, maio, 2010. Disponível na Internet: <http://www.direitodoestado.com/revista/RERE-21-MARCO-2010-INGO-SARLET.pdf>.

SILVA, Érica Q.; CARNEIRO, Rosamaria G.; MASQUES, Silvia B.O direito à saúde da mulher e o princípio da proibição do retrocesso social: o aborto em pauta. *In*: STEVENS, Cristina; OLIVEIRA, Susane; ZANELLO, Valeska; SILVA, Edlene; PORTELA, Cristiane (org.). *Mulheres e violências: interseccionalidades*. Brasília: Technopolitik, 2017. E-book (628 p.). Disponível em: https://www.geledes.org.br/wp-content/uploads/2017/03/Mulheres-e-viol%C3%AAncias-interseccionalidades.pdf. Acesso em: 29 ago. 2019. p. 458-481

OFERTA DE ABORTO LEGAL NA ATENÇÃO PRIMÁRIA À SAÚDE: UMA CHAMADA PARA AÇÃO

Melanie Maia[1]

INTRODUÇÃO

A pandemia de SARS-Cov-2 e as medidas de isolamento social trouxeram desafios à continuidade dos serviços de saúde sexual e reprodutiva, incluindo aqueles que realizam o aborto legal, em escala global (TRAN et al., 2020; UNFPA BRASIL, 2020). Sabe-que a interrupção da prestação de tais serviços pode ter consequências nefastas sobre a mortalidade materno-infantil em sistemas de saúde com baixa resiliência, conforme observado na epidemia de Ebola ocorrida na África Ocidental a partir de 2013, na qual se estima que os efeitos indiretos da crise sanitária tenham sido no mínimo equiparáveis às mortes diretamente causadas pelo vírus (SOCHAS; CHANNON; NAM, 2017).

Entidades médicas nacionais e internacionais se manifestaram em defesa da continuidade dos serviços de saúde sexual e reprodutiva e aborto legal durante a pandemia (AMERICAN COLLEGE OF OBSTETRI-

---

1 Possui graduação em Medicina pela Universidade Federal do Rio de Janeiro - UFRJ (2007), Residência em Medicina de Família e Comunidade pelo Hospital Universitário Clementino Fraga Filho - HUCFF/UFRJ (2010) e Mestrado em Saúde Pública pela Escola Nacional de Saúde Pública - ENSP/FIOCRUZ (2013). Atualmente é professora assistente do Departamento de Medicina em Atenção Primária à Saúde da Faculdade de Medicina da UFRJ e doutoranda em Saúde Pública da ENSP/FIOCRUZ. Atuou como médica de família e comunidade em unidades de Atenção Primária da Secretaria Municipal de Saúde do Rio de Janeiro - SMS-RJ entre 2010 e 2020, incluindo a preceptoria de internos e residentes na especialidade, e como supervisora do Projeto de Interiorização do Programa de Residência em Medicina de Família e Comunidade da UERJ de 2020 a 2022. Tem interesse especial em temas relacionados à saúde das mulheres.

CIANS AND GYNECOLOGISTS, 2020; FEDERAÇÃO BRASILEIRA DAS ASSO-CIAÇÕES DE GINECOLOGIA E OBSTETRÍCIA, 2020; REDE MÉDICA PELO DIREITO DE DECIDIR, 2020; SOCIEDADE BRASILEIRA DE MEDICINA DE FAMÍLIA E COMUNIDADE, 2020), intensificando o debate previamente existente a respeito do potencial da telemedicina para este fim. Porém, enquanto em alguns locais foram implementadas políticas públicas para facilitar o acesso à contracepção e interrupção legal da gestação - como é o caso do Reino Unido (ROYAL COLLEGE OF OBSTETRICIANS & GYNAECOLOGISTS, 2020), Catalunha (GENERALITAT DE CATALUNYA, 2020) e Colômbia (COLOMBIA. MINISTERIO DE SALUD Y PROTECCIÓN SOCIAL, 2020) -, no Brasil, o atual governo manifesta discursos e em-preende ações que sinalizam uma tendência à restrição dos direitos sexuais e reprodutivos (AGÊNCIA SAÚDE, 2020; BERTHO, 2020; BRASIL. MINISTÉRIO DA SAÚDE, 2020a, 2020b).

O Brasil é um dos países com legislação mais restritiva a respeito do aborto em todo o mundo (CENTER FOR REPRODUCTIVE RIGHTS, 2020), não sendo este considerado um crime somente em três situa-ções: se não há outro meio de salvar a vida da gestante, em caso de gra-videz resultante de estupro e, mais recentemente, em casos de anen-cefalia fetal (BRASIL, 1940, 2012). Nestas situações, o aborto seguro é reconhecido como um direito fundamental das mulheres, sendo dever do Estado garantir acesso ao procedimento (BRASIL. MINISTÉRIO DA SAÚDE. SECRETARIA DE ATENÇÃO À SAÚDE., 2011). Há, no entanto, evidências quantitativas (CARDOSO; VIEIRA; SARACENI, 2020; CER-QUEIRA; COELHO; ALVES, 2014; FONSECA et al., 2020) e qualitativas (BRANCO et al., 2020; MACHADO et al., 2015; MADEIRO; DINIZ, 2016) de que este direito não seja plenamente assegurado, em decorrência de barreiras de múltiplas naturezas, como as geográficas, administrativas, morais e a desinformação de mulheres e de profissionais de saúde.

Este artigo tem o objetivo de apresentar argumentos para a defesa do provimento de aborto legal a partir de serviços de Atenção Primária à Saúde (APS) no Brasil, como forma de facilitação de acesso a este procedimento e proteção deste direito reprodutivo. Apesar de se cons-tituir em uma prática recomendada na literatura científica e realizada em outros sistemas de saúde, este debate ainda é incipiente em nosso país, tornando-se especialmente importante em um momento em que os direitos das mulheres se encontram sob ameaça.

1. ABORTO LEGAL: O QUE A ATENÇÃO PRIMÁRIA TEM A VER COM ISSO?

Os cuidados primários em saúde são historicamente marcados pelos ideais de justiça social e centralidade nas necessidades das pessoas e comunidades, tendo como algumas de suas premissas básicas a redução das iniquidades e o acesso à saúde a todas as populações (WORLD HEALTH ORGANIZATION, 2008). No Sistema Único de Saúde (SUS) e em sistemas de saúde fortes, espera-se que a APS cumpra a função de porta de entrada preferencial da rede de atenção, com oferta de carteira de serviços abrangente, que propicie boa resolutividade deste nível de atenção para os problemas de saúde mais frequentes ou relevantes, com responsabilização e coordenação sobre o cuidado dos indivíduos quando a utilização de outros pontos da rede de atenção à saúde se faz necessária (MENDES, 2011).

Questões relacionadas à sexualidade e reprodução permeiam a vida de todos os indivíduos e são reconhecidas como direitos humanos fundamentais, devendo ser abordadas de forma integral nos serviços de APS. Atualmente, no Brasil, é indiscutível o papel deste nível de atenção no que diz respeito à assistência ao ciclo gravídico-puerperal e à realização de outras ações de saúde sexual e reprodutiva, como o aconselhamento e dispensação de contraceptivos ou a oferta de testes rápidos para infecções sexualmente transmissíveis (CUNHA et al., 2020). O mesmo não se pode dizer a respeito da assistência a mulheres que necessitem de interrupção legal da gestação, tema em que a participação da APS ainda é pouco explorada no Brasil (GIUGLIANI et al., 2019), e negligenciada tanto nas políticas públicas quanto no debate acadêmico.

A Organização Mundial de Saúde (OMS), no entanto, recomenda que o aborto legal seja ofertado em serviços facilmente acessíveis e disponíveis, integrados ao sistema de saúde, e destaca o papel da APS para este fim, considerando a segurança, conveniência e os custos reduzidos dos serviços ambulatoriais. Os serviços hospitalares, deste modo, deveriam ser reservados para gestações com maior tempo de evolução e para o tratamento de complicações decorrentes do abortamento. Esta recomendação encontra sua racionalidade no reconhecimento de que o acesso ao aborto legal só poderá ser garantido de maneira efetiva se houver centros de atenção e profissionais capacitados suficientes para a prestação de tal serviço (ORGANIZAÇÃO MUNDIAL DA SAÚDE, 2013).

2. ASPECTOS TÉCNICOS RELACIONADOS À REGULAMENTAÇÃO E OFERTA DE ABORTO EM SERVIÇOS DE APS

O aborto legal é ofertado em serviços de APS em pelo menos dezenove países no mundo, que apresentam sistemas de saúde com características diversas e encontram-se em distintos estágios de desenvolvimento econômico, como Colômbia, Espanha, Irlanda e Moçambique (LAVELANET; JOHNSON; GANATRA, 2020). Com exceção da Espanha, em que o procedimento deve ser realizado no centro de saúde, nos demais está prevista a realização de aborto medicamentoso em domicílio (REPÚBLICA DE COLOMBIA. MINISTERIO DE SALUD Y PROTECCIÓN SOCIAL, 2018; REPÚBLICA DE MOÇAMBIQUE. MINISTÉRIO DA SAÚDE, 2017; ROYAL COLLEGE OF PHYSICIANS OF IRELAND. INSTITUTE OF OBSTETRICIANS & GYNAECOLOGISTS, 2018). No Brasil, entretanto, é regulamentado como um procedimento exclusivamente hospitalar, cuja equipe multiprofissional mínima requer a presença de obstetra e anestesista (BRASIL. MINISTÉRIO DA SAÚDE, 2005, 2012), além de ser um ato restrito ao médico (BRASIL, 1940). O médico de família e comunidade e demais profissionais da APS não são sequer mencionados nos documentos oficiais do Ministério da Saúde (MS).

Os dois métodos recomendados para a realização do aborto em nível ambulatorial (medicamentoso ou aspiração a vácuo) são considerados pela OMS como competências nucleares em saúde sexual e reprodutiva para a APS (WORLD HEALTH ORGANIZATION, 2011), podendo ser realizados por médicos generalistas ou por algumas categorias de profissionais não médicos adequadamente treinados (WORLD HEALTH ORGANIZATION, 2015). Este artigo não se presta ao debate aprofundado sobre as técnicas ambulatoriais de abortamento, uma vez que essas não estão previstas no país. Cabe destacar, no entanto, que uma revisão sistemática recentemente publicada pela Cochrane estabeleceu a eficácia do aborto medicamentoso autoadministrado quando comparado ao realizado sob supervisão de profissionais de saúde (GAMBIR et al., 2020). A revisão foi insuficiente para comprovação da segurança do procedimento, devido à escassez de desenhos de estudos de alta qualidade e o risco de viés, mas a experiência acumulada sustenta esta recomendação nos manuais técnicos da OMS e políticas públicas dos países previamente mencionados.

A oferta de aborto legal em serviços de APS no Brasil depende do aprimoramento da norma técnica e da legislação vigentes, regulamentando o abortamento como um procedimento ambulatorial e a inclusão do médico de família como um possível provedor. O misoprostol, apesar de categorizado como componente da farmácia básica na Relação Nacional de Medicamentos essenciais (BRASIL. MINISTÉRIO DA SAÚDE, 2020), tem sua utilização restrita a hospitais cadastrados e credenciados junto à autoridade sanitária, em razão de uma portaria publicada em 1998 (BRASIL. MINISTÉRIO DA SAÚDE, 1998). A mifepristona, método desejável (porém não indispensável) que aumenta a eficácia do aborto medicamentoso quando associado ao misoprostol, ainda não tem seu uso aprovado no Brasil (BRASIL. MINISTÉRIO DA SAÚDE, 2012).

3. O PROBLEMA DO ACESSO AO ABORTO LEGAL NO BRASIL E A POTENCIALIDADE DA APS

Um estudo nacional realizado entre 2013 e 2015 constatou que, dos 68 serviços de aborto legal listados pelo MS, somente 37 realizavam a interrupção da gravidez prevista por lei. Este estudo evidenciou ainda diversos outros fatores que dificultam o acesso ao aborto legal: a concentração dos serviços de aborto legal predominantemente em capitais, a persistência de práticas como a exigência de boletim de ocorrência (não prevista na regulamentação brasileira desde a nota técnica publicada em 2005), o grande número de mulheres atendidas mas que não tiveram o procedimento realizado, e a escassez de médicos disponíveis para a realização do procedimento, sob alegação de objeção de consciência (MADEIRO; DINIZ, 2016).

Percebe-se, portanto, que a reduzida disponibilidade de serviços de aborto legal se apresenta como um primeiro obstáculo para o acesso a este procedimento: em sete estados, não há nenhum serviço em atividade. O provimento de aborto legal na APS pode colaborar de forma significativa para a superação deste obstáculo, dada a sua capilaridade no território nacional: são quase 45 mil unidades básicas de saúde espalhadas pelo país (HARZHEIM et al., 2020). Mesmo em municípios de pequeno porte, a grande maioria dos usuários leva menos de 30 minutos para chegar à unidade de saúde, e considera o deslocamento fácil ou muito fácil (CARVALHO et al., 2018).

A telemedicina, utilizada em outros países como método de facilitação do acesso ao aborto legal, parece apresentar limitações importantes para a realidade brasileira: segundo a Pesquisa Nacional por Amostra de Domicílios de 2018, a internet não é utilizada em 20,9% dos domicílios do país, sendo este percentual superior a 50% dos domicílios quando consideradas somente as áreas rurais. Observou-se ainda que o rendimento mensal per capita dos domicílios com utilização da internet foi praticamente o dobro do que nos domicílios em que a internet não era utilizada (INSTITUTO BRASILEIRO DE GEOGRAFIA E ESTATÍSTICA, 2020), tornando a telemedicina uma ferramenta desejável para facilitação do acesso, mas não suficiente para superar esta problemática de forma equânime.

4. O QUE PODEMOS APRENDER COM AS EXPERIÊNCIAS INTERNACIONAIS?

Em 2018, a Irlanda, país com forte tradição católica, revogou a oitava emenda constitucional que proibia a interrupção de gravidez por decisão da mulher. As diretrizes clínicas desenvolvidas no país determinam que o manejo da interrupção de gravidezes até nove semanas seja realizado na APS, tendo sido os médicos de família capacitados para esta ação, e as gestações de nove a doze semanas devem ser encaminhadas para resolução em serviços hospitalares. Apesar da existência de focos de resistência, os primeiros anos da experiência demonstram que a maioria das gestações foi interrompida em serviços de APS, e a atuação dedicada dos médicos deste nível de atenção é descrita como uma fonte de inspiração. A experiência irlandesa demonstra que é possível implementar a oferta de aborto em serviços de APS mesmo em contextos sem um histórico deste tipo de assistência (MURPHY, 2020).

A história de El Salvador, por sua vez, é emblemática das consequências de retrocessos políticos e regulatórios relativos ao aborto: no final dos anos 90, reformas constitucionais e do código penal ocorridas sob forte influência religiosa estabeleceram o direito à vida desde a concepção e a criminalização absoluta do aborto, com penas rigorosas para mulheres e profissionais (AMNESTY INTERNATIONAL, 2014). As consequências para as mulheres são graves e, além da ocorrência de abortos inseguros, investiga-se uma possível relação da legislação restritiva com a elevada incidência de suicídios entre adolescentes grávidas. Na prática médica, observam-se diversos casos de quebra do sigilo na relação médico-paciente, com denúncias às autoridades de mulheres suspeitas de provocar aborto, e também inseguranças na realização de intervenções salvadoras, com atraso na resolução de gestações ectópicas enquanto houver vitalidade fetal (ALARCÓN; PERICO, 2020; AMNESTY INTERNATIONAL, 2014; ZUREICK et al., 2018).

Vale ressaltar que até 1998 a legislação de El Salvador era muito semelhante à do Brasil, com permissão da interrupção de gestações decorrentes de estupro, em casos de risco de vida da mulher e de malformações fetais incompatíveis com a vida. Em nosso país, observa-se um número crescente de projetos de lei que visam restringir as situações em que o aborto é permitido (SILVA VR; MARTINS FB, 2019), e atualmente se desenrola um embate legislativo em torno da obrigatoriedade de comunicação a autoridades policiais nos casos de interrupção de gestações decorrentes de estupro (BRASIL. MINISTÉRIO DA SAÚDE, 2020b; HAGE, 2020).

5. CONSIDERAÇÕES FINAIS

O Brasil acumula as consequências da legislação restritiva e de uma agenda incompleta na garantia de acesso ao aborto legal. O atual cenário político e as investidas contrárias aos direitos sexuais e reprodutivos sinalizam a necessidade de postura vigilante e ativa na defesa de tais direitos, sob risco de sérios retrocessos. Os atores envolvidos no campo da Atenção Primária à Saúde, até o momento com tímida participação neste debate, têm a oportunidade de se posicionarem como parte de uma solução para superação de injustiças históricas no acesso ao aborto legal no SUS.

Pretende-se, através deste artigo, sensibilizar as médicas e médicos de família e comunidade e demais profissionais atuantes na APS, bem como os pesquisadores, sociedades científicas, formuladores de políticas públicas, defensores dos direitos sexuais e reprodutivos e formadores de opinião, convocando-os para uma ação efetiva na proposição e defesa da APS como lócus privilegiado para a oferta de aborto legal, afirmando seus atributos de porta de entrada e prestação de cuidados integrais, contínuos e resolutivos, compatíveis com uma APS forte, abrangente e direcionada para a garantia de equidade e dos direitos humanos fundamentais.

REFERÊNCIAS BIBLIOGRÁFICAS

AGÊNCIA SAÚDE. Ministério da Saúde esclarece nota técnica. *Nota à imprensa*, 4 jun. 2020.

ALARCÓN, J. S. R.; PERICO, M. F. El impacto de la pobreza y la violencia en la salud y los derechos reproductivos de las mujeres en El Salvador. *Cadernos de Saúde Pública*, v. 36, n. suppl 1, p. e00039119, 2020.

AMERICAN COLLEGE OF OBSTETRICIANS AND GYNECOLOGISTS. *Joint Statement on Abortion Access During the COVID-19 Outbreak*. Disponível em: <https://www.acog.org/en/News/News Releases/2020/03/Joint Statement on Abortion Access During the COVID 19 Outbreak>. Acesso em: 6 jun. 2020.

AMNESTY INTERNATIONAL. *On the brink of death: violence against women and the abortion ban in El Salvador*, 2014. Disponível em: <https://www.amnestyusa.org/files/el_salvador_report_-_on_the_brink_of_death.pdf>. Acesso em: 8 jun. 2020

BERTHO, H. Principal hospital de aborto legal de SP interrompe o serviço na crise do coronavírus. *Folha de S.Paulo*, 26 mar. 2020.

BRANCO, J. G. DE O. et al. Objeção de consciência ou instrumentalização ideológica? Uma análise dos discursos de gestores e demais profissionais acerca do abortamento legal. *Cadernos de Saúde Pública*, v. 36, n. suppl 1, p. e00038219, 2020.

BRASIL. Decreto-Lei N 2.848, de 7 de Dezembro de 1940. Presidência da República. Código Penal. . 1940.

BRASIL. ADPF N 54. Supremo Tribunal Federal. Arguição de Descumprimento de Preceito Fundamental. Anencefalia. . 2012.

BRASIL. MINISTÉRIO DA SAÚDE. *Portaria n 344, de 12 de maio de 1998*, 1998. Disponível em: <https://bvsms.saude.gov.br/bvs/saudelegis/svs/1998/prt0344_12_05_1998_rep.html>. Acesso em: 6 jun. 2020

BRASIL. MINISTÉRIO DA SAÚDE. *Portaria n 1.508, de 1 de setembro de 2005*. Disponível em: <https://bvsms.saude.gov.br/bvs/saudelegis/gm/2005/prt1508_01_09_2005.html>. Acesso em: 6 jun. 2020.

BRASIL. MINISTÉRIO DA SAÚDE. *Prevenção e tratamento dos agravos resultantes da violência sexual contra mulheres e adolescentes: norma técnica*. 3. ed. Brasília: Ministério da Saúde, 2012.

BRASIL. MINISTÉRIO DA SAÚDE. *Relação Nacional de Medicamentos Essenciais: Rename 2020*Ministério da Saúde, , 2020. Disponível em: <http://bvsms.saude.gov.br/bvs/publicacoes/relacao_medicamentos_rename_2020.pdf>. Acesso em: 6 jun. 2020

BRASIL. MINISTÉRIO DA SAÚDE. *Portaria n 1.489, de 4 de Junho de 2020*, 4 jun. 2020a. Disponível em: <http://www.in.gov.br/web/dou>. Acesso em: 6 jun. 2020

BRASIL. MINISTÉRIO DA SAÚDE. *Portaria n 2.561, de 23 de setembro de 2020*. Disponível em: <https://www.in.gov.br/web/dou>. Acesso em: 30 set. 2020b.

BRASIL. MINISTÉRIO DA SAÚDE. SECRETARIA DE ATENÇÃO À SAÚDE. *Aspectos jurídicos do atendimento às vítimas de violência sexual: perguntas e respostas para profissionais de saúde*. 2. ed. Brasília: Editora do Ministério da Saúde, 2011.

CARDOSO, B. B.; VIEIRA, F. M. DOS S. B.; SARACENI, V. Aborto no Brasil: o que dizem os dados oficiais? *Cadernos de Saúde Pública*, v. 36, n. suppl 1, p. e00188718, 2020.

CARVALHO, B. R. et al. Avaliação do acesso às unidades de atenção primária em municípios brasileiros de pequeno porte. *Cadernos Saúde Coletiva*, v. 26, n. 4, p. 462–469, dez. 2018.

CENTER FOR REPRODUCTIVE RIGHTS. *The World's Abortion Laws Map*, 2020.

CERQUEIRA, D.; COELHO, D. S. C.; ALVES, A. *Estupro no Brasil: uma radiografia segundo os dados da Saúde*IPEA, , 2014. Disponível em: <http://repositorio.ipea.gov.br/bitstream/11058/5780/1/NT_n11_Estupro-Brasil-radiografia_Diest_2014-mar.pdf>

COLOMBIA. MINISTERIO DE SALUD Y PROTECCIÓN SOCIAL. *Lineamentos provisionales para la atención en salud de las gestantesm recién nacidos y para la lactancia materna, en el contexto de la pandemia de COVID-19 en Colombia*, mar. 2020. Disponível em: <https://www.minsalud.gov.co/Ministerio/Institucional/Procesos%20y%20procedimientos/GIPS14.pdf>. Acesso em: 6 jun. 2020

CUNHA, C. R. H. DA et al. Carteira de Serviços da Atenção Primária à Saúde: garantia de integralidade nas Equipes de Saúde da Família e Saúde Bucal no Brasil. *Ciência & Saúde Coletiva*, v. 25, n. 4, p. 1313–1326, abr. 2020.

FEDERAÇÃO BRASILEIRA DAS ASSOCIAÇÕES DE GINECOLOGIA E OBSTETRÍCIA. *A FEBRASGO reforça que a prestação continuada de serviços essenciais de saúde sexual e reprodutiva das mulheres deve ser uma prioridade*, 6 jun. 2020. Disponível em: <https://www.febrasgo.org.br/pt/noticias/item/1052-posicionamento-febrasgo>. Acesso em: 7 jun. 2020

FONSECA, S. C. et al. Aborto legal no Brasil: revisão sistemática da produção científica, 2008-2018. *Cadernos de Saúde Pública*, v. 36, n. suppl 1, p. e00189718, 2020.

GAMBIR, K. et al. Self-administered versus provider-administered medical abortion. *Cochrane Database of Systematic Reviews*, 9 mar. 2020.

GENERALITAT DE CATALUNYA. *Atenció a les dones que sol·liciten la prestació de la interrupció voluntària de l'embaràs amb càrrec al Servei Català de la Salut (CatSalut)*, abr. 2020. Disponível em: <https://canalsalut.gencat.cat/web/.content/_A-Z/C/coronavirus-2019-ncov/material-divulgatiu/informacio-professionals-ordenacio-temporal-visites-atencio-IVE.pdf>. Acesso em: 6 jun. 2020

GIUGLIANI, C. et al. O direito ao aborto no Brasil e a implicação da Atenção Primária à Saúde. *Revista Brasileira de Medicina de Família e Comunidade*, v. 14, n. 41, p. 1791, 23 fev. 2019.

HAGE, L. *Deputadas apresentam projeto para sustar a nova portaria do Ministério da Saúde sobre aborto legal*Agência Câmara dos Deputados, , 2020. Disponível em: <https://www.camara.leg.br/noticias/695492-deputadas-apresentam-projeto-para-sustar-a-nova-portaria-do-ministerio-da-saude-sobre-aborto-legal/>. Acesso em: 28 dez. 2020

HARZHEIM, E. et al. Bases para a Reforma da Atenção Primária à Saúde no Brasil em 2019: mudanças estruturantes após 25 anos do Programa de Saúde da Família. *Revista Brasileira de Medicina de Família e Comunidade*, v. 15, n. 42, p. 2354–2354, 24 abr. 2020.

INSTITUTO BRASILEIRO DE GEOGRAFIA E ESTATÍSTICA. *Acesso à Internet e à televisão e posse de telefone móvel celular para uso pessoal 2018*. [s.l.] IBGE, 2020.

LAVELANET, A. F.; JOHNSON, B. R.; GANATRA, B. Global Abortion Policies Database: A descriptive analysis of the regulatory and policy environment related to abortion.

Best Practice & Research Clinical Obstetrics & Gynaecology, Abortion: Global Perspectives and Country Experiences. v. 62, p. 25–35, 1 jan. 2020.

MACHADO, C. L. et al. Gravidez após violência sexual: vivências de mulheres em busca da interrupção legal. *Cadernos de Saúde Pública*, v. 31, n. 2, p. 345–353, fev. 2015.

MADEIRO, A. P.; DINIZ, D. Serviços de aborto legal no Brasil – um estudo nacional. *Ciência & Saúde Coletiva*, v. 21, n. 2, p. 563–572, fev. 2016.

MENDES, E. V. *As redes de atenção à saúde*. 2. ed. Brasília: Organização Pan-Americana de Saúde, 2011.

MURPHY, C. A Irlanda desde a revogação da Oitava Emenda. *Cadernos de Saúde Pública*, v. 36, n. suppl 1, p. e00211119, 2020.

ORGANIZAÇÃO MUNDIAL DA SAÚDE. *Abortamento Seguro: Orientação técnica e de políticas para sistemas de saúde*. 2. ed. [s.l.] World Health Organization, 2013.

REDE MÉDICA PELO DIREITO DE DECIDIR. *Posicionamento Oficial da Rede Médica pelo Direito de Decidir: Pela manutenção dos serviços de aborto legal no Brasil em tempos de pandemia*, 31 mar. 2020. Disponível em: <https://assets-institucional-ipg.sfo2.cdn.digitaloceanspaces.com/2020/04/RedeMedicapeloDireitodeDecidir_NotaPelaManutencaoServicosAbortoLegal.pdf>

REPÚBLICA DE COLOMBIA. MINISTERIO DE SALUD Y PROTECCIÓN SOCIAL. *Resolución Número 3280 de 2018*, 2018. Disponível em: <https://www.minsalud.gov.co/sites/rid/Lists/BibliotecaDigital/RIDE/DE/DIJ/resolucion-3280-de-2018.pdf>

REPÚBLICA DE MOÇAMBIQUE. MINISTÉRIO DA SAÚDE. *Diploma Ministerial n. 60/2017: Aprova as Normas clínicas sobre Aborto Seguro, Cuidados Pós-Aborto e define as condições em que a interrupção voluntária da gravidez deve ser efectuada nas Unidades Sanitárias do Serviço Nacional*, 2017. Disponível em: <https://www.wlsa.org.mz/wp-content/uploads/2017/11/Diploma_Ministerial_60-2017.pdf>

ROYAL COLLEGE OF OBSTETRICIANS & GYNAECOLOGISTS. *Coronavirus (COVID-19) infection and abortion care: Information for healthcare professionals*, mar. 2020. Disponível em: <https://www.rcog.org.uk/globalassets/documents/guidelines/2020-03-25-covid19-abortion.pdf>. Acesso em: 6 jun. 2020

ROYAL COLLEGE OF PHYSICIANS OF IRELAND. INSTITUTE OF OBSTETRICIANS & GYNAECOLOGISTS. *Interim Clinical Guidance: Termination of pregnancy under 12 weeks*, dez. 2018. Disponível em: <https://rcpi-live-cdn.s3.amazonaws.com/wp-content/uploads/2018/12/FINAL-INTERIM-CLINICAL-GUIDANCE-TOP-12WEEKS.pdf>. Acesso em: 6 jun. 2020

SILVA VR; MARTINS FB. *Projetos de lei contrários ao aborto na Câmara dos Deputados batem recorde em 2019*. Disponível em: <http://www.generonumero.media/projetos-de-lei-contrarios-ao-aborto-na-camara-dos-deputados-batem-recorde-em-2019/>. Acesso em: 30 set. 2020.

SOCHAS, L.; CHANNON, A. A.; NAM, S. Counting indirect crisis-related deaths in the context of a low-resilience health system: the case of maternal and neonatal health during the Ebola epidemic in Sierra Leone. *Health Policy and Planning*, v. 32, n. suppl_3, p. iii32–iii39, 1 nov. 2017.

SOCIEDADE BRASILEIRA DE MEDICINA DE FAMÍLIA E COMUNIDADE. *Recomendações da SBMFC para a APS durante a pandemia de COVID-19*, maio 2020. Disponível em: <https://www.sbmfc.org.br/wp-content/uploads/2020/05/Recomendac%CC%A7o%CC%83es-da--SBMFC-para-a-APS-durante-a-Pandemia-de-COVID-19-1.pdf>. Acesso em: 6 jun. 2020

TRAN, N. T. et al. Not a luxury: a call to maintain sexual and reproductive health in humanitarian and fragile settings during the COVID-19 pandemic. *The Lancet Global Health*, v. 8, n. 6, p. e760–e761, jun. 2020.

UNFPA BRASIL. *COVID-19: Um olhar para gênero. Proteção da saúde e dos direitos sexuais e reprodutivos e promoção da igualdade de gênero. Resumo técnico.*, mar. 2020. Disponível em: <https://www.unfpa.org/sites/default/files/resource-pdf/Portoguese--covid19_olhar_genero.pdf>

WORLD HEALTH ORGANIZATION (ED.). *Primary health care: now more than ever*. Geneva: World Health Organization, 2008.

WORLD HEALTH ORGANIZATION. *Sexual and reproductive health: core competencies in primary care*. Geneva, Switzerland: World Health Organization, 2011.

WORLD HEALTH ORGANIZATION (ED.). *Health worker roles in providing safe abortion care and post-abortion contraception*. Geneva, Switzerland: World Health Organization, 2015.

ZUREICK, A. et al. Physicians' challenges under El Salvador's criminal abortion prohibition. *International Journal of Gynecology & Obstetrics*, v. 143, n. 1, p. 121–126, out. 2018.

PANDEMIA E TRAUMA - DESTINOS E DISSILÊNCIOS DE ABORTOS E PSICANÁLISES

Camila Noguez[1]
Paula Goldmeier[2]

INTRODUÇÃO

Os anos começam em março, dizem. Em ano de pandemia, também. Curva ascendente no número de mortos, Brasil no epicentro da crise sanitária terrestre. Esperança da vacina e o horror das mortes e intubações em pleno duelo na radicalidade morte-vida, atualizando conflitivas-brasil quanto à classe, raça e etnia. No meio tempo, alguém calcula: graças ao isolamento físico e social imposto pelo acontecimento Covid-19, ao invés de levarmos 99,5 anos para alcançar a paridade de gênero, levaremos 135,6 (GONZÁLEZ; BORGES, 2021). A realidade prescrita pela pandemia está associada à menor representação das mulheres na política e ao recuo quanto à sua inserção no mundo do trabalho para então protagonizar, com a força dos marços passados, os cuidados domésticos e familiares. Na comunidade acadêmica, enquanto muitos homens aumentaram a sua produtividade científica, grande parte das estudantes, professoras, mestras, doutoras e pesquisadoras tiveram o número de publicações reduzidas (CANDIDO; CAMPOS, 2020) o que, sabemos, refletirá no prolongamento do atraso da virada epistêmica do que se entende, constrói e legitima no campo do saber e do conhecimento. Como se não fosse o bastante, é também em março de

---

1 Analista, sanitarista e doutoranda em Psicologia Social pela UFRGS, trabalhando a partir do referencial da psicanálise. Mãe de dois.

2 Formação em Psicanálise. Psicologia clínica e do esporte. Maternidade da Aimê e outras aventuras.

2021 que acontece: Projeto de Lei n. 5435 (BRASIL, 2020), em que já no primeiro artigo consta a intenção de proteger "os direitos da Gestante, pondo a salvo a vida da criança por nascer desde a concepção", num flagrante aceno religioso à letra da lei.

É esse o litoral que aguarda a onda verde argentina. Mas, se esse vento por ora sopra, houve muitas correntes que não vingaram anteriormente, que encontraram massas densas que fizeram barreira e impediram que a aprovação da lei se concluísse em diversos países. As virações se dão, mas não podemos esquecer cada revés, cada derrota que derrubou a pauta em outros tempos. Não esquecer, aqui, para lembrar que a vida se constrói como história sem linearidade, em avanços, recuos e outros saltos e disparos. Que a vida também se afirma pela insistência e duração das lutas, mesmo que possa parecer paradoxal que essa luta seja pelo direito de escolher desistir de um suposto destino para estar disponível a criações de outras ordens.

Pandemia e aborto se encontraram em um tempo incomum, ambos reorganizando o que pode estar do lado da morte, o que pode estar do lado da vida. E é sobre os vetores do trauma - nesse encontro insólito do que se avança e do que se conserva enquanto pacto social - que a presente escrita também vai transcorrer.

1. DESENVOLVIMENTO

1.1. EIXO TRAUMA, PSICANÁLISES E FEMINISMOS

Nas escassas ocasiões em que a psicanálise compareceu ao debate em torno do aborto, o fez sob os signos do trauma, da tragédia, do drama ou da má resolução edipiana, a exemplo das declarações de um artigo publicado no site da instituição psicanalítica Cyro Martins, em Porto Alegre (1981, online): "Examinado do ponto de vista psicanalítico, é [o aborto] considerado um mal necessário, uma dramática vicissitude do destino humano". "O abortamento seria uma trágica solução para a mulher escapar da pressão de certas condições sociais (...)". "(...) Motivações inconscientes [para o aborto], entre elas um mau relacionamento afetivo com a mãe e a não-resolução satisfatória do conflito edípico". "A predisposição à prática do aborto tem raízes infanto-juvenis, provindas do relacionamento com os pais, especialmente a não-aceitação da feminilidade da filha por parte da mãe (...)" "Um aborto, de embrião ou de feto, tem *sempre* o significado de uma experiência traumática" (grifo nosso). O mesmo texto também lança a pergunta: qual seria a razão de não "oficializar" o aborto, tendo em vista que as circunstâncias atuais colocam mulheres e médicos no campo da clandestinidade, agravando os sentimentos de culpa dos envolvidos?

Em outro artigo, este mais ligado ao campo da enfermagem, mas se utilizando da psicanálise para tratar do luto quando relacionado à interrupção voluntária da gravidez, Gesteira, Vera Lúcia e Endo (2006) conclamam enfermeiras a acolher com paciência "essas mulheres (...) fragilizadas" (GESTEIRA; BARBOSA; ENDO, 2006, p. 465), que podem estar "desorganizadas, incoerentes, assustadas e paralisadas" (p. 465) por conta do luto que não conseguem expressar. Constatam categóricos: "essa perda *sempre* vem acompanhada do sentimento de culpa" (p. 464, grifo nosso). Em diálogo com os autores, poderíamos começar um debate com a pergunta: qual seria o campo de forças que organiza a culpa? Pretendemos desenvolver hipóteses a respeito mais adiante. No artigo mencionado, o único fragmento de discurso direto que consta no artigo é: *"Eu não queria perder meu filho, fiquei com raiva de mim por ter tomado, e do meu marido por ter comprado o remédio"* (GESTEIRA; BARBOSA; ENDO, 2006, p. 466, grifo do autor). Comprovada e atestada ela: a culpa. Como destino definido e definitivo. *Sempre* presente. Será? Suportaríamos escutar, acolher e compartilhar relatos de mulheres que abortaram e não apresentaram culpa? Ou mulheres que experimentaram culpa em algum momento, mas que o sentimento não tenha encontrado duração em suas vidas?

COSTA et al. (1995) suportaram se aproximar e compartilhar outras repercussões subjetivas do aborto nas mulheres, mas não exatamente desde o campo da psicanálise, e sim da saúde coletiva. Em seus achados o *sempre* cedeu - em muito - o seu lugar para a heterogeneidade de afetos nos dissilêncios envolvendo o aborto, dando passagem a discursos outros:

> (...) foram dadas respostas do tipo: "Muito triste", "Deprimida", "Depois foram nove meses de tortura", "Complexo de culpa", "Infeliz", "Passei muito mal, vomitei, senti tontura", "Tive cólicas", "Um pouco indisposta", "Enjoada", "Mal-estar". Em seguida vieram as que referiram terem ficado bem emocional e/ou fisicamente (...): "Aliviadíssima", "Sem traumas", "Querendo viver", "Leve e tranquila (sic), pois foi consciente", "Maravilhosamente feliz", "Bem disposta", "Bem clinicamente", "Muito bem fisicamente" (COSTA et al., 1995, p. 101).

Na pesquisa, responderam ao questionário, anonimamente, 1314 funcionárias e 138 alunas de uma universidade paulista. Uma amostra classista, majoritariamente branca, sobretudo considerando-se o ano em que foi realizada a investigação (pré-cotas). Como teriam se distribuído as porcentagens, se tivessem participado da pesquisa também mulheres da periferia, com suas cores, seus filhos, os abandonos dos companheiros, suas dificuldades financeiras e seus vínculos religiosos?

Diante do *sempre traumático* e do *sem traumas* para descrever a condição das mulheres após o aborto, sentimos a necessidade de fazer uma breve incursão pelas definições e aberturas das diferentes concepções de trauma em Freud e Ferenczi. Inicialmente, o trauma, para Freud, estava ligado aos afetos penosos (susto, vergonha, culpa) associados a determinadas vivências. O insuportável conflito interno explicaria o surgimento da sintomatologia histérica (FREUD, 1896, v. 3). O impacto afetivo do evento vivido na infância, seria atualizado na puberdade, consolidando o trauma propriamente dito através da capacidade do adolescente de oferecer novas representações, de lembrar, de fantasiar. A cena que teria sido traumática perde o lugar de destaque para a forma como alguém é capaz ou não de elaborá-la (FREUD, 1910, v. 11). Em Além do princípio do prazer (FREUD, 1920, v. 18), a partir das reflexões e efeitos vívidos no pós-guerra, Freud passa a compreender o trauma como resultante da alta quantidade de excitação (não ligada), externa e interna ao aparelho psíquico, o que faz romper certa barreira protetora no próprio psiquismo, agora, incapaz de reduzir a quantidade de excitação. Assim, o trauma estabelece conversa íntima com a compulsão à repetição sob a forma de lembranças e sonhos que se reiteram e buscam restaurar certo controle frente ao estímulo recebido na condição inadvertida. O trauma, nessa concepção, é compreendido como manifestação de um excesso não assimilável que insiste e sugere algo que estaria para além do princípio do prazer.

Ferenczi, por sua vez, desenvolveu a noção de trauma a partir de interações abusivas de adultos para com crianças. Quando conduzidas ao texto ferencziano, encontramos: "O pior realmente é a negação, a afirmação de que não aconteceu nada, de que não houve sofrimento (...) é isso, sobretudo, o que torna o traumatismo patogênico" (FERENCZI, 1931/1992, p. 79). Gondar (2012) chama atenção para o potencial político da construção feroczciana acerca do trauma, pois o situa não exatamente na ocorrência de determinado evento (sedução real do adulto), mas no que acontece ou não na sua sequência, num segundo tempo. *Verleugnung* (no alemão) pode ser traduzido como negação ou como desmentido: o não-reconhecimento da violência sofrida, daquela experiência insondável do ponto de vista da criança e a afirmação do adulto de que nada aconteceu. "Trata-se de um descrédito da percepção, do sofrimento e da própria condição de sujeito daquele que vivenciou o trauma. Portanto, o que se desmente não é o evento, mas o sujeito" (GONDAR, 2012, p. 196). Em um rascunho, que muitos consideram como texto pré-psicanalítico, Freud (1895, v. 1) esboça a teoria fundante do psiquismo como aparato de memória e do pensar. Aponta a condição do trauma como seminal da potência do humano. Para além do trágico, como destino predeterminado, o excesso agita e inscreve aberturas e enlaces de cultura no puro biológico. Inaugura-se como corpo que nunca mais adere à simples anatomia, já que há o tempo como qualidade do que sempre difere. Portanto, quando o psiquismo atinge o biológico com a violência das primeiras marcas de linguagem, precipita a sua expansão como devir.

Com Ferenczi, podemos elucubrar o traumático do desmentido em relação ao aborto. É como se não estivessem entre nós, a todo o tempo (entre os familiares, as colegas de trabalho, as amigas) as mulheres que decidem e que abortam - com ou sem sofrimento. Sofrimento esse, por vezes, ligado à dúvida. Às vezes, atrelado à culpa por uma experiência que se deu na ordem clérico-patriarcal em estado de direito laicamente claudicante e ruidoso. Sofrimento em decorrência da pergunta sobre quando, afinal, se dá o início da vida humana. Ruído traumático do desmentido, como se a cada dois dias uma mulher não morresse em função de abortos insalubres, porque criminalizados (MINISTÉRIO DA SAÚDE, 2018), como se a maioria das meninas e mulheres mortas não fossem negras e não residissem nas periferias (CARDOSO; VIEIRA; SACARECENI, 2020), como se 4,7% a 13,2% da mortalidade materna não fosse atribuída ao aborto inseguro (WORLD HEALTH ORGANIZATION, 2020). Não poderia estar, nessa falta de reconhecimento à vida das mulheres - em todas as suas acepções - o traumático do aborto no Brasil?

Insistimos. O trauma está de que lado mesmo? Na experiência de abortar uma gestação indesejada ou na sua criminalização, no neoconservadorismo que pauta uma nação e na conversa mal resolvida entre Direito e Igreja, que produz silenciamentos e relatos proscritos? Sobre a relação entre Direito, Igreja e o neoconservadorismo, Juan Marco Vaggione (2020) analisa o fenômeno da juridificação reativa, que seria o uso do Direito por parte dos atores religiosos na defesa de princípios morais (apresentados como se universais fossem). Na perspectiva desses atores, tais princípios estariam sendo violados pelas pautas feministas e LGBTQI. Para Flávia Biroli (2020), o neoconservadorismo pode partir do campo religioso, mas o ultrapassa na medida em que ataca e compromete fundamentos da democracia e do Estado de direito como laicidade, pluralidade e proteção das minorias. Camila Rocha (2020), no entanto, reconhece que o anti-movimento contra a descriminalização do aborto em diversos países é ligada a lideranças, entidades e razões cristãs, mas que seus argumentos são mais amplos e se apoiam em ditames conservadores, por isso atraem muitos não-cristãos. Um exemplo é a organização *Human Life International* (HLI), fundada em 1981 por militantes antiaborto norte-americanos, que atua por meio de uma espécie de "pan-cristianismo", com objetivo de unir católicos e não católicos para atuar no mundo inteiro - a exemplo do Pró-Vida no Brasil. A autora argumenta que o principal campo de disputa não se dá necessariamente entre católicos e feministas, mas entre conservadores e progressistas, uma vez que grupos religiosos podem encarar a pauta com viés progressista, a exemplo do Católicas pelo Direito de Decidir, criado em 1993. Junto às madres da *plaza de mayo*, um cartaz feito por mulheres desse coletivo (e postado em suas redes sociais - verificar se ainda consta para publicar) aposta no *slogan* "A Vida Venceu!". Esse grupo lembra que o tema do aborto não é ponto pacífico entre os católicos, pelo contrário, gera discussões e debates ao longo de séculos. Um dos argumentos nos quais essas mulheres se apoiam é o de que a glória de Deus, entre os humanos, se manifestará justamente no agir racional da humanidade. Como as pessoas irão resguardar o direito à vida e decidir acerca dos conflitos envolvendo direitos humanos permanece em aberto (ROCHA, 2020).

Provavelmente, também convergindo com Ferenczi e desde uma escuta clínica na perspectiva feminista, Laura Brown (1991) analisa criticamente as construções dos critérios de diagnóstico (psiquiátrico, sobretudo) de que os eventos traumáticos se situariam no âmbito atípico em relação às experiências humanas. Esse acordo médico se deu no lugar de qualificar, como traumáticos, os eventos nada raros nas vidas de meninas, mulheres e demais pessoas de grupos não dominantes, a exemplo de injúrias no trabalho e dos abusos sexuais. A problematização feminista propõe que as noções de trauma, ainda hoje, podem estar a serviço da sustentação de certo *status quo* político-social, na medida em que tomam como centro as experiências humanas de homens brancos, ao não reconhecerem as especificidades das existências além daquelas vinculadas a homens brancos. Como se o "trauma real" fosse somente aquele em que o grupo dominante pode participar enquanto vítima. Afinal, nos pergunta a autora, "o que significa admitirmos que nossa cultura é uma fábrica de uma produção de tantos feridos ambulantes?" (BROW, 1991, p. 122-123, tradução nossa).

Ainda a respeito da criminalização do aborto, contamos com o livro O Inconsciente Jurídico, de Shoshana Felman (2014). A autora oferece outra mirada para a cena dos tribunais, onde traumas coletivos são reencenados, explicitados e, ao mesmo tempo, silenciados. Toma como exemplo o famoso julgamento de O. J. Simpson, em que as evidentes violências de gênero - um de nossos traumas sociais - encarou o trauma da justiça norte-americana de perpetrar violências racistas e escravocratas através de seu sistema de condenação. Felman sublinha a maneira como as tragédias pessoais são subtraídas do campo do direito, mas encontram passagem na psicanálise e na literatura através da aposta pela palavra. A obra retoma Walter Benjamin como pensador que defende a necessidade do aparato jurídico estar a serviço da reparação do silêncio, de modo que as narrativas encontrem lugar no palco do julgamento.

Nessas partituras, faz função refletir sobre como o atual da cultura participa do percurso que reinaugura o trauma ao remeter a um registro de vivência infantil do excesso. E, ao pensar a clínica como participante dessa tessitura, como nossa escuta participa desse dispositivo de fazer falar. O itinerário da palavra que nos é endereçada depende do selo e do carimbo de nós analistas?

A proibição criminalizada pode facilitar o enlace com a representação do incesto. Atentar-se para as estruturas e os ordenamentos legais do que organiza a anatomia do direito, nos dá pistas sobre os enodamentos psíquicos dos sujeitos no social. Se o discurso sobre a prática do aborto fica circunscrito à tonalidade de tabu num bloco segredo-confissão-crime, impedem-se outros deslocamentos. Sua existência fica enrijecida no léxico da dor e da violência: algoz, vítima ou testemunha. Engendramento que pode condenar e aprisionar no traumático. Tal encenação escancara o medo do contágio. Para evitar a proliferação não só do ato, mas de todo poder que dele se depreende e se justifica o uso da força - ao qual, na atualidade, o teatro do direito se presta.

2. EIXO PSICANÁLISE E DESTINO

No romance naturalista do *nascem, crescem, reproduzem-se e morrem*, a mulher entra na esteira produtiva enquanto instrumento que viabiliza um destino premeditado - por quem? A intimidade da clínica permite liberar a palavra com a potência incubadora da possibilidade de outras inscrições. Mas, de que discursos estamos privando a cultura ao manter, justificando como da ordem do íntimo, o estatuto de segredo? Sim, é preciso o cuidado e é necessária a prudência. Nossos corpos estão em risco e são, constantemente, alvo de captura em inúmeros formatos e sob infinitas justificativas. Em abortos e estupros o dedo está sempre apontado para a mulher.

Na coletividade podemos multiplicar o eu em nós. Nós, laços, redes, rendas, fios desencapados, farrapos e lãs que se desmancham e se recompõem com novos tamanhos, forças e formas de si onde cabemos melhor. Nossas vozes cambiantes, únicas, múltiplas, inexatas e temporárias podem participar da produção de novos sentidos e, assim, contribuir para que a cultura absorva os relatos com menos moralismos e de forma menos demoníaca que atesta - de nascença - o caráter de trauma para o aborto realizado.

Não podemos desprezar o fato de que as narrativas acerca do aborto permeiam a questão do feminino e, portanto, da sexualidade. Se a partir do encontro com o outro é que o psiquismo se constitui e se instala como movente processo de construção, o sexual reivindicado pela psicanálise aponta para uma experiência aberta e inacabada, interrogada em suas origens e, ainda mais, acerca de seus destinos (FREUD, 1905, v. 7).

No corpo que aborta há a mulher. Mas, não só. Em cena, não apenas um corpo, não apenas um ponto, mas feixes múltiplos e difusos sobre um acontecimento. O aborto revela um sexual que resolve por manter o mistério acerca de como se desdobra e a incerteza quanto aos efeitos do ato. O corpo que aborta é a mulher, indefinição, escape.

A mulher como interrogação, suporte às curiosidades diante do desconhecido que nos aterroriza tanto quanto nos seduz. O feminino como andaime, porque o pensar transita e encontra base - suficientemente firme e temporária - para movimentar a construção de alguma verdade sobre si. Trilhos que só podem ser supostos em olhar retrospectivo e intenção medular.

Na clínica, temos acesso aos arquivos vivos que, nas vozes de nossas(os) analisantes, trazem à tona rumos incógnitos muitas vezes revelados como segredos simultaneamente para paciente e analista. Por que agora expressam histórias anteriormente abortadas? O que acontece no espaço-tempo da situação analítica, na trama presente-ausente, quem emite juízo e quem é ré(u)? Em nós, analistas, de que modo as ressonâncias da gramática social fazem eco, ruídos ou ultrassons? Quais são nossas fronteiras e de que modos deixamos penetrar nossas escutas? Como saber de que forma estamos sujeitos ou assujeitados aos decibéis para enfrentar os inauditos?

A escuta é, assim, perscrutada em seu teor de audição, audiometria, auditoria - confessionários e tribunais. Suspende-se a condenação ao sustentarem-se as perguntas como aberturas ao desconhecido, uma inclinação às saídas, desvios para o fora e além de si. E, no descentramento necessário a inéditas conexões, fio por fio, a tessitura pode se engendrar em novas relações transferenciais. De sorte que sempre importa atentar para como as falas e as escutas se movem e conduzem a análise. Há pessoas reais produzindo realidades e memórias.

Para além da especificidade de cada caso, há uma constelação de incertezas e variações acerca do estatuto simbólico da sexualidade que precisamos considerar em nossa prática psicanalítica. Escutar o sutil: as frequências que estão aí e que, ao prestar atenção no mundo, conseguimos captar. Como o mecanismo dos rádios antigos, nos quais a sintonia era feita manualmente. Muitas vezes, pegávamos mal algumas estações, mas sem a exigência do ideal, conseguíamos ouvir. Havia as rádios piratas que roubavam sinais para transmitir suas mensagens de periféricas bordas. Similar estratégia a todas as guerras. Depois, com o automatismo digital, a busca passa a ser feita pela máquina que deixa de fora os canais cujas ondas não passam no controle de qualidade (de quem, de quê?). Cada vez mais, sujeitos à masterização algorítmica.

Romper com o tabu da virgindade da escuta é assumi-la perpassada pela estética e pela erótica dos fluxos e dos ruídos. Diz respeito a considerarmos a singularidade dos sujeitos nas dobras do íntimo e do social. A escuta como os próprios fluidos, incapturáveis em totalidades e absolutos. Um corpo todo engajado na busca pela escuta sem estereotipias, na nitidez e na falta dela. Um corpo que domina os fundamentos da técnica para se lançar em danças cada vez mais livres. Um balé que recusa a captura militarizada que enxerga o outro - estranho, diferente, desconhecido, infamiliar - como inimigo a ser eliminado. É fácil esquecer que precisamos desse estrangeiro para seguirmos coletivamente férteis, mesmo que recusemos a clausura da sexualidade em apenas sua sacrossanta finalidade reprodutiva (ARÁN, 2006).

Sabemos que quando algo se constitui culturalmente como um tabu muito forte pode, mesmo em uma análise, ficar em um lugar de intocável. A equação do trauma diz da fixação de uma experiência que, pelo excesso da intensidade, registra a dor como insuportável e leva o sujeito a coadunar desejo e medo de esquecer e de lembrar. O sofrimento compreende a cronificação de um estado que impede a variação do fluxo e do movimento. É por não querer que se repita (a dor) que o sujeito não cessa de revivê-la.

Na literatura psicanalítica, o pouco que se encontra acerca do aborto versa sobre as repercussões desse processo em suas ocorrências ditas espontâneas e que enfatizam seu conteúdo traumático. Esse tom parece reverberar a chaga de uma moralidade punitivista, cerceada na esfera puritana, conhecida e familiar, de associar que uma gravidez é sempre a favor e a serviço da vida. Lembrar da explosão de intensas ambivalências, em que modulações de escravidão, aprisionamento e morte também estão presentes no contexto de qualquer gestação talvez seja excessivo (FEDERIC, 2017). Que furos e tamponagens operam em nosso narcisismo pensar que somos (não) abortados?

Talvez a resposta possa dar um passeio na ambiguidade do texto freudiano quando esse dispara: "anatomia é destino" (FREUD, 1924, v. 19). Freud parte dessa sentença e disserta sobre a suposta desvantagem e inferioridade percebida pela menina ao comparar seu clitóris com o pênis do menino. Se a observação-construção de Freud é marcada pelo tempo-espaço vitoriano, quais outros destinos podem se arranjar a depender do olhar que as diferenças morfológicas podem receber do mundo e de sua trama linguageira? O tal destino de repente ganha uma zona de neblina, perturbando o poder essencialista da anatomia. Assim, um corpo se erotiza e se inscreve no universo das identificações e de seus cursos a partir do modo como é lido. Ou, como provoca Judith Butler, "Haveria uma história de como se estabeleceu a dualidade do sexo (...)?" (BUTLER, 2003, p. 25), apontando a falácia da distinção entre as dobradinhas sexo/natural e gênero/cultural. "(...) Nesse caso, não a biologia, mas a cultura se torna o destino" (BUTLER, 2003, p. 26), indicando que também o sexo não é natural, mas cultural, efeito de discurso, tal qual o gênero. É também no titubeio de Freud que encontramos: "a masculinidade ou a feminilidade, puras, não são encontradas nem no sentido psicológico, nem no biológico" (FREUD, 1905, v. 7, p. 97).

Mesmo para aqueles e aquelas entre nós mais consumidos pela dicotomização entre o que seria natural e cultural no humano, a indígena boliviana e feminista comunitária Adriana Guzmán (2021) fala justamente de espécies não-humanas e nos confunde para nos explicar: o destino de parir, quando prenha, não é certeiro nem para as fêmeas de outras espécies, a exemplo da lhama que aborta quando sabe que seu filhote não vai sobreviver às temperaturas mais baixas, do mesmo modo as porcas e as ovelhas. Refere-se, ainda, sobre a importância da legalização do aborto conquistada pelas argentinas, mas aponta que esse avanço não é suficiente para afirmar uma lógica decolonial que reconheceria a memória ancestral da comunidade e de seus corpos, que sabem *como* parir, que sabem *como* abortar. Ou seja, quem seguiria legislando a respeito das condições do aborto e em que termos? Sob quais princípios de Estado? A conquista da despenalização importa se acompanhada de uma perspectiva plurinacional, decolonial, comunitária e despatriarcalizada de Estado, segundo o pensamento que se articula em Adriana. Ou seja, uma perspectiva de Estado que reconheça os diferentes povos, a autonomia e a memória ancestral das mulheres e suas comunidades, fazendo minguar o poder estatal sobre os corpos capazes de gestar. Afinal de contas, lembra ela, sabemos das violências obstétricas pelas quais passamos ao parir e não nos servem esses mesmos moldes médico-hospitalares para abortar.

Mas se, diferentes de outras espécies, a condição humana de refletir a respeito da própria existência é o que se coloca como terreno para encararmos a interrupção da gravidez, podemos nos valer da filosofia para compreender qual é o lugar da *mulher* na valorização e afirmação da vida: se como meio ou se como valor por si só, pelo fato de existirmos.

3. EIXO FEMINISMOS E INTERSECCIONALIDADES

A *mulher* segue sendo essa a categoria mais interessante para garantir o movimento do feminismo? Questiona o pensamento *queer* nas canetas de Judith Butler (2003) e da então Beatriz Preciado (2014). Enquanto Butler nos indaga: "(…) até que ponto o esforço para localizar uma identidade comum como fundamento para uma política feminista impede uma investigação radical sobre as construções e as normas políticas da própria identidade?" (BUTLER, 2003, p. 9-10), Preciado (2014) resgata a história do termo feminismo. Empregado inicialmente pelo médico Ferdinand-Valère de la Cour, em 1871, na sua tese de doutorado "Do feminismo e do infantilismo nos tuberculosos", o termo feminismo descrevia homens com tuberculose que desenvolviam traços secundários femininos. Genitais diminuídos, cabelos mais finos e sedosos, cílios longos, curvas, graciosidade e perda da virilidade. Um ano depois da publicação da tese, o jornalista Alexandre Dumas Filho resgata o termo para desqualificar os homens que apoiavam o sufrágio universal. Só mais tarde o termo foi apropriado pelos movimentos de mulheres na luta por direitos. Assim, os primeiros feministas foram homens, considerados anormais pelo discurso médico. As identidades não binárias de gênero reposicionam homens trans e demais vidas em trânsito no debate sobre o porvir das pessoas com possibilidade de gestar. Ou seja, vidas que desafiam o destino como sendo um, não se contentando com a redução de possíveis, pautada pelo órgão útero ou qualquer outro.

O maior órgão do corpo humano. A pele. Quando não alva: alvo! Se uma existência é preta, mora em periferia, é menor de 14 anos e acompanhada de útero, tem mais chance de morrer em função do atual caráter clandestino do aborto (MENEZES et al., 2020). Se a pele é branca, as estatísticas dizem que é provável o seu acesso ao mercado ilegal das medicações necessárias e às clínicas clandestinas para interromper a gestação. Não há biologia que dê conta de tal fenômeno, por mais que tentem naturalizá-lo. Se realmente escutarmos mulheres empobrecidas e racializadas das periferias, fica evidente a função social da barriga redonda. Nesse período, são menos violentadas sexual e verbalmente, são respeitadas quando passam na rua, valorizadas na sua importância reprodutiva. Após o nascimento da criança, as violações voltam revigoradas, finda o tempo da serventia idílica. Nesses casos, o período da gravidez funciona como um intervalo folga, bem ao modo como descreveu Lélia Gonzalez (1984) em relação às mulheres negras: mulata, musa, diva, prateada e desejada na semana do carnaval; empregada doméstica, mãe preta, explorada e escondida na prataria da cozinha nos demais dias do ano. A pesquisadora brasileira Carla Akotirene (2019) lembra que Lélia já produzia sobre o que mais tarde a estaduniense Kimberlé Crenshaw nomeou como interseccionalidade. Na leitura de Akotirene, a interseccionalidade é análoga a uma encruzilhada que mostra a interação (não a hierarquização) entre as "avenidas identitárias"/"aparatos coloniais" - (AKOTIRENE, 2019, p. 14) raça, gênero e classe. Os acidentes que acontecem nessa encruzilhada têm como marca o ponto de invisibilidade tantas vezes reproduzido pelo movimento feminista (quando as pautas são detidas pelas brancas) e pelo movimento negro (quando protagonizado por homens). A interseccionalidade, assim, é ferramenta indispensável diante do acontencimento aborto e das desigualdades sociais ainda mais agravadas com a pandemia do novo corona vírus, realidade que tem acentuado vulnerabilidades brasileiras. Diante do cenário, a constituição de comuns, laços, rodas e grupos de conscientização (BELL HOOKS, 2018) entre as mulheres e as suas versões se mostra cada vez mais urgente, encontra cada vez mais razões. O cinismo que envolve a criminalização da interrupção voluntária da gravidez - considerando o recorte classe, raça etnia - precisa de um olhar dianteiro e interseccional nas conversas e debates sobre o aborto.

4. CONSIDERAÇÕES FINAIS

A psicanálise é práxis cartográfica de destinos ou reedição de pretéritos no aqui agora transferencial. Um processo analítico não é exatamente uma usina semanal de reinventos do si. É muito mais um destravamento de narrativas que tentam historicizar a posição que ocupamos nesse enredo, nesse enrosco. Um resgate e uma construção sobre o que supomos terem sido nossos fantasmas determinantes: palcos, cenas, personagens, trama e falas decisivas que, ao fim, explicariam um modo de estar na vida. Há episódicos momentos, no entanto, em que as pretensas determinações de si ficam suspensas ou menos consistentes diante dos acontecimentos e seus convites incessantes. São esses os tempos em que o destino ganha uma espécie de polissemia e tanto os tais caminhos de trás como os da frente se repavimentam. Novas tecnologias de cobertura ou resgates de alguns solos na sua potência de conexão com o bioma refazem a geografia. A virtualidade dos modos satélites comparece como presença viva e, por vezes, principal. O evento aborto, na sua função de analisador, interroga-nos: quais narrativas se escolhe deixar viver ou morrer? Quais condições permitem ou impedem que o aborto tenha lugar na narrativa do que é reinvidicado como história?

Se lembrarmos que, no Brasil, uma a cada cinco mulheres de até 40 anos realizou ao menos um aborto (DINIZ; MEDEIROS; MADEIRO, 2017), a cada vez que entrarmos em uma sala de aula, em um almoço de domingo ou em uma quadra de futebol, escutaremos o ruído ensurdecedor dos silêncios que acompanharão os dias normais pós-pandêmicos. Não será necessária nem uma aglomeração para escutarmos o aborto enquanto evento da vida. As existências que são inibidas de se reinventar por novos textos a partir da experiência do aborto são tantas e o desperdício criativo está sendo denunciado. Por entre órgãos, trânsitos, contágios e cores fica o convite: narrar destinos insabidos através dos dissilêncios.

REFERÊNCIAS

AKOTIRENE, Carla. *Interseccionalidade*. São Paulo: Pólén, 2019.

ARÁN, Márcia. *O avesso do avesso: feminilidade e novas formas de subjetivação*. Rio de Janeiro: Editora Garamond Ltda, 2006.

BIROLI, Flávia. Gênero, "valores familiares" e democracia. In: BIROLI, Flávia; MACHADO, Maria das Dores Campos; VAGGIONE, Juan Marco. *Gênero, neoconservadorismo e democracia: disputas e retrocessos na América Latina*. Boitempo, São Paulo: 2020. p. 135-188.

BRASIL. Senado Federal. Projeto de Lei n° 5435, DE 2020. Dispõe sobre o Estatuto da Gestante. *Diário do Senado Federal*. Brasília, DF, n. 180, p. 604-612, dez.2020. Disponível em: https://legis.senado.leg.br/diarios/ver/105670?sequencia=604. Acesso em: 11 abr. 2021.

BROWN, Laura S. Not Outside the Range: One Feminist Perspective on Psychic Trauma. *American Imago, v. 48*, n. 1, p. 119-133, 1991. Disponível em: https://www.jstor.org/stable/26304034. Acesso em: 7 abr. 2021.

BUTLER, Judith. *Problemas de Gênero:* Feminismo e subversão da identidade. Tradução de Renato Aguiar. Rio de Janeiro: Civilização Brasileira, 2003.

CANDIDO, Marcia Rangel; CAMPOS, Luiz Augusto. Pandemia reduz submissões de artigos acadêmicos assinados por mulheres. *DADOS – Revista de Ciências Sociais*, 14 mai. 2020. Disponível em: http://dados.iesp.uerj.br/pandemia-reduz-submissoes--de-mulheres/. Acesso em: 14 abri. 2021.

CARDOSO, Bruno Baptista; VIEIRA, Fernanda Morena dos Santos Barbeiro; SARACENI, Valeria. Aborto no Brasil: o que dizem os dados oficiais? *Cadernos de Saúde Pública, v. 36,* Suppl. 1, e00188718, 2020. Disponível em: https://www.scielo.br/pdf/csp/v36s1/1678-4464-csp-36-s1-e00188718.pdf. Acesso em: 10 abr. 2021.

COSTA, Rosely G. et al. A decisão de abortar: processo e sentimentos envolvidos. *Cad. Saúde Pública,* Rio de Janeiro, *v. 11*, n. 1, p. 97-105, Mar. 1995. Disponível em: http://www.scielo.br/scielo.php?script=sci_arttext&pid=S0102-311X1995000100016&lng=en&nrm=iso. Acesso em: 02 abr. 2021.

DINIZ, Debora; MEDEIROS, Marcelo; MADEIRO, Alberto Madeiro. Pesquisa Nacional do Aborto 2016. *Ciência & Saúde Coletiva, v. 22*, n. 2, p. 653-660, 2017. Disponível em: https://www.scielo.br/pdf/csc/v22n2/1413-8123-csc-22-02-0653.pdf. Acesso em: 12 mar. 2021.

FEDERIC, Silvia. *O Calibã e a Bruxa*. São Paulo: Elefante, 2017.

FELMAN, Shoshana. *O Inconsciente Jurídico*. São Paulo: Edipro, 2014.

FERENCZI, Sándor. Análises de crianças com adultos. In:———. *Obras Completas Psicanálise IV*. São Paulo: Martins Fontes, 1992, p. 69-83. Original publicado em 1931.

FREUD, Sigmund. Projeto para uma psicologia científica. In:———. *Edição Standard Brasileira Obras psicológicas completas de Sigmund Freud*. Tradução de Jayme Salomão. Rio de Janeiro: Imago, 1996. v. 1, p. 333-454. Original publicado em 1895[1950].

FREUD, Sigmund. A etiologia da histeria. In:———. *Edição Standard Brasileira Obras psicológicas completas de Sigmund Freud*. Tradução de Jayme Salomão. Rio de Janeiro: Imago, 1996. v. 3, p. 187-215. Original publicado em 1986.

FREUD, Sigmund. Três ensaios sobre a teoria da sexualidade. In: ———. *Edição Standard Brasileira Obras psicológicas completas de Sigmund Freud*. Tradução de Jayme Salomão. Rio de Janeiro: Imago, 1996. v. 7, p. 119-229. Original publicado em 1905.

FREUD, Sigmund. Cinco lições de psicanálise. In: ———. *Edição Standard Brasileira Obras psicológicas completas de Sigmund Freud*. Tradução de Jayme Salomão. Rio de Janeiro: Imago, 1996. v. 11, p. 17-65. Original publicado em 1910[1909].

FREUD, Sigmund. Além do Princípio do Prazer. In: ———. *Edição Standard Brasileira Obras psicológicas completas de Sigmund Freud*. Tradução de Jayme Salomão. Rio de Janeiro: Imago, 1996. v. 18, p. 13-75. Original publicado em 1920.

FREUD, Sigmund. A dissolução do complexo de Édipo. In ———. *Edição Standard Brasileira Obras psicológicas completas de Sigmund Freud*. Tradução de Jayme Salomão. Rio de Janeiro: Imago, 1996. v. 19, p. 189-199. Original publicado em 1924

GESTEIRA, Solange Maria dos Anjos; BARBOSA, Vera Lúcia; ENDO, Paulo César. O luto no processo de aborto provocado. *Acta paul. enferm.*, São Paulo, v. 19, n. 4, p. 462-467, dez. 2006. Disponível em: http://www.scielo.br/scielo.php?script=sci_arttext&pid=S0103-21002006000400016&lng=pt&nrm=iso. Acesso em: 03 abr. 2021.

GONDAR, Jô. Ferenczi como pensador políticoFerenczi as a political thinker. *Cad. psicanal.*, Rio de Janeiro, v. 34, n. 27, p. 193-210, dez. 2012. Disponível em: http://pepsic.bvsalud.org/scielo.php?script=sci_arttext&pid=S1413-62952012000200011&lng=pt&nrm=iso. Acesso em: 28 mar. 2021.

GONZALEZ, Lélia. Racismo e sexismo na cultura brasileira. *Revista Ciências Sociais Hoje*, Anpocs, p. 223-244. 1984. Disponível em: https://edisciplinas.usp.br/pluginfile.php/4584956/mod_resource/content/1/06%20-%20GONZALES%2C%20L%-C3%A9lia%20-%20Racismo_e_Sexismo_na_Cultura_Brasileira%20%281%29.pdf. Acesso em: 29 mar. 2021.

GONZÁLEZ, Licia; BORGES, Rodolfo. Pandemia adia igualdade de gênero por mais uma geração. *El País*, 31 mar. 2021. Disponível em: https://brasil.elpais.com/sociedade/2021-03-31/pandemia-adia-igualdade-de-genero-por-mais-uma-geracao.html. Acesso em: 31 mar. 2021.

GUZMAN, Adriana. Abortar é memória ancestral. Nosso corpo sabe como parir e sabe como abortar [Entrevista cedida a] Vandreza Amante e Morgani Guzzo. *Portal Catarinas*, 19 mar. 2021. Disponível em: https://catarinas.info/abortar-e-memoria-ancestral-nosso-corpo-sabe-como-parir-e-sabe-como-abortar/. Acesso em: 22 mar. 2021.

HOOKS, Bell. *O feminismo é para todo mundo: políticas arrebatadoras*. 1. ed. Rio de Janeiro: Rosa dos Tempos, 2018.

MARTINS, Cyro. As trágicas feridas emocionais do aborto. *Revista OITENTA*, n. 3, Porto Alegre, *L&PM Editores*, p. 139-45, 1981. [online] Disponível em: http://www.celpcyro.org.br/joomla/index.php?option=com_content&view=article&Itemid=56&id=229. Acesso em: 01 abr. 2021.

MENEZES, Greice M. S. et al. Aborto e saúde no Brasil: desafios para a pesquisa sobre o tema em um contexto de ilegalidade. *Cad. Saúde Pública,* Rio de Janeiro, v. 36, supl. 1, e00197918, 2020. Disponível em: http://www.scielo.br/scielo.php?script=sci_arttext&pid=S0102-311X2020001304001&lng=en&nrm=iso. Acesso em: 27 mar. 2021.

MINISTÉRIO DA SAÚDE (BR). *Interrupção voluntária de gestação e impacto na saúde da mulher.* 3 ago. 2018. [online] Disponível em: https://www.jota.info/wp-content/uploads/2018/08/312d26ded56d74e21deec42b8cf612e8.pdf. Acesso em: 11 abr. 2021.

PRECIADO, Beatriz. *Liberar o feminismo das políticas identitária.* UniNômade Brasil, 9 mai. 2014. Disponível em: https://uninomade.net/tenda/liberar-o-feminismo-das-politicas-identitarias/ Acesso em: 14 mar. 2021.

ROCHA, Camila. Cristianismo ou conservadorismo? O caso do movimento anti-aborto no Brasil. *Revista TOMO*, São Cristóvão – Sergipe, n. 36, p. 43-77, 2020. Disponível em: https://seer.ufs.br/index.php/tomo/article/view/12777. Acesso em: 12 abr. 2021.

VAGGIONE, Juan Marco. A restauração legal: o neoconservadorismo e o direito na América Latina. In: BIROLI, Flávia; MACHADO, Maria das Dores Campos; VAGGIONE, Juan Marco. *Gênero, neoconservadorismo e democracia: disputas e retrocessos na América Latina.* Boitempo, São Paulo: 2020. p. 41-82.

WORLD HEALTH ORGANIZATION (WHO). *Preventing unsafe abortion.* 25 set. 2020. [online]. Disponível em: https://www.who.int/news-room/fact-sheets/detail/preventing-unsafe-abortion. Acesso em: 27 mar. 2021.

REMÉDIOS JURÍDICOS ALTERNATIVOS À DESCRIMINALIZAÇÃO DO ABORTO

Edna Raquel Hogemann[1]
Verônica Azevedo Wander Bastos[2]
Lucas Rocha Rangel[3]

---

1 Pós-Doutora em Direitos Humanos(UNESA). Doutora e Mestre em Direito (UGF). Especialista em Bioética pela Cátedra em Bioética da UNESCO. Especialista em Direitos Humanos pela Universidade de Coimbra, Portugal. Professora associada, permanente do Programa de Pós-Graduação em Direito da Universidade Federal do Estado do Rio de Janeiro. Decana do Centro de Ciências Jurídicas, Políticas e de Administração, da Universidade Federal do Estado do Rio de Janeiro. Membro da International Alliance of Jurists and Economists (France). Coordenadora do Grupo Direito Humanos e Transformação Social (CNPq).

2 Doutora em Memória Social pela UNIRIO (2020). Mestre em Direito pela Universidade Candido Mendes (2005). Professora associada II, com dedicação exclusiva na UNIRIO. Atualmente é Diretora do Curso de Direito da ECJ/UNIRIO. Já foi coordenadora do Curso de Direito, coordenadora do Núcleo de Prática Jurídica – NPJur e coordenadora do Programa de Extensão Assistência Jurídica Gratuita e do Projeto de Extensão Liga Acadêmica de Ciências Criminais - LACCRIM. É professora em Práticas Jurídicas I e II em Direitos Humanos. Orienta Projeto de Pesquisa intitulado – Coletivo Feminino: as mulheres na política Brasileira.

3 Bacharel em Direito pela Universidade Federal do Estado do Rio de Janeiro - UNIRIO. Atualmente é advogado no escritório Rocha Filho Advogados Associais e pós-graduando em Direito Tributário pela Instituição Damásio. Anteriormente atuou como monitor de Prática Jurídica IV e de Direito, Raça e Gênero na UNIRIO. No mais, realizou estágio pela Defensoria Pública do Estado do Rio de Janeiro, lotado no Núcleo de Atendimento ao Preso Provisório - NUCAPP/DPE-RJ, e, ainda, na 8ª Câmara Criminal do Tribunal de Justiça do Estado do Rio de Janeiro e na 8ª Vara Federal de Execuções Fiscais do Rio de Janeiro.

INTRODUÇÃO

A Constituição Federal de 1988, ao abarcar em sua estrutura a Lei nº 7.209 de 1.984, que institui e regula o nosso sistema penal, aborda e consolida também, sob a óptica punitivista, o instituto do aborto. O Código Penal brasileiro, entre seus artigos 124 e 128, define a prática de aborto como um crime passível das penas de detenção ou de reclusão, ambas consideradas penas privativas de liberdade. De acordo com o Código Penal, a pessoa que cometer aborto em si mesma ou consentir para que um terceiro o faça poderá sofrer pena de detenção de um a três anos (Artigo 124, CP). Quanto ao terceiro que provoca o aborto, este poderá ser condenado por reclusão de um a dez anos, dependendo se o ato foi praticado com ou sem o consentimento da gestante (Artigos 125 e 126 do CP).

Um primeiro olhar sobre esses dispositivos, é de se perceber que no caso do artigo 124, quando quem é punida pela prática do aborto é somente a mulher, o mesmo se reveste com característica de crime próprio, uma vez que só poderia se constituir como tipo penal se a gestante praticasse em si própria ou consentisse que alguém praticasse nela o procedimento abortivo. Como só mulheres podem engravidar, somente mulheres podem ser punidas pelo crime contido neste artigo.

A partir deste fato, é perceptível que o dispositivo acaba por privilegiar o homem, que também é responsável pela gravidez, em detrimento da mulher grávida que porventura vier a praticar o aborto. Por isso, como consequência de seus efeitos práticos, o dispositivo cumpre, além de sua função punitiva, a criminalização, a marginalização e segregação de um determinado grupo social: as mulheres. Por se tratar de um crime que carrega consigo uma forte carga moral e que é visto como um tabu na atual sociedade brasileira, acaba também estigmatizando ainda mais quem o pratica.

A tipificação do aborto como crime leva a que a mulher que decide passar por tal procedimento independentemente deste fato o faz na ilegalidade. Isso faz com que naturalmente ocorram complicações ao longo destes procedimentos feitos através de métodos inseguros e, consequentemente, representam riscos à vida da mulher envolvida. Ao se deparar com tal situação, a mulher se vê entre duas alternativas: se apresentar ao sistema público de saúde e "confessar" que praticou um aborto inseguro, ou ficar à mercê da própria sorte e dos próprios cuidados na espera que se recupere mesmo assim, a fim de evitar uma possível sanção penal.

Qualquer uma das alternativas decorrentes deste aborto inseguro implicam em ônus para a saúde pública e principalmente para o direito básico da mulher em ter acesso ao sistema de saúde. Com essa negligência em relação aos direitos sexuais e reprodutivos da mulher, a criminalização consegue, assim, além de aumentar a mortalidade materna decorrente de abortos inseguros, causar a dilatação do sistema único de saúde, principalmente no que diz respeito às taxas de ocupação, causada pelos milhares de casos anuais de mulheres com complicações decorrentes de abortos inseguros que procuram o SUS para serem atendidas e socorridas.

Os autores do presente estudo partiram do pressuposto fundamental segundo o qual ao encarar-se o tema tão somente no campo do tabu e do ilícito penal, a mulher acaba tendo que buscar tratamentos alternativos e clandestinos e, se tratando de um procedimento médico de risco, não ter uma regulação por parte do Estado, coloca em risco sua a saúde e até a sua vida. Aqui, portanto, não se basta apenas proibir ou coibir a prática, mas sim tratar o aborto como questão de saúde pública. E como tal, o Estado deveria tomar a iniciativa no sentido de criar formas e meios de acolher a mulher em seus direitos mínimos.

Dessa forma, os autores chegaram à constatação de que além do caráter punitivo que contribui para a manutenção do sistema penitenciário inflado inerente à criminalização do aborto, essa situação acarreta um ônus muito significativo para o bom funcionamento do sistema de saúde, no que diz respeito à saúde pública, sexual e reprodutiva da mulher.

Assim, a partir de uma seleção bibliográfica e jurisprudencial sobre a temática da criminalização do aborto e a sua consequente implicação negativa na questão da saúde pública, aplicando o método descritivo e qualitativo, num viés dialético, na pesquisa ora introduzida, os autores, tendo em conta o suporte doutrinário de Zaffaroni e de Crenshaw, puderam realizar que há uma face ainda mais dura quando se trata de alguns grupos específicos de mulheres que já são estigmatizadas, deslocadas, silenciadas e descriminadas dentro da nossa sociedade simplesmente por suas condições — mulheres pobres, negras, indígenas, periféricas ou de baixa escolaridade — o que acaba por sobrecarregar ainda mais a situação socioeconômica, física e mental destes grupos, surgindo também como uma forma de punição e segregação étnica, racial e social de grupos específicos que já estão marginalizadas dentro da atual sociedade.

Tem-se que o tema desse ensaio, que originalmente foi objeto de pesquisa do Trabalho de Conclusão de curso do terceiro autor, sob a orientação da primeira autora, foi escolhido porque no Brasil, atualmente, o aborto é uma das principais causas de morte materna, seja por procedimento abortivo legal, mas principalmente por métodos inseguros. Com isso, o intuito foi apontar soluções alternativas a curto prazo que que tenham o condão de diminuir a interferência negativa bastante significativa e que afeta uma boa parcela das mulheres brasileiras.

1. A CRIMINALIZAÇÃO DA PRÁTICA DO ABORTO EM NÚMEROS, NO BRASIL

Parte-se da afirmativa inicial segundo a qual a criminalização da prática do aborto sem uma contrapartida que humanize a mulher e busque meios de se diminuir a grande quantidade de casos e procedimentos — que boa parte das vezes acabam em complicações médicas —, acaba por inchar o sistema público de saúde. Ao passo que, além de sofrer pela questão médica, a mulher que pratica o aborto inseguro acaba sendo afligida também através da estigmatização ao ser penal, civil e socialmente repreendida por uma prática à qual, por natureza, só a mulher é passível de cometer.

Ao buscar alternativas que amenizem os efeitos colaterais da criminalização do aborto no Brasil, o que se busca é encontrar meios para reduzir a taxa de mortalidade e de eventuais comprometimentos físicos e psicológicos da mulher, quando se trata de complicações médicas causadas pela prática de aborto inseguro, no sentido de se criar e estabelecer uma forma de humanizar a mulher que o pratica de forma que seja abarcada pelo sistema de saúde público, principalmente quando se passa uma linha interseccional no problema e se percebe que quem mais sofre com a criminalização do aborto são as mulheres, obviamente, mas principalmente a mulher negra, indígena, pobre, periférica e de baixa escolaridade.

Por ser uma conduta tipificada no Código Penal, já referido, como um crime passível de pena, o aborto irá, logicamente, impactar no sistema judiciário. Porém, esse impacto não se dará pela mera demanda judicial contra este tipo de conduta, mas, no caso do aborto, além de uma sobrecarga do sistema, por conta do grande número de casos processados, também implicará em uma judicialização interseccionalizada[4] da questão, onde certas classes e grupos específicos de mulheres sofrerão mais.

Segundo levantamento feito pelo portal Catarinas e a GHS Brasil, em parceria com o IPAS, CFEMEA e com o Observatório de Sexualidade e Política, entre 2015 e 2017 foi verificado, no Brasil, o registro de praticamente um processo relativo à prática de aborto por dia no país. A metodologia utilizada pelos pesquisadores consistiu na solicitação, às assessorias de imprensa de todos os tribunais de justiça, do número de processos por aborto, distribuídos no estado nos três últimos anos, segundo a tipificação dos artigos 124, 125, 126 e 127, do Código Penal brasileiro.

Dos 27 estados (aqui considera-se também o Distrito Federal), 18 prestaram informações, enquanto os estados do Acre, Amapá, Pará, Paraíba, Piauí, Roraima e Tocantins não responderam. Quanto ao estado do Ceará, este não classificou os números de acordo com a tipificação penal, dificultando a análise taxativa. Por fim, o estado do Amazonas enviou somente os dados relativos à capital, Manaus.

Tal pesquisa levou em consideração o registro e os números, em cada Tribunal de Justiça Estadual, que englobam todas as fases do processo criminal que envolvem uma denúncia de aborto, desde o registro inicial na delegacia (boletim de ocorrência, prisão em flagrante da mulher etc.), passando pela abertura do inquérito policial, oferecimento da denúncia pelo Ministério Público e procedimentos da ação penal. Entre os anos pesquisados, de um total de 1.556 processos judiciais, quase dois terços (924 processos) são em relação ao crime previsto no artigo 124 do Código Penal. Outra parte considerável de processos judiciais referentes ao aborto é relativa aos artigos 125 e 126 do Código Penal, que é responsável por 543 judicializações de casos.

---

4 O conceito de interseccionalidade, apurado por Crenshaw, em seu artigo intitulado Background Paper for the Expert Meeting on the Gender-Related Aspects of Race Discrimination (1989) : A interseccionalidade é uma conceituação do problema que busca capturar as consequências estruturais e dinâmicas da interação entre dois ou mais eixos da subordinação. Ela trata especificamente da forma pela qual o racismo, o patriarcalismo, a opressão de classe e outros sistemas discriminatórios criam desigualdades básicas que estruturam as posições relativas de mulheres, raças, etnias, classes e outras. Além disso, a interseccionalidade trata da forma como ações e políticas específicas geram opressões que fluem ao longo de tais eixos, constituindo aspectos dinâmicos ou ativos do desempoderamento. (2002, p. 177).

Por fim, houve um número reduzido de processos contra a prática do aborto se comparado aos outros tipos, mas que não deixa de ser expressivo, para a situação de aborto qualificado, onde a gestante sofre lesão corporal de natureza grave em decorrência do aborto inseguro (Artigo 127, CP), chegando ao total de 89 processos no período entre 2015 e 2017.

Segundo dados da pesquisa, o Estado de São Paulo foi o Estado que mais registrou essa judicialização da prática do aborto, sendo responsável por, ao todo, por 250 processos entre 2015 a 2017, revelando também um aumento de 25% no período. Em média, o Estado paulista registrou 5 vezes mais que a média do restante do Brasil para igual período. Outros estados também tiveram números expressivos de processos judiciais referentes à prática do aborto, como é o caso de Minas Gerais, Paraná, Rio de Janeiro, Rio Grande do Sul e Santa Catarina, estados estes considerados centros econômicos do país e todos estes figurantes do top-10 em IDH no Brasil por estados, segundo o índice de 2017.

Esse dado, mostra, portanto, que a prática de aborto inseguro não necessariamente depende apenas da condição socioeconômica ou instrução social da mulher que o pratica, sendo resultado direto de uma visão punitivista da prática do aborto e de todo um contexto histórico e social que moldam a estrutura institucional do país. Sem o prejuízo, vale lembrar, de que essas condições sociais específicas importem numa maior ou menor incidência de casos judicializados relativos a um determinado grupo, classe ou região.

Já o Estado que registrou o maior percentual de aumento no número de casos judicializados de um ano para o outro foi o Estado de Sergipe, onde foi verificado um expressivo aumento de 600% se levar em consideração o período todo da pesquisa, e de 1.200% se for levado em conta somente o período compreendido entre os dois últimos anos. Pode-se, então, num primeiro momento, levar a conclusão de que o Estado de Sergipe apenas aumentou o potencial de exercício da litigância em relação à prática do aborto. Porém, por outro lado, pode representar a efetividade de uma prática sob a ótica unicamente punitivista, além de escancarar os efeitos negativos da criminalização do aborto no que diz respeito aos direitos reprodutivos e sexuais, bem como expõe possíveis deficiências estruturais do sistema público de saúde do Estado.

Importante ressaltar aqui que, em coerência com o aumento dos litígios criminais que envolvem a prática de aborto, o Estado do Sergipe ingressou com o pedido de *amicus curiae* em ação que pede a descriminalização do aborto no Supremo Tribunal Federal (STF), manifestando posição contrária ao pleito. Na ação protocolada no Supremo, o Estado não só deixa clara a sua posição contrária ao aborto como ainda afirma que se recusará a prover o serviço, caso o aborto venha a ser legalizado. Esse posicionamento, mostra, de maneira nítida, o alinhamento do Poder Executivo exclusivamente com a ótica punitivista e moralista da questão, cegando-se para o problema estrutural e social que tal criminalização acarreta na sociedade, especialmente sobre as mulheres.

Em um levantamento feito pela Defensoria Pública do Estado do Rio de Janeiro em 2017, pôde-se fazer uma análise mais profunda do perfil da mulher incriminada por aborto no Estado, levando em consideração questões e situações socioeconômicas específicas, como cor, escolaridade, estado civil, residência, ocupação etc. A criminalização do aborto vai implicar numa sobrecarga do sistema judiciário, uma vez que vai trazer para a esfera penal diversas condutas, não só de mulheres, mas também de terceiros. Segundo a pesquisa feita pela DPERJ em 2017, 225 réus foram julgados nos processos que envolviam a prática de aborto. Esse dado mostra como a criminalização impacta de maneira significativa e quantitativa, portanto, o sistema judiciário.

Esse impacto, porém, vai ter uma dupla consequência: de um lado vai punir quem pratica o aborto, de outro vai recair principalmente sobre determinados grupos sociais, criando, dessa forma, uma espécie de punitivismo seletivo. A pesquisa feita pela Defensoria do Estado carioca pôde comprovar, com números, que a criminalização do aborto direciona a carga punitiva, em sua maioria absoluta, pune mais as mulheres que o praticam do que qualquer um outro partícipe do ato - seja ele o parceiro, marido, familiar ou hospital/médico/terceiro que auxilia/faz o aborto.

Além disso, a criminalização se mostra através de uma face interseccional, pois, além de punir as mulheres (questão de gênero), irá punir mais ainda a mulher negra, a mulher pobre e a mulher periférica ou com menor grau de escolaridade. Essa desigualdade social e de gênero, esse racismo estrutural e essa seletividade penal, portanto, de uma maneira geral, irão se declarar gravemente contrários a uma série de direitos humanos.

Para Zaffaroni e Batista (2011, p.76), deve ser levado em consideração o fato de que as estruturas de poder (tanto política quanto econômica) da sociedade são formadas por grupos, os quais estarão mais próximos ou mais distantes do poder, sendo que "o sistema penal cumpre a função de selecionar, de maneira mais ou menos arbitrária, pessoas dos setores sociais mais humildes, criminalizando-as". Dessa forma, a criminalização do aborto surge como um eficaz instrumento na hora de fortalecer e corroborar com a discriminação, o racismo, o preconceito de gênero, a desigualdade socioeconômica e com a seletividade penal e criminal.

Os impactos negativos do aborto no sistema de saúde não ficam muito atrás dos impactos negativos do sistema judiciário. O aborto tem uma carga muita elevada quando se trata de internações oriundas de complicações decorrentes da prática do aborto inseguro, assim como tem números incrivelmente assustadores quando o assunto é mortalidade materna decorrente deste aborto inseguro.

Entender a dimensão dos transtornos acarretados dentro do Sistema Único de Saúde (SUS) pela criminalização do aborto é fundamental para enxergar a nocividade que essa proibição traz para a sociedade, não só em termos jurídicos e legais, mas também quando se trata de saúde pública e de direitos reprodutivos da mulher. Sendo também uma importante ferramenta de promoção da desigualdade social, racial e de gênero. Segundo dados da Organização Mundial de Saúde (OMS), entre 2010 e 2014 houve, no mundo, cerca de 55 milhões de abortos. Deste total de abortos registrados no período, 45% (cerca de 25 milhões) foram inseguros. E, deste número de abortos inseguros, aproximadamente 97% ocorreram em países em desenvolvimento da América Latina, Ásia ou da África.

Em pesquisa feita em 2018 com o financiamento da Global Health Strategies, foi levantado o número de casos de internações e mortes maternas decorrentes de aborto no Brasil, entre os anos de 2008 e 2015. Foi possível também, através desta pesquisa, traçar o perfil da mulher que está mais vulnerável às consequências médicas e clínicas do aborto inseguro: as de cor preta e as indígenas, de baixa escolaridade, com menos de 14 e mais de 40 anos, vivendo nas regiões Norte, Nordeste e Centro-oeste, e sem companheiro.

Para chegar em números específicos, a pesquisa usou como parâmetro a Razão de Mortalidade Materna (RMM), que calcula a razão entre o número de nascidos vivos em contrapartida com o número de mortes maternas durante um certo período de tempo e sob determinado espaço geográfico. Este cálculo (RMM) é usado para criar uma estimativa da população de gestantes expostas ao risco de morte por causas maternas. Dentre os parâmetros para se chegar a esses números, foi utilizado o Sistema de Informações sobre Mortalidade (SIM), que faz parte do sistema de dados do

SUS (DataSus). A análise do SIM mostrou que, entre 2006 e 2015, foram registrados no Brasil 770 óbitos com causa básica aborto. Desses, apenas 7 foram decorrentes de aborto por razões médicas e legais, enquanto em mais da metade dos casos (56,5%), a causa foi "aborto não especificado".

Apesar de se notar, durante o período de 2006 à 2015, um maior número absoluto de mortes maternas entre mulheres de 20 à 29 anos, a RMM específica por idade foi verificada maior entre as mulheres de mais de 40 anos, e em 2010 e 2014, entre as adolescentes de 10-14 anos. Nas regiões Nordeste e Sudeste, que concentraram o maior número de óbitos por aborto registrados no SIM durante o período, foi possível observar a maior RMM por aborto nas faixas dos extremos de idade.

A RMM específica por aborto segundo a cor da pele mostra que no Brasil, pelos dados registrados no SIM e no SINASC (Sistema de Informações sobre Nascidos Vivos), o grupo de mulheres de cor preta apresentou os maiores valores de 2006 a 2012. Em 2013 e 2014, as indígenas foram o grupo com a maior RMM. Na média dos 10 anos, o grupo de mulheres de cor preta manteve a maior RMM.

Também foi possível notar uma diferença da mortalidade materna quando o recorte é a situação conjugal. Os dados informam que cerca de 70% das mulheres que morrem por conta do aborto no Brasil "não estavam vivendo uma união". Aqui se considera as solteiras, viúvas e as divorciadas. A maior proporção de óbitos por aborto em mulheres sem vínculo conjugal é comum a todas as regiões brasileiras, variando a magnitude. Essa proporção chega a ser de 90,5% na Região Sul.

O SIH (Sistema de Informações Hospitalares do SUS) registrou média de aproximadamente 200.000 internações por ano por procedimentos relacionados ao aborto entre 2008 e 2015. O procedimento informado em aproximadamente 95% dos casos foi "Curetagem pós-abortamento/puerperal". Enquanto o "esvaziamento de útero pós-aborto por aspiração manual intrauterina" correspondeu a apenas 5% dos procedimentos na média dos anos analisados. Lembrando aqui que os procedimentos realizados sem internação hospitalar não foram registrados.

A relação entre o número de internações por aborto e o número de internações por parto também é relativamente significa, onde, no período, a cada 1.000 internações por parto, havia uma média de 100 internações por aborto. Ou seja, para cada 10 partos, um caso de internação por aborto é verificado. Além disso, na análise dos dados segundo o diagnóstico de internação, incluindo os grupos "aborto espontâneo", "aborto por razões médicas" e "outras gravidezes que terminam em aborto", entre 2008 e 2015, mostra que foram registradas no SIH uma média de aproximadamente 212 mil internações/ano.

Segundo dados da pesquisa, no Brasil houve em média 1.600 internações por ano diagnosticadas como "aborto por razões médicas". Em contrapartida, tivemos uma média de 109 mil internações por ano com o diagnóstico "aborto espontâneo" e de 100 mil internações por ano para aqueles casos diagnosticados como "outras gravidezes que terminam em aborto". Por fim, no período entre 2008 a 2015 o SIH registrou uma média de 45 óbitos por ano, consequentes de internações com diagnóstico de aborto. Vale ressaltar aqui, porém, que, entre os óbitos maternos por aborto, a dificuldade de classificação é ainda maior. Isso ocorre pois, desde a implantação do SIM (Sistema de Informações sobre Mortalidade), pesquisas evidenciam a subnotificação das mortes maternas por aborto.

Além disso, nos casos de abortos induzidos, a ilegalidade da prática contribui ainda mais para a subnotificação dos casos. Isso leva a concluir que os números de mortalidade materna causada pelo aborto inseguro são ainda maiores do que os contabilizados na pesquisa. Por mais que a mencionada pesquisa não tenha conseguido, de forma plena, captar dados da ocorrência de abortos sem necessidade de internação e daqueles que resultaram em internação no serviço privado, ela conseguiu mostrar, mesmo que de maneira parcial, que mulheres mais vulneráveis estão mais propensas a morrer após um aborto, mesmo quando consideradas apenas aquelas que procuram o serviço público, sabidamente mais sujeitas a um aborto inseguro[5].

Resultados obtidos através da Pesquisa Nacional do Aborto (PENA) - feita em 2016 com o intuito de estimar a magnitude do impacto do aborto na vida das mulheres -, indicam que o aborto é um fenômeno frequente e persistente entre as mulheres de todas as classes sociais, grupos raciais e níveis educacionais. Dados da pesquisa indicaram que, em 2016, quase 1 em cada 5 mulheres aos 40 anos já realizou, pelo menos, um aborto. Somente em 2015, foram aproximadamente 416 mil mulheres que abortaram. Apesar deste expressivo número e de proporções nacionais, o aborto, no entanto, encontra certa heterogeneidade dentro dos grupos sociais, com maior frequência entre as

---

5 Em outro estudo realizado em Minas Gerais, entre os anos de 2000 à 2011, é possível notar no Estado, como características principais das mulheres que foram a óbito em decorrência do aborto as mulheres entre 20 e 34 anos, solteiras (68%) e negras (70,5%), em sua maioria com menos de 7 anos de estudos.

mulheres de menor escolaridade, pretas, pardas e indígenas, vivendo nas regiões Norte, Nordeste e Centro-Oeste. Apesar dos dados oficiais não forneceram as informações suficientes, já é possível mensurar o impacto bastante significativo que a criminalização e a consequente no sistema de saúde pública no Brasil.

2. A RELEVÂNCIA DA CONSTITUIÇÃO DE 1988 NA DEFESA DE DIREITOS E GARANTIAS NA DESCRIMINALIZAÇÃO DO ABORTO

Com a promulgação da Constituição Federal de 1988, surgiram algumas garantias constitucionais de proteção aos direitos sociais e civis, a fim de resguardar também a própria incolumidade constitucional. Dentre as ferramentas previstas na Carta Magna, podemos destacar as ações de controle, cuja finalidade é justamente atacar ou declarar uma suposta constitucionalidade/inconstitucionalidade de certa norma, em um controle concentrado e abstrato da constitucionalidade dela.

De todos os remédios jurídicos existentes, tem-se a Arguição de Descumprimento de Preceito Fundamental (ADPF), também vislumbrada no artigo 102 da Constituição Federal, mais precisamente em seu parágrafo 1°, e que visa declarar ou afastar de nosso ordenamento jurídico qualquer norma ou ato normativo do Poder Público que possa ir de encontro com algum preceito fundamental, objeto de nosso estudo. A ADPF, por mais que fosse prevista em nossa Constituição de 1988, ainda carecia de regulamentação própria, o que foi feito a partir da Lei 9.882/99, que vem justamente especificando de forma expressa as formas de cabimento, os legitimados para propor a ação e como se dará a utilização desta ação. A ADPF é um remédio constitucional que irá arguir contra todo e qualquer ato do Poder Público - seja ele normativo, administrativo ou judicial - que venha a ferir ou contrariar um preceito fundamental de nossa Constituição.

Dentre os legitimados para sua propositura, além do Poder Legislativo e Executivo (Federal e Estadual), podemos destacar a legitimidade do Conselho Federal da Ordem dos Advogados do Brasil (OAB), de qualquer partido político, desde que tenha representatividade no Congresso Nacional e, por fim, as Confederações Sindicais ou entidades de classe de âmbito nacional.

A lei que regulamenta a ADPF também é feliz ao lembrar, em seu artigo 6º, e a possibilidade de se utilizar, nesse meio de controle de constitucionalidade, a figura do *amicus curiae*. O *Amicus curiae*, ou, amigos da corte, é um instrumento assegurado pelo nosso ordenamento que vai possibilitar uma maior participação popular em assuntos de grande repercussão e que lhe dizem respeito diretamente. É através deste instituto que será possível que entidades, órgãos e até pessoas, jurídicas ou físicas, possam, de certa forma, se imiscuir sobre determinada questão ou matéria de seu interesse e de grande relevância social.

Do outro lado, o *Amicus curiae* também irá oferecer ao legislador um leque maior de visões e posicionamentos distintos sobre a matéria a ser arguida, uma vez que o instituto pode ser utilizado por pessoas e entidades que tenham vínculo ou interesse com o tema em questão, que irão trazer ao tema debates fáticos, técnicos e teóricos sobre o objeto da ADPF. Aqui, percebe-se, portanto, que, não basta apenas existir uma discussão acerca de um possível descumprimento a um preceito fundamental/constitucional, é necessária também a constatação de que o tema a ser arguido é de extrema importância e relevância sociais, além de que, para que seja admitido o *amicus curiae*, o ingressante deverá ter adequada representatividade no tema ou notório conhecimento e experiência na matéria, no intuito de auxiliar os encarregados por julgar a eventual ADPF a ter uma melhor percepção geral acerca do tema.

Tanto a ADPF, - como ferramenta constitucional capaz de arguir em prol de um preceito fundamental - quanto, - de modo específico e com caráter participativo por parte da sociedade num geral - o *amicus curiae*, poderão ter papéis importantíssimos no que concerne à criminalização ou não do aborto e, por consequência, trazendo também mudanças de paradigmas no sistema jurídico, no sistema de saúde e no tratamento dos direitos sexuais e reprodutivos da mulher.

A ADPF de nº 54, formalizada em 2004 pela Confederação Nacional dos Trabalhadores na Saúde (CNTS), teve como objetivo principal desqualificar do rol taxado nos artigos 124, 126, *caput,* e 128, I e II de nosso Código Penal a antecipação terapêutica do parto nos casos de fetos anencéfalos. Como base de sua argumentação em prol dessa arguição, a CNTS alegou que tipificar, nesse sentido, os casos de aborto de fetos anencéfalos em nosso Código Penal estaria, dentre outros dispositivos, ferindo premissas constitucionais, como a dignidade da pessoa humana (Art. 1º, IV, Constituição Federal), contrariando também aos princípios da legalidade, liberdade e autonomia da vontade (Art. 5º, II, CRFB) e, em especial, violando o direito à saúde (Art.6º, *caput,* CRFB).

A Confederação, representada pelo então advogado Doutor Luís Roberto Barroso, alegou, dentre outras questões, que diversos órgãos investidos do ofício judicante vêm, em detrimento da Constituição Federal e dos princípios nela contidos, extraindo do Código Penal a proibição de se efetuar a antecipação terapêutica do parto nos casos de fetos anencéfalos. Afirmou também ser uma patologia daquelas que tornam inviável a vida extrauterina e, por conta disso, tentou demonstrar que a antecipação terapêutica do parto, nesses casos, não se consubstanciaria, portanto, em aborto, uma vez que este último envolveria a vida extrauterina em potencial.

Vale ressaltar, também, que a CNTS, em sua petição inicial, faz uma inteligente analogia do sofrimento físico e psicológico da gestante, ao ter de passar nove meses com um feto na barriga tendo a plena consciência de que ele não sobreviverá, com a tortura psicológica, configurando-se por uma martirização física e moral da mulher.

Há época do andamento da Ação, devido à grande mobilização e repercussão em volta do tema, diversos grupos e associações e representantes de classes de diferentes posições ingressaram com *amicus curiae*, no intento de participar ativamente e de modo a firmar seu posicionamento perante a corte. Dentre vários grupos religiosos, feministas, da área da saúde, podemos citar, por exemplo, o *Conselho Federal de Medicina, Católicas pelo Direito de Decidir* e *Rede Nacional Feminista de Saúde, Direitos Sexuais e Direitos Reprodutivos.*

O ministro relator Marco Aurélio, em seu voto, fez questão de relatar a importância do instituto do *amicus curiae* no tema arguido, não só acatando os pedidos de ingresso como amigos da corte, mas também convocando outros órgãos e entidades a prestarem suas opiniões e visões periciais, por meio de audiência pública. Ademais, em seu acórdão, a Suprema Corte decidiu por prover a ação que arguia contra o descumprimento de um preceito fundamental para desqualificar, do rol das práticas consideradas como crime, as interrupções terapêuticas da gestação de fetos anencéfalos. O Ministro Relator Marco Aurélio baseou seu voto em aspectos técnicos, científicos e constitucionais.

O Tribunal, assim, por maioria, e nos termos do voto do Relator, julgou procedente a ação para declarar a inconstitucionalidade da interpretação segundo a qual a interrupção da gravidez de feto anencéfalo é conduta tipificada nos artigos 124, 126, 128, incisos I e II, todos do Código Penal. Podemos ver, portanto, que é possível mitigar a criminalização do aborto através de remédios jurídicos que irão fazer o controle abstrato e concentrado da Constituição. Lembrando que as decisões acordadas pela Suprema Corte, em sede de ADPF, sempre terão eficácia contra todos e efeito vinculante relativamente aos demais órgãos do Poder Público, conforme o artigo 10°, §3°, da lei 9.882/99, mostrando a relevância e a importância deste tipo de controle constitucional como mudança de paradigma social, cultural e institucional.

Outro exemplo é a ADPF 442. Em 06 de março de 201752 o Partido Socialismo e Liberdade (Psol) ajuizou Arguição de Descumprimento de Preceito Fundamental (ADPF), com o intuito de que seja declarada a não recepção parcial dos art. 124 e 126 do Código Penal, para que sejam desconsideradas do rol de condutas típicas dos referidos dispositivos todas as interrupções voluntárias de gravidez realizadas até a 12ª semana de gestação.

O partido indica, na inicial, como preceitos violados, "os princípios fundamentais da dignidade da pessoa humana, da cidadania e da não discriminação, bem como os direitos fundamentais à inviolabilidade da vida, à liberdade, à igualdade, à proibição de tortura ou tratamento desumano ou degradante, à saúde e ao planejamento familiar, todos da Constituição Federal". O processo encontra-se atualmente em andamento, sem ter, até agora, uma decisão definitiva sobre o pleito. Entretanto, durante o período, foi requisitado e permitido pelo Supremo Tribunal Federal (STF) a apresentação de memoriais e a sustentação oral de entidades e grupos que têm relevância, legitimidade, interesse e relação com o tema, na forma de *amicus curiae*. Essa iniciativa do Supremo permitiu a pluralização e democratização do debate. Dentre as entidades que figuram como *amicus curiae* na Arguição, interessa mencionar no presente trabalho os memoriais e as justificativas pró-descriminalização das seguintes organizações e entidades: a organização da sociedade civil denominada Criola; o Comitê Latino-americano e do Caribe para a Defesa dos Direitos da Mulher (CLADEM); as Católicas pelo direito de decidir; e o grupo Curumim, cada qual apresentando sua abordagem sobre o tema.

3. ABORTO: UMA QUESTÃO DE SAÚDE PÚBLICA E NÃO DE POLÍCIA

O grupo Curumim alega em sua tese que o aborto é uma questão de saúde pública e não um problema criminal, afirmando que ele é responsável pela maioria das mortes maternas. Para embasar sua defesa, o grupo trouxe números e estatísticas que relacionam a restrição legal do aborto (criminalização) com as altas taxas de mortalidade materna decorrente do aborto inseguro. Já as Católicas pelo direito de decidir, tem como base ideológica a "prática e teoria feministas para promover mudanças em nossa sociedade, especialmente nos padrões culturais e religiosos" 55 . Além disso, a ONG milita em prol da laicidade do Estado, acreditando que este deve ser livre da interferência religiosa na criação e condução das políticas públicas. Acreditam também na igualdade das relações de gênero na sociedade, tanto na Igreja Católica como em outras religiões.

O argumento utilizado pelo Comitê em seu *amicus curiae* foi em direção da defesa do Direito à participação das mulheres na definição dos seus direitos fundamentais, alegando que "o direito à autodeterminação, especificamente quanto ao direito de decidir sobre ser ou não mãe, é um direito que é, ao mesmo tempo, fundamental e exclusivo das mulheres porque forma um todo com a liberdade pessoal (autodeterminação) da mulher em optar em se tornar mãe ou não. Criola discute os direitos reprodutivos através de uma perspectiva interseccional de raça e gênero, deslocando o centro de análise e realização do direito para as mulheres negras. Acredita que o direito ao abortamento funciona como instrumento essencial para a garantia da vida, da saúde, da liberdade e da cidadania das mulheres negras - e como uma forma de reparação do déficit democrático pela realização da justiça reprodutiva.

Existe, porém, uma terceira via de possibilidades alternativas à descriminalização do aborto e que serão permitidas e previstas pelo nosso ordenamento jurídico-penal. Que são justamente aquelas garantias processuais que permitirão, no âmbito do processo penal, que a criminalização de certas condutas e a condenação de certos sujeitos sejam mitigadas de forma a se alcançar uma maior eficácia do ordenamento jurídico-penal no que tange a sua função social de, também, assegurar os direitos humanos, se afastando do caráter punitivo/repressivo da sanção e se aproximando do caráter retribuitivo/preventivo.

Os institutos da colaboração premiada e da delação premiada são aquelas possibilidades previstas em nosso ordenamento jurídico que irão autorizar que a pena a ser imputada seja atenuada pelo fato de se ter verificado uma contribuição efetiva por parte do acusado para com as autoridades e com a investigação judicial.

Apesar de não ser um novo instrumento processual em nosso ordenamento jurídico, a colaboração premiada ganhou notoriedade com a Lava Jato, através da lei 12.850/2013, mais conhecida como "Lei das Organizações Criminosas". Ela se difere da delação premiada, segundo a jurisprudência firmada nos tribunais superiores, justamente por ser um negócio jurídico bilateral firmado entre as partes interessadas, no caso o acusado e a autoridade que está investigando a prática, estabelecendo, então, benefícios ao acusado em troca da colaboração com as autoridades.

A Lei n. 12.850/13, contudo, não apenas regulamentou essa colaboração entre o acusado e o órgão acusatório, como também incluiu a possibilidade de concessão de perdão judicial entre os benefícios ao colaborador. Essa previsão nos trará uma possibilidade muito interessante quando se tratar de muitos casos de abortos inseguro em diversas mulheres, como é o caso das clínicas clandestinas de aborto.

Já a delação premiada, na forma do artigo 1º, § 5º, da Lei 9.613/98, tem como característica principal o fato de ser um ato unilateral, praticado pelo agente que, espontaneamente, opta por prestar auxílio tanto à atividade de investigação, quanto à instrução procedimental. Vale ressaltar também que o referido instituto, diferentemente da colaboração premiada (que demanda a bilateralidade), não depende de prévio acordo a ser firmado entre as partes interessadas.

O perdão judicial é uma ferramenta prevista em nosso ordenamento que facultará ao julgador disponibilizar ao acusado, em troca de informações e da colaboração com a elucidação dos fatos ocorridos, o não indiciamento no processo e questão ou a absolvição pelo crime que esteja sendo condenado, acarretando, assim na extinção da punibilidade, conforme o artigo 107, inciso IX, do Código Penal. Além disso, o fundamento para o perdão judicial é no sentido de reconhecer, em determinados casos, que o agente foi afetado pelas consequências do fato de forma tão grave que a pena – que tem uma finalidade preventiva e retributiva – se torna desnecessária. Parte-se, portanto, da premissa de que não há mais razão para impor determinada pena pelo motivo de o acusado já ter sido duramente penalizado pela ocorrência do fato.

Dessa forma, aqui, poderíamos estender aos casos de aborto inseguro, visto que as mulheres que o cometem geralmente passam por complicações físicas, psicológicas e sociais.

Um caso emblemático, e muito interessante para ilustrar uma situação em que o perdão judicial poderá ser utilizado como uma ferramenta processual capaz de atenuar os efeitos negativos da criminalização do aborto no sistema judiciário e no que diz respeito aos direitos sexuais e reprodutivos da mulher, é o caso que veio a ser conhecido como o "caso das dez mil". Este episódio ocorreu em 2010, na comarca de Campo Grande, Mato Grosso do Sul. Após a denúncia de um jornal local sobre uma rede de clínicas de aborto clandestinas, o Ministério Público estadual, juntamente com as autoridades policiais, iniciou uma série de investigações que culminaram com a busca e apreensão em vários destes estabelecimentos.

Durante a ação, as autoridades tiveram, de maneira ilegal, diga-se de passagem, por se tratar de quebra de sigilo médico, acesso a centenas de prontuários de pacientes que porventura foram atendidas nas clínicas. O Ministério Público sul-mato-grossense então resolveu denunciar todas estas pacientes pela prática de aborto, colocando-as no polo passivo da ação juntamente com os responsáveis pelo funcionamento das clínicas ou por executar o aborto nestas pacientes. Por conta da repercussão/quebra de sigilo processual/ofereceu perdão judicial. É válido, portanto, pensar no perdão judicial como uma forma de se proceder judicialmente de forma mais branda e com uma ótica menos punitivista nos casos relativos à abortos inseguros, principalmente quando esses casos decorrem de circunstâncias e situações fáticas que colocam a mulher autora em condição de vulnerabilidade.

A Suspensão Condicional do Processo (*Sursis*), mais uma forma de diminuir a dor da mulher que decidiu pelo aborto, pois lhe é oferecida a suspensão da pena, desde que preenchidos os requisitos do art. 77 do Código Penal. O *Sursis* será oferecido após a denúncia, sendo a suspensão um direito do réu, uma vez que preenchidos os requisitos, não terá o Ministério Público a opção de oferecê-lo ou não arbitrariamente, mas sim o dever de fazê-lo. Cabendo ao acusado, nesse sentido, o direito de recusa.

O *Sursis* processual figura como interessante alternativa para mitigar o impacto da criminalização do aborto no sistema penal e como forma de amenizar o cenário do cárcere no Brasil, uma vez que vai permitir que a mulher que pratica o aborto inseguro não seja acusada, condenada ou encarcerada pela prática.

Dados de pesquisa feita pela DPERJ mostram, inclusive, que muitos processos judiciais relativos ao aborto no Estado culminam na Sursis processual em relação a mulher que o pratica. Segundo a pesquisa, das 42 mulheres acusadas pela prática de aborto prevista no artigo 124 do Código Penal, 27 (64%) fizeram juz à concessão da Suspensão Condicional do Processo. Válido lembrar aqui que uma das condições para que o Sursis processual seja permitido é de que a acusada não esteja sendo processada ou não tenha sido condenada por outro crime, mostrando que boa parte das mulheres que praticam o aborto são rés primárias.

Esse dado ilustra, por outro lado, que tampouco há punição para quem realiza a prática, pois são pouquíssimos os casos que chegam ao sistema penal e, quando chegam, é frequente a aplicação da medida despenalizadora da suspensão condicional do processo. Mostrando mais uma ineficácia da criminalização do aborto, agora na sua função preventiva da pena.

Em 2020, com a entrada da vigência da lei 13.964/19, mais conhecida como "pacote anticrime", houve em nosso código penal a introdução e/ou modificação de alguns tópicos e institutos, tanto no que tange ao direito material, mas, principalmente, no que tange o direito processual, tanto na fase de conhecimento quanto no momento da execução penal. Com o pacote, surgiram também, portanto, novos instrumentos na esfera procedimental. Dentre eles, e para o qual chamaremos a atenção, é o que foi introduzido pelo artigo 28-A, abarcado em nosso Código de Processo Penal justamente pela lei 13.964/19. Trata-se da possibilidade do "Acordo de Não Persecução Penal" (ANPP), que irá possibilitar, sob determinadas ressalvas, observadas certas circunstâncias e em relação a alguns tipos penais, que o sujeito que supostamente tenha praticado o ilícito penal não venha a incorrer em processo criminal e, consequentemente, evite eventual condenação.

Como já é sabido, praticamente em todos os casos de aborto tipificados em nosso código penal como ilícitos, a pena mínima será inferior à quatro anos. Esse fator permitirá, então, que o aborto possa ser considerado no rol daqueles tipos penais passíveis de ANPP. Quanto ao artigo 127 do Código Penal, - que trata justamente de formas qualificadas do tipo do aborto e que, consequentemente, vai majorar a pena relativa ao ato - não será abarcado pela possibilidade de ANPP por conta da previsão em seu tipo da possibilidade de aborto mediante grave lesão à gestante, em contrariedade, portanto, ao disposto no artigo 28-A do CPP.

Além disso, o artigo 28-A, incrementado em nosso Código de Processo Penal pela lei 13.964/19, prevê uma série de requisitos especiais que irão condicionar a possibilidade de se firmar o acordo de não persecução penal. São aqueles deveres, portanto, que o beneficiado pelo acordo terá que cumprir sobre determinado período, sob pena, em caso de descumprimento, de ser oferecida denúncia contra si, podendo, inclusive, ter esta inobservância contando como fator impeditivo em um futuro pedido de suspensão condicional do processo.

A ANPP, no caso do aborto, no plano fático, irá permitir que as mulheres incriminadas pela sua prática não sejam acusadas nem condenadas por esse ato e, desta forma, humanizando e tirando um pouco o estigma, que recai sobre esse grupo, além de diminuir também o caráter punitivo do sistema penal.

4. CONCLUSÃO

Por extrapolar o tipo penal, a criminalização do aborto sob a ótica unicamente punitivista atinge outras camadas dos direitos individuais, principalmente no que diz respeito aos direitos reprodutivos, sexuais e sociais da mulher envolvida. Para além disso, ao não procurar formas de amenizar os impactos da criminalização, se está corroborando com a reverberação dos impactos negativos causados por essa criminalização no sistema de saúde, além de atabalhoar o sistema judiciário de processos que julgam condutas que poderiam ser analisadas sobre outros paradigmas e perspectivas.

Não se trata aqui, portanto, de políticas e medidas pró aborto, mas sim de políticas que visam diminuir a alarmante taxa de abortos inseguros e consequentemente a alta taxa de complicações destes procedimentos. Isto irá implicar, invariavelmente, em uma diminuição da demanda do sistema público de saúde para com esse problema e nos direcionar a um caminho menos punitivo e mais conciliatório no âmbito sociojurídico, que também irá refletir no sistema penal brasileiro.

REFERÊNCIAS

BRASIL. Decreto-lei nº. 2.848, de 07 de dezembro de 1940. Código Penal. Disponível em: http://www.planalto.gov.br/ccivil_03/decreto-lei/del2848.htm.

BRASIL. Constituição da República Federativa do Brasil: promulgada em 5 de outubro de 1988.

BRASIL. Lei nº. 9.882, de 3 de dezembro de 1999. Dispõe sobre o processo e julgamento da arguição de descumprimento de preceito fundamental, nos termos do § 1o do art. 102 da constituição federal. Disponível em: http://www.planalto.gov.br/ccivil_03/leis/l9882.htm.

BRASIL. Decreto nº 65.810, de 8 de dezembro de 1969. Promulga a Convenção Internacional sobre a Eliminação de todas as Formas de Discriminação Racial. Disponível em: http://www.planalto.gov.br/ccivil_03/decreto/1950-1969/D65810.html.

BRASIL REGISTRA UM PROCESSO POR AUTOABORTO TODO DIA. Disponível em: https://catarinas.info/brasil-registra-um-processo-por-autoaborto-todo-dia/. Acesso em:

BRASIL. Supremo Tribunal Federal – STF. ADPF 442 MC/DF, Relator do último incidente: MIN. ROSA WEBER (ADPF-ED-AgR). Disponível em: http://portal.stf.jus.br/processos/detalhe.asp?incidente=5144865. Acesso em 28 fev. 2022.

BRASIL. Supremo Tribunal Federal. Argüição de Descumprimento de Preceito Fundamental. Anencefalia. Arguição de Descumprimento de Preceito Fundamental n. 54 ajuizada pela Confederação Nacional dos Trabalhadores da Saúde Voto da Min. Carmem Lúcia. Plenário. Relator: Min. Marco Aurélio Mello. Brasília-DF, j.11/04/2012a. Informativo do STF n. 661. Disponível em: <http://www.stf.jus.br/arquivo/informativo/documento/informativo661.htm#ADPF%20e%20interrup%C3%A7%C3%A3o%20de%20gravidez%20de%20feto%20anenc%C3%A9falo%20-%2026>. Acesso em:

CRENSHAW, Kimberlé. A interseccionalidade na discriminação de raça e gênero. Painel: Cruzamentos de raça e gênero. Ação Educativa, 2012.

DINIZ Debora, et al. Pesquisa Nacional de Aborto 2016, in: Ciênc. saúde colet. 22 (2) • Fev 2017 • https://doi.org/10.1590/1413-81232017222.23812016.

GANATRA B, TUNÇALP Ö, JOHNSTON HB, JOHNSON BR, GÜLMEZOGLU A, TEMMERMAN M. From concept to measurement: operationalizing WHO's definition of unsafe abortion. Bull World Health Organ 2014; 92:155. Citado por: CARDOSO Bruno Baptista, et al. Aborto no Brasil: o que dizem os dados oficiais?, in: Cad. Saúde Pública 36 (Suppl 1) • 2020 • https://doi.org/10.1590/01002-311X00188718.

MARTINS EF, ALMEIDA PFB, PAIXÃO CO, BICALHO PG, ERRICO LSP. Causas múltiplas de mortalidade materna relacionada ao aborto no Estado de Minas Gerais, Brasil, 2000-2011. Cad Saúde Pública2017;33:e00133115;

ONU. Convenção sobre a eliminação de todas as formas de discriminação contra a mulher - Assembleia Geral das Nações Unidas (ratificada pelo Brasil em 1979). Disponível em: https://www.onumulheres.org.br/wp-content/uploads/2013/03/convencao_cedaw.pdf. Acesso em 28 fev 2022.

RIO DE JANEIRO (Estado). Defensoria Pública Geral. Entre a morte e a prisão: quem são as mulheres criminalizadas pela prática do aborto no Rio de Janeiro / Defensoria Pública do Estado do Rio de Janeiro, Coordenação de Defesa de Mulher dos Direitos Humanos, CEJUR. – Rio de Janeiro: Defensoria Pública Geral do Estado do Rio de Janeiro, 2018.

RODRIGUEZ, Ana Beatriz. Aborto Comparado Entre Os Principais Países E Saúde Pública. Disponível em: https://ambitojuridico.com.br/cadernos/direito-constitucional/aborto-comparado-entre-os-principais-paises-e-saude-publica/. Acesso em 01 mar 2022.

SANCHEZ, Ana. Rússia revolucionária: o primeiro país a legalizar o aborto há quase 100 anos. Disponível em: http://www.esquerdadiario.com.br/Russia- revoluciona-ria-o-primeiro-pais-a-legalizar-o-aborto-ha-quase-100-anos. Acesso em:

ZAFFARONI, E. Raúl; BATISTA, Nilo. Direito Penal Brasileiro – I. 4. ed. Rio de Janei-ro: Revan, 2011.

UMA ANÁLISE COMPARATIVA ENTRE BRASIL E ARGENTINA ACERCA DA REALIZAÇÃO DO ABORTO[1]

Letícia Maria de Maia Resende[2]

INTRODUÇÃO

Falar de aborto é muito complexo, ainda mais dadas as controvérsias no ambiente público. Isso porque a questão, permeada de tabus e preconceitos, envolve perspectivas muito diversas que dizem respeito aos direitos personalíssimos da mulher sobre o próprio corpo, a práticas criminosas e a princípios religiosos que defendem a manutenção da vida a qualquer custo. O tema tem sido alvo de debate há muito tempo não só no Brasil, como mundo afora, a fim de se decidir se a interrupção provocada da gravidez deve ser realmente criminalizada ou não.

Em razão da importância de se divulgar o assunto, de modo que as pessoas obtenham conhecimento crítico necessário para se posicionarem e até mesmo mudarem de opinião, o presente artigo tem como objetivo a análise da prática de aborto e da forma como o Brasil e a Argentina lidam com ela, ambos países latino-americanos que, apesar das muitas semelhanças, se posicionam diferentemente quanto à interrupção da gravidez.

---

1 Dada a não exigibilidade de ineditismo das contribuições que compõem a obra coletiva, ressalva-se que o presente artigo fora publicado no livro "Estudos críticos em Direito Penal e Processual Penal", organizado por Rafael Alem Mello Ferreira *et al.*, no segundo semestre de 2021 pela Editora Dialética, sob o título "Interrupção voluntária da gravidez: criminalização no Brasil e legalização na Argentina".

2 Mestranda em "Constitucionalismo e Democracia", com ênfase em "Relações Sociais e Democracia" pela Faculdade de Direito do Sul de Minas (FDSM). Pós-graduada em "Direito Público - Estado Democrático de Direito e Teoria da Constituição" pela Pontifícia Universidade Católica de Minas Gerais (PUC-MINAS). Pós-graduanda em "Direito da Diversidade e da Inclusão" pela Faculdade Legale. Graduada em Direito pela Faculdade de Direito do Sul de Minas (FDSM).

Nesse sentido, a partir da metodologia analítica e da técnica de pesquisa de revisão bibliográfica, o trabalho se desenvolve em três seções: a primeira delas trata da questão do aborto de maneira genérica, apresentando seu conceito e abordando nuances que podem interferir no modo como é compreendido; a segunda seção dedica-se a falar do abortamento no contexto brasileiro, evidenciando os artigos 124 a 128 do Código Penal; por fim, a terceira seção cuida do cenário argentino, onde, desde dezembro de 2020, restou aprovada a legalização da prática abortiva até a 14ª semana gestacional.

O presente artigo não tem a pretensão de esgotar o tema e todas as circunstâncias por ele envolvidas. Assim, não será abordada, por exemplo, a discussão doutrinária que se estrutura na busca do estabelecimento de um marco inicial da vida intrauterina e das consecutivas prerrogativas do feto, visto como então sujeito de direitos. Tampouco se discorrerá amplamente acerca dos variados aspectos que obstaculizam o acesso ao procedimento abortivo pelas mulheres brasileiras. Intenciona-se, portanto, percorrer a noção geral do aborto e as legislações brasileira e argentina, as quais adotam posições diversas ao se fundamentarem em diferentes argumentos do multifário e inacabado debate sobre a interrupção induzida do processo gestacional.

1. ABORTAMENTO: CRIME OU DIREITO DA MULHER?

A questão do abortamento, nome correto do procedimento que tem como resultado o aborto, é considerada polêmica pelo fato de reunir diferentes perspectivas e argumentos que, de um lado, defendem a vida a todo custo e, assim, a criminalização da prática abortiva e, de outro, garantem a autonomia da escolha da mulher, sendo mais favoráveis à legalização do abortamento. Todavia, antes de prosseguir, é necessário apresentar um conceito do tema em tela.

> De maneira genérica, o abortamento (ou aborto) consiste na anormal interrupção do processo de gravidez. Trata-se, pois, de evento em que ocorre a morte do fruto da concepção (ovo, feto ou embrião) com ou sem sua expulsão do organismo materno. Pode esse anormal ou precoce desfecho da gestação, com o necessário óbito do nascituro, vir, basicamente, determinado por causas naturais (aborto espontâneo) ou, ainda, por condutas humanas involuntárias (aborto acidental) e, por fim, por comportamentos voluntários lícitos (aborto legal) ou ilícitos (aborto criminoso), sobre a última hipótese concentrando-se o interesse maior do Direito Penal. (BALDAN, 2020).

Desse modo, chama-se atenção à existência de modalidades de aborto, uma vez que este não se limita somente à interrupção da gravidez de forma provocada. Isso sinaliza que a gestação pode ser interrompida por outros motivos que não a vontade da mulher, o que se relaciona ao aborto natural, em que a paralisação do processo gestacional acontece espontaneamente, e ao aborto acidental, decorrente de eventos como quedas, traumatismos e sangramentos intensos. Ainda, o aborto pode ser terapêutico ou necessário, eugenésico ou eugênico, miserável ou econômico-social e *honoris causa*. (MORAIS, 2008. p.50)

Tendo-se em mente essa ideia, não é de surpreender que os países tenham diferentes graus de reprovação e tolerância, tratando o aborto de forma variada. Via de regra, podem ser indicadas três posturas legislativas frente à interrupção provocada da gestação: a permissão do aborto perante a solicitação da mulher, que tem o direito de decidir se mantém ou não a gravidez; a proibição do aborto em toda e qualquer circunstância; a permissão do aborto somente em algumas situações específica e legalmente previstas, sendo a prática, salvo as exceções, criminalizada.

Dentre os países que amparam a primeira conduta exposta, encontra-se a maioria dos desenvolvidos da América do Norte, Oceania e Europa. Como exemplo, citam-se Reino Unido, Suécia, Suíça, Holanda, Portugal, Rússia, Alemanha, Bélgica, Bulgária, Áustria, Canadá, Itália, Irlanda, Nova Zelândia e Uruguai. Recentemente, a Argentina entrou para esse grupo, posto que o aborto deixou de ser crime no país em 30 de dezembro de 2020, conforme ainda será analisado.

Em mais de vinte Estados soberanos o aborto é totalmente proibido. Significa que a prática abortiva não é permitida em circunstância alguma, nem mesmo se a gravidez for fruto de estupro ou se manifestar risco à saúde da mulher. Destacam-se Malta, Nicarágua, Egito, Iraque, Senegal, Cisjordânia e Filipinas. Já a terceira conduta, compreendida como intermediária, é adotada por mais de trinta países. Além do Brasil, Bolívia, Chile, Colômbia, Paraguai, Peru, Venezuela, Afeganistão, Síria, Irã, Líbano, Gana, Somália, Indonésia e Nigéria, por exemplo, admitem o aborto como crime, no entanto, a prática abortiva é excepcionalmente autorizada.

Segundo dados levantados pela ONG Centro pelos Direitos Reprodutivos (*Center for Reproductive Rights*), composta por ativistas, advogados e especialistas, são mais de 590 milhões de mulheres em idade reprodutiva que vivem em países onde o aborto é permitido, ao passo que 90 milhões delas vivem em locais que proíbem toda e qualquer forma de aborto, e 359 milhões vivem nos países de posição intermediária, isto é, cujas leis preveem casos excepcionais de autorização de aborto, como quando a vida da mulher está em risco. (MAC; RISSI; PEREIRA, 2021).

Pode-se afirmar que a controvérsia referente ao aborto no ambiente público atravessa duas perspectivas que se posicionam de forma adversa: a perspectiva pró-vida, que centraliza o debate no feto como sujeito de direitos, e a perspectiva pró-escolha, cuja narrativa concentra-se na mulher como portagonista. (LUNA, 2014. p.295) A primeira delas se fundamenta na ideia de ser o aborto uma espécie de homicídio, isto é, destruição de uma vida que, apesar de ainda estar em processo gestacional, já existe desde a concepção do feto, independentemente de seu nascimento. Essa visão tem forte apoio do fundamentalismo religioso ao defender a humanização da sociedade e consideração da dignidade do ser humano. (LUNA, 2014. p.316)

Enquanto isso, a segunda perspectiva tem a mulher como um sujeito moral que tem autonomia e, desse modo, é plenamente capaz de fazer escolhas e tomar decisões que envolvam planejamento familiar e, em especial, o seu próprio corpo. Dessa maneira, pensando-se no bem-estar da mulher, a prática do aborto não deveria ser criminalizada. Isso poderia reduzir a mortalidade materna, além de evitar as consequências físicas e psíquicas que decorrem de um aborto provocado. (LUNA, 2014. p.314)

Os direitos reprodutivos das mulheres, que se ligam diretamente à perspectiva pró-escolha, compõem o direito à saúde e, assim, integram a dignidade da pessoa humana. A discussão acerca de tais direitos restou consolidada no decorrer da década de 1980, quando foram publicadas obras europeias e norte-americanas que tratavam da submissão do gênero feminino (MIGUEL; BIROLI, 2014. p.29) e traziam à tona novas reivindicações. Essa tendência, que marcou a segunda onda do movimento feminista no mundo, foi recepcionada pelas mulheres brasileiras, as quais adotaram como temas centrais de contestação a disseminação de medicamentos anticonceptivos, a autonomia corporal, que incluía o comportamento sexual, e a polêmica descriminalização do aborto.

Insta salientar que apenas recentemente atribuiu-se importância considerável à saúde sexual e reprodutiva, uma vez que em 2002 a Organização Mundial da Saúde (OMS) declarou serem problemas de saúde específicos dos jovens "a gravidez não desejada, as infecções de transmissão sexual", como a sífilis e a AIDS, dentre outras doenças sexualmente transmissíveis (DST), "determinados, grosso modo, pelos comportamentos e estilos de vida" (NELAS; et al, 2016. p.213). Daí a necessidade de se expandir a educação sexual para jovens adultos como forma de promoção da saúde sexual e reprodutiva. Também, a ampliação e facilitação do acesso a métodos contraceptivos.

No cenário brasileiro, merece destaque a atuação do Conselho Nacional dos Direitos da Mulher (CNDM), criado em 1985 mediante a influência de feministas como Ruth Escobar. O CNDM foi responsável por organizar eventos e demais projetos que defendiam a conquista dos direitos das mulheres brasileiras e, nessa perspectiva, tratou de temas variados, "desde questões consensuais como a luta por creches até as polêmicas ligadas à sexualidade e direito reprodutivo" (PINTO, 2003. p.72). Inclusive, teve papel fundamental durante a Assembleia Nacional Constituinte de 1987-88, de cujos trabalhos resultou a Constituição da República Federativa do Brasil então vigente.

Ao longo da atividade constituinte, a descriminalização do aborto foi defendida por muitos grupos de mulheres e grupos feministas que levaram suas demandas às deputadas integrantes da *bancada feminina* presente no Congresso Nacional. Todavia, apesar das discussões promovidas, e até mesmo das emendas populares apresentadas, restou decidido que a questão não seria tratada no texto constitucional em virtude da divergência de posições das constituintes. Acerca do tema, Schuma Schumaher, uma das coordenadoras do Lobby do Batom à época da Assembleia Nacional Constituinte, afirma:

> A Igreja Católica resolveu investir numa consulta popular – permitida no processo constituinte –, sobre a penalização do aborto em qualquer circunstância. Como resistência, o movimento feminista também lançou sua consulta em favor do direito das (sic) mulheres decidirem sobre a interrupção da gravidez indesejada, ou seja, o direito ao aborto. Esgotado o prazo, as duas emendas – uma favorável e outra contra o aborto – foram entregues no Congresso Nacional. Diante do impasse e muito lobby, conseguimos manter esse assunto fora do texto constitucional. (SCHUMAHER, 2018. p.70)

Em relação às emendas populares apresentadas no tocante ao tema do aborto, destacam-se a de número 65, que versou acerca da necessidade de o Estado oferecer assistência integral às mulheres em todas as fases da vida. Com 32.995 assinaturas e apoiada por entidades femininas e feministas, como o Coletivo Feminista Sexualidade e Saúde, a União de Mulheres de São Paulo e o Grupo de Saúde Nós Mulheres do Rio, a proposta ainda tratou sobre a descriminalização do aborto. (CÂMARA DOS DEPUTADOS, 1988. p.64) De encontro a tal emenda, aparece a de número 78, que defendia a proteção da vida desde a sua concepção, de modo que não consentia com o direito exclusivo da mulher sobre o próprio corpo. (CÂMARA DOS DEPUTADOS, 1988. p.76)

Nesse sentido, o CNDM "à época do debate constituinte no 1º turno de votação, se pronunciou favorável a que a questão do aborto fosse tratada na legislação ordinária e alertou os constituintes para a complexidade da matéria" (SANTOS, 2008. p.64). Consequentemente, e devido à grande influência da religião perante a sociedade de cunho patriarcal, o aborto não foi constitucionalizado, decidindo a bancada feminina pela abordagem da questão através da legislação infraconstitucional.

A partir da não existência de legislação autorizativa em todo o mundo, é possível afirmar que as mulheres que procuram por meios alternativos com o propósito de encerrarem antecipadamente a gravidez indesejada são majoritariamente mulheres podres de países em desenvolvimento (LUNA, 2014. p.304). Nesse quadro encontra-se o Brasil, onde o aborto é praticado por mulheres de todas as classes sociais, entretanto há mais frequência "entre mulheres de menor escolaridade, pretas, pardas e indígenas, vivendo nas regiões Norte, Nordeste e Centro-Oeste" (DINIZ; MEDEIROS; MADEIRO, 2017. p.653).

Apesar da divergência moral que engloba valores conservadores, como os religiosos, e demais circunstâncias quanto ao início da vida e dos direitos da personalidade civil, não se pode discordar do fato de ser o aborto um problema social e de saúde pública no Brasil. E isso se torna mais evidente diante das estatísticas que demonstram a magnitude da prática abortiva no país e sua persistência há anos. Segundo resultados da Pesquisa Nacional de Aborto (PNA), realizada entre os dias 2 e 9 de junho de 2016, a mais recente nesse sentido, o aborto é um fenômeno bastante frequente na vida reprodutiva das mulheres do país, a ponto de ser possível afirmar que uma em cada cinco brasileiras de até 40 anos de idade já induziu uma interrupção gestacional. (DINIZ; MEDEIROS; MADEIRO, 2017. p.655)

Diante desse cenário, considera-se que "o aborto pode estar associado a um evento reprodutivo individual, mas a prática de aborto está enraizada na vida reprodutiva das mulheres e responde à forma como a sociedade brasileira se organiza para a reprodução biológica e social" (DINIZ; MEDEIROS; MADEIRO, 2017. p.656). Em razão de sua criminalização, inúmeras mulheres buscam por clínicas não autorizadas, conhecidas por praticarem o abortamento na clandestinidade, ou tomam medicamentos contraindicados, como o Cytotec, e até mesmo outras substâncias, como iodo.

Com a interrupção da gravidez, o processo de desenvolvimento do feto é paralisado imediatamente. A gestante que realiza o aborto pode sofrer consequências na saúde física e mental, e pode, inclusive, vir a falecer dependendo das circunstâncias em que o abortamento é promovido. Ainda de acordo com dados da PNA 2016, cerca de metade das mulheres que praticam aborto tem que ser internada para que o processo seja finalizado com segurança. E nessa perspectiva não é raro que haja mortalidade em razão de complicações (DINIZ; MEDEIROS; MADEIRO, 2016. p.659), como infecções e hemorragias. Assim, o aborto, além de ser um problema de saúde pública, representa importante causa de mortalidade materna no Brasil.

2. O ABORTO NO BRASIL: PROBLEMA DE SAÚDE PÚBLICA

Conforme ora mencionado, o Brasil é um dos países que adota uma postura intermediária quanto à criminalização do aborto. Isso porque no geral a prática é ilegal, no entanto há casos excepcionais previstos na legislação infraconstitucional que autorizam a promoção do abortamento, seja devido ao modo como a gravidez foi gerada, seja pelos riscos mais graves (do que os normalmente esperados) que esta pode acarretar tanto para a criança em gestação quanto para a mulher.

O Código Penal brasileiro, Decreto-Lei nº 2.848, de 7 de dezembro de 1940, admite ser o aborto criminalizado em seus artigos 124 a 127. Trata-se, respectivamente, das hipóteses em que o aborto é provocado pela própria gestante ou quando esta consente para que outro lhe provoque, sendo tal prática penalizada com detenção de um a três anos (artigo 124); aborto provocado por terceiro sem o consentimento da gestante, que confere pena de reclusão de três a dez anos, ou com seu consentimento, que gera pena de reclusão de um a quatro anos (artigos 125 e 126); e, ainda, a forma qualificada do crime em que as penas ora mencionadas são aumentadas de um terço, caso a gestante sofra lesão corporal grave, ou duplicadas, se em razão do abortamento a gestante falecer (artigo 127). (BRASIL, Código Penal).

As modalidades de aborto permitidas pelo ordenamento jurídico nacional, quais sejam, a aborto terapêutico ou necessário e o aborto eugenésico ou eugêncio, estão previstas no artigo 128 do Código Penal. Segundo seus termos, "não se pune o aborto praticado por médico I- se não há outro meio de salvar a vida da gestante; II- se a gravidez resulta de estupro e o aborto é precedido de consentimento da gestante ou, quando incapaz, de seu representante legal" (artigo 128). Isso indica que há possibilidade de interromper-se, até a 20ª ou 22ª semana, desde que o feto tenha menos de 500g, a gravidez resultante de um abuso sexual criminoso (estupro) e a gravidez anormal que infere riscos iminentes à saúde da mulher, sendo, assim, o aborto realizado com fins de salvar a vida da gestante.

Além desses dois casos expressamente dispostos no Código Penal, o ordenamento jurídico ainda admite a interrupção terapêutica da gestação em caso de feto anencefálico (ou anencéfalo), caso em que a vida extrauterina é praticamente inviável devido à ausência de estruturas essenciais como o cérebro, a calota craniana e o couro cabeludo. A anencefalia é uma anomalia caracterizada pela falta de estruturas do córtex cerebral que ocorre em um a cada mil nascimentos. Essa anomalia prevê uma sobrevida de, no máximo, 3 a 7 dias. (LUNA, 2014. p.299 e 313) Em razão do intenso sofrimento provocado pela manutenção de uma gestação cujo feto tem chances mínimas de sobrevivência, o Supremo Tribunal Federal foi instigado a decidir acerca da possibilidade de interrupção gestacional com respaldo na incompatibilidade do feto com a vida extrauterina.

Por meio da Arguição de Descumprimento de Preceito Fundamental (ADPF) nº 54, interposta em junho de 2004 pela Confederação Nacional dos Trabalhadores na Saúde (CNTS), relatada pelo Ministro Marco Aurélio e julgada procedente em abril de 2012, restou autorizado no país o aborto em caso de comprovada anencefalia. O relatório desse memorável e emblemático julgamento, uma vez que alterou o Código Penal imutável nessa seara há mais de 70 anos (DINIZ; MENEZES, 2012. p.1669), afirmou que "o feto anencefálico, mesmo que biologicamente vivo, porque feito de células e tecidos vivos, é juridicamente morto, não gozando de proteção jurídica e, [...] principalmente de proteção jurídico-penal" (STF, 2012. p.55).

FETO ANENCÉFALO – INTERRUPÇÃO DA GRAVIDEZ – MULHER – LIBERDADE SEXUAL E REPRODUTIVA – SAÚDE – DIGNIDADE – AUTODETERMINA-

ÇÃO – DIREITOS FUNDAMENTAIS – CRIME – INEXISTÊNCIA. Mostra-se inconstitucional interpretação de a interrupção da gravidez de feto anencéfalo ser conduta tipificada nos artigos 124, 126 e 128, incisos I e II, do Código Penal. A C Ó R D Ã O Vistos, relatados e discutidos estes autos, acordam os Ministros do Supremo Tribunal Federal em julgar procedente a ação para declarar a inconstitucionalidade da interpretação segundo a qual a interrupção da gravidez de feto anencéfalo é conduta tipificada nos artigos 124, 126 e 128, incisos I e II, do Código Penal, nos termos do voto do relator e por maioria, em sessão presidida pelo Ministro Cezar Peluso, na conformidade da ata do julgamento e das respectivas notas taquigráficas. (STF, 2012. p.1).

Diante dessas possibilidades excepcionais de aborto legal, o Estado brasileiro oferece hospitais estruturados a fim de que o abortamento seja realizado da forma mais segura possível para a mulher. Há mais de 60 unidades de atendimento credenciados no Ministério da Saúde Brasil afora, entretanto cerca de 40 hospitais efetivamente executam o procedimento de aborto em casos de anencefalia e risco de vida para a gestante, além de estupro, que "penaliza duas vezes a mulher: além de ter o corpo violentado de forma física, [...] ela corre o sério risco de não receber o atendimento e o respeito a que tem direito por lei, por parte dos hospitais, das autoridades policiais, da sociedade e do Poder Judiciário" (MORAIS, 2008. p.52).

Em 1989, quando o Código Penal de 1940 estava prestes a completar 50 anos, foi criado o primeiro serviço público de atendimento aos casos de aborto permitidos em lei, no Hospital Municipal Artur Ribeiro de Saboya, conhecido como Hospital do Jabaquara, em São Paulo. O debate público daquela época mostrava duas características: enfatizava os entraves (de ordem religiosa, legal, política, moral e judicial) para a implantação do serviço e apontava o caráter pioneiro e inovador desse esforço. (TALIB; CITELI, 2005. p.12).

E infelizmente esse risco de não receber o devido atendimento existe. Seja pela falta de conhecimento da existência desses serviços públicos, gratuitos e legalizados oferecidos à sociedade pela rede pública de saúde, uma vez que de acordo com a pesquisa "Legislação sobre aborto e serviços de atendimento: conhecimento da população brasileira", realizada pelo Instituto Brasileiro de Opinião Pública e Estatística (IBOPE), 48% dos brasileiros desconhecem a oferta do procedimento (MORAIS, 2008. p.52); seja pela demora na autorização de realização do aborto, posto que muitos casos só se resolvem a partir da judicialização da questão, e então conta-se com a morosidade comum do Poder Judiciário, incompatível com a urgência da medida. (MORAIS, 2008. p.54)

Demora essa que, aliás, também aparece no tocante à realização do procedimento abortivo pelas unidades de saúde. A questão pode ser exemplificada pelo caso da criança de São Mateus, no estado do Espírito Santo, que teve grande repercussão em agosto de 2020. Uma menina de apenas 10 anos, sendo há quatro vítima de violência sexual pelo próprio tio, engravidou e o aborto, juridicamente autorizado, foi recusado pelo Hospital Universitário Cassiano Antônio Moraes (Hucam), localizado em Vitória, que alegou não ter capacidade técnica para o procedimento e negou motivação religiosa para tanto. Em virtude disso, a garota teve de ser transferida para Recife, capital de Pernambuco, a fim de que o aborto se realizasse. (ESTADO DE MINAS, 2020).

Tal episódio ilustra o embaraçoso contexto de um dos problemas brasileiros de saúde pública, em que o acesso é dificultado e, ainda, as repartições autorizadas encontram-se muito distantes umas das outras. Há, portanto, uma imensa lacuna entre as políticas públicas previstas teoricamente e o funcionamento da realidade brasileira, em especial quanto à escassez de serviços em alguns estados e no interior do país. A despeito do aborto seguro e legal oferecido e "realizado por equipe de saúde bem treinada e contando com o apoio de políticas, regulamentações e uma infraestrutura apropriada dos sistemas de saúde, incluindo equipamento e suprimentos, para que a mulher possa ter um rápido acesso a esses serviços" (MORAIS, 2008. p.52), há muitas razões, como a ainda antijuridicidade do aborto, que não impedem a sua prática periódica, insegura e contraindicada, gerando ainda mais riscos para as mulheres então gestantes. Esse cenário é asseverado pelos dados mencionados na primeira seção do presente artigo.

O Brasil é um país laico, o que indica que as atividades religiosas não se misturam com as atividades político-administrativas. Desse modo, a partir da laicidade, as tarefas do Estado não sofrem interferência e influência de crenças religiosas, ainda mais pelo fato de não haver uma religião oficial. Todavia, a maneira como a sociedade brasileira estruturou-se faz com que ainda hoje exista um fundamentalismo religioso muito presente e que por vezes se fortalece nas instituições a partir de posicionamentos dogmáticos. Diante desse contexto, avanços na discussão do aborto, questão polêmica que envolve ideologias e perspectivas contrárias conforme já explorado, são impedidos de serem alcançados. Ademais, proposições progressistas que surgem ocasionalmente tem a tramitação muito vagarosa em razão da dificuldade de discussão do tema entre os principais articuladores, quais sejam, Estado, Igreja e representantes e militantes do movimento feminista.

Insta salientar que na Câmara dos Deputados há 41 projetos de lei que versam sobre o aborto em tramitação, protocolados de 1989 a 2020, cuja maioria defende a manutenção da antijuridicidade. Dentre as propostas em tramitação favoráveis à autonomia da mulher sobre o controle do próprio corpo e de sua capacidade reprodutiva (BIROLI, 2014. p.41), destaca-se o Projeto de Lei (PL) nº 119/2019, que visa incluir ações mais humanizadas e ampliar a atuação do SUS na saúde integral da mulher (CÂMARA DOS DEPUTADOS, [s.d.]); e o PL nº 4297/2020, que defende a criação de uma zona de proteção ao redor dos estabelecimentos responsáveis pela prestação do aborto legal (CÂMARA DOS DEPUTADOS, [s.d.]).

Enquanto isso, dentre as proposições desfavoráveis ao avanço do debate sobre o aborto, que deixam a legalização deste cada vez mais distante, pode-se citar o PL nº1006/2019, que tramita apensado ao PL nº478/2007 (Estatuto do Nascituro) e pretende alterar o Código Penal para que seja aumentada a pena da mulher que realiza o aborto (CÂMARA DOS DEPUTADOS. [s.d.]); e o PL nº 2451/2021, que prevê a inclusão de novos tipos penais relacionados à divulgação e incitação de campanhas de incentivo ao aborto (CÂMARA DOS DEPUTADOS. [s.d.]).

E as expectativas de mudança no futuro próximo não parecem animadoras, posto que em 27 de agosto de 2020 foi publicada a Portaria nº 2.282 do Ministério da Saúde que dispõe sobre o "Procedimento de Justificação e Autorização da Interrupção da Gravidez" nos casos em que a lei já autoriza o procedimento (DOU, 2020). A necessidade de notificar a autoridade policial constitui mais um obstáculo à prática do abortamento, o que, para os especialistas, sinaliza para uma tentativa de constranger e intimidar a mulher vítima de violência sexual. (FERNANDES; SURITA; CACIQUE, 2020).

No decorrer do debate sobre o aborto, é comum que se atribua a culpa pela gravidez malquista às mulheres. Entretanto, esse argumento é demasiado rudimentar frente aos dados anteriormente mencionados que ilustram o modo como o país (mal) combate esse problema social e notadamente de saúde pública. É necessário que o Estado assuma a parte de responsabilidade que lhe cabe para que o quadro de abortamento melhore no país, e isso significa que o governo brasileiro deve enfrentar a questão problemática a ponto de conseguir solucioná-la.

O direito de evitar a concepção pressupõe a orientação e o acesso aos métodos não lesivos à saúde, de tal forma que se garanta às mulheres a possibilidade de optar pela maternidade e decidir, livremente, quanto ao número de filhos e o espaçamento entre os partos. [...] Aborto não pode continuar a ser um caso de política. O direito à interrupção da gravidez deve ser garantido às mulheres, entendido não como um método contraceptivo, e sim como último recurso para se evitar o sofrimento e as consequências de uma gravidez indesejada. (CÂMARA DOS DEPUTADOS, 1988. p.64).

O Conselho Federal de Medicina (CFM), autarquia de abrangência nacional, juntamente com os 27 conselhos regionais, que representam cerca de 400 mil médicos Brasil afora, manifestaram-se sobre o aborto pela primeira vez em 2013. Na ocasião, foi enviada à comissão temática do Congresso Nacional responsável pela avaliação da reforma do Código Penal uma proposta cujo texto tendia a defender a criação de outras causas excludentes de ilicitude da prática de abortamento. O CFM argumentou no sentido de não configurar criminosa a interrupção da gravidez até a 12ª semana com base na autonomia da vontade da mulher, que "configura o princípio da liberdade individual, sendo [...] entendida como a liberdade substantiva do indivíduo de tomar decisões sobre a sua própria vida" (CFM, 2013. p.30).

Ainda, em 2018 o CFM reiterou que a decisão do Poder Legislativo, levada posteriormente ao Poder Executivo para sanção, "deve considerar aspectos éticos e bioéticos, científicos, epidemiológicos, sociais e jurídicos, tendo como parâmetros os compromissos do Estado com a proteção aos direitos humanos e à vida" (CFM, 2018).

Indiscutivelmente, quem sofre são as mulheres, que, salvo as exceções dispostas no Código Penal, as quais ainda tem acesso obstaculizado, precisam arcar com uma gravidez mesmo que indesejada. Em virtude disso, deve-se defender uma ação sistêmica que aponte para uma interpretação evolutiva quanto à prática abortiva. É necessário que se integrem o Poder Legislativo, cuja atuação legiferante determina a maioria dos limites permitidos e proibidos do ordenamento jurídico-normativo, o Poder Judiciário, que interpreta e aplica as normas aos casos concretos, a sociedade em geral e o Serviço Único de Saúde (SUS) com seus profissionais, dos quais muitos ainda se recusam a realizar o aborto ao alegarem objeção de consciência religiosa ou moral, e poucos têm capacitação disponível para assistência ao aborto legal. (DINIZ; MADEIRO, 2016. p.546)

Alguns caminhos que podem ajudar nesse processo dizem respeito à promoção de educação sexual e reprodutiva para jovens adultos, à maior acessibilidade de métodos contraceptivos pela sociedade e à sensibilização desta acerca da necessidade de lançarem mão de tais recursos. Melhor formação e preparação dos profissionais de saúde também é fundamental para que seja oferecido um atendimento multidisciplinar mais humanizado, solidário e empático e para que efetivem os direitos reprodutivos das mulheres, parte da saúde integral da população feminina (FRÓES; BATISTA, 2021. p.202). Ademais, investir em informação e educação é necessário a fim de que os indivíduos se formem pensadores críticos.

> A afirmação da autonomia das mulheres para decidir sobre a interrupção da gravidez é, assim, algo que toca em questões que não se restringem ao aborto, mas ao funcionamento da democracia, aos espaços e formas da regulação do Estado, às hierarquias e formas toleráveis da dominação, aos direitos individuais e à relação entre todas essas questões e o princípio da laicidade do Estado. (BIROLI, 2014. p.42).

Enfim, deve-se dar ênfase quanto aos direitos de liberdade e igualdade, com foco na dignidade da pessoa humana, a fim de que, num futuro não tão distante, a prática abortiva seja descriminalizada e legalizada no Brasil, a exemplo da vizinha Argentina, como perspectiva política de garantia efetiva dos direitos sexuais e reprodutivos das mulheres. Ressalta-se que defender a sua descriminalização não significa coadunar ou mesmo estimular a sua prática. Afinal, o presente artigo não argumenta em prol da realização de aborto, mas sim da despenalização deste para que as muitas mulheres postergadas à clandestinidade e ao desamparo tenham autonomia de se posicionarem e decidirem *se*, *quando* e *com quem* querem reproduzir.

3. A DECISÃO DA ARGENTINA: "ABORTO LEGAL PARA NÃO MORRER"

A compreensão do ordenamento jurídico argentino acerca da prática de abortamento difere daquela então adotada no Brasil. No país, a questão do aborto era regida pelos artigos 85 a 88 do *Codigo Penal de la Nacion Argentina*, Lei nº 11.179, que instituiu o Código Penal da Nação em 29 de outubro de 1921. De modo geral, o aborto era proibido, salvo as exceções expressamente previstas de gravidez resultante de estupro e gestação de risco grave à saúde da mulher. Nesses casos, o aborto era autorizado e o Estado fornecia meios para que fosse realizado de forma segura e gratuita.

Estava estabelecido ser o aborto crime punível com prisão de três a dez anos, em caso de aborto praticado por terceiro sem o consentimento da mulher, sendo tal pena aumentada para até 15 anos se a gestante falecesse em decorrência do procedimento; prisão de um a quatro anos se o terceiro praticasse o aborto com o consentimento da mulher, hipótese em que a pena poderia chegar a 6 anos se houvesse morte da mulher (artigo 85). Ainda, admitia-se que o terceiro que provocasse o aborto de forma violenta, mas sem intenção de fazê-lo, seria punido com prisão de seis meses a dois anos (artigo 87). Caso a própria gestante realizasse a interrupção da gravidez ou consentisse que outro o fizesse, seria punida com pena de reclusão de um a quatro anos, sendo sua tentativa impunível (artigo 88). Os casos excepcionais de admissão do aborto eram dispostos no artigo 86, assim expresso:

> El aborto practicado por un médico diplomado con el consentimiento de la mujer encinta, no es punible: 1.º Si se ha hecho con el fin de evitar un peligro para la vida o la salud de la madre y si este peligro no puede ser evitado por otros medios; 2.º Si el embarazo proviene de una violación o de un atentado al pudor cometido sobre una mujer idiota o demente. En este caso, el consentimiento de su representante legal deberá ser requerido para el aborto. (ARGENTINA. Ley 11.179).

No entanto, o cenário mudou substantivamente em 30 de dezembro de 2020, quando o Senado votou e aprovou o projeto de lei, conhecido como "Aborto legal", encaminhado pelo presidente eleito que derrotou Mauricio Macri em 2019, Alberto Fernández, do Partido Justicialista de ideologia política mais voltada à esquerda. A legalização do aborto era uma das propostas de seu programa de governo, o que chamou bastante atenção das feministas argentinas no decorrer da campanha eleitoral. De acordo com Fernández, que se manifestou pela rede social Twitter acerca de tal projeto, este é legítimo porque o governante sempre teve como "compromisso que o Estado acompanhe todas as mulheres grávidas em seus projetos de maternidade e cuide da vida e saúde daquelas que decidem interromper sua gravidez" (ROSCOE, 2020).

Com a descriminalização do aborto, ou melhor, com a criação de uma nova hipótese de licitude da conduta, a Argentina tornou-se o primeiro grande país da América Latina a admitir o aborto (SILVA; ASSIS, 2017). Agora, o Estado argentino compõe o grupo dos países que autorizam o aborto juntamente com Uruguai (autoriza a interrupção até a 12ª semana de gestação desde 2012), Cuba (permite o aborto seguro, legal e gratuito, oferecido pela rede pública de saúde cubana, desde 1965), Guiana (autoriza o aborto até a 12ª semana desde 1995) e Guiana Francesa (legalizou o aborto até a 14ª semana em 1975, quando a França, de quem é território ultramarino, autorizou o procedimento). (CENTER FOR REPRODUCTIVE RIGHTS, [s.d.]).

Vale destacar que os processos de descriminalização e legalização do aborto são demasiadamente diferentes. No primeiro, o Estado somente assume uma atuação passiva, deixando de prever como crime e de penalizar a prática de aborto. Todavia, a conduta pode ainda ser considerada ilícita nas searas civil e administrativa. Por outro lado, no segundo processo o ato torna-se legal em todo o território nacional, sendo sua prática devidamente regulamentada. Neste o Estado comporta-se oferecendo amparo para a realização do procedimento de interrupção da gravidez a partir da promoção de políticas públicas voltadas à capacitação profissional dos servidores da área da saúde e à facilitação de acesso ao procedimento pela população, por exemplo. (TJDFT, 2017).

Diante desse contexto, compreende-se que a decisão argentina foi no sentido de legalizar a prática, uma vez que permitiu a interrupção induzida da gestação até a sua 14ª semana com fundamento exclusivo na autonomia da vontade da mulher, ficando o governo do país responsável pela realização do procedimento de forma legal, segura e gratuita, tanto na rede privada quanto na rede pública de saúde argentina. Isto é, até a 14ª semana a gestante pode optar se mantém a gravidez ou se a interrompe. Caso escolha pela interrupção, o aborto é realizado gratuita (os gastos sairão de um fundo específico do setor de saúde) e seguramente e com amparo de uma equipe médica multidisciplinar na rede de saúde argentina, tanto no setor público quanto no privado.

A partir da 15ª semana, o aborto é autorizado somente em caso de estupro ou se gravidez de risco que comprometa integralmente a saúde da mulher, conforme se depreende da nova redação do *Codigo Penal de la Nacion*, que teve seus artigos 85 a 88 substituídos pela *Ley* nº 27.610 (Ley de Interrupción Voluntaria del Embarazo - IVE), a qual foi oficialmente promulgada em 14 de janeiro de 2021 e que, ainda, acrescentou o artigo 85 bis àquele. (INFOLEG. Ley 11.179).

> ARTICULO 85 bis. - Será reprimido o reprimida con prisión de tres (3) meses a un (1) año e inhabilitación especial por el doble del tiempo de la condena, el funcionario público o la funcionaria pública o la autoridad del establecimiento de salud, profesional, efector o personal de salud que dilatare injustificadamente, obstaculizare o se negare, en contravención de la normativa vigente, a practicar un aborto en los casos legalmente autorizados.

ARTICULO 86. - No es delito el aborto realizado con consentimiento de la persona gestante hasta la semana catorce (14) inclusive del proceso gestacional. Fuera del plazo establecido en el párrafo anterior, no será punible el aborto practicado con el consentimiento de la persona gestante: 1. Si el embarazo fuere producto de una violación. En este caso, se debe garantizar la práctica con el requerimiento y la declaración jurada de la persona gestante ante el o la profesional o personal de salud interviniente. En los casos de niñas menores de trece (13) años de edad, la declaración jurada no será requerida. 2. Si estuviera en riesgo la vida o la salud integral de la persona gestante. (INFOLEG. Ley 27.610).

A nova postura do país foi muito influenciada pela atuação do movimento feminista, que constantemente realizou eventos e passeatas em defesa dos direitos reprodutivos e da autonomia da vontade das mulheres argentinas. Em 2018, por exemplo, quando o debate acerca da legalização do aborto se intensificou no país, as ruas de Buenos Aires foram tomadas por centenas de milhares de pessoas pró e contra a questão. As militantes feministas, em tons de verde (cor que marca o movimento nacional), concentraram-se ao redor do Congresso Nacional e protestaram a favor da aprovação do projeto que tramitava no Senado, uma vez que já havia sido aprovada pela Câmara a possibilidade de interrupção da gravidez até a 14ª semana. A proposição, no entanto, foi rejeitada à época. (G1, 2020).

O projeto da Lei nº 27.610 foi remetido ao Congresso Nacional da Argentina no dia 17 de novembro de 2020, e foi aprovado na Câmara baixa da Argentina em 11 de dezembro daquele ano, depois de vinte horas de debate, o qual terminou com 131 votos favoráveis, 117 contrários e seis abstenções. Todavia, a decisão final veio a partir dos 38 votos favoráveis do Senado, Câmara alta, presidido pela então vice-presidente da República, Cristina Kirchner, e onde ainda foram computados 29 votos contrários e uma abstenção. Além de permitir o aborto até 14ª semana, o projeto aprovado também determinou ser a interrupção da gravidez realizada em até dez dias a contar de sua solicitação, a fim de que o processo de interrupção induzida não seja moroso.

No dia da votação e consequente conquista feminista histórica, milhares de mulheres novamente fizeram vigília e acompanharam incessantemente os trabalhos legislativos em frente ao Congresso, o qual levou cerca de 12 horas para chegar ao veredicto. Sob o bordão: "Educação sexual para decidir, anticonceptivos para não abortar e aborto legal para não morrer", que caracterizou o processo de luta em prol do reconhecimento do aborto como um direito da mulher, o êxito da proposta de aborto legal foi muito bradada. Ainda mais porque a criminalização da prática abortiva, à semelhança do que acontece no Brasil, não impedia a realização, em altos índices, do procedimento de forma clandestina no país.

Parte da celebração pode ser atribuída ao fato de ter sido o aborto por muito tempo um problema de saúde em terras argentinas também e uma das mais frequentes causas de mortalidade materna. Pesquisas apontam que desde a redemocratização da Argentina, que se deu em 1983, cerca de 3 mil mulheres faleceram em virtude de complicações do procedimento de interrupção da gravidez, realizado de forma ilegal e insegura. Além disso, eram hospitalizadas aproximadamente 38 mil mulheres por ano a fim de que questões decorrentes do aborto clandestino fossem tratadas, como perfuração do útero, retenção de restos de placenta, hemorragias, dentre outros. (G1, 2020).

Ainda, convém destacar que na mesma ocasião em que o projeto da legalização do aborto foi aprovado, promulgou-se também a Lei Nacional de Atenção Integral à Saúde na Gravidez e Primeira Infância, conhecida como Lei dos Mil Dias (*Programa de Los Mil Días*), que tem por escopo evitar a prática de aborto por razões socioeconômicas. A Lei dos Mil Dias, que tem esse nome por focalizar suas determinações nos mil primeiros dias de vida dos bebês, determina "a ampliação do auxílio financeiro dado a gestantes e mães desempregadas, além de garantir o acesso das crianças a vacinas, leite e suplementos alimentares" (CRESCER ONLINE, 2020).

Ademais, a nova Lei, aprovada por unanimidade pelos senadores argentinos, prevê auxílio financeiro por meio de uma bolsa para mulheres que optarem pela manutenção da gravidez, mas que, por serem de baixa renda, não tenham condições de sustentar a criança. O acesso ao auxílio é previsto para durar desde a gravidez até os três primeiros anos de vida da criança. Desse modo, ao disponibilizar apoio às mães vulneráveis, a medida é vista como uma verdadeira política pública em benefício das crianças argentinas, o que foi salientado no decorrer da votação pelo senador e então presidente da Comissão de Saúde, Mario Fiad.

A cerimônia de promulgação da nova medida autorizativa do aborto foi realizada no Museu do Bicentenário da Casa Rosada e contou com a presença de Elizabeth Gomez Alcorta, então Ministra da Mulher, Gênero e Diversidade, Ginés González Garcia, então Ministro da Saúde, além de demais representantes de movimentos sociais como "Aborto Legal,

Seguro e Gratuito". Na ocasião, o presidente da República afirmou sentir-se feliz pelo fato de a Argentina estar no caminho de combate ao patriarcado e cada vez mais próximo de se tornar um país igualitário. (REDE BRASIL ATUAL, [s.d.]).

A legalização do procedimento de interrupção voluntária da gravidez no país completou seis meses em julho de 2021 e desde a sua oficialização não foi computada nenhuma hospitalização em razão da interrupção induzida da gestação, o que mostra a efetividade da conduta. O presente artigo entende, assim, que a perspectiva adotada recentemente pela Argentina foi acertada. Isso devido também ao fato de a garantia efetiva dos direitos sexuais e reprodutivos das mulheres ser parte integrante da proteção da cidadania da classe feminina. Nesse sentido, corrobora-se o afirmado por Flavia Biroli (2014. p.44), que entende ter o direito ao aborto grande caráter político "porque corresponde ao direito do indivíduo, no caso, das mulheres, para dispor de si e do seu corpo. A forma que assume, assim como sua recusa, tem impacto na definição dos direitos de cidadania", tendo-se em mente, ainda, que a recusa de tal direito acarreta impactos muito diferentes aos homens e mulheres, sendo estas as que mais arcam com implicações adicionais.

4. CONSIDERAÇÕES FINAIS

O presente artigo teve como propósito debater a temática da interrupção induzida do processo gestacional, promovendo-se uma análise de Direito comparado ao examinar o que dispõe a legislação brasileira acerca da prática do abortamento e a legislação da Argentina, onde recentemente admitiu-se a realização da interrupção até a 14ª semana da gestação. Conforme destacado, o aborto é um tema moralmente demasiado controverso, visto que se compõe de variadas opiniões, muitas vezes carregadas de ideologia religiosa, e perspectivas, como a pró-vida e a pró-escolha. Entretanto, é indiscutível que a posição assumida pelo Estado acerca da possibilidade ou não da interrupção voluntária da gravidez corresponde a uma escolha política, de modo que o aborto se torna um tema "incontornável para a democracia" (BIROLI, 2014. p.61).

Desse modo, compreendendo-se o direito ao aborto como parte do exercício da plena cidadania das mulheres, uma vez que diz respeito a sua autonomia da vontade e a sua prerrogativa de decidir sobre o próprio corpo, e, ainda, considerando-se os altos índices de mortalidade materna que acontecem em decorrência da realização clandestina do aborto, conclui-se que a descriminalização e posterior legalização da possibilidade de interrupção da gravidez é medida de saúde pública. Isso porque a penalização do aborto não impede que ele seja realizado, apenas dificulta o acesso das mulheres que não desejam manter a gestação não idealizada, de modo que buscam por procedimentos clandestinos postergados ao campo da inseguridade.

Diante desse cenário, o artigo defende e espera que o Brasil adote medidas semelhantes àquelas adotas na Argentina, país cujo índice de hospitalização em decorrência do aborto registrou queda considerável desde a legalização do procedimento, que é oferecido de forma legal, segura e gratuita pelo governo argentino em toda a rede de saúde do país, tanto no setor público quanto no setor privado. Todavia, a despeito da posição aqui sustentada, insta reiterar que o presente artigo não argumenta em prol da realização do aborto, mas sim da descriminalização deste para que as muitas mulheres relegadas à clandestinidade e ao desamparo estatal tenham seus direitos sexuais e reprodutivos efetivamente garantidos, de forma que desfrutem de plena autonomia para escolher e decidir *se*, *quando* e *com quem* querem reproduzir.

REFERÊNCIAS BIBLIOGRÁFICAS

ARGENTINA. Ley nº 11.179. Codigo Penal de la Nacion. Disponível em: https://www.argentina.gob.ar/normativa/nacional/ley-11179-16546/texto Acesso em 14 jul. 2021.

BALDAN, Édson Luís. *Aborto*. Enciclopédia Jurídica da PUC São Paulo. Tomo Direito Penal, ed.1, agosto de 2020. Disponível em: https://enciclopediajuridica.pucsp.br/verbete/410/edicao-1/aborto Acesso em 12 jul. 2021.

BIROLI, Flávia. Autonomia e justiça no debate sobre aborto: implicações teóricas e políticas. p.37-68. *In Revista Brasileira de Ciência Política*. n.15, Brasília, 2014.

BRASIL. *Decreto-Lei nº 2.848, de 7 de dezembro de 1940*. Código Penal. Disponível em: http://www.planalto.gov.br/ccivil_03/decreto-lei/del2848compilado.htm Acesso em 13 jul. 2021.

CÂMARA DOS DEPUTADOS. *Emendas Populares*. Assembleia Nacional Constituinte. vol. 258. Centro Gráfico do Senado Federal, 1988. Disponível em: https://www.camara.leg.br/internet/constituicao20anos/DocumentosAvulsos/vol-258.pdf Acesso em 31 mar. 2021.

CÂMARA DOS DEPUTADOS. *Projeto de Lei 1006/2019*. [s.d.] Disponível em: https://www.camara.leg.br/propostas-legislativas/2192656 Acesso em 13 jul. 2021.

CÂMARA DOS DEPUTADOS. *Projeto de Lei 119/2019*. [s.d.] Disponível em: https://www.camara.leg.br/propostas-legislativas/2190579 Acesso em 13 jul. 2021.

CÂMARA DOS DEPUTADOS. *Projeto de Lei 2451/2021*. [s.d.] Disponível em: https://www.camara.leg.br/propostas-legislativas/2289649 Acesso em 13 jul. 2021. CÂMARA DOS DEPUTADOS. *Projeto de Lei 4297/2020*. [s.d.] Disponível em: https://www.camara.leg.br/propostas-legislativas/2260762 Acesso em 13 jul. de 2021.

CENTER FOR REPRODUCTIVE RIGHTS. *As leis de aborto do mundo*. [s.d.] Disponível em: https://maps.reproductiverights.org/worldabortionlaws Acesso em 15 jul. 2021.

CFM. Conselho Federal de Medicina. *Nota de Esclarecimento*. 10 jul. 2018. Disponível em: https://portal.cfm.org.br/images/PDF/nota_aborto_10_7_18.pdf Acesso em 14 jul. 2021.

CFM. Conselho Federal de Medicina. *Ofício CFM n° 4867/2013 – PRESI*. 21 mai. 2013. Disponível em: https://legis.senado.leg.br/sdleg-getter/documento?dm=3516333&disposition=inline Acesso em 14 jul. 2021.

CRESCER ONLINE. *Além da legalização do aborto, Argentina aprova plano de ajuda a grávidas e crianças menores de 3 anos*. 30 dez. 2020. Disponível em: https://revistacrescer.globo.com/Gravidez/noticia/2020/12/alem-da-legalizacao-do-aborto-argentina-aprova-plano-de-ajuda-gravidas-e-criancas-menores-de-3-anos.html Acesso em 14 jul. 2021.

DINIZ, Debora; MADEIRO, Alberto Pereira. Serviços de aborto legal no Brasil – um estudo nacional. p.563-572. *In Ciência & Saúde Coletiva*. 2016.

DINIZ, Debora; MEDEIROS, Marcelo; MADEIRO, Alberto. Pesquisa Nacional de Aborto 2016. p.653-660. *In Ciência & Saúde Coletiva*. 2017.

DINIZ, Debora; MENEZES, Greice. Abortion: Women's Health. p.1669. *In Ciência & Saúde Coletiva*. 2012. DOU. Diário Oficial Da União. *Portaria n° 2.282, de 25 de agosto de 2020*. Dispõe sobre o Procedimento de Justificação e Autorização da Interrupção da Gravidez nos casos previstos em lei, no âmbito do Sistema Único de Saúde-SUS. Disponível em: https://www.in.gov.br/en/web/dou/-/portaria-n-2.282-de-27-de-agosto-de-2020-274644814 Acesso em 13 jul. 2021.

ESTADO DE MINAS. *Após ter gestação interrompida, menina de 10 anos volta para Espírito Santo*. 19 ago. 2020. Disponível em: https://www.em.com.br/app/noticia/nacional/2020/08/19/interna_nacional,1177447/apos-gestacao-interrompida-menina--10-anos-volta-para-espirito-santo.shtml Acesso em 13 jul. 2021.

FERNANDES, Arlete; SURITA, Fernanda; CACIQUE, Denis Barbosa. *Em nota, médicos e docentes da FCM criticam portaria que modifica procedimentos para aborto legal em vítimas de estupro*. UNICAMP. 10 set. 2020. Disponível em: https://www.unicamp.br/unicamp/noticias/2020/09/10/em-nota-medicos-e-docentes-da-fcm-criticam-portaria-que-modifica-procedimentos Acesso em 13 jul. 2021.

FRÓES, Nathália Maria Fonseca; BATISTA, Cláudia Bacelar. Conhecimento e percepção de estudantes de medicina sobre abortamento legal. p.194-207. *In Revista Bioética*. 2021.

G1. Presidente da Argentina envia proposta de legalização do aborto ao Congresso. 17 nov. 2020. Disponível em: https://g1.globo.com/mundo/noticia/2020/11/17/presidente-da-argentina-envia-projetos-de-legalizacao-do-aborto-ao-congresso.ghtml Acesso em 14 jul. 2021.

INFOLEG. Información Legislativa. Ministerio de Justicia y Derechos Humanos – Presidencia de la Nación. Codigo Penal de la Nacion Argentina. *Ley 11.179.* Disponível em: http://servicios.infoleg.gob.ar/infolegInternet/anexos/15000-19999/16546/texact.htm Acesso em 15 jul. 2021.

INFOLEG. Información Legislativa. Ministerio de Justicia y Derechos Humanos – Presidencia de la Nación. Acceso a la interrupción voluntaria del embarazo. *Ley 27.610.* Disposiciones. Disponível em: http://servicios.infoleg.gob.ar/infolegInternet/anexos/345000-349999/346231/norma.htm Acesso em 15 jul. 2021.

LUNA, Naara. Aborto e corporalidade. p.293-325. *In Horizontes antropológicos.* ano 20, n.42. Porto Alegre, 2014.

MAC, Aissa; RISSI, Larissa; PEREIRA, Maria Irenilda. *Conheça as leis sobre o aborto no mundo.* Em 67 países, decisão é da mulher. Estado de Minas Gerais. 17 jan. 2021. Disponível em: https://www.em.com.br/app/noticia/gerais/2020/08/23/interna_gerais,1177752/conheca-as-leis-sobre-o-aborto-no-mundo-em-67-paises-decisao-e--da-mulher.shtml Acesso em 12 jul. 2021.

MIGUEL, Luis Felipe; BIROLI, Flávia. *Feminismo e política:* uma introdução. 1.ed. São Paulo: Boitempo, 2014.

MORAIS, Lorena Ribeiro de. A legislação sobre o aborto e seu impacto na saúde da mulher. p.50-58. *In Senatus.* v.6, n.1. Brasília, 2008.

NELAS, Paula; et al. Values and beliefs about exuality, motherhood and abortion. p.211-220. *In Revista de Psicologia.* n.2. International Journal of Developmental and Educational Psychology, 2016.

PINTO, Céli Regina Jardim. *Uma história do feminismo no Brasil.* São Paulo: Editora Fundação Perseu Abramo, 2003.

REDE BRASIL ATUAL. *Fernández promulga aborto legal na Argentina e exalta fim do patriarcado.* [s.d.] Disponível em: https://www.redebrasilatual.com.br/mundo/2021/01/fernandez-promulga-aborto-legal-na-argentina-e-exalta-fim-do-patriarcado/ Acesso em 14 jul. 2021.

ROSCOE, Beatriz. *Presidente da Argentina apresenta projeto de lei para legalizar o aborto.* Poder 360º. 17 nov. 2020. Disponível em: https://www.poder360.com.br/internacional/presidente-da-argentina-apresenta-projeto-de-lei-para-legalizar-o-aborto/>. Acesso em 14 jul. 2021.

SANTOS, Maria do Carmo Carvalho Lima. *Bancada feminina na Assembleia Constituinte de 1987/1988.* Trabalho de Conclusão do Curso de Especialização em Ciência Política. Brasília: UNILEGIS - Universidade do Legislativo Brasileiro, 2008.

SCHUMAHER, Schuma. O Lobby do Batom, para dar o nosso tom: a Constituição Federal e os avanços no âmbito da família e da saúde. p.66-72. *In* MELLO, Adriana Ramos de (org.). *Anais de Seminário: 30 Anos da Carta das Mulheres aos Constituintes.* Rio de Janeiro: EMERJ, 2018.

SILVA, Vitória Régia; ASSIS, Carolina de. *Aborto na América Latina:* saiba como países regulamentam interrupção voluntária da gravidez. Gênero e Número. 27 set. 2017. Disponível em: https://www.generonumero.media/aborto-na-america-latina-como-paises--regulamentam-interrupcao-voluntaria-da-gravidez-na-regiao/ Acesso em 14 jul. 2021.

STF. Supremo Tribunal Federal. *Arguição de Descumprimento de Preceito Fundamental 54 – Distrito Federal.* Inteiro teor do acórdão. 2012. Disponível em: https://redir.stf.jus.br/paginadorpub/paginador.jsp?docTP=TP&docID=3707334 Acesso em 13 jul. 2021.

TALIB, Rosângela Aparecida; CITELI, Maria Teresa. *Serviços de aborto legal em hospitais públicos brasileiros (1989-2004).* Dossiê. São Paulo: Católicas pelo Direito de Decidir, 2005.

TJDFT. Tribunal de Justiça do Distrito Federal e Territórios. *Descriminalização x Legalização.* 2017. Disponível em: https://www.tjdft.jus.br/institucional/imprensa/campanhas-e-produtos/direito-facil/edicao-semanal/descriminalizacao-x-legalizacao Acesso em: 16 jul. 2021.

editoraletramento
editoraletramento.com.br
editoraletramento
company/grupoeditorialletramento
grupoletramento
contato@editoraletramento.com.br
editoraletramento

editoracasadodireito.com.br
casadodireitoed
casadodireito
casadodireito@editoraletramento.com.br